WALD

EMPFEHLUNGEN
ZUR
UMWELTGESTALTUNG UND UMWELTPFLEGE

Herausgegeben vom
Österreichischen Bundesinstitut für Gesundheitswesen

Teil I
Kulturlandschaft

Teil II
Naturschutz

Teil III
Wasser

Teil IV
Wald

Umschlagbild:
Olga Wisinger-Florian (1844–1926)
„FALLENDES LAUB“
(Österreichische Galerie, Wien)

ÖSTERREICHISCHES BUNDESINSTITUT FÜR GESUNDHEITSWESEN

WALD

WERNER KATZMANN
SEBASTIAN KUX
JOHANNES M. TREYTL

Unter Mitarbeit von
HERMANN SCHACHT

Grafische Gestaltung
HELMUT KATZMANN

IM AUFTRAG DES
BUNDESMINISTERIUMS FÜR UMWELT, JUGEND UND FAMILIE

VERLAG FRIC IN VERLAGSGEMEINSCHAFT MIT MANZ VERLAGS- UND UNIVERSITÄTSBUCHHANDLUNG

WIEN 1990

Schutz des Waldes – weiterhin oberstes Gebot

Das Waldsterben ist in Österreich erst vor relativ kurzer Zeit in die Schlagzeilen geraten. Wer allerdings glaubt, daß das Waldsterben ein verhältnismäßig junges Phänomen sei, der irrt. Die lange Zeit unbeachtet gebliebenen „neuartigen" Waldschäden haben sich nur mit alarmierender Geschwindigkeit ausgebreitet. Manche Experten meinen gar, daß bereits der gesamte österreichische Wald geschädigt ist.

Die Waldzerstörung ist – mit unterschiedlichen Schwerpunkten in ihrer Verursachung – ein weltweites Problem. Während bei den Wäldern der gemäßigten Breiten die Schädigungen durch Luftverunreinigungen im Vordergrund stehen, werden die tropischen Wälder unmittelbar durch Rodung bedroht.

Am Amazonas etwa werden jährlich riesige Waldgebiete niedergebrannt, um kurzfristig Platz zu schaffen – für Viehweiden oder Anbauflächen. Innerhalb kürzester Zeit jedoch dörren Sonne und Wind den schutzlosen Boden aus. Was der Regen nicht abschwemmt, wird steinhart und unfruchtbar. Der Wald wird zur Wüste.

Die Ausbeutung der Tropenwälder am Amazonas, aber auch im ostasiatischen Raum und in Zentralafrika führt zu einer Vernichtung dieser für das Weltklima unersetzbaren „grünen Lunge". Die Waldvernichtung ist bereits so gewaltig, daß Experten negative Auswirkungen auf das Klima befürchten.

Es besteht also kein Zweifel: National und international muß alles getan werden, um die Wälder zu retten.

An erster Stelle zur Rettung unseres Waldes muß die radikale Verringerung des Luftschadstoffausstoßes stehen. Auch hier sind nationale und internationale Anstrengungen massiv zu intensivieren. Zwar ist es in Österreich gelungen, die Schwefeldioxidemissionen zu halbieren, Luftverunreinigungen durch Stickoxide und Kohlenwasserstoffe nehmen hingegen weiterhin zu. Für diesen Anstieg ist der Kraftfahrzeugverkehr hauptverantwortlich.

Dies zeigt sich in besonders drastischer Weise entlang der Transitrouten durch die Alpen. Aus Folgeprodukten der Autoabgase entstehen Ozon und andere Photooxidantien, die den Wald zerstören, aber auch unsere Gesundheit gefährden. Stirbt der Wald, wird auch der Mensch schwer betroffen sein, etwa durch Hochwasser, Muren und Lawinen. Die Bewohnbarkeit des Alpenraums kann dadurch starke Einbußen erleiden.

Aber auch viele andere menschliche Tätigkeiten, die – oft unbedacht – zu einer Übernutzung unseres Lebensraumes führen, verstärken die Katastrophengefahr. Manipulationen, wie z. B. extensiver Schipistenbau oder Wildüberhege (ohne rigorose Wildstandsreduzierung, vor allem von Reh und Hirsch, bleiben alle anderen Maßnahmen zur Walderhaltung Stückwerk), vor allem jedoch die Verschmutzung des Umweltgutes Luft bedeuten eine bisher noch nie dagewesene Bedrohung des Waldes. Und somit des Menschen selbst.

Wenngleich infolge des günstigen Witterungseinflusses in den Jahren 1987 und 1988 eine leichte Besserung, etwa bei den leicht geschädigten Bäumen (Fichte und Buche), festgestellt werden kann, darf und kann es zu keiner Entwarnung kommen. Selbst bei einem sofortigen Immissionsstopp wird die Regeneration des österreichischen Waldes Jahrzehnte dauern.

Wie sich vor allem an den Nordhängen der Alpen zeigt, sind an der Belastung unserer Wälder Schadstoffimporte maßgeblich beteiligt.

Internationale Abkommen, welche die unterzeichneten Staaten zu einer gemeinsamen Verringerung der Emissionen verpflichten, sind deshalb für Österreich von besonderer Wichtigkeit. Für Schwefeldioxidemissionen besteht ein solches Abkommen, eines zur Verringerung der Stickoxidemissionen wurde von mir im Vorjahr in Sofia unterzeichnet.

Als weitere Sofortmaßnahme zur Erhaltung und zum Schutz unserer Wälder müßte es zusätzlich zu wirksamen Einschränkungen der Schadstoffbelastungen durch den Kraftfahrzeugverkehr kommen. Nach wie vor wird von den Experten ein Tempolimit (80/100) gefordert, weiters die Einführung schadstoffarmer Dieselmotoren und die Katalysatorpflicht für Zweitaktmotoren.

Als mittel- und langfristige Maßnahmen sehe ich darüber hinaus folgende Schritte als unerläßlich:

- Die Verschärfung der gesetzlichen Lage zur Luftreinhaltung,
- strenge Überprüfungen der Einhaltung der Abgasvorschriften,
- Förderung des öffentlichen Verkehrs und Verlagerung des Schwerverkehrs von der Straße auf die Schiene,
- eine Ausweitung und Intensivierung der Umweltaußenpolitik,
- und ganz entscheidend: Maßnahmen zur umweltverträglichen Nutzung von Energie. Dazu zählen u. a. die weitere Herabsetzung von Schadstoffgehalten in Brennstoffen, die Nutzung vorhandener Energiesparpotentiale, die Einführung einer zweckgebundenen Energieabgabe und eine verstärkte Nutzung von Alternativenergien.

Rund 90 Prozent der gesamten Fläche Österreichs sind mit Wald bedeckt oder stehen unter landwirtschaftlicher Nutzung. Das bedeutet eine große Verpflichtung, aber auch eine enorme Chance, durch die sorgsamste Nutzung unseres Lebensraumes im Einklang mit der Natur uns und unsere Umwelt zu schützen.

Der vierte Band der Reihe „Empfehlungen zur Umweltgestaltung und Umweltpflege" setzt sich umfassend mit dem Wald auseinander. Seine Geschichte, seine Bedeutung und seine Nutzung werden dokumentiert und illustriert. Wie die vorangegangenen Bände „Kulturlandschaft", „Naturschutz" und „Wasser" soll auch der „Wald" auf die Dringlichkeit der Probleme hinweisen. Mein Ministerium hat dazu erste Schritte gesetzt. Mir ist bewußt, daß noch viel mehr getan werden muß.

Dr. Marilies Flemming

Bundesministerin für Umwelt, Jugend und Familie

Danksagung

Die Autoren danken allen Personen und Institutionen, ohne deren Unterstützung die vorliegende Publikation nicht zustande gekommen wäre.

Unser Dank gilt insbesondere

- für die kritische Durchsicht der Rohfassung sowie für wertvolle Hinweise und Anregungen:
  Dr. E. Peschek und Dr. E. Birkenmeier vom Bundesministerium für Umwelt, Jugend und Familie, den Mitarbeitern der Sektion V des Bundesministeriums für Land- und Forstwirtschaft, Dr. P. Brand von der Verbindungsstelle der Bundesländer, Dipl.-Ing. Dr. H. Scheiring von der Landesforstdirektion für Tirol, Dr. H. Götsch vom Stadtmagistrat Innsbruck, Prof. Dr. G. Halbwachs und Dipl.-Ing. Dr. E. Johann von der Universität für Bodenkultur Wien, Dipl.-Ing. K. Splechtna von der Rothschild'schen Forstverwaltung Langau bei Gaming, Dipl.-Ing. Dr. J. Spörk von der Forstverwaltung Ligist sowie Prof. Dr. G. Olschowy vom Deutschen Rat für Landespflege;
- für die Bereitstellung von Kurzbeiträgen und wissenschaftlichen Unterlagen:
  Prof. Dr. H. Mayer von der Universität für Bodenkultur Wien, Dipl.-Ing. Dr. H. Scheiring von der Landesforstdirektion für Tirol, Dipl.-Ing. Dr. J. Spörk von der Forstverwaltung Ligist sowie Dr. M. Neumann und Prof. Dipl.-Ing. Dr. J. Pollanschütz von der Forstlichen Bundesversuchsanstalt in Wien (deren Beitrag „Taxationshilfe für Kronenzustandserhebung“ ursprünglich in der „Österreichischen Forstzeitung“ erschienen ist und hier mit freundlicher Genehmigung des Österreichischen Agrarverlages wiedergegeben wird);

weiters für die Überlassung von Bildmaterial:
Graphische Sammlung Albertina, Wien
Heeresgeschichtliches Museum, Wien
Historisches Museum der Stadt Wien
Kunsthistorisches Museum, Wien
Musée Condé, Chantilly
Niederösterreichische Agrarbezirksbehörde, Wien
Niederösterreichisches Landesmuseum, Wien
Österreichische Galerie, Wien
Österreichische Nationalbibliothek, Wien
Pfarramt Kefermarkt, Oberösterreich
Schack-Galerie, München

Gedankt sei auch Frau Dipl.-Ing. Dr. E. Kasperowski, die bis zu ihrem Ausscheiden aus dem Österreichischen Bundesinstitut für Gesundheitswesen an der Erstellung des Textes mitgewirkt hat.

Bei der Erledigung der umfangreichen Korrespondenz, der Beschaffung von Unterlagen und der Herstellung der Typoskripte wurden wir auf bewährte Weise von Mitarbeitern des Österreichischen Bundesinstitutes für Gesundheitswesen, insbesondere von Frau E. Mensens und Frau G. Misar, unterstützt. Wir danken herzlichst!

Bezüglich der drucktechnischen Umsetzung unseres Vorhabens beriet uns Herr Ing. E. Holasek vom Druck- und Verlagshaus Styria, Graz.

Dem Bundesministerium für Umwelt, Jugend und Familie, das die Studie in Auftrag gegeben hat, danken wir für einen Zuschuß zu den Druckkosten, an denen sich auch die Raiffeisenlandesbank Niederösterreich–Wien beteiligt hat.

Gedruckt mit Unterstützung durch die Raiffeisenlandesbank Niederösterreich–Wien

ISBN 3-214-90933-9

Die Freigabe der Luftaufnahmen erfolgte mit folgenden Zahlen: Seite 107, Abb. 76: BMfBT GZ 46 222/288-IV/6/76; Seite 120, Abb. 86 a, b: BMfBT Zl. 46 222/25-IV/6/86; Seite 121, Abb. 87: BMfWA GZ 96 222/196-IX/6/87.

Die Wiedergabe der Karte Abb. 20 b, Seite 33, erfolgt mit Genehmigung des Bundesamtes für Eich- und Vermessungswesen (Landesaufnahme) in Wien, Zl. L 63 141/89.

Illustration: Helmut Katzmann – Die Bildautoren sind bei den Abbildungen angeführt.

Eigentümer und Herausgeber: Österreichisches Bundesinstitut für Gesundheitswesen.
Für den Inhalt verantwortlich: S. Kux – Alle: 1010 Wien, Stubenring 6, Tel. (0 22 2) 51 5 61.

Verleger: Verlag FRIC und MANZ Verlags- und Universitätsbuchhandlung, beide 1014 Wien, Kohlmarkt 16.

Gesamtherstellung: Universitäts-Buchdruckerei Styria, 8011 Graz, Schönaugasse 64.

Inhaltsübersicht

Seite

1 Einführung 11

2 Lebensraum Wald 13

2.1 Wald als Lebensraum und Lebensgemeinschaft 13
2.2 Wald und Mensch in der Geschichte 20
2.3 Wald, Siedlung und Kultur 26
2.4 Ökonomische Bedeutung des Waldes in Österreich 30
2.5 Der Wald in Recht und Verwaltung 31

3 Wirkungen des Waldes 40

3.1 Nutzwirkung 40
3.2 Schutzwirkung 46
3.3 Wohlfahrtswirkungen 50
3.4 Erholungswirkung 52
3.5 Ökologische Wirkung 56

4 Einflüsse auf den Wald 58

4.1 Klimaeinflüsse 58
4.2 Forstschädlinge 64
4.3 Wald und Wild 69
4.4 „Waldsterben" und Luftschadstoffe 78
4.5 Gefährdung des Waldes durch unsachgemäßen Waldbau 99
4.6 Bringung (Forststraßen) 105
4.7 Tourismus und Fremdenverkehr 109
4.8 Forstliche Raumplanung 111

5 Ausgewählte Schutz- und Pflegemaßnahmen 116

5.1 Einzelbäume in der freien Landschaft 116
5.2 Baumbestand im Siedlungsbereich 119
5.3 Gehölzgruppen, Hecken, Bodenschutzanlagen 124
5.4 Waldränder 129
5.5 Naturwaldzellen, Naturwaldreservate, Nationalparke 130

6 Energiewälder 135

Anhang

Taxationshilfe für Kronenzustandserhebung
(Fichte, Tanne, Weißkiefer, Schwarzkiefer, Buche, Eiche) 140
IUCN-Richtlinien für Nationalparke 151
Die wichtigsten Waldgesellschaften Österreichs, ihre Verbreitung und Standortansprüche 153
Die wichtigsten Bäume unserer Wälder und Hecken:
Vorkommen, Standortansprüche und Nutzanwendung 159
Schlagwortkatalog zu einschlägigen rechtlichen Fundstellen 165
Behörden, Institute, Organisationen 185
Literaturübersicht 193
Register 199

Abbildungen – Tafeln – Tabellen – Kästen

Abbildungen:

		Seite
1	Der große Wald	11
2	Pflanzenstoffwechsel	13
3	Treibhauseffekt	14
4a	Tropischer Regenwald	15
4b	Zustand nach Rodung	15
5	Waldtypen in Österreich	16
6	Schutzwald	17
7	Unterschiedliche Einflüsse von Baumarten auf den Waldboden	17
8a	Produzenten – Konsumenten – Destruenten	18
8b	Produzenten – Konsumenten – Destruenten	19
9	Waldboden	19
10	Holzlagerplatz am Donaukanal	20
11	Karstlandschaft	21
12	Seeschlacht bei Lepanto	22
13	Libanonzedern	23
14	Rübezahl	26
15	Torfabbau	27
16	Pollenanalyse	27
17	Das Anlauftal bei Gastein	28
18	Wasserhammerhaus bei Hirschwang	29
19	Klause im Reichraminger Hintergebirge	29
20a	Franciscäische Landesaufnahme	31
20b	Österreichische Karte	32
21	Schwarzenbergischer Schwemmkanal	32
22	„Holzfabrik"	35
23	Kahlschläge international,	
a	Turracher Höhe	37
b	Amazonien	37
c	Kanada	37
24	Aufteilung der Waldfläche Österreichs nach Art der Bewirtschaftung	40
25	Anteile der wichtigsten Baumarten am Ertragswald	40
26	Aufteilung der Waldfläche Österreichs nach Besitzverhältnissen	41
27	Vergleich zwischen tatsächlicher und potentieller Bestockung	41
28	Stromleitungstrasse	42
29	Geschneitelte Bäume	45
30	Waldweide	46
31	Wurzelteller	47
32	Lawinenverbauung	47
33	Typische Wurzelformen der wichtigsten Waldbäume	48
34	Wurzeltypen von Pflanzen des Waldbodens	49
35a	Forststraße	51
35b	Forststraße mit gesicherter Böschung	51
36	Wasserhaushalt einer Fichte	53
37	Schneebruch	58
38	Durchforstungsrückstände	59
39	Lawinenschäden	59
40	Sonnenbrand	61
41	Windwurf im Rotwald	61
42	Windwurf	62
43a	Waldbrandfläche in Griechenland	63
43b	Waldbrandfläche bei Imst	63
44	Vom Blitz gestreifte Fichte	64

		Seite
45	Käferbefall	65
46	Jagdliche Nutzung	69
47	Gefegter Baum	70
48	Verbissene Jungtanne	71
49	Winterfütterung	71
50	Schälschäden nahe einer Futterstelle	72
51	Wirkung eines Wildzauns	73
52	Stundenbuch des Duc du Berry, November	76
53	Fichtelgebirge	79
54	Ursachen des Waldsterbens (Streßtheorie)	80
55	Gebiete Österreichs unter dem Einfluß forstschädlicher Luftverunreinigungen	83
56	Ranshofen	85
57	Brixlegg	85
58	Bergfichten an der Loserstraße	87
59	Vertrocknete Pappeln im Marchfeld	87
60	Inversionslage	89
61	Waldschäden am Ostrong	89
62	Fluorschäden bei Lend	91
63	Einwirkungen von Anlagen auf die Nachbarn: Rechtliche Fiktion und soziale Realität	92
64 und 65	Waldschäden durch Verkehrsabgase	93
66	Hochwechsel	95
67	„Fichtenfenster"	97
68	Verursacherprinzip und Verbrauch von Umweltgütern	98
69	Trockenschäden an Eichen	99
70	Betriebsformen der Forstwirtschaft	100
71	Fichtenaufforstung	101
72	Kadaververjüngung	103
73	Naturverjüngung	103
74	Forststraßennetz	105
75	Das Anlauftal bei Gastein	107
76	Folgeschäden eines Straßenbaus	107
77	Bringungsschäden	109
78	Picknickplatz im Wald	110
79	Lifttrasse	111
80	„Sanfter" Tourismus auf der Rax	113
81	Feuerkogel	114
82	Folgen von Schipisten	115
83	Rotkiefer im Hochleitenwald	116
84	Baumpflanzordnung von Hessen, 1793	118
85	Spalierobstbaum	119
86a	Brenner-Bundesstraße, 1978	120
86b	Brenner-Bundesstraße, 1985	120
87	Ringstraßenbäume, Wien	121
88	Rindenschäden durch Kfz-Verkehr	122
89	Pflegeschnitt bei Stadtbäumen	122
90	Baumschäden durch Tiefbaumaßnahmen	123
91	Aufbau einer Hecke	124
92	Hecke	125
93	Auswirkungen einer Hecke auf den landwirtschaftlichen Ertrag	125
94	Heckenlandschaft bei Lienz	126
95	Bodenschutzpflanzungen	127
96	Naturnahes Bachufer	128
97	Ufergehölz (Aufbau)	128
98a	Waldmantel	129

Seite
98b Feldgehölz ... 129
99 Durch Spritzmittel geschädigter Waldrand ... 130
100 Urwald ... 131
101 Aufbau von Naturwaldzellen ... 132
Vereinbarung Naturwaldzelle ... 134

Tafeln:

Seite
1 Wald und Mensch ... 25
2 Rohstoff Holz ... 39
3 Waldboden ... 55
4 Fichtengespinstblattwespe ... 67
5 Waldbewohner ... 77
6 Einzelbäume ... 117
7 Naturwälder ... 133

Tabellen:

1 Beschäftigte der holzverarbeitenden Industrie ... 30
2 Vergleich der Forstinventurperioden 1961/70 und 1971/80 ... 31
3 Waldschäden in Europa ... 84

Kästen:

1 „Noch stehen Altäre an den Stellen, wo einst Quellen sprudelten" ... 21
2 Vom Reichtum zum Relikt: die Libanonzeder ... 23
3 Natürliche Schlußwaldgesellschaften ... 24
4 Waldentwicklung seit der Eiszeit im Bergwald ... 24
5 Holzgewächsarten der österreichischen Wälder ... 38
6 Der Wald wächst auf Kosten der Almen ... 44
7 Waldlehrpfad ... 54
8 Natürliches Lebensalter und Umtriebszeit heimischer Laub- und Nadelbaumarten ... 57
9 „Zehn ökologische Wald-Wild-Gebote" ... 73
10 Wildverbiß, Waldweide ... 74
11 Waldsterben ... 81
12 Methoden der Waldschadenserhebung ... 82
13 Formen der technischen Bewirtschaftung ... 100
14 Ligist ... 104
15 Bodenschutzpflanzungen ... 127
16 Uferbepflanzung ... 128

Bildautoren der Tafeln:

Tafel 1: L. Becket (l. o., r. o., l. u.), Niederösterreichische Agrarbezirksbehörde (r. u.) – Tafel 2: W. Katzmann (l. o., r. o.), Hofstetter-Dia, Ried i. Innkreis (l. u.), Chr. Witt-Döring (r. u.) – Tafel 3: W. Katzmann – Tafel 4: E. Führer – Tafel 5: W. Katzmann (l. o., l. u.), W. Tilgner (r. o.), H. Schacht (r. u.) – Tafel 6: H. Schacht (l. o.), W. Katzmann – Tafel 7: M. Kumpfmüller (l. u.), W. Katzmann.

1 Einführung

„Wälder gehen der menschlichen Kultur voran, Wüsten folgen ihr", sagte Chateaubriand (1768–1848), ein Weggenosse Rousseaus, unter dem Eindruck der Waldzerstörungen seiner Zeit und ihrer Folgen. Nicht erst seit jüngster Vergangenheit wird also der Lebensraum Wald vom Menschen geplündert und geschunden.
In Mitteleuropa wurden seit dem Mittelalter die Waldflächen nach und nach um mehr als die Hälfte verringert, um Ackerland, Weiden, Almen und Siedlungsraum zu gewinnen: Der Kampf einer rasch wachsenden Bevölkerung ums Überleben war hauptsächlich ein Kampf gegen den Wald. Er wurde damals auch als finster und feindselig empfunden, was in Mythen und Märchen bis heute fortwirkt.

Abb. 1: Der große Wald
J. v. Ruisdael, um 1660

Die Zeit und die Gesellschaft, für deren Kunst Ruisdael als einer ihrer bedeutendsten Repräsentanten steht, hatte eine wissenschaftliche Betrachtungsweise der Erscheinungsformen in der Natur auf ihre Fahnen geschrieben. Die mythisch oder religiös verklärte Interpretation der Natur mußte der klaren analytischen Sicht einer aufklärerischen bürgerlichen Neuzeit auch in der Kunst Platz machen. In den Bildern der holländischen Landschaftsmaler des 17. Jahrhunderts wird die Natur nicht mehr nur als Staffage für den Menschen begriffen, sie gewinnt Eigenständigkeit. Der Mensch wird ab nun als Teil eines größeren Ganzen gesehen. Ein vergleichbarer Wandel in der Betrachtungsweise der Natur kennzeichnet auch die Gegenwart. Jenseits ökonomischer Erwägungen wird der Wald in seiner ökologischen Bedeutung erkannt. Die Zukunft des Menschen ist eng verknüpft mit dem weiteren Schicksal des Waldes.
(Kunsthistorisches Museum, Wien)

Dieser Vorstellung ist entgegenzuhalten, daß der Wald aus vielen Gründen schon immer ein unersetzlicher Freund des Menschen war und es insbesondere heute ist – wie in den folgenden Kapiteln gezeigt werden soll. Nicht mehr wie einst der Kampf gegen, sondern für den Wald ist heute die kulturelle Großtat, soll nicht auch unserer Kultur die Wüste folgen. Der Kampf gegen den Wald schuf einst den menschlichen Lebensraum, der Kampf um den Wald sichert ihn heute.

„Du wirst die Natur nicht beherrschen, wenn du ihr nicht gehorchst", stellte schon Francis Bacon (1561–1626) fest. H. Markl, Präsident des Deutschen Forschungsrates, faßte es 1983 – nüchtern – so zusammen: „Wir müssen begreifen: Die lebendige Natur ist kein gegen jeglichen Angriff immunes, stabiles System, dem der Mensch nichts anzuhaben vermag. (. . .) Was wir heute und in den nächsten Jahrzehnten für oder gegen die Natur dieser Erde tun, wird das Schicksal eines großen Teils lebender Organismenarten – die unsere eingeschlossen – für alle kommenden Generationen vorausbestimmen."

Über den heimischen Wald zu schreiben, heißt, über fast die halbe Fläche Österreichs Auskunft zu geben. Heißt aber auch, immer wieder auf die Siedlungsgeschichte, kulturelle Entwicklung und Klimageschichte zurückgreifen zu müssen. Der Wald ist kein sich rasch erneuernder Lebensraum. Österreichs älteste Bäume stammen noch aus dem Mittelalter.
Weiters bewirkt die reiche Gliederung unseres Landes eine

Vielfalt von Waldtypen. Wie man sieht, ein komplexer Sachverhalt, der sich im gebotenen Umfang nicht ohne Verallgemeinerungen darstellen läßt.

Die vorliegende Arbeit zum Thema „Wald" ist der vierte Band der Reihe „Empfehlungen zur Umweltgestaltung und Umweltpflege". Bereits erschienen sind die Bände „Kulturlandschaft", „Naturschutz" und „Wasser". An die Herausgabe eines weiteren Bandes unter dem Titel „Wiesen und Weiden" ist gedacht.

Der Band „Wald" gliedert sich nach dieser kurzen Einleitung in fünf weitere Kapitel: Kapitel 2 ist der Geschichte des Waldes, seinen weltweiten Problemen und der Entwicklung der Beziehung zwischen Mensch und Wald gewidmet, außerdem wird eine Einführung in das einschlägige Rechtswesen geboten. Kapitel 3 behandelt die Nutz-, Schutz-, Wohlfahrts- und Erholungswirkung des Waldes sowie seine ökologische Bedeutung. Kapitel 4 befaßt sich mit den Gefährdungen des Waldes wie den Klimaeinflüssen, den Forstschädlingen, der Wildproblematik, dem Waldsterben, dem Forststraßenbau und dem Tourismus. Kapitel 5 bietet Hinweise auf Schutz- und Pflegemaßnahmen sowie einen Exkurs zum Thema „Naturwaldreservate, Nationalparke". Kapitel 6 schließlich macht mit einem möglicherweise zukunftsträchtigen Waldtypus, den sogenannten Energiewäldern, bekannt.

Im Anhang finden sich ein Überblick über die wichtigsten Waldgesellschaften Österreichs, ihre Verbreitung und Standortansprüche; weiters eine von M. Neumann und J. Pollanschütz verfaßte „Taxationshilfe für Kronenzustandserhebungen"; den Abschluß bilden eine Auflistung jener Behörden, Institute und Organisationen, die sich mit der Verwaltung, Bewirtschaftung und Betreuung des Waldes befassen, eine Zusammenstellung umweltrelevanter Rechtsvorschriften sowie ein Verzeichnis der verwendeten und der weiterführenden Literatur.

Abb. 2: Pflanzenstoffwechsel ▷

Nur die grünen Pflanzen (abgesehen von einigen Bakterien) sind imstande, die von der Sonne eingestrahlte Lichtenergie direkt in chemisch gebundene Energie (Zucker) zu verwandeln. Diesen Vorgang nennt man Photosynthese. Die Photosynthese ihrerseits ist an das Vorhandensein von Wasser und Kohlendioxid gebunden. Sie dient in vielen komplizierten Teilschritten dem Aufbau organischer Substanzen. Bei der Photosynthese wird ein Teil des von der Pflanze vorwiegend aus dem Boden über Feinwurzeln aufgenommenen Wassers in Sauerstoff und Wasserstoff gespalten (Photolyse). Die Energie für diesen Prozeß wird vom grünen Blattfarbstoff Chlorophyll aus der Sonnenenergie gewonnen (Photophosphorylierung) und über Energieüberträger (ADP $\rightleftharpoons$ ATP) für die Photolyse zur Verfügung gestellt. Kohlendioxid wird unter Zuhilfenahme dieser und anderer Energieüberträger (NADP $\rightleftharpoons$ NADPH + H) zu Zucker synthetisiert. Der aus der Luft stammende Stickstoff wird im Boden von Bakterien in Nitrat verwandelt und zusammen mit Spurenelementen und Bodenwasser von der Pflanzenwurzel aufgenommen. Das Nitrat wird in einem energieaufwendigen Prozeß in Ammoniumionen (NH_4) verwandelt, die zusammen mit dem Zucker zum Aufbau weiterer organischer Substanzen gebraucht werden. In der Zellatmung wird der „Energiespeicher" Zucker zerlegt und in einem sauerstoffverbrauchenden Prozeß einerseits für den Aufbau von Biomasse verwertet, andererseits zur Energieaufladung von ADP $\rightleftharpoons$ ATP und NAD $\rightleftharpoons$ $NADH_2$ verwendet. Die Restenergie wird als Wärme abgestrahlt. Der aufgebaute Zucker wird von der Pflanze in verschiedener Form (Stärke, Zellulose) gespeichert. Der Wasserkreislauf wird durch den über die Spaltöffnungen abgegebenen Wasserdampf in Gang gehalten und transportiert die Syntheseprodukte in alle Pflanzenteile. Letztlich nutzen die „Konsumenten" im Umweg über den gespeicherten Zucker die Energie der Sonne.

2 Lebensraum Wald

2.1 Wald als Lebensraum und Lebensgemeinschaft

Die frühe Atmosphäre der Erde war nahezu sauerstofffrei. In diesem Milieu fanden nur gewisse Organismen eine Überlebenschance, und zwar sogenannte anaerobe Bakterien, die heute in wenige Restlebensräume abgedrängt sind, z. B. in unsere Verdauungsorgane. Erst die „Erfindung" der Photosynthese – ein Vorgang, den der Mensch bis heute nicht künstlich nachvollziehen kann – machte eine unmittelbare Nutzung der Sonnenenergie für das gesamte uns vertraute Leben der Erde möglich. Als „Abfallprodukt" dieses Vorganges fällt Sauerstoff an – jener Sauerstoff, der heute ein Fünftel unserer Atmosphäre ausmacht und erst tierisches wie menschliches Leben ermöglicht. Unsere Atemluft ist also selbst ein Produkt des Lebens, genauer ein Produkt der grünen Pflanzen, das sind jene, die mittels Blattgrün (Chlorophyll) in der Lage sind, Sonnenenergie zum Aufbau der eigenen Substanz zu nützen (Abb. 2).

Die grünen Pflanzen und die von ihnen abhängigen Tiere und Menschen (Konsumenten) verbrauchen Sauerstoff nicht nur bei ihrer Atmung, sondern auch, wenn ihre Substanz mit Hilfe von Bakterien und anderen zersetzenden Organismen wieder zu anorganischem Material abgebaut wird (Mineralisation). Merkwürdigerweise bleibt dabei der Sauerstoffanteil an der Atemluft ständig konstant, obwohl Teile der organischen Substanz von Pflanzen und Tieren im Sediment der Gewässer und in Mooren auf Jahrmillionen dem natürlichen Kreislauf von Werden und Vergehen entzogen und in Form von Torf, Kohle, Erdöl oder Erdgas gespeichert werden. Diese Konsistenz in der Zusammensetzung der Atemluft ist von größter Bedeutung, würde doch bei einem Anstieg des Sauerstoffgehaltes um wenige Prozentpunkte selbst nasses Holz wie Zunder brennen, während ein Absinken des Sauerstoffgehaltes das Überleben von Mensch und Tier unmittelbar in Frage stellte.

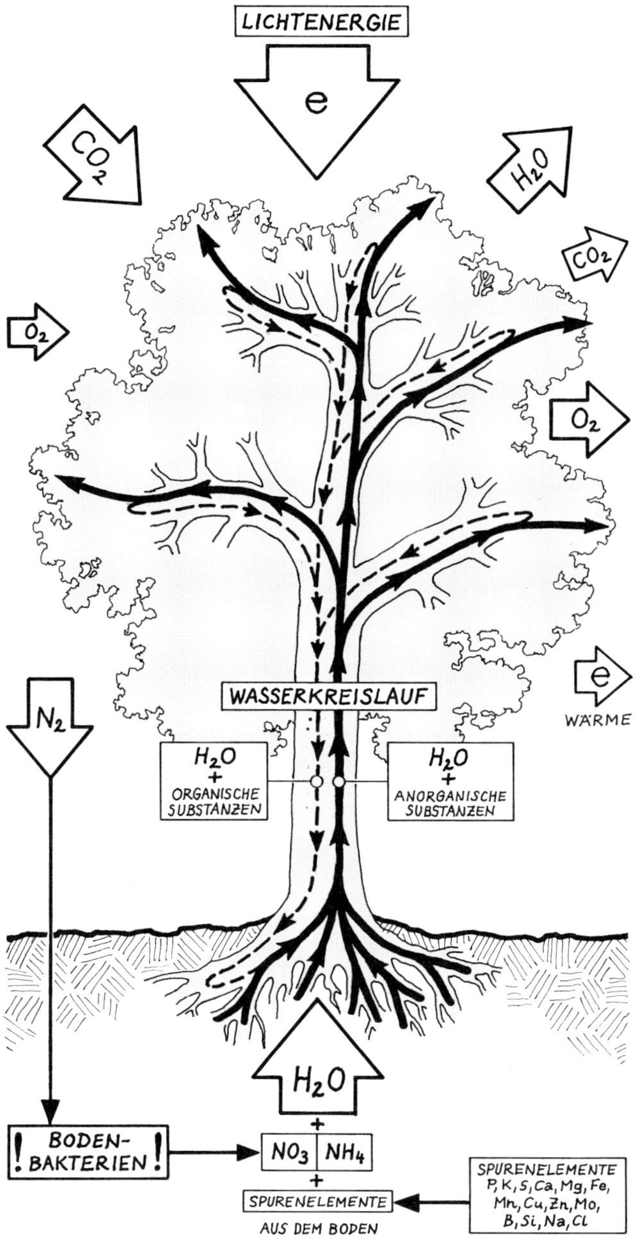

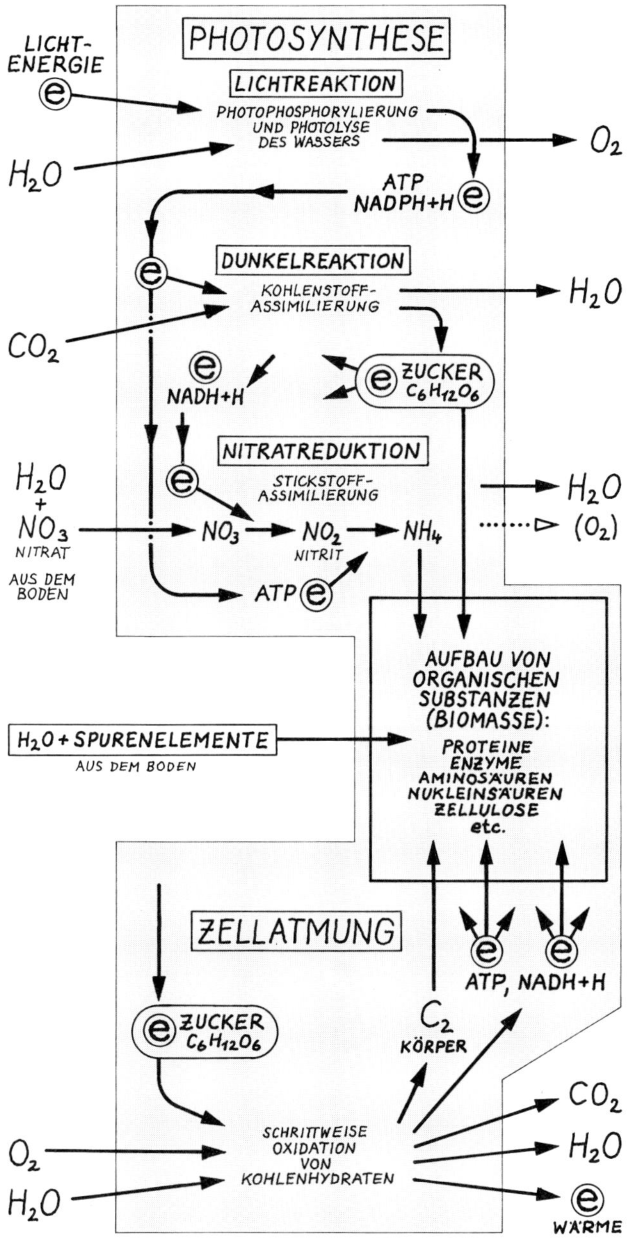

Wie eine unsichtbare Hand scheinen höchst subtile und in ihren Einzelheiten undurchschaubare Rückkoppelungsprozesse die Zusammensetzung der Erdatmosphäre zu steuern. Es ist davon auszugehen, daß den Wäldern unserer Erde bei diesen Prozessen eine große Bedeutung zukommt.
Wir wissen nicht, ob diese Selbststeuerungsmechanismen auch das Treiben einer hoch technisierten Menschheit, die quasi wie ein Elefant im Porzellanladen wütet, ausgleichen können. Vorsicht, Vorsicht und noch einmal Vorsicht beim Umgang mit unseren Wäldern – vor allen den tropischen, die am produktivsten sind – wäre also angezeigt!
Bisher überstand und überwand der Wald in einer immensen Anpassungsleistung die Folge von Kontinentverschiebungen, Polsprüngen, Klimaveränderungen und außerordentlichen Naturkatastrophen wie Vulkanausbrüche und Meteoriteneinschläge. In den Eiszeiten schoben sich die Vegetationsgürtel lediglich enger um den Äquator zusammen, in den Zwischeneiszeiten dehnten sie sich wieder aus. (Der Artenreichtum tropischer Wälder ist mit Gewißheit darauf zurückzuführen, daß die in ihnen herrschenden Klimabedingungen über viele Jahrmillionen hinweg relativ stabil blieben. Diese sozusagen paradiesischen Verhältnisse milderten den Verdrängungswettbewerb und Überlebenskampf, es blieb genügend Raum für die Entstehung neuer, zusätzlicher Lebensformen. So kam jene Fülle tropischer Pflanzen und Tiere zustande, die andernorts durch die Ungunst des Klimas unterblieb.)
In den Eiszeiten verhinderten in Europa der Alpenbogen, die Pyrenäen, aber auch das Mittelmeer den Rückzug vieler empfindlicher Baumarten in wärmere Überlebensräume, aus denen sie unter günstigeren klimatischen Bedingungen wieder in den Norden hätten zurückkehren können; sie gingen für unsere Breiten als bodenständige Spezies unwiderruflich verloren. Wo solche Barrieren fehlen, wie in Teilen Asiens und Nordamerikas, blieb das Artenspektrum erhalten bzw. konnte sogar weiter zunehmen. Mit dem Hinweis, „die Eiszeiten hätten uns zu wenige vorher vorhandene Bäume übriggelassen, um damit noch vernünftigen Waldbau treiben zu können", begründen denn auch Forstwissenschafter die Wiedereinbringung bei uns ausgestorbener Baumarten. Allerdings hat sich unser Wald inzwischen an seine relative Artenarmut angepaßt. Jede importierte Pflanzen- oder Tierart – somit auch jeder neu eingebürgerte Baum – kann daher statt der erhofften Bereicherung eine Störung des bestehenden ökologischen Gleichgewichts hervorrufen.
Daß Wald und Boden der Tropen trotz Artenfülle ein empfindliches Ganzes darstellen, zeigt die Urwaldzerstörung. Nur die obersten Bodenschichten des tropischen Waldes sind belebt. Im Tropenwald sind die Nährstoffe einem raschen Kreislauf fast ausschließlich in der lebenden Substanz unterworfen. Das Fehlen von Jahreszeiten reduziert die Speicherung von Nährstoffen im Boden. Es kommt zu keiner Ausbildung einer tiefgründigen Humusschicht wie etwa in den Wäldern Mitteleuropas. Das großflächige Ab-

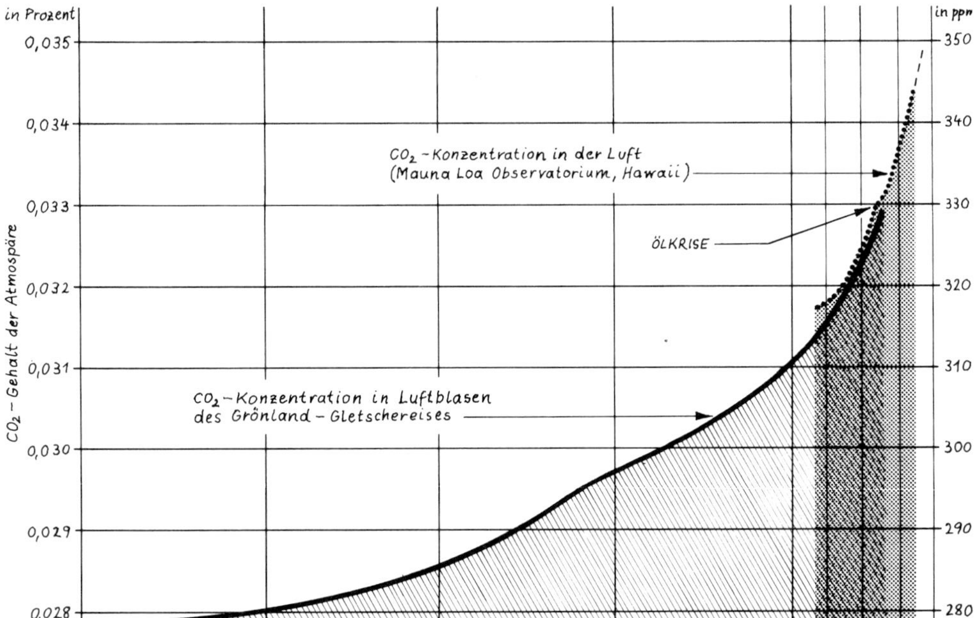

Abb. 3: Treibhauseffekt

Kohlendioxid (CO_2) ist ein natürlicher Bestandteil der Luft. Es ist unsichtbar und läßt die von der Sonne eingestrahlte Lichtenergie ungehindert auf die Erdoberfläche durchdringen. Auf der Erde wird diese Energie in Wärme umgewandelt und zum Teil wieder in das All abgegeben. Die von der Erde abgestrahlte Wärme wird aber – im Gegensatz zum Licht – teilweise vom CO_2 zurückgehalten. CO_2 wirkt somit gewissermaßen wie das Glasdach in einem Treibhaus. Es ist also ein wichtiger Klimaregulator, ohne den Leben – wie wir es kennen – nicht möglich wäre. Seit Beginn des Industriezeitalters steigt der CO_2-Gehalt der Atmosphäre – wie aus der Grafik ersichtlich ist – durch die Verbrennung fossiler Brennstoffe (Kohle, Erdöl, Erdgas) und durch die Brandrodung der Wälder kontinuierlich und sich beschleunigend an. Wir sind über diesen Vorgang durch Messungen bei Lufteinschlüssen in Bohrkernen von Gletschereis aus Grönland informiert (wobei sich das Entstehen der Eisschichten ziemlich genau datieren läßt). Seit 1957 (dunkel schraffierter Bereich der Grafik) wird CO_2 auch direkt in der Luft gemessen, und zwar in einem Observatorium auf dem Mauna Loa, einem hohen Vulkanberg in Hawaii. Der Anstieg des CO_2-Gehaltes erfolgt in einer Zackenlinie (auf der Abbildung nicht dargestellt), weil im Sommer auf den Landmassen der Nordhalbkugel der Erde viel CO_2 in Pflanzen gespeichert wird. Das zeigt den Zusammenhang von Pflanzenwachstum (Wald!) und Kohlendioxidkreislauf. Zusammen mit anderen, den Treibhauseffekt fördernden Gasen (z. B. Methan) und diversen von Menschen verursachten Veränderungen des Luftchemismus (Stichwort: Ozonloch) ist durch den CO_2-Anstieg eine weltweite Klimakatastrophe in sehr naher Zukunft zu befürchten, wenn nicht rasch geeignete Gegenmaßnahmen ergriffen werden – vor allem eine Senkung des Verbrauches mineralischer Brennstoffe und die Einstellung der Vernichtung der Regenwälder.

brennen oder Roden wirkt katastrophal, da fast alle Nährstoffe in der Biomasse gespeichert sind. Die unmittelbare Einwirkung der Sonne zerstört in der Folge das Bodenleben, und der heftige Regen schwemmt Nährstoffe und Boden fort. Die dünne Humusschicht wird rasch mineralisiert, unfruchtbare Böden bleiben zurück – der Tropenwald kann sich nicht mehr erneuern.
Vieles spricht daher dafür, tropische Regenwälder – wie Erdöl oder Kohle – den nicht erneuerbaren Ressourcen unserer Erde zuzuzählen.

Anders als in tropischen und subtropischen Breiten begünstigte unser Klima mit ausgeprägten Jahreszeiten die Entstehung tiefgründiger Böden, die bis in mehrere Meter Tiefe, ja bis weit ins Grundwasser hinein von Organismen besiedelt werden konnten. Der Nährstoffkreislauf blieb – im Gegensatz zu den Tropen – nicht auf die Oberflächennähe beschränkt, das Ausgangsgestein wurde tiefgründig erschlossen. Damit war auch die Voraussetzung für eine Land- und Forstwirtschaft, wie wir sie kennen, geschaffen.

Abb. 4a: Tropischer Regenwald, Brasilien

Abb. 4b: Zustand nach Rodung

Im Zuge der Landgewinnung und Holznutzung werden weltweit die tropischen Regenwälder rasch zurückgedrängt. So gingen alleine 1987 über 200.000 Quadratkilometer (das ist die zweieinhalbfache Fläche Österreichs) im Gebiet des Amazonasurwaldes verloren. Besonders tragisch und absurd ist dabei der Umstand, daß es in Brasilien – dem Land mit dem höchsten Anteil am Amazonasurwald – riesige Flächen unbewirtschafteten oder nur extensiv bewirtschafteten Landes im Eigentum von Großgrundbesitzern gibt, während land- und beschäftigungslose Menschen Regenwald für einen nur vorübergehenden Nahrungserwerb durch Brandrodung vernichten. Mit dem Regenwald verschwindet dabei auch die urtümliche Indianerkultur Amazoniens. Klimaforscher sind überzeugt, daß der Verlust der Regenwälder nicht nur den „Treibhauseffekt" beschleunigt, sondern auch zu einer allgemeinen Klimaveränderung und zur Vergrößerung des „Ozonlochs" über der Antarktis beiträgt. Durch die über viele Jahrmillionen ungestörte Entwicklung bergen die tropischen Regenwälder zudem etwa 90 Prozent aller festlandbewohnenden Tier- und Pflanzenarten und stellen somit den größten genetischen Schatz der Erde dar. (Fotos: W. Hödl, 1985)

Eine Vorstellung von der Vielfalt des Bodenlebens gibt jeder Kubikzentimeter Erde: in ihm sind mehr Bakterien und Kleinstlebewesen als Menschen auf unserem Planeten enthalten.

Im Laufe der Zeit haben sich zwischen Pflanzen und Tieren komplexe Lebensgemeinschaften gebildet, die letztlich alle von der Photosyntheseleistung der Pflanzen abhängen, also dem Aufbau von Zucker (bzw. in der Folge von Stärke und Zellulose) unter Nutzung von Sonnenenergie, Wasser und Kohlendioxid aus der Luft.

Trockenheit begrenzt die Verbreitung des Waldes, wobei im Gebirge und im hohen Norden die kalte Jahreszeit einer Trockenperiode gleichzuhalten ist, während bei einer ausreichend langen Vegetationsperiode auch winterliche Tiefsttemperaturen, wie sie etwa auf dem sibirischen Festland üblich sind, angepaßten Baumarten bzw. -rassen nicht schaden! Durch zu kurze Perioden mit für die Bäume verfügbarem Wasser entstehen also die Höhengrenze im Gebirge, die Verbreitungsgrenzen des Waldes sowohl in Polnähe als auch im Bereich von Gebieten mit (absolutem) Niederschlagsmangel (Steppen, Wüsten).

Der europäische Wald befindet sich in einem Fließgleichgewicht, das auch durch die Nutzung des Stammholzes nicht leicht zu stören ist. Der Nährstoffentzug des Stammholzes ist im Verhältnis zu den in Blättern, Rinde und Ästen gebundenen Nährstoffen gering. Der Entzug an Biomasse kann durch den von Wurzeln und Wasser bewirkten Gesteinsaufschluß sowie durch den Nährstoffeintrag aus der Luft in gas-, staubförmiger und flüssiger Form über sehr lange Zeiträume ausgeglichen werden. Voraussetzung ist allerdings die Erhaltung des Waldbodens. Gelingt dies nicht, kommt es zu Erosions- und Verkarstungserscheinungen, wie der Mittelmeerraum und auch einzelne verkarstungsanfällige Gebiete unserer Alpen zeigen.

Weltweit übertrifft die vom Menschen durch Entwaldung und unangepaßte Landwirtschaft verursachte Bodenerosion die natürliche Erosion um ein Mehrfaches, lokal bis über das Hundertfache – auch in unseren Breiten. Der Raubbau trifft damit nicht nur den Lebensraum Wald, er hat auch weltweite Folgen für das Klima.

Bedingt durch Klima und unterschiedliche Böden entstanden in Österreich verschiedene Waldtypen.

Der Wald bildet sein eigenes Bestandsklima. Es unterscheidet sich durch gleichmäßigeren Temperaturverlauf, geringere Schwankungen der Luftfeuchtigkeit, geringere Luftbewegung, gedämpftes Licht, verlängerte Schneeschmelze gegenüber dem baumlosen Umland. Vor allem aber ist die Waldluft bedingt durch die Filterwirkung von Laub und Nadeln wesentlich staub- und schadstoffärmer. Aber nicht nur im Wald selbst wirken sich seine Wohlfahrtsfunktionen segensreich aus, da der Wald wie jeder Lebensraum in vielfältiger Form mit anderen Lebensräumen (also mit seiner Umgebung) verbunden ist. Hier sind in erster Linie Wasserrückhaltevermögen, Erosions-, Steinschlag- und Lawinenschutz sowie Schadstoffilterung zu erwähnen. Dies wird noch näher auszuführen sein.

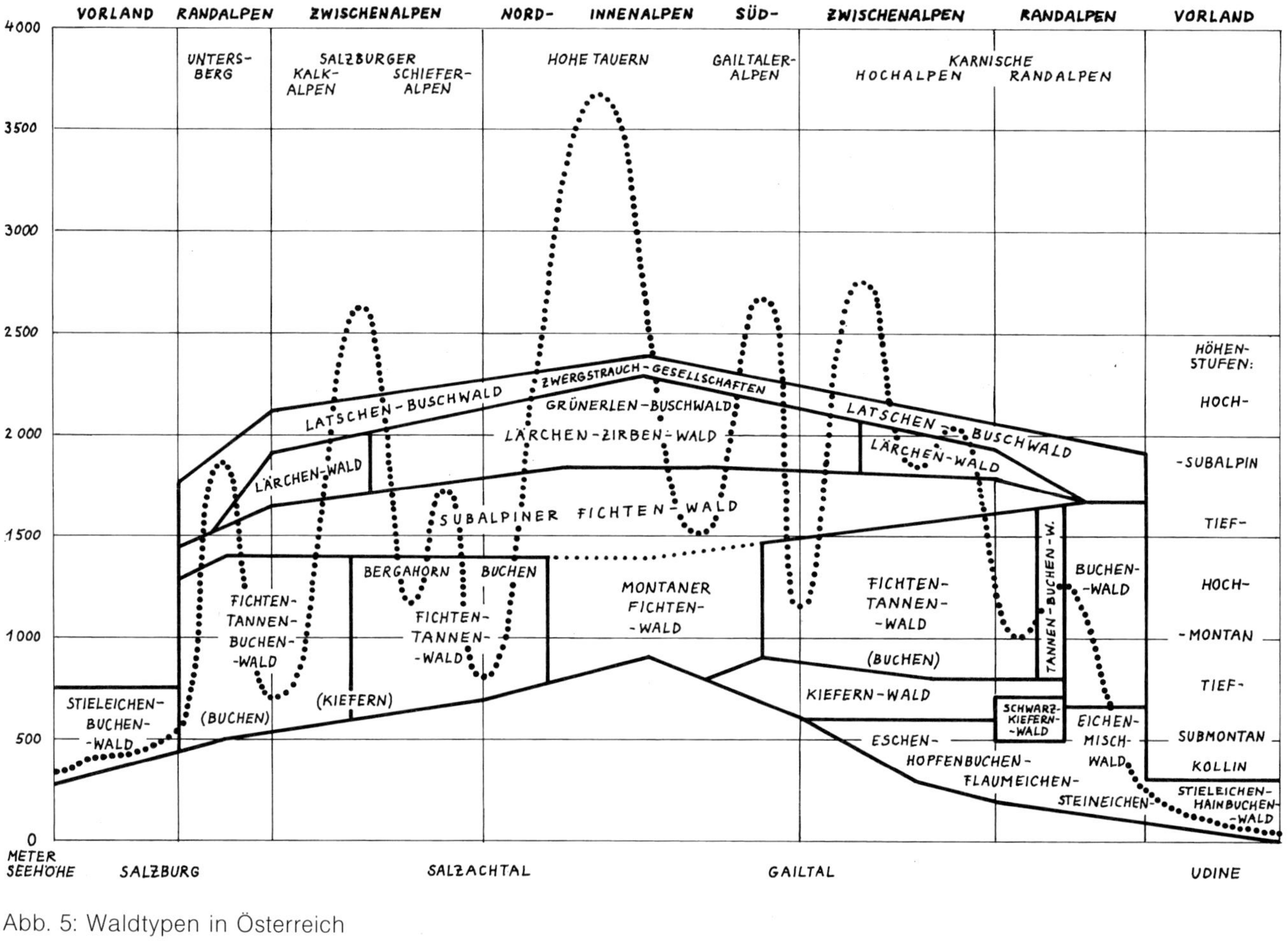

Abb. 5: Waldtypen in Österreich

Schnitt durch die Ostalpen etwa im Bereich Salzburg–Udine. Die punktierte Linie entspricht dem stark überhöhten Profil der Alpen. Innerhalb der Höhenstufen läßt sich die jeweils anzutreffende Waldgesellschaft ablesen. Bemerkenswert ist dabei der Anstieg der Vegetationsgrenze gegen das Alpeninnere hin. Dieser Umstand wird unter anderem durch die Schutzwirkung der vorgelagerten Randalpenketten sowie durch die größere Massenerhebung der Zentralalpen bewirkt, wodurch die Erdwärme in größere Höhen gelangt. Auch das Grundgestein begünstigt ein Höhersteigen des Pflanzenwuchses. (Quelle: nach H. Mayer, 1985, verändert)

Abb. 6: Schutzwald

Für die dichtbesiedelten Alpentäler ist ein gesunder Schutzwald unverzichtbar. Nur dieser ist imstande, den Wasserhaushalt stabil zu halten und zugleich Muren und Lawinen zu verhindern. Teure technische Verbauungen können diese Leistungen nicht ersetzen. (Foto: W. Katzmann, 1988)

Boden und Bäume beeinflussen sich aber auch wechselseitig. Der Auf- und Abbau organischer Substanz führt etwa unter Fichten zu sauren Böden, weil Fichten mehr Verunreinigungen aus der Luft filtern, ihre Nadeln nährstoffarm sind und der geringere Lichteinfall im Bestand die Zersetzung der Streu verlangsamt. Fichten bevorzugen aber auch von Natur aus nährstoffarme Böden – die sie mitunter noch weiter ansäuern können.
Unter Birken ist der Boden weniger sauer, weil Birken weniger Luftschadstoffe ausfiltern, nährstoffreicheres Laub abwerfen, der stärkere Lichteinfall eine raschere Zersetzung des Laubes ermöglicht und die Wurzeln tiefere Bodenschichten zur Nährstoffaufnahme erreichen. Birken wachsen auf nährstoffreichen Böden natürlich besser, aber andererseits sind sie als typische Pionierholzart auch für nährstoff- und humusarme Rohböden geeignet.
Unter den Kronen dieser beiden Baumarten bzw. im jeweiligen Lichtklima entwickeln sich somit sehr unterschiedliche Krautschichten und Bodenfloren.

Abb. 7: Unterschiedliche Einflüsse von Baumarten auf den Waldboden

In einem Birkenbestand entwickelt sich ein – im Vergleich zu einem reinen Fichtenwald – unterwuchsfreundliches Lokalklima, vor allem durch die höhere Belichtung des Bodenbereichs. Das Lokalklima beeinflußt über den Unterwuchs Nährstoff- und Bodenverhältnisse. Dadurch ist besonders im dicht besetzten Fichtenreinbestand der pH-Wert des Bodens niedriger (der Boden also saurer) als unter Laubbäumen (im sauren Milieu des Fichtenbestandes kann die Bodenzersetzung weitgehend zum Stillstand gelangen). Wie tief ein Aufschließen des Bodens durch die Krautschicht erfolgen kann, zeigt Abb. 34, Seite 49.

Die Vielfalt der Organismen im Lebensraum Wald läßt sich an der Tatsache verdeutlichen, daß ein großer Laubbaum im Jahresablauf von etwa 600 Tierarten bewohnt wird. Nimmt man den Wurzelraum hinzu, vervielfacht sich die Artenzahl. Dazu kommen noch jene Arten, die abgestorbenes Holz bewohnen und abbauen.
Besonders hoch ist auch die Vielfalt an Pilzen. In den meisten Wäldern übertrifft ihre Zahl jene aller anderen Organismen. Sie sind für den Nährstoffhaushalt des Waldes von ausschlaggebender Bedeutung: Im Wurzelbereich bilden sie unentbehrliche Lebensgemeinschaften mit den Bäumen, als Baumschwämme bauen sie totes Holz ab. Gemeinsam mit anderen Zersetzern (z. B. Bakterien) schließen sie den Kreislauf zwischen Auf- und Abbau der Nährstoffe im Wald (siehe Abb. 8b).
Das soeben Ausgeführte gilt allerdings im vollen Umfang nur für einen naturbelassenen oder naturnah bewirtschafteten Wald. In einem „ausgeräumten" Wirtschaftswald finden sich wesentlich weniger Arten, beispielsweise mangelt es den Totholzbewohnern an Lebensraum.

Im Idealfall ist die Vegetationsdecke des Waldes aus mehreren Schichten aufgebaut, nämlich aus
- der den Boden bedeckenden *Moosschicht* (dazu zählen außer den Moosen noch Klee, Flechten, Pilze),
- der *Krautschicht* (gebildet beispielsweise aus Farnen, Zittergräsern, Kräutern und niederwüchsigen Straucharten wie Heidelbeeren),
- der *Strauchschicht* (Brombeeren, Kornellkirschen, Himbeeren, Haselnuß, Hartriegel u. a.),
- der *Stammschicht* und
- der *Kronenschicht.*

Die Einteilung nach Bewuchshöhen wurde mehr aus praktischen als aus wissenschaftlichen Gründen getroffen. Die verschiedenen Schichten unterliegen jedoch Abwandlungen, Moos-, Kraut- und Strauchschicht können im Extremfall sogar gänzlich fehlen – beispielsweise in einem zu dichten Fichtenbestand, wo nur noch Nadelstreu den Boden deckt. Es fehlt an Mikroorganismen, die diese Nadeln abbauen könnten, der Boden verarmt und versauert, der Nährstoffkreislauf ist gestört.

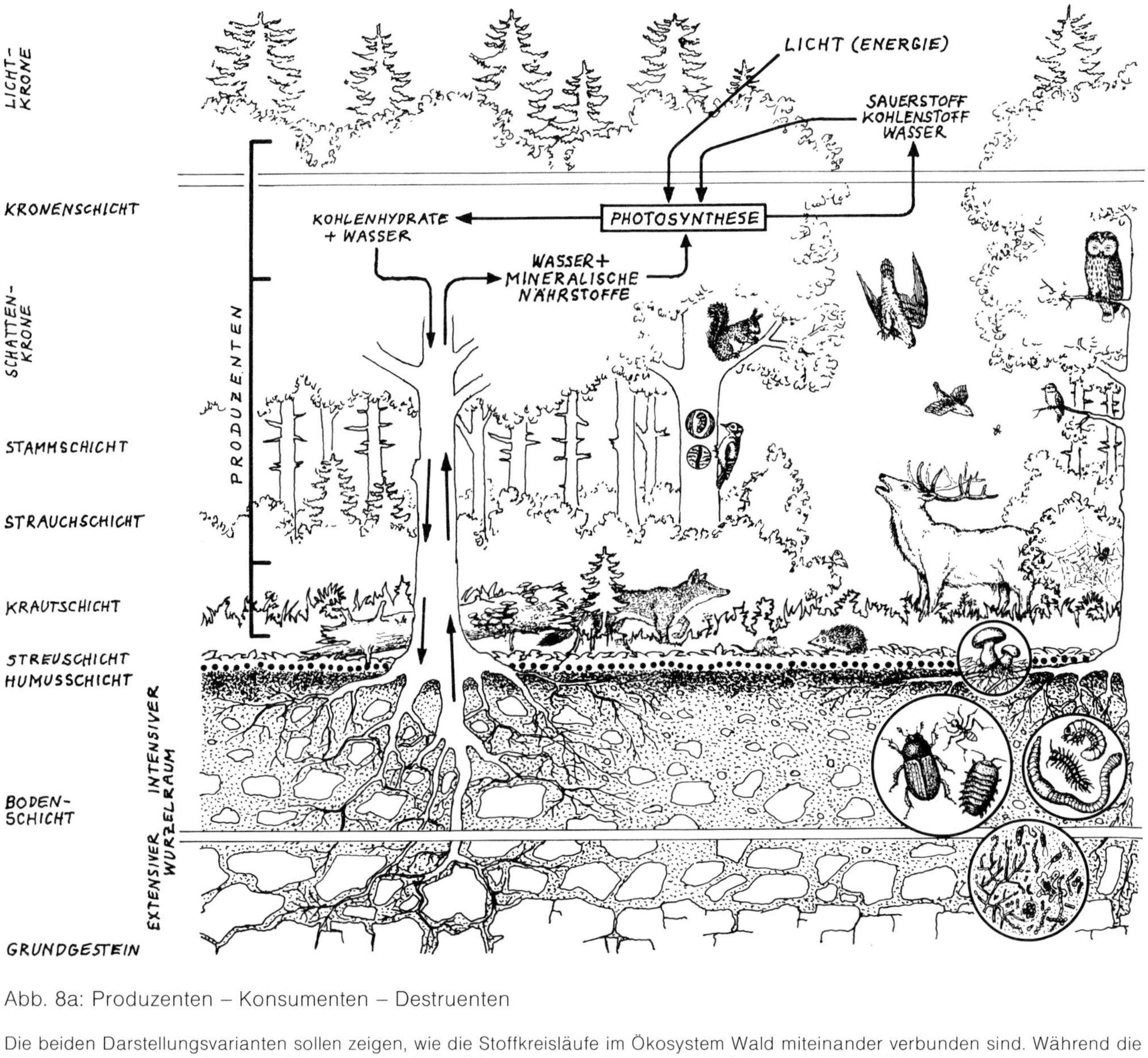

Abb. 8a: Produzenten – Konsumenten – Destruenten

Die beiden Darstellungsvarianten sollen zeigen, wie die Stoffkreisläufe im Ökosystem Wald miteinander verbunden sind. Während die Abbildung links den Aufbau von Biomasse durch die Pflanzen in den Vordergrund rückt, stellt die Abbildung rechts in anderer Form besonders den Abbau der organischen Substanz in Streuschicht und Boden dar.

Abb. 9: Waldboden

Je nach Lichteinfall und Ursprungsgestein wird der Waldboden von verschiedenen Flechten, Moosen, Kräutern, Gräsern und Sträuchern besiedelt. Im Verein mit der Bodenfauna werden hier die Nährstoffe für das Wachstum der Bäume umgebaut und freigesetzt. (Foto: W. Katzmann, 1988)

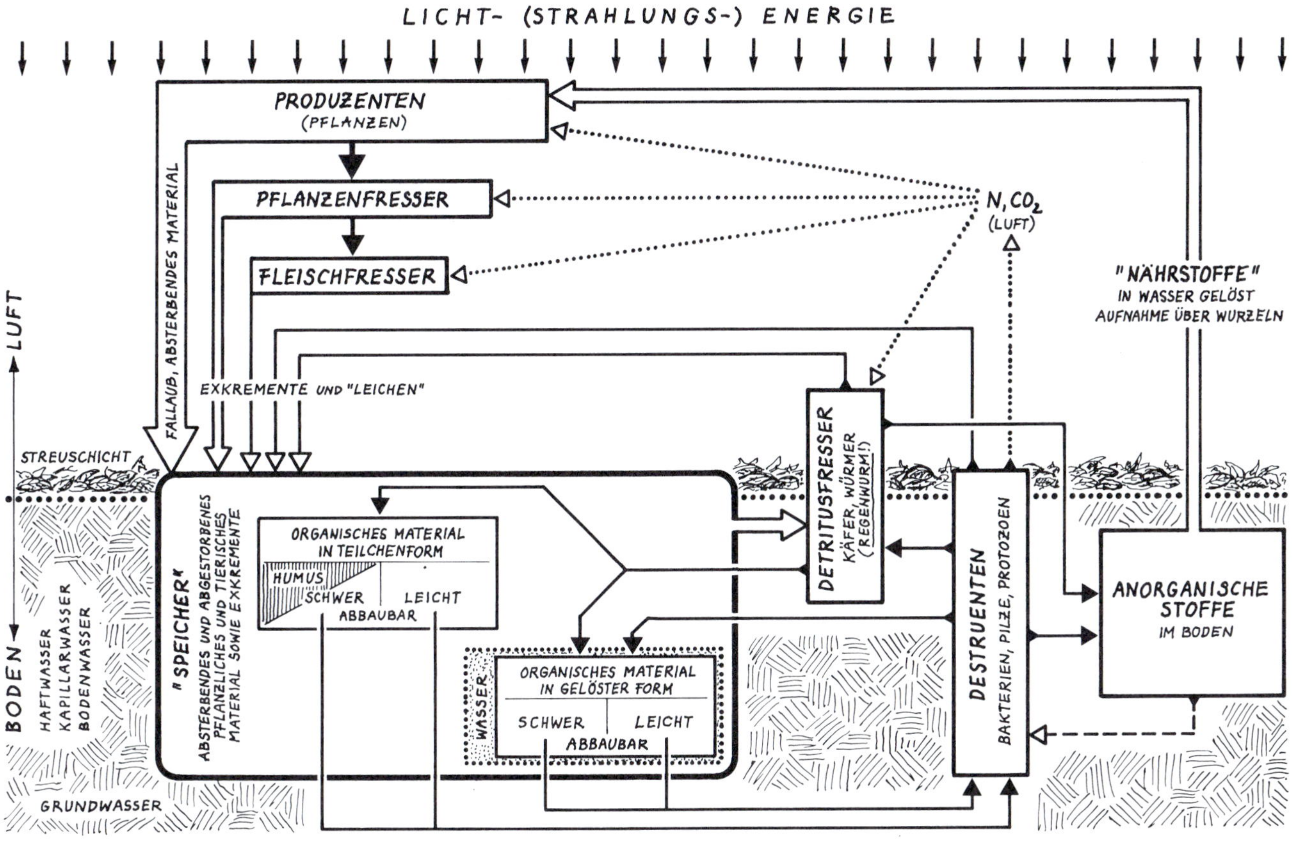

Abb. 8b: Produzenten – Konsumenten – Destruenten

Die „Abfallprodukte" von Produzenten und Konsumenten werden in der Streuschicht und im Boden abgebaut. Dieser auch als „Mineralisation" bezeichnete Prozeß stellt seinerseits über verschiedene Zwischenstufen den Pflanzen die „Nährstoffe" zur Verfügung. Die organischen „Abfallstoffe" können dabei unterschiedlich lange gespeichert werden. Entscheidend für die Dynamik dieses Ablaufs ist die Vielzahl und Vielfalt der daran beteiligten Organismen (Bakterien, Pilze, Würmer, Insekten und deren Larven).

2.2 Wald und Mensch in der Geschichte

Wald und Mensch gehören zusammen: Die körperliche und geistige Entwicklung der Menschen und das Werden der Kulturen sind ohne Wald nicht vorstellbar. Ein verhältnismäßig langsamer Läufer wie der Mensch mit wenig spezialisierten Sinnesleistungen hätte in der Steppe nicht überleben können, er brauchte den Schutz des Waldes. Die Greifhand des Menschen ist evolutionsgeschichtlich ein Produkt des Lebensraumes Wald. Schon daraus ergibt sich die enge Beziehung von Wald und menschlicher Entwicklung. Die stammesgeschichtliche Herkunft aus dem Wald kann im atavistischen kindlichen Klettern auf jedem Spielplatz beobachtet werden. Es ist naheliegend, daß auch unser Gehör, das räumliche Sehen und damit in weiterer Folge die Entwicklung geistiger Fähigkeiten durch

Abb. 10: Holzlagerplatz am Donaukanal, anonym

Bis ins 19. Jahrhundert wurden von den Großstädten riesige Mengen Bau- und Brennholz benötigt. Diese mußten aus immer entlegeneren Gebieten vorzugsweise auf dem Wasserweg herangebracht werden, was auch den Ausbau und eine frühe Regulierung des Gewässernetzes in Mitteleuropa bedingte. (Historisches Museum der Stadt Wien)

den Lebensraum Wald geprägt sind. Zweifellos besteht auch eine Wechselwirkung zwischen räumlichem Sehen und der Hand- und Gehirnentwicklung (so „begreift" das Kind im wörtlichen und übertragenen Sinn). Der Weg vom „handgreiflichen" Klettern zur Verwendung von Werkzeugen ist plausibel.

Die Steinaxt war durchaus dazu geeignet, Bäume zu fällen. Ebenso leuchtet ein, daß die Beherrschung des Feuers und die Verwendung des Holzes als Brennmaterial ein weiterer Schritt in Richtung Kultur gewesen sind. Damit verschaffte sich der Mensch auch einen weiten Spielraum in seiner Ernährung und konnte so erstmals „Grenzen des Wachstums" überwinden (was aber nicht als prinzipielles Bekenntnis der Autoren zu einem grenzenlosen quantitativen Wachstum verstanden werden soll, wie es heute vielfach als Lösungsmaxime für unsere Probleme angeboten wird). Pflanzen und Tiere, die roh als Nahrungsmittel nicht brauchbar waren, konnten nunmehr zubereitet werden. Auch die Vorratswirtschaft wurde dadurch erleichtert. Außerdem sparte die Verfügbarkeit aufbereiteter Nahrungsmittel eigene Energie und Zeit bei der Nahrungsaufnahme. Das Feuer gab Licht und Wärme und bot auch Schutz vor Feinden, ermöglichte schließlich die Brandrodung und die Schaffung von Ackerland.

Die phantastischen Eigenschaften des Holzes machen es zur umfassenden Verwendung geeignet: es ist leicht, aber dennoch – ähnlich wie Stahlbeton – sowohl auf Zug als auch auf Druck belastbar, wärmedämmend, wasserundurchlässig, formbar und dauerhaft sowie überall, wo es Wald gibt, verfügbar. Holz lieferte einen entsprechend vielseitigen Bau- und Werkstoff: vom Grabstock bis zum Holzpflug im Ackerbau, vom Speer über Pfeil und Bogen, Blasrohr und Bumerang für die Jagd bis hin zum Eßbesteck im Haushalt. Wir wissen heute sogar, welche Holzmengen und Holzarten etwa zum Bau des Tempels Salomons herangezogen wurden (siehe auch Kasten S. 23).

„Noch stehen die Altäre an den Stellen, wo einst die Quellen sprudelten . . .“

Plato schildert in seinem „Kritias“ die Folgen der Entwaldung: „Der Boden, von den höher liegenden Ländereien abgebrochen, gleitet unaufhörlich abwärts und verschwindet in der Tiefe. Und, genau wie auf kleinen Inseln, gleichen die Überreste dem Skelett eines Kranken; die gesamte fette, saftige Erde ist verschwunden, und nur das nackte Gerippe des Landes ist übrig geblieben. Aber zu jener Zeit war das Land noch ungeschwächt: Seine Berge hatten bis hoch hinauf Ackerterrassen, und die Ebenen wiesen an Stelle der ‚felleos‘, wie man die steinigen Felder heute nennt, reichen Boden auf; und das Land hatte viele Wälder auf seinen Bergen. Bis auf unsere Tage gibt es sichtbare Zeichen dafür: Es gibt bestimmte Berge, die heute nur noch den Bienen Nahrung bieten, doch vor nicht allzu langer Zeit hatten sie noch Bäume. Die Dachbalken, die aus ihren Stämmen geschlagen wurden, sind noch gesund. Darüber hinaus gab es zahlreiche stattliche Obstbäume verschiedener Art und unbegrenztes Weideland für die Herden. Das Land wurde von Zeus durch jährliche Regen befruchtet, die nicht verlorengingen, wie das heute der Fall ist, wo sie von dem vegetationslosen Land ins Meer fließen. Vielmehr hatte das Land tiefgründigen Boden, in dem es das Wasser auffing und speicherte. Dieses zog von den Höhen in das Innere der Berge und versorgte alle die verschiedenen Landschaften mit reich fließenden Quellen und Strömen. Noch stehen die Altäre an den Stellen, wo einst die Quellen sprudelten, Beweise dafür, daß unsere vorliegende Beschreibung des Landes richtig ist.“
(Zitiert nach W. Engelhardt, Umweltschutz, München 1973)

Abb. 11:
Karstlandschaft,
Dalmatien

Schon in der Antike führte die Übernutzung des Waldes im gesamten Mittelmeerraum und in Kleinasien zu massiven Bodenerosionen, zum Verlust des fruchtbaren Bodens und zerstörte zudem den Wasserhaushalt dieser Gebiete.
(Foto: W. Katzmann, 1987)

Holz war schließlich der unverzichtbare Brennstoff und lieferte die Prozeßwärme für Salzgewinnung (Salzsieden), Metallverhüttung, Glasschmelze, Ton- und Ziegelbrennerei u. a. m. Holz war somit auch die Basis für den Einsatz einer Reihe von anderen Stoffen wie Metalle, Glas und Ziegel. Ohne Holz kein Rad und kein Wagen, auch keine Schiffe, somit kein Fernhandel und kultureller Austausch. Ohne Wald, ohne Holz gäbe es keine allgemeine Verfügbarkeit von Papier. Der mit hölzernen Druckstöcken und Holzpapier in enger Verbindung stehende Buchdruck hat Kultur und Gesellschaft des Menschen der Neuzeit von Grund auf verändert.
All dies macht die Bindung des Menschen an den Wald im Rationalen wie Emotionalen verständlich: Mythen und Märchen, Sitte und Brauchtum, Religion, Künste, Sprache und Politik sind Spiegel unseres Verhältnisses zum Wald. Der Hunger nach Holz zerstörte schon in der Antike Landschaften und Kulturen (siehe Kasten). Besonders der Mittelmeerraum war davon betroffen.

Wir wissen um die Holznot im Mittelalter Bescheid: So benötigte ein Bauernhof damals jährlich 40 Tonnen Holz, als Bauholz, als Brennholz und für den Bau von Zäunen. Der Schiffsbau verschlang gewaltige Mengen besten Eichenholzes. Für den Bau eines mittleren Linienschiffes der britischen Flotte benötigte man 800 starke Eichen, was bedeutete, daß zweieinhalb Hektar ausgewachsenen Eichenwaldes gefällt werden mußten. Für den Bau eines Schiffes waren also etwa 3000 Tonnen bestes Eichenholz notwendig! Bereits um die Mitte des 18. Jahrhunderts gab es in ganz Europa keinen unter den damaligen Verkehrsverhältnissen erreichbaren Wald mehr, der genügende Mengen für den Schiffsbau geeigneten Holzes zu liefern vermochte (zumal die Eiche nicht flößbar ist). Der Holzbedarf mußte aus den Wäldern Nordamerikas, Indiens, Australiens, Afrikas und Neuseelands gedeckt werden. Ausgeplünderte Wälder, Landschaften und Kulturen, in ihrer Folge Hochwässer, Vermurungen, aber auch Versumpfungen, bestimmten das Bild Europas. So groß der Bedarf nach Nutzholz auch war, noch viel bedeutender war Holz als Energiequelle. Noch um 1800 wurden 90 Prozent des Holzeinschlages als Energiequelle benötigt, nur 10 Prozent fanden als Bauholz Verwendung, heute ist es beinahe umgekehrt.

Letztlich wurde in Österreich kaum ein natürliches Waldvorkommen von Übernutzung verschont, das heißt, die heutigen Wälder sind zwar vielfach noch naturnahe, aber durch die Forstwirtschaft wiederhergestellte Biotope. Nur durch glückliche Umstände und die Weitsicht seines Besitzers blieb im niederösterreichischen Voralpengebiet ein für mitteleuropäische Verhältnisse großer Urwaldrest bestehen.

Voraussetzung für die Wiederherstellung einer nachhaltigen Waldbewirtschaftung, wie sie grundsätzlich schon seit Jahrhunderten in Waldordnungen vorgesehen war (etwa Salzburg 1524, Waldbereitungen für das Ober- und Unterinntal 1555, für den Wienerwald 1674), war der Übergang auf fossile Brennstoffe, deren Distribution wiederum durch den raschen Ausbau der Eisenbahnnetze möglich wurde. Dies bedeutete für den Wald jedoch infolge der zunehmenden Schadstoffbelastung der Luft nur eine Atempause. Außerdem wurden in der nunmehr wieder planmäßig betriebenen Forstwirtschaft schwere ökologische Fehler begangen. Die damals aufkommende Bodenreinertragslehre im Waldbau ist ein frühes Beispiel einer zu kurz greifenden ökonomischen Theorie, die längerzeitige Folgen (Kosten) vernachlässigt. (Es sind dies z. B. Kosten, die durch höhere Bruchanfälligkeit und geringere Widerstandsfähigkeit der Bäume gegen Insektenfraß entstehen, Kosten, die oft nur mit Mitteln der öffentlichen Hand „aufgefangen" werden können; weiters außerbetriebliche Kosten, die z. B. auf die verminderte Wasserspeicherfähigkeit des Waldbodens zurückzuführen sind und ebenfalls zu Lasten der Allgemeinheit gehen – die „Wirtschaftlichkeit" mancher Unternehmen beruht eben darauf, daß die Kosten für die Behebung der Folgeschäden „sozialisiert" werden.) Deshalb wurden nur relativ schnellwüchsige Kiefern und Fichten gepflanzt. Es erfolgte also vielerorts eine Abkehr vom bisher bevorzugten Laubwald, der bislang eine wesentliche Bedeutung als Weide und Mastplatz für die Nutztiere hatte (wonach auch die Bäume eingeteilt wurden in fruchtbare wie Eiche, Nuß, Buche, Kastanie, Obst und unfruchtbare wie Nadelbäume und Weichhölzer).

Abb. 12: Seeschlacht bei Lepanto, anonym

Die Schiffahrt verschlang seit dem Altertum ungeheure Mengen besten Holzes. Für die Kriegs- und Handelsflotten der beginnenden Kolonialzeit wurden ganze Landstriche entwaldet. Für ein Schiff der gezeigten Art benötigte man fast drei Hektar besten Eichenwaldes. (Heeresgeschichtliches Museum, Wien)

Anzumerken ist, daß die Bodenreinertragslehre keineswegs als überwunden anzusehen ist, namentlich in Großbritannien und in Nordamerika gilt sie immer noch als Handlungsmaxime für den Waldbau. So ernten zum Beispiel in den USA die industrieeigenen Forstbetriebe „auf Kahlschlägen zwischen 25 und 75 ha. Die Wiederaufforstung folgt ausschließlich ökonomischer (d. h. betriebswirtschaftlicher – Anm. d. Autoren) Finanzkalkulation, die unter Berücksichtigung der Verzinsung des eingesetzten Kapitals für die Bestandesbegründung für Umtriebzeiten von fallweise lediglich 15 Jahren beste Ergebnisse erwarten läßt" (so der Forstwissenschafter Max Krott in der Österreichischen Forstzeitung 12/1988).

Die Rolle des Waldes als Ökosystem wird bis heute nicht entsprechend gewürdigt. Selbst wenn es gelänge, vom Holz als Rohstoff unabhängig zu werden, bliebe doch unsere Abhängigkeit von seinen Leistungen für Klima, Wasserhaushalt und Bodenerhaltung.
Als Beispiel eines ökosystemaren Zusammenbruchs möge das Schicksal der Zedern des Libanon dienen (siehe Kasten).
Man hätte ebensogut das Schicksal der „Redwoods" in Kalifornien heranziehen können mit den riesigen, über 110 Meter hohen Bäumen der Art Sequoia sempervirens, deren rötliche Stämme für den Wald namengebend waren. Ihr Fortbestand konnte nur dadurch gesichert werden, daß die Kerngebiete ihrer Verbreitung den Nationalparken einverleibt wurden. Was im Orient die Religion ermöglichte, bewirkt in Amerika vorläufig der ertragreiche Nationalparktourismus. Beide Beispiele beziehen sich allerdings auf relativ kleinräumige Biotope. Die heutige Vernichtung der tropischen Regenwälder wird unvergleichlich verheerendere Auswirkungen nach sich ziehen.

Vom Reichtum zum Relikt: die Libanonzeder

Die Libanonzeder, ein herrlicher Baum, bis zu 40 Meter hoch, bis vier Meter stark und bis zu 1500 Jahre alt, bedeckte einst gemeinsam mit anderen Bauholzlieferanten wie Pinie, Kiefer, Baumwacholder, Zypresse und Tanne in dichten Wäldern den Libanon. Um die Mitte des vierten Jahrtausends vor Christus lassen sich erste Eingriffe durch Siedler nachweisen. Das phönizische Gebal, aus dem schon im dritten Jahrtausend vor Christus u. a. Zedernholz für den Schiffs-, Palast- und Tempelbau nach Ägypten verschifft wurde, erlebte einen sagenhaften Aufstieg vom Holzfällercamp am Mittelmeer zur späteren Welthandelsmetropole Byblos.
Die Zeder gilt in der Bibel als Symbol der Größe, Kraft, Majestät und Schönheit. Nicht minder beeindruckend sind die Eigenschaften ihres Holzes: Aufgrund der hervorragenden Wüchsigkeit, Lang- und Gradschaftigkeit sowie der weitgehenden natürlichen Astreinheit der Libanonzeder konnte wertvollstes Bauholz bis zu 30 Meter Länge gewonnen werden, etwa für Schiffs- und Flaggenmasten, für besonders lange Tragbalken und für Säulen. Die Erreichung solcher Qualitäten setzt allerdings dichtstehende Bestände – wie sie heute nicht mehr gegeben sind – dieser ausgeprägten Lichtbaumart voraus.
Zedernholz ist leicht, fest und dauerhaft, läßt sich gut bearbeiten (Schnitzfähigkeit), hat eine angenehme Farbe und einen wohlriechenden Duft. In Ägypten wurden Mumiensärge aus „unverweslichem Zedernholz" gefertigt, das weiße Harz diente zur Einbalsamierung. Die Phönizier, die ihre Macht dem Holzreservoir des Libanon verdankten, verwendeten Zedernholz für den Schiffsbau, als Bauholz für ihre Tempel, Paläste und Wohnhäuser, für Türen und Täfelungen, aber auch für häusliche Gebrauchsgegenstände.
Besonders üppig wurde Zedernholz beim Bau des Tempels und des Palastes König Salomos eingesetzt. Die Dimensionen des königlichen Palastes waren so gewaltig, daß man ihn als „das Haus vom Walde Libanon" bezeichnete, „hundert Ellen seine Länge, und fünfzig Ellen seine Breite und dreißig Ellen seine Höhe, auf vier Reihen von Zedernsäulen und Zedernbalken auf den Säulen; und es war mit Zedernholz gedeckt . . ." (1. Könige 7,2–3).
Kahlschlag und Brand führten rasch zur Dezimierung der Trockenwälder des Libanon. Alexander der Große hatte 333 vor Christus bei der Eindämmung der Meerenge von Tyrus bereits Holzbeschaffungsschwierigkeiten und mußte auf den abgelegeneren Antilibanon ausweichen. Nach Alexander kamen die Seleukiden. Mit ihrer Macht wuchsen ihre Kriegsschiffe, sogenannte Pentere, mit etwa 300 Ruderern in fünf Reihen – dem Holzbedarf waren keine Grenzen gesetzt. Nach neuerlicher Ausbeutung zur römischen Kaiserzeit war um die Zeitenwende der Libanon weitgehend entwaldet.
Spärliche Restbestände retteten die Maroniten über die Jahrhunderte. Die Bäume stehen unter dem Schutz des Patriarchen, der es verbot, die „heilige Zeder" zu fällen oder auch nur zu verletzen.
(Unter Verwendung von H. Mayer, Das Bauholz des Tempels Salomos, in: Biblische Zeitschrift, Neue Folge, Heft 1/1967, sowie W. Keil, Der Zukunft blieb nur Schaden, in: Das technische Umweltmagazin, Heft 3/1974.)

Abb. 13: Libanonzedern (Foto: H. Mayer)

Natürliche Schlußwaldgesellschaft (Dauergesellschaften)

Vertikale Verbreitung der Waldgesellschaften:

Höhenstufung	Waldgesellschaften	Hauptbaumarten
hochsubalpin 1800–2200 m	Lärchen-Zirbenwald (Latschengebüsch, Grünerlenbuschwald)	Zirbe, Lärche, Fichte, Bergkiefer, Grünerle
tiefsubalpin 1400–1800 m	subalpiner Fichtenwald (Bergsturz-Lärchenwald, Zirben-Moorrandwald)	Fichte, Lärche (Zirbe)
montan 600–1400 m	montaner Bergmischwald (Schneeheide-Kiefernwald, Bergahorn-Schluchtwald)	Fichte, Tanne, Buche, Lärche, Kiefer, Bergahorn, Bergulme
submontan 350–600 m	Buchenwald, Eichen-Buchenwald (Schwarzkiefernwald, Lindenmischwald, Bergahorn-Eschenwald)	Buche (Fichte, Tanne), Kiefer, Bergahorn, Esche, Buche, Eiche, Bergahorn, Sommer- und Winterlinde
kollin –350 m	Eichen-Hainbuchenwald, Zerreichen-Mischwald, Flaumeichenwald (Hartholz-Auwald, Schwarzerlenwald)	Stieleiche, Traubeneiche, Hainbuche, Linde, Spitzahorn, Kirsche, Esche, Zerreiche, Stieleiche, Feldulme, Linde, Flaumeiche, Wildobstbäume, Feldahorn, Schwarzerle

Die charakteristische Höhenstufung prägt die klimabedingten, großflächigen Schlußwaldgesellschaften, die auf Durchschnittsstandorten die Endphase der Vegetationsentwicklung erreichen. Auf extremen Standorten stocken kleinflächige Dauergesellschaften mit Pionierbaumarten, wie Waldkiefer, Erlen.

Horizontale Verbreitung der Waldgesellschaften:

Innerhalb der montanen Höhenstufe bestehen durch Niederschlagshöhe und Klimacharakter deutliche Unterschiede im Waldgesellschaftskomplex;

inneralpin	montaner Fichtenwald	700–1000 m N subkontinental
zwischenalpin	Fichten – Tannenwald	900–1400 m N
randalpin	Fichten – Tannen – Buchenwald	1200–2000 m N
voralpin	Buchenwald (400–800 m)	800–1500 m N subatlantisch

Die geologische Unterlage differenziert in allen Höhenlagen:

subalpin	Latschenbuschwald (Hartkalk)	Grünerle (Kalkmergel)
montan	Fichten-Tannen-Variante auf nadelbaumfördernden Silikat-Gesteinen	Buchen-Variante auf laubbaumfördernden Kalk-Unterlagen
submontan	Buchenwald (Flysch)	Waldkiefernwald (Dolomit)
kollin	Eichen – Hainbuchenwald (Hartkalk)	Schwarzkiefernwald (Dolomit)

(Quelle: Mayer, H., Natürliche Waldgesellschaften Österreichs als waldbauliche Entscheidungsgrundlage, in: Österreichisches Forstjahrbuch, Wien 1987.)

Waldentwicklung seit der Eiszeit im Bergwald

Zeitabschnitt	Dominierende Baumarten
10 000 v. Chr.	Weide, Zwergbirke, Kiefer, waldarme Zeit
6 000 v. Chr.	Fichte – Ulme – Linde – Kiefer – Eiche – Hasel
2 000 v. Chr.	Fichte – Tanne – Buche – Eiche (Hainbuche)
1 000 v. Chr.	45% Fichte, 5% Kiefer, 3% Lärche, 15% Tanne, 20% Buche, 7% Eiche, 5% sonstige Laubbaumarten
1 980 n. Chr.	63% Fichte, 10% Kiefer, 5% Lärche, 3% Tanne, 10% Buche, 2% Eiche, 7% sonstige Laubbaumarten

Der jahrtausendelange, anthropogene Einfluß hat die natürliche Baumartenverteilung durch Kahlschlag, Holznutzung, Streunutzung und Waldweide erheblich verändert. Durch Rodungen in Tief- und Hochlagen (Almen) wurde die natürliche Bewaldungsdichte von 90 Prozent auf 46 Prozent reduziert.

Quelle: Mayer H., Natürliche Waldgesellschaften Österreichs als waldbauliche Entscheidungsgrundlagen, in: Österr. Forstjahrbuch, 1987.

2.3 Wald, Siedlung und Kultur

Schon die Sprache verrät die menschliche Bindung an den Wald. Da wird „der Wald vor lauter Bäumen nicht mehr gesehen"; „wie man in den Wald hineinruft, so schallt es wider". Der Wald ist Handlungsort von Sagen und Märchen; er wird von Kobolden, guten wie bösen Geistern und Feen bewohnt. Die Weltenesche Yggdrasil der Germanen war Mittelpunkt ihrer religiösen Sicht.

Geht man der Siedlungsgeschichte in Österreich nach, so läßt sich diese anhand von Funden (etwa Feuerstellen, Grabstätten, Reste von Pfahlbauten, Keramiken und sonstige handwerkliche Hinterlassenschaften) durch die Jahrtausende hindurch rekonstruieren. Aber auch die vom Menschen verantworteten Eingriffe in die Landschaft sind noch eruierbar: Moore haben – bedingt durch ihr saures, lebensfeindliches Milieu – die Eigenschaft, abgestorbenes Pflanzenmaterial zu konservieren und in Jahresschichten wie Baumringe anzulegen. Legt man nun durch ein solches Moor ein senkrechtes Profil, so kann man aus den Ablagerungen, vor allem aus dem Blütenstaub, auf das Erscheinungsbild der Umgebung schließen, von der Urlandschaft bis zum heutigen Tag. So lassen sich auch die menschlichen Eingriffe ablesen, die Entwicklung der Landwirtschaft, die Bevorzugung bestimmter Baumarten u. a. Ähnliches gilt für Bohrprofile im Seeschlamm, doch sind hier die wissenschaftlichen Erkenntnisse weniger weit gediehen.
Profile von Mooren oder Sedimenten sind somit für die Archäologen ein wertvolles Hilfsmittel, die Lebensumstände unserer nacheiszeitlichen Vorfahren zu studieren und damit die Geschichte der Kulturlandschaft verstehen zu lernen.

Abb. 14: Rübezahl
M. v. Schwind, um 1859

Die alten Mythen und Märchen erlebten besonders in der romantischen Malerei und Literatur des 19. Jahrhunderts eine Renaissance. (Schack-Galerie, München)

Abb. 16: Pollenanalyse aus dem Sommersgut-Moor ▷
(Wechselgebiet, Stmk.)

Da das saure Bodenmilieu in Hochmooren den Abbau abgestorbener Pflanzen verhindert, legt sich Schicht auf Schicht übereinander, d. h., die Oberfläche des Moores wölbt sich uhrglasförmig nach oben (Hochmoor, im Gegensatz zum Niedermoor, wo dieser Prozeß noch nicht so weit fortgeschritten ist). (Vgl. Bd. „Wasser", Abb. 94.) Bohrt man in die Tiefe, so lassen sich die Schichten des Bohrkerns durch verschiedene Methoden zeitlich zuordnen. Durch die Analyse der vorgefundenen Pflanzenpollen lassen sich nicht nur die unterschiedlichen Vegetationsdekken in der Vergangenheit nachweisen, sondern auch das Auftreten und die Einflüsse des Menschen (Kulturpollen) und seine wechselvolle Siedlungsgeschichte ablesen. Am Auftreten des ersten Maximums an Getreidepollen läßt sich beispielsweise der intensive Landbau zur Römerzeit erkennen. Das Eingreifen der neuzeitlichen Forstwirtschaft zeigt sich am Wiederanstieg der Fichtenpollen in den obersten Schichten. Der Tiefststand an Fichtenpollen, bei gleichzeitigem zweiten Gipfel von Getreide- und Heidekrautpollen, korrespondiert mit der Rodungsperiode und der intensiven Landwirtschaft im Mittelalter in dieser Gegend. (Quelle: nach Zukrigl, 1970)

Abb. 15: Torfabbau bei Bürmoos (S)

Nacheiszeitliche Moore stellen einen für ein Alpenland charakteristischen Lebensraum dar, der von einer einzigartigen Tier- und Pflanzenwelt besiedelt ist. Sie sollten deshalb nicht für zweifelhafte „Verbesserungen" im Gartenbau abgetorft werden.
(Foto: L. Beckel, 1987)

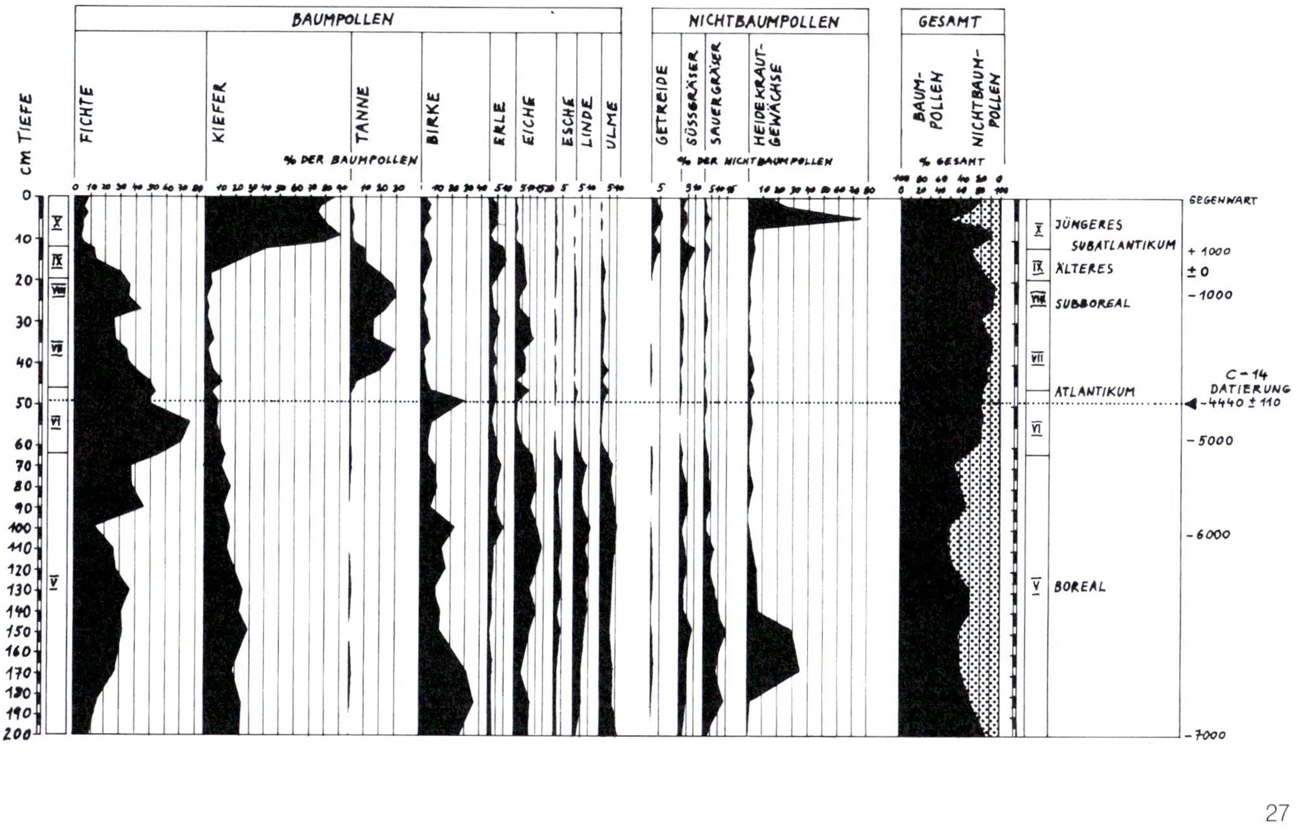

Abb. 17: Das Anlauftal
bei Gastein
R. v. Alt, 1893

Noch um die Jahrhundertwende wirkte der Wald im Anlauftal verhältnismäßig ungestört. Die Wege paßten sich dem Gelände und den Verhältnissen des Waldes an (vgl. dazu Abb. 75, Seite 107, Zustand 1983). (Albertina, Wien)

Die Besiedlungsgeschichte Österreichs ist eng verbunden mit der Rodung des Waldes. Wir erwähnten schon, daß der Steinzeitmensch imstande war, mit seinen Steinäxten Bäume zu fällen (in den fünfziger Jahren wurde dies vom Forsthistoriker Prof. Herbert Killian von der Universität für Bodenkultur in Wien nachgewiesen), aber sicher waren ihm auch andere Rodungsmethoden geläufig wie beispielsweise das „Ringeln" der Stämme. Dabei wird der Saftfluß in der Rinde unterbrochen, und der Baum dörrt in kürzester Zeit ab: so konnten leichter größere Flächen abgebrannt und für den Ackerbau oder die Weidenutzung gewonnen werden.

Dennoch wird angenommen, daß sich die Siedlungen zunächst auf natürlichen Lichtungen und in den von Eichen, Hainbuchen, Ulmen, Ahorn und Erlen dominierten Lößgebieten, also in aufgelockerten Trockenwäldern, ausdehnten. Erste Bauern siedelten jedenfalls schon vor 6500 Jahren in diesen Gebieten. Aber auch die Nutzung der alpinen Matten als Almen kann bereits im 3. Jahrtausend vor Christus nachgewiesen werden. Zur Römerzeit zeigte die Kulturlandschaft in den Lößgebieten in groben Zügen das uns heute vertraute Aussehen. Die Ökumene stieß nun mehr und mehr in den inneralpinen Raum vor. Schon damals kam es durch die Kupfer- und Salzgewinnung örtlich zur Übernutzung der Wälder.

Verglichen mit dem heutigen Erscheinungsbild der österreichischen Landschaft war aber der Wald immer noch vorherrschend und bedeckte bis ins 9. Jahrhundert nach Christus fast 80 Prozent der österreichischen Landesfläche.

Die innere Kolonisation Österreichs zählt zu den faszinierendsten Kapiteln unserer Siedlungsgeschichte, weil hier die ökonomischen Möglichkeiten des Menschen durch Innovationen in der Landwirtschaft und durch vielfältige Nutzung der Wasserkraft neuerlich stark erweitert wurden. Das Mittelalter – das hölzerne Zeitalter, wie es auch genannt wird – mit den von den Klöstern getragenen Siedlungswellen, die sich auch in der Namensgebung zahlreicher Ortschaften niederschlugen (roden – Thomasroith, schlagen – Kirchschlag, schwenden, das heißt, durch Abbrennen urbar machen – Hochgschwandt), bestimmte im wesentlichen die heutige Nutzung der Kulturlandschaft. Ab dem Mittelalter kam es zur großflächigen Übernutzung der Wälder. Hochwasserkatastrophen, Vermurungen, Verschotterungen und Versumpfungen der Täler waren die Folgen. Die Angst vor Hochwässern und den damit verbundenen Hungerkatastrophen war die Ursache für die ersten großen wasserwirtschaftlichen Maßnahmen.

Die einstige Nutzung des Waldes und seiner Produkte ist uns in ihrer Vielfältigkeit heute kaum noch vorstellbar: Honig und Wachs von Waldbienen, Ameisenpuppen für die Singvogelhaltung, Beeren, Zirbeln, Wurzeln zur Schnapserzeugung, Kräuter und Pilze, Kalkbrennereien, Harz- und Lohegewinnung, das Abzapfen von Pech, Holzkohle- und Waldglaserzeugung sowie Metallverhüttung. Mit Hilfe von 100 kg Fichtenholz war gerade ein halbes Kilo „Fluß" für die Glaserzeugung zu produzieren. Auch für die Haustiere mußte der Wald immer stärker herhalten. Nicht nur Schafe, Ziegen, Schweine weideten im Wald, auch Rinder und Pferde. Als Einstreu im Winter dienten die getrockneten Blätter und Zweige, die insbesondere von Ulmen und Eschen gewonnen wurden. Die Einbringung des abgefallenen Laubes mittels Streurechen war noch bis 1950 weit verbreitet. So gingen dem Waldboden viele Nährstoffe verloren. Diese kamen dem Acker zugute.

Insgesamt gesehen befand sich der Wald im 18. Jahrhundert in einem katastrophalen Zustand: Glaserzeugung, Brennholzgewinnung, Salzproduktion, Bergbau, Schiffsbau, Köhlerei, Weidewirtschaft und Siedlungsbau hatten ihren Tribut gefordert. Vielerorts können heute Verkarstungen im Hochgebirge nachgewiesen werden, die damals ihren Ursprung hatten.

Eine nachhaltige Entlastung von diesem Raubbau erfolgte erst durch den Übergang auf fossile Brennstoffe zur Energiegewinnung und Erzeugung von Prozeßwärme sowie die zunehmende Substitution des Holzes durch andere Werkstoffe (z. B. Eisen und Stahl im Schiffsbau).

Abb. 18: Wasserhammerhaus bei Hirschwang mit Schneeberg
R. M. Thoma, 1844

Erst die Nutzung des Werkstoffes Holz ermöglichte den Einsatz der Wasserkraft. Hölzerne Wasserräder in Mühlen, Säge- und Hammerwerken prägten entscheidend das Bild unserer Alpentäler und ermöglichten die innere vorindustrielle Kolonisation Österreichs. (Niederösterreichisches Landesmuseum, Wien)

Abb. 19:
Klause im Reichraminger Hintergebirge

In einigen alpinen Tälern sind Einrichtungen für den ehemals wichtigen Wassertransport von Holz noch zu erkennen. Klausen dienten dem Aufstau des Wassers, das beim Triften des Holzes abgelassen wurde, um genügend Wassermenge zur Verfügung zu haben. Auf schmalen Triftsteigen mußten Arbeiter versuchen, ein Verkeilen der Baumstämme zu verhindern. Sie benützten für diese gefährliche Arbeit lange Stangen mit Eisenhaken. Als die Arbeiter im Zuge des Ersten Weltkrieges einrücken mußten, weigerten sich die im Reichraminger Hintergebirge an Stelle der Männer eingesetzten Frauen, diese gefährliche Arbeit zu übernehmen. So kam es zur Errichtung einer – heute aufgelassenen – Waldbahn. Die heutige Forststraße benützt noch deren Trasse.
(Foto: M. Kumpfmüller, 1988)

2.4 Ökonomische Bedeutung des Waldes in Österreich

Österreich ist nicht nur ein Land der Berge, es ist auch ein Land der Wälder. Von der 83.850 km² umfassenden Staatsfläche sind 38.570 km² bzw. 46 Prozent bewaldet, ein Anteil, der in Europa nur noch von Schweden (67 Prozent) und Finnland (76 Prozent) übertroffen wird. Auch im weltweiten, auf die Bevölkerung bezogenen Vergleich zählt Österreich zu den mit Wald begünstigten Staaten: wenn man davon ausgeht, daß der Wald 29 Prozent der Landfläche unseres Planeten einnimmt, entfällt zur Zeit auf jeden Erdbewohner knapp ein Hektar Wald; in Europa auf jeden Einwohner nur 0,3 ha; in Österreich als waldreichstem Land Mitteleuropas gute 0,5 ha.
Mehr als die Hälfte des österreichischen Waldes, genau 20.511 km², sind Kleinwaldbesitz (unter 200 ha), den sich insgesamt 226.000 Besitzer teilen; 12.235 km² werden von 1200 privaten Forstbetrieben verwaltet, die Bundesforste schließlich bewirtschaften 5.827 km², also ungefähr 15 Prozent der Waldfläche.
Rund 192.000 ha Waldfläche sind laut Forstinventur unbestockt, zählen jedoch forstrechtlich zur Waldfläche.
Der Wald ist auch ein bedeutender Wirtschaftsfaktor unseres Landes. In der Forstwirtschaft selbst finden etwa 12.000 Personen Arbeit, von denen ein knappes Drittel zum sogenannten Forstpersonal zählt (Forstakademiker, Förster und Forstwirte). Anzumerken ist der hohe Anteil an Saisonarbeitern.
In Österreichs Wäldern werden jährlich rund 12 Millionen Festmeter Rundholz geerntet. Über 10 Millionen Festmeter dieses Rundholzangebots finden Abnehmer in der heimischen Holzwirtschaft. Die Holzwirtschaft – also die den Rohstoff Holz be- und verarbeitenden Gewerbe-, Industrie- und Bauunternehmen – beschäftigt rund 126.000 Menschen (das sind fast vier Prozent aller Berufstätigen). Nach Produkten geordnet, teilt sich diese Beschäftigtenzahl wie folgt auf:

Produkt	Beschäftigtenzahl (gerundet)
Tischlerwaren (insbesondere Möbel)	61.000
Sägewaren und Platten	17.000
Papiererzeugung	12.000
Papierverarbeitung	7.700
Sport- und Spielwaren, Musikinstrumente	7.500
Holzbau	6.600
Drechslerwaren	5.100
Tapeziererei	5.000
Buchbinderei	2.100
Verpackungen	1.200
Korbwaren	800
	126.000

(Quelle: Österreichisches Statistisches Zentralamt, zitiert nach W. Heinzinger [Hrsg.], Die Chance Holz, Graz 1988)

Schließlich trägt der Wald auch zum Lebensunterhalt seiner Besitzer bei, allerdings in höchst unterschiedlichem Ausmaß. Etwa die Hälfte der Kleinwaldbesitzer, zumeist Bauern, geht zu mehr als 50% einer Arbeit außerhalb der Land- und Forstwirtschaft nach, weil die Besitzgröße kein ausreichendes Familieneinkommen ermöglicht.
Thomas Stemberger faßt die ökonomische Situation der bäuerlichen Kleinwaldbesitzer und Waldbauern in seinem Beitrag „Wald und Holz – Einkommen für die Bauern" für das Sachbuch „Die Chance Holz" (Graz 1988) folgendermaßen zusammen:
„Innerhalb der Besitzkategorie Kleinwald überwiegen zahlenmäßig die Betriebe mit weniger als 5 ha Wald (153.100 Betriebe). Auch so kleine Waldflächen können den Bedarf an Brennholz, an Zaunholz und an sonstigem in der Landwirtschaft benötigten Holz decken und sind somit eine nicht gering zu schätzende Möglichkeit, die Barausgaben des Betriebes zu vermindern.
Hat die Waldfläche je Betrieb ein Ausmaß von 5 bis 20 ha, was bei 57.400 Betrieben der Fall ist, so bringt das schon mehr Möglichkeit, Nutzholz zu ernten und es für den eigenen Baubedarf zu verwenden oder zu verkaufen, um einen außerordentlichen Geldbedarf zu decken. Wenn schon nicht jährlich, so doch in häufigeren Abständen.
15.900 Betriebe verfügen über eine Waldfläche von 20 bis 200 ha, im Durchschnitt etwas über 46 ha je Betrieb. Bei den weiteren Überlegungen sei von diesen Waldbauern ausgegangen, um Ansätze zur Intensivierung der bäuerlichen Waldwirtschaft und Verbesserung der Wertschöpfung aus der Holzproduktion abzuleiten.
Errechnet man an Hand sehr vorsichtig angenommener Durchschnittszahlen das jährliche Einkommen aus der Waldwirtschaft und vergleicht es mit dem hiezu notwendigen Arbeitseinsatz, so zeigt sich folgendes Bild: Zur Bewirtschaftung von etwa 46 ha Wald bedarf es hoch gegriffen eines jährlichen Arbeitseinsatzes von 720 Stunden. In etwa dieser Zeit sind der Einschlag von 185 fm sowie die notwendige Waldpflege und Aufrechterhaltung der Infrastruktur zu bewältigen.
Bei durchschnittlichem Sortenanfall (Brennholz, Schwach- und Starknutzholz) und sehr vorsichtig kalkulierten Holzpreisen ergibt sich ein Rohertrag von S 139.000.–/Jahr und ein Einkommen für den die Waldarbeit selbst leistenden Besitzer von S 93.000.– bzw. S 130.– je Arbeitsstunde, zum größeren Teil Arbeitseinkommen. Der Betriebsteil Wald trägt in der Regel mit 25 bis 30% zum gesamten Einkommen aus dem Hof bei.
Schlüsselfaktor für diese Überlegungen ist, daß die bäuerlichen Waldbesitzer die anfallenden waldwirtschaftlichen Arbeiten selbst durchführen. Werden Fremdarbeitskräfte herangezogen oder wird das Holz auf dem Stock verkauft, so sinkt naturgemäß das erzielbare Einkommen drastisch. In ungünstigen Fällen wird dadurch die Waldbewirtschaftung betriebswirtschaftlich uninteressant."
Die wirtschaftliche Bedeutung des Waldes spiegelt sich aber auch in der Österreichischen Forstinventur wider, deren wichtigste Ergebnisse in der nachfolgenden Tabelle zusammengefaßt sind. Inventuren dieser Art werden von der Forstlichen Bundesversuchsanstalt im Zehnjahresrhythmus durchgeführt.
Aus der Tabelle ist zu ersehen, daß die Waldfläche innerhalb von zehn Jahren (meist auf Kosten der Almen) stark zugenommen hat. Es zeigt sich auch, daß die Vorratsfestmeter (Vfm) angestiegen sind, so daß insgesamt eine Verbesserung des Waldzustandes vermutet werden darf (z. B. auch im Anstieg der Vfm bei Starkholz über 35 cm Durchmesser). Die Baumartenverteilung wiederum gibt einen Hinweis auf den (weiteren) Zuwachs an Fichten, deren Dominanz bedenklich stimmen sollte. Weiters kann abgelesen werden, wie sehr die durch das Wild verursachten Schäden (Schälschäden) angewachsen sind. Inventuren neueren Datums, die insbesondere den Schälschäden gewidmet waren, haben ergeben, daß mittlerweile (1981 bis 1985) 240 Millionen Bäume betroffen sind, die sich aller-

dings flächenmäßig zunehmend konzentrieren. Besonders beunruhigend – aber nicht in der Tabelle enthalten – ist die Zunahme der Schäden durch die Holzernte, die in jüngster Zeit die Wildschäden überflügeln.
Durch die Gebirgslage Österreichs bedingt, kann man die in Abb. 24, 26, 70 und Kasten S. 100 dargestellten Betriebsarten des Waldes unterscheiden.
Weitere Hinweise zur ökonomischen Bedeutung des Waldes können dem Kapitel 3.1 (Nutzwirkung) entnommen werden.

Österreichische Forstinventur, Vergleich einiger Ergebnisse der Inventurperioden 1961/70 und 1971/80

	1961/70	1971/80	Differenz
Waldfläche	36.910 km²	37.540 km²	+ 630 km²
Bewaldungsprozent	44,0 %	44,8 %	+ 0,8 %
Ertragswaldfläche (Wirtschaftswald und Schutzwald im Ertrag)	32.300 km²	31.650 km²	– 650 km²
Ertragloser Schutzwald	3.900 km²	5.200 km²	+ 1.300 km²
Holzvorrat	757 Mio. Vfm	803 Mio. Vfm	+ 46 Mio. Vfm
Durchschnittsvorrat je. ha, Ertragswald	234 Vfm	254 Vfm	+ 20 Vfm
Durchschnittsvorrat je ha, Hochwald-Wirtschaftswald	244 Vfm	264 Vfm	+ 20 Vfm
davon Starkholz über 35 cm Durchmesser	37 %	40 %	+ 3 %
Jährlicher Holzzuwachs	18,5 Mio. Vfm	19,6 Mio. Vfm	+ 1,1 Mio. Vfm
davon im Wirtschaftswald	17,3 Mio. Vfm	18,6 Mio. Vfm	+ 1,3 Mio. Vfm
Jährlicher Zuwachs je Hektar	5,7 Vfm	6,2 Vfm	+ 0,5 Vfm
Stämme mit Schälschäden, Hochwald-Wirtschaftswald	57 Mio. St.	106 Mio. St.	+ 49 Mio. St.
Baumartenverteilung im Hochwald-Wirtschaftswald:			
Fichte	62,0 %	64,2 %	+ 2,2 %
Kiefer	8,9 %	8,6 %	– 0,3 %
Lärche	4,3 %	3,7 %	– 0,6 %
Tanne	4,3 %	3,2 %	– 1,1 %
sonstiges Nadelholz	1,3 %	1,1 %	– 0,2 %
Nadelholz	80,8 %	80,8 %	–
Buche	9,5 %	9,1 %	– 0,4 %
sonstiges Hartlaubholz	5,3 %	5,8 %	+ 0,5 %
Weichlaubholz	3,5 %	3,6 %	+ 0,1 %
Sträucher	0,9 %	0,7 %	– 0,2 %
Laubholz	19,2 %	19,2 %	–

(Quelle: Forstliche Bundesversuchsanstalt)

2.5 Der Wald in Recht und Verwaltung

Allgemeines

Wie bereits an anderer Stelle angedeutet, gibt es Regelungen des Forstwesens nicht erst in unserer Zeit. Nochmals sei auf die Waldordnungen (1524 Salzburg, 1539 Steiermark) aus der frühen Neuzeit verwiesen, mit den schon damals enthaltenen Gedanken der Walderhaltung.
Die spezifischen Schutzfunktionen des Waldes wurden erstmals im Reichsforstgesetz 1852, RGBl. Nr. 250, dezidiert angesprochen.
Neben dem Reichsforstgesetz bestanden jedoch eine Reihe von Landesgesetzen, wodurch sich eine starke Zersplitterung und Unübersichtlichkeit dieser Rechtsmaterie ergab, die durch die Übernahme reichsdeutscher Vorschriften in der Zeit zwischen 1939 und 1945 noch weiter verschärft wurde.
Nach dem Zweiten Weltkrieg ergab sich daher ein Regelungsbedarf, der mit dem Schlagwort „Forstrechtserneuerung" bezeichnet wurde. Forstwesen ist in Gesetzgebung und Vollziehung Bundessache gemäß Art. 10 Abs. 1 Z. 10 Bundes-Verfassungsgesetz (B-VG) („Forstwesen einschließlich des Triftwesens", „Wildbachverbauung"). Nach einer Reihe von Einzelgesetzen (Forstsaatgutgesetz BGBl. Nr. 114/1961, Holzeinfuhrgesetz BGBl. Nr. 115/1962, Forstrechts-Bereinigungsgesetz BGBl. Nr. 222/1961 mit Novelle BGBl. Nr. 372/1971, Waldverbesserungsgesetz BGBl. Nr. 371/1971 usw.) kam es zur heute in Kraft befindlichen Gesamtkodifikation (Forstgesetz 1975), die namentlich 1987 in wesentlichen Teilen novelliert wurde.
Grundsätzlich wird durch das Forstgesetz die beliebige Nutzung des Waldes durch den Eigentümer im Interesse der Walderhaltung und im Interesse der Aufrechthaltung der Wirkungen des Waldes (Nutz-, Schutz-, Wohlfahrts- und Erholungswirkung, siehe dazu Kapitel 3) Beschränkungen unterworfen. Das Forstgesetz enthält verschiedene Vorschriften mit dem Ziel einer quantitativen und qualitativen Walderhaltung.

Wichtige Bestimmungen dieser Art sind (ohne Anspruch auf Vollständigkeit):

- Die Begriffsbestimmung Wald (von der die Anwendbarkeit zahlreicher Schutzbestimmungen abhängt),
- die Einbeziehung der Kampfzone des Waldes, aber auch von Windschutzstreifen in die Schutzbestimmungen des Forstrechtes,
- die Bestimmungen über die forstliche Raumplanung (mit diesen Bestimmungen soll eine Darstellung und vorausschauende Planung der Waldverhältnisse des Bundesgebietes – bzw. von Teilen desselben – ermöglicht werden),
- die Bestimmungen über die Erhaltung des Waldes und seiner Wirkungen wie das Gebot der Wiederbewaldung, Bestimmungen über die Waldteilung (Mindestausmaße der geteilten Flächen), das Verbot der Waldverwüstung, die Festlegung eines bestimmten Verfahrens bei Rodungen (dauernde Entwaldung einer bestimmten Fläche), die Regelung der Waldbenutzung zu Erholungszwecken und die Regelung der Bedingungen von Nebennutzungen des Waldes (Harzen, Waldweide, Streunutzung),
- die Bestimmungen über den Schutz des Waldes vor Feuer, Schädlingen und forstschädlichen Luftverunreinigungen,
- die Regelungen über die forstliche Bringung (Abtransport des Holzes) unter Schonung des Waldes,
- Bestimmungen über die Art der Nutzung und den Schutz hiebsunreifer Bestände,
- Regelungen über den Wildbach- und Lawinenschutz,
- Regelungen über das Forstpersonal und seine Ausbildung im Interesse einer umweltgerechten Waldnutzung,
- Bestimmungen über die Forstliche Bundesversuchsanstalt,
- Bestimmungen über das forstliche Förderungswesen,
- Bestimmungen über Forstsaat- und Forstpflanzgut,
- Strafbestimmungen.

Die Schutz-, Wohlfahrts- und Erholungswirkungen des Waldes wie der vom Wald gebotene Schutz vor Elementarereignissen und schädigenden Umwelteinflüssen, der Schutz des Bodens vor Abschwemmung, Verwehung, Geröllbildung, Hangrutschung usw., der Einfluß des Waldes auf das Klima, die Luft- und Wasserreinhaltung, die Wasserspeicherung, die Lärmminderung und die Erholungswirkung haben überragende gesellschaftspolitische Bedeutung. Damit ist aber auch der Stellenwert des Forstrechtes und seiner Vollziehung im Rahmen des Umweltschutzes wohl allgemein einsichtig.

Abb. 20a: Franciscäische Landesaufnahme Österreichs, Viertel unter dem Manhartsberg (um 1775)

Ein Vergleich der Franciscäischen Landesaufnahme von 1775 mit der aktuellen Österreichkarte zeigt, daß die Waldflächen in den letzten zweihundert Jahren in diesem Gebiet am Rand des Marchfeldes fast keine Veränderungen erfahren haben, sieht man von der Eisenbahn und den braunen Punkten der Erdölsonden ab. Anders stellt sich die Situation entlang der Gewässerläufe dar. Diese wurden mittlerweile reguliert und sind zum Teil ganz verschwunden (nordöstlich des Kasernwirtshauses), die anrainenden Bachauen und Feuchtwiesen wurden drainagiert und die dem Wasserrückhalt, der Fischzucht und dem Mühlenbetrieb dienenden Rückhaltebecken (linke Karte, Mitte)

Abb. 21: Schwarzenbergischer Schwemmkanal (OÖ)

Mit der Errichtung des Schwarzenbergischen Schwemmkanals war es erstmals möglich, Holz auch über eine Wasserscheide hinweg auf dem Wasserweg zu transportieren. Dieser Kanal diente zur Verbindung der Einzugsgebiete der Donau und Elbe und überwand somit die Wasserscheide zwischen Schwarzem Meer und Nordsee. (Foto: W. Katzmann, 1987)

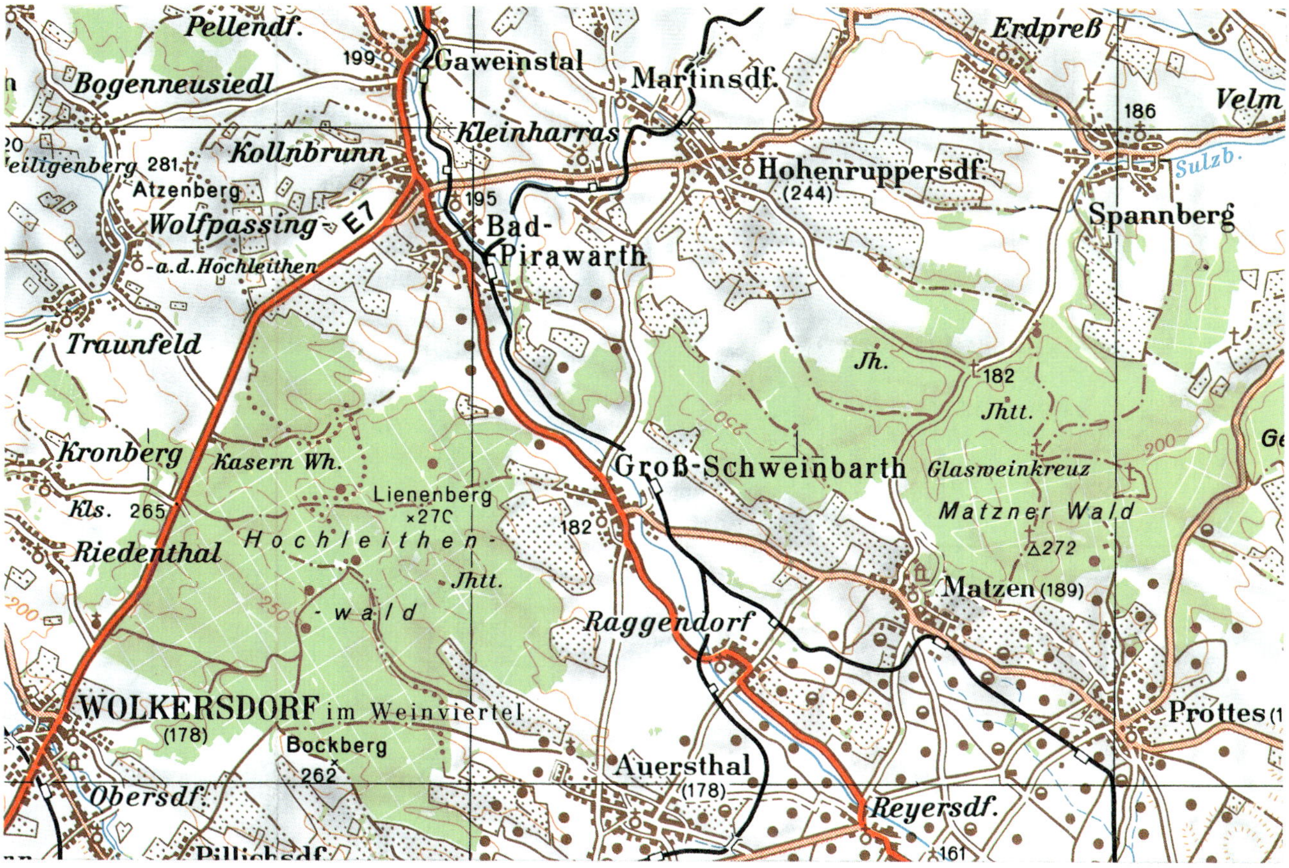

Abb. 20b: Österreichische Karte 1:100 000 V, Deutsch Wagram

trockengelegt. Auch die lange Allee entlang der heutigen Brünner Straße vor Kollnbrunn fiel einer Straßenverbreiterung zum Opfer. In einem Trockengebiet wie dem Weinviertel, mit Jahresniederschlägen nur um 500 mm, wiegen solche Verluste an Wiesen und Feuchtgebieten besonders schwer, und die Auswirkungen zeigen sich am Vertrocknen des Waldes und am kontinuierlichen Absinken des Grundwasserspiegels. Ausgedehnte Kanalisationen und die intensive Siedlungsentwicklung und die Flurbereinigung leisten ein übriges. (Quellen: Österreichische Nationalbibliothek und Bundesamt für Eich- und Vermessungswesen)

Forstgesetz

Unser Forstgesetz ist in zwölf Abschnitte gegliedert:

○ Wald, Allgemeines
○ Forstliche Raumplanung
○ Erhaltung des Waldes und der Nachhaltigkeit seiner Wirkungen
○ Forstschutz
○ Bringung
○ Nutzung der Wälder
○ Schutz vor Wildbächen und Lawinen
○ Forstpersonal
○ Forstliche Bundesversuchsanstalt
○ Forstliche Förderung
○ Forstsaat- und Forstpflanzgut
○ Allgemeine Bestimmungen, Straf-, Aufhebungs-, Übergangs- und Schlußbestimmungen

Alle Abschnitte stehen in einem unmittelbaren oder mittelbaren Zusammenhang mit Problemen des Umweltschutzes. Es wird daher in den folgenden Kapiteln jeweils auf die mit ihrem Inhalt korrespondierenden Abschnitte des Forstgesetzes eingegangen, so die Abschnitte

○ Forstliche Raumplanung im Kapitel 4.8, Seite 111ff.
○ Erhaltung des Waldes und der Nachhaltigkeit seiner Wirkungen in den Kapiteln 3.1 (Problemkreis der Wälder mit Nebennutzungen), Seite 40ff., 4.1 (allgemeine Fragen der Walderhaltung), Seite 58ff., 4.7 (Problemkreis Benützung des Waldes zu Erholungszwecken), Seite 109ff., und 4.8 (Schutz- und Bannwälder), Seite 111ff.,
○ Forstschutz im Kapitel 4.2, Seite 64ff.,
○ Bringung im Kapitel 4.6, Seite 105ff.,
○ Nutzung der Wälder im Kapitel 3.1, Seite 40ff., und
○ Schutz der Wälder vor Wildbächen und Lawinen im Kapitel 3.2, Seite 46ff.

Auch die in den einzelnen Kapiteln der vorliegenden Arbeit nicht behandelten Abschnitte des Forstgesetzes stehen in Zusammenhang mit umweltgestalterischen und -pflegerischen Gesichtspunkten. Sie sollen daher in der gebotenen Kürze in diesem Kapitel dargestellt werden:

○ Wald, Allgemeines

In diesem Abschnitt wird der Wald im Sinne des Forstgesetzes definiert. Demnach wird unter Wald eine Fläche von mindestens 1000 m^2 bei einer durchschnittlichen Breite von mindestens zehn Metern verstanden, die einen forstlichen Bewuchs aufweist. Die Arten von Holzgewächsen, die als forstlicher Bewuchs gelten, sind in einem Anhang zum Forstgesetz taxativ aufgezählt (siehe Kasten Seite 38).

Auch verschiedene unbestockte Flächen, zum Beispiel solche, bei denen der forstliche Bewuchs infolge Nutzung vorübergehend vermindert oder beseitigt wurde, weiters verschiedene Flächen, die mit der Bewirtschaftung des Waldes zusammenhängen (Waldschneisen, Holzlagerplätze, Bringungsanlagen) gelten als Wald.

Anderseits gelten verschiedene Flächen mit forstlichem Bewuchs nicht als Wald, z. B. sogenannte Energiewälder mit sehr kurzer Umtriebszeit (siehe dazu Kapitel 6) oder Forstgärten, Christbaumkulturen und dergleichen.

Den Bestimmungen des Forstgesetzes unterliegen auch der forstliche Bewuchs in der Kampfzone des Waldes (Klimagrenzen) und die Windschutzanlagen (präziser wäre die Bezeichnung „Bodenschutzanlagen").

Neuaufforstungen unterliegen nach Ablauf von zehn Jahren ab der Saat oder Pflanzung bzw. bei Naturverjüngungen nach Erreichen einer Überschirmung von der Hälfte ihrer Fläche den Bestimmungen des Forstgesetzes (mit Ausnahme der Bestimmungen über den Forstschutz).

Ersatzaufforstungen, die bei Rodungsbewilligungen vorgeschrieben werden können, gelten ab Sicherung der Kultur als Wald. Diese gilt als erreicht, wenn die Verjüngung durch mindestens drei Jahre angewachsen ist, eine nach forstwirtschaftlichen Erfordernissen ausreichende Pflanzenzahl aufweist und keine erkennbare Gefährdung der weiteren Entwicklung vorliegt.
Grundflächen, zu deren Aufforstung Förderungsmittel nach dem Forstgesetz gewährt wurden, gelten mit dem Zeitpunkt der Auszahlung als Waldboden.
Im Zweifel kann durch ein behördliches Verfahren ermittelt werden, ob eine Grundfläche Wald ist bzw. ein bestimmter Bewuchs in der Kampfzone des Waldes oder als Windschutzanlage den Bestimmungen des Forstgesetzes unterliegt.

○ Forstpersonal

Die Bewirtschaftung der Wälder unterliegt viel stärker als jeder andere Wirtschaftszweig der staatlichen Kontrolle. Dies hängt mit der bereits eingangs betonten gesamtgesellschaftlichen Bedeutung der Erhaltung des Waldes und seiner Wirkungen zusammen. Einen ganz wesentlichen Bestandteil dieser staatlichen Bewirtschaftungskontrolle bildet die sogenannte Pflichtbestellung, also die im öffentlichen Interesse gelegene und von den Eigentümern bestimmter Forstbetriebe wahrzunehmende Verpflichtung, Forstpersonal zu bestellen, das eine entsprechende Ausbildung nachzuweisen vermag. Diese Ausbildungserfordernisse sowie die dazu erforderlichen Ausbildungsstätten (Forstfachschulen, Forstliche Ausbildungsstätten) sind im hier besprochenen Abschnitt geregelt.

Eigentümer von Wäldern von mindestens 500 ha, wenn diese eine wirtschaftliche Einheit – auch ohne räumlichen Zusammenhang – bilden, haben als sogenannte Pflichtbetriebe leitende Forstorgane zu bestellen. Dieser Verpflichtung ist entsprochen, wenn für jeden Pflichtbetrieb mit einer Waldfläche von weniger als 1800 ha ein Förster, mit einer Waldfläche von mindestens 1800 ha ein Forstwirt als leitendes Forstorgan bestellt wird. Ab einer Waldfläche von 1800 ha sind weitere Forstorgane zuzuteilen, und zwar für je weitere 1800 ha eines, wobei jedes vierte beigegebene Forstorgan ein Forstwirt zu sein hat.

Forstorgane sind

– als leitende Forstorgane Forstwirte und Förster,
– als zugeteilte Forstorgane Forstwirte, Forstassistenten, Förster, Forstadjunkten und Forstwarte.

Der Ausbildungsgang für Forstorgane ist gesetzlich festgelegt: für Forstassistenten und Forstwirte Diplomstudien der Studienzweige Forstwirtschaft oder Wildbach- und Lawinenverbauung der Studienrichtung Forst- und Holzwirtschaft an der Universität für Bodenkultur in Wien; für Forstwirte zusätzlich eine Staatsprüfung für den höheren Forstdienst; für Forstadjunkte und Förster Absolvierung der Höheren Lehranstalt für Forstwirtschaft; für Förster zusätzlich die Staatsprüfung für den Försterdienst.
Die Landesgesetzgebung kann die Bestellung bestimmter Personen als Forstschutzorgane vorsehen, die als öffentliche Wachen verschiedene behördliche Aufgaben erfüllen.

Abb. 22: „Holzfabrik“

Diese Form der Forstwirtschaft bringt eine Vielzahl von Problemen mit sich. Sowohl im Hinblick auf die Jagd, den Boden, den Artenschutz, die Schädlingsanfälligkeit und die Gefährdung durch Schnee- und Windbruch als auch im Sinne eines ansprechenden Landschaftsbildes und des Erholungswertes dürfen Zweifel angemeldet werden. Langfristig sollten solche Waldbilder auch in Österreich von naturnäheren Bewirtschaftungsformen abgelöst werden. (Foto: K. Farasin, 1988)

○ Forstliche Bundesversuchsanstalt

Die Forstliche Bundesversuchsanstalt untersteht dem Bundesministerium für Land- und Forstwirtschaft. Sie hat ihren Sitz in Wien und befaßt sich mit der Aufgabe, fachwissenschaftliche forstliche Fragen zu lösen und ihre Untersuchungsergebnisse der Forstwirtschaft zu vermitteln bzw. ihr nutzbar zu machen. Zu diesen Aufgaben gehören insbesondere:

- Erhebungen aller Art über den Zustand und die Entwicklung des österreichischen Waldes,
- Feststellung von Ursachen von Forstschäden (z. B. durch Immissionen, Wild),
- Prüfung von Geräten, Werkzeugen, Maschinen sowie von chemischen und anderen Mitteln, die für eine Verwendung in der Forstwirtschaft bestimmt sind, von forstlichem Vermehrungsgut, weiters von Arbeitsverfahren und Anwendungsmethoden auf ihre Eignung in der Forstwirtschaft sowie die Ausstellung von Zeugnissen hierüber,
- Abgabe von Gutachten.

○ Forstliche Förderung

Der Staat fördert die Forstwirtschaft im Hinblick auf die bereits dargestellten, im öffentlichen Interesse liegenden Wirkungen des Waldes.

Ein Ziel der forstlichen Förderung ist die Erhaltung und Verbesserung der Schutz-, Wohlfahrts- und Erholungswirkungen des Waldes. Als Maßnahmen zur Erreichung dieses Zieles kommen insbesondere in Betracht:

- Maßnahmen zur Aufforstung in Hochlagen von 500 Höhenmetern unterhalb der natürlichen Baumgrenze,
- Maßnahmen zur Sicherung von Schutzwald,
- Maßnahmen zur Förderung der Erholungswirkung des Waldes.

Ein weiteres Ziel der forstlichen Förderung dient der wirtschaftlichen Stärkung des Forstbereiches (also der Nutzwirkung). Zur Erreichung dieses Zieles kommen als Förderungsmaßnahmen insbesondere in Betracht:

- Maßnahmen zur Strukturverbesserung,
- Investitionen für die Erweiterung und Verbesserung der forstlichen Bringungsanlagen und zur Rationalisierung der Forstarbeit,
- Maßnahmen zur Förderung der Vermarktung,
- Maßnahmen der forstlichen Aufklärung sowie zur Weiterbildung und Beratung der in der Forstwirtschaft Tätigen.

Die hier angeführten Maßnahmen können vom umweltpflegerischen Standpunkt bedenklich sein, man denke etwa an den oft überdimensionierten Forststraßenbau. Maßnahmen des Forstschutzes können sowohl aus den dargestellten umweltpolitischen als auch aus wirtschaftlichen Gründen gefördert werden.

Die Förderung besteht in der Gewährung von Zuschüssen zu den Kosten der geplanten Maßnahme (Beihilfen) oder zu den Kreditkosten (Zinsenzuschüsse). Sie hat nach Richtlinien des Bundesministeriums für Land- und Forstwirtschaft zu erfolgen. In diesen Richtlinien ist unter anderem festgelegt, inwieweit Förderungsmaßnahmen sich auf die Erhaltung und Verbesserung einer gesunden Umwelt auswirken sollen.

○ Forstsaat- und Forstpflanzgut

Auch die Verwendung geeigneten Forstsaat- und Forstpflanzgutes kann von großer umweltgestalterischer Bedeutung sein, weil standortuntaugliche Forstpflanzen z. B. den Erfolg einer Aufforstung in Frage stellen können.

Für die Gewinnung, den Verkehr und die Einfuhr von forstlichem Vermehrungsgut (Saatgut, Pflanzgut) enthält der

hier dargestellte Abschnitt des Forstgesetzes detaillierte Vorschriften, die eine behördliche Überwachung dieser Tätigkeiten bezwecken.
Für die Samengewinnung geeignete Waldbestände oder Samenplantagen können vom Landeshauptmann anerkannt werden, wenn sie bestimmten Voraussetzungen genügen. Saatgut aus anerkannten Beständen darf mit Saatgut aus nicht anerkannten Beständen nur mit Bewilligung des Landeshauptmannes vermengt werden.
Die Samenernte unterliegt der behördlichen Aufsicht.
Vermehrungsgut darf nur in Verkehr gebracht werden, wenn es anerkannt worden, handelsüblich verpackt und vorschriftsmäßig gekennzeichnet ist.
Die Einfuhr von Vermehrungsgut bedarf einer Bewilligung des Bundesministeriums für Land- und Forstwirtschaft. Sie darf nur erteilt werden, wenn ein Herkunftszeugnis vorgelegt wird und das Vermehrungsgut für den Anbau im Inland geeignet ist. Über diese Eignung ist ein Gutachten der Forstlichen Bundesversuchsanstalt einzuholen. Bei Importen hat vor der Abfertigung zum freien Verkehr eine fachliche Kontrolle stattzufinden.

○ Allgemeine Bestimmungen, Straf-, Aufhebungs-, Übergangs- und Schlußbestimmungen

In diesem Abschnitt ist unter anderem auch das Behördenwesen geregelt. Behörde erster Instanz ist die Bezirksverwaltungsbehörde, in bestimmten Fällen der Landeshauptmann bzw. der Bundesminister für Land- und Forstwirtschaft, die auch Oberbehörden sind.
In der Regel endet der Instanzenzug in Verfahren nach dem Forstgesetz beim Landeshauptmann. In bestimmten Fällen allerdings – z. B. bei Rodungsbewilligungen – geht der Instanzenzug zum Bundesminister für Land- und Forstwirtschaft. Durch Rodungen wird ja auf Waldsubstanz auf Dauer verzichtet. Wegen der überregionalen Bedeutung eines solchen Eingriffes ist eine einheitliche Spruchpraxis sowie eine entsprechende Kontrolle hierüber notwendig. Aus diesem Grund sind Bescheide, mit denen Rodungen oder (ausnahmsweise zulässige) Großkahlhiebe erlaubt werden, grundsätzlich dem Bundesminister für Land- und Forstwirtschaft vorzulegen. Das Bundesministerium für Land- und Forstwirtschaft kann derartige Bescheide dem Verwaltungsgerichtshof zur Überprüfung der Rechtmäßigkeit vorlegen.
Neben der Vollziehung des Forstgesetzes ist den Behörden auch aufgetragen, „Sachverständigengutachten" abzugeben, die Waldeigentümer zu beraten und an Förderungsmaßnahmen mitzuwirken.
Das Forstgesetz enthält umfangreiche Verwaltungsstrafbestimmungen. Bestimmte schwere Übertretungen können dazu führen, daß ein Waldeigentümer einer besonderen forstpolizeilichen Überwachung unterworfen wird. Strafbehörde erster Instanz ist die Bezirksverwaltungsbehörde.
Neben der bereits dargestellten fachkundigen Überwachung der Wälder durch den Waldeigentümer selbst (siehe dazu die voranstehenden Ausführungen unter dem Zwischentitel „Forstpersonal") sieht das Forstgesetz eine behördliche Forstaufsicht vor.
Nach dem Forstgesetz unterliegen sämtliche Wälder der behördlichen Überwachung. Diese bezieht sich auf die Einhaltung der Rechtsvorschriften und der behördlichen Anordnungen (Rechtsaufsicht „Forstpolizei") sowie auf die Feststellung der tatsächlichen und rechtlichen Verhältnisse, die für die Vollziehung des Forstrechts (insbesondere für forstliche Planungsmaßnahmen) Bedeutung haben, und auf die Feststellung von Forstschäden (Fachaufsicht). Im Rahmen der behördlichen Aufsicht sind die behördlichen Organe befugt, jeden Wald zu betreten, Auskünfte zu verlangen, Messungen vorzunehmen und Untersuchungsmaterial zu entnehmen. Stellt die Behörde die Verletzung forstrechtlicher Vorschriften fest, hat sie – neben der allfälligen Einleitung eines Strafverfahrens – umgehend die Herstellung des gesetzmäßigen Zustandes (z. B. durch Wiederbewaldung, Einstellung gesetzwidriger Fällungen) zu veranlassen.

Forstgesetz-Novelle 1987

Die jüngste eingehende Novellierung des Forstgesetzes erfolgte 1987 durch das BGBl. Nr. 576. Dabei wurde das Forstgesetz in über hundert Punkten abgeändert.
Die bisher im § 1 aufgezählten Wirkungen des Waldes (Nutz-, Schutz-, Wohlfahrts- und Erholungswirkung) wurden eliminiert bzw. werden jetzt im Abschnitt über die forstliche Raumplanung angesprochen. Wald muß aber nicht mehr eine der bisher im § 1 angeführten Wirkungen entfalten, vielmehr wird Wald nach einer bestimmten Größe (1000 m^2) definiert.
Im Interesse der Energiegewinnung aus heimischer erneuerbarer Biomasse wurde die Möglichkeit der Schaffung von „Energiewäldern" eingeführt. Diese Pflanzungen mit sehr kurzen Umtriebszeiten mußten von den Schutzbestimmungen hiebsunreifer Bestände ausgenommen werden, um eben diese kurzen Umtriebszeiten zu ermöglichen (vgl. Kap. 6).
Durch eine Verfassungsbestimmung wurden die Eingriffsmöglichkeiten der Forstbehörden bei Waldverwüstungen durch das Wild wesentlich verbessert. Bisher war dies nicht möglich, da der Schutz der Wälder vor Waldverwüstungen durch das Wild Landessache (Jagdwesen) war. Diese Änderung hatte u. a. das Österreichische Bundesinstitut für Gesundheitswesen (ÖBIG) in seiner Stellungnahme zum Entwurf der Novelle von 1987 gefordert.
Zum Schutz des Waldes wurde der sogenannte Variantenschilauf im Wald, das ist der Schilauf abseits von Pisten, jedoch im Bereich von mechanischen Aufstiegshilfen, verboten.
Der Schutz des Waldes vor forstschädlichen Luftverunreinigungen wurde in einigen Punkten verbessert, u. a. wurde – ebenfalls vom ÖBIG angeregt – eine Mitkompetenz des Bundesministeriums für Umwelt, Jugend und Familie eingeführt. (Insgesamt ist allerdings die Regelung noch nicht optimal, weil die Kompetenz des Bundes bei Erlassung der Novelle noch nicht ausreichend geregelt war.)

Landesforstgesetze

Verschiedene Bestimmungen des Forstgesetzes enthalten eine Ermächtigung der Landesgesetzgebung gemäß Art. 10 Abs. 2 B-VG. Diese Ermächtigungen betreffen z. B. Bestimmungen über Waldteilungen, Maßnahmen in der

Abb. 23: Kahlschläge international ▷

Besonders in Hanglagen kommt es bei dieser Bewirtschaftungsform zu Problemen der Bodenerosion. Der Boden ist ungeschützt der Sonne und den Niederschlägen ausgesetzt. Aufgerissene Waldränder werden durch Wind gefährdet. Noch gravierender ist das Abbrennen der Tropenwälder, das heute in großem Stil vorangetrieben wird. Auch die Forstwirtschaft Kanadas kann kaum als umweltverträglich eingestuft werden. (Fotos: E. Kasperowski, 1986, W. Hödl, 1985, L. Petter, 1987)

a) Turracher Höhe (K)

b) Amazonien

c) Kanada

Kampfzone des Waldes und in Windschutzanlagen, Maßnahmen der Waldbrandbekämpfung, verschiedene Nutzungsbeschränkungen, die Wildbachräumung und anderes. Für einzelne Bundesländer bestehen besondere Ermächtigungen, z. B. für Tirol und Vorarlberg hinsichtlich der Forstorganisation.
Verschiedene Landesforstgesetze regeln im Rahmen dieser vom Bundesverfassungsgesetzgeber festgelegten Ermächtigung Teilbereiche des Forstwesens. Zwischen dem Bund und dem Land Kärnten besteht darüber hinaus eine Vereinbarung nach Art. 15a B-VG (BGBl. Nr. 444/1980). Regelungsgegenstand dieser Vereinbarung sind Maßnahmen zur Sicherung eines ausgewogenen Verhältnisses von Wald und Wild.

Weitere Bundesgesetze und Verordnungen

Neben dem Forstgesetz bestehen auch mehrere Bundesgesetze und Verordnungen über forstwirtschaftliche Angelegenheiten. Die Gesetze betreffen unter anderem die „Österreichischen Bundesforste", das forstwirtschaftliche Schul- und Berufsausbildungswesen, Fragen des Arbeitsrechtes im Forstbereich, Probleme betreffend den Schutz des Waldes bei der Ein- und Durchfuhr von Holz u. a.
Eine Reihe von Verordnungen führt Bestimmungen des Forstgesetzes näher aus. Diese Verordnungen betreffen verschiedenste Bereiche, z. B. das Schul- und Prüfungswesen und den Waldschutz (etwa Gefahrenzonenpläne, Schutzwälder, forstschädliche Luftverunreinigungen).

Zusammenhänge mit anderen Rechtsgebieten

Die zuletzt erwähnten Verordnungen leiten zu einem Punkt über, der hier ebenfalls anzusprechen ist, nämlich auf Zusammenhänge mit anderen Rechtsbereichen, die für den Wald von fundamentaler Bedeutung sind. Hier ist wohl an erster Stelle der Gesamtkomplex des Umweltschutzrechtes, insbesondere alle Regelungen betreffend die Luftreinhaltung anzusprechen (Gewerberecht, Bergrecht, Dampfkesselrecht, Kraftfahrrecht, Luftfahrrecht, Baurecht usw.), weiters auch das Wasserrecht (Zusammenhänge zur Wildbachverbauung, Fragen des Grundwassers), das Jagdrecht (Wildschäden), das Naturschutzrecht (Waldreservate), das Raumordnungsrecht, das Pflanzenschutzrecht, um nur einige wichtige Bereiche zu erwähnen.
Auf diese Rechtsbereiche ist im Zusammenhang mit der Darstellung der Sachprobleme gesondert einzugehen, so etwa auf die Probleme der forstschädlichen Luftverunreinigungen im Kapitel 4.4, der Wildschäden im Kapitel 4.3, der Raumordnung im Kapitel 4.8 und des Pflanzenschutzrechtes im Kapitel 4.2.
Eine Übersicht landschafts- bzw. umweltrelevanter Rechtsvorschriften findet sich im Anhang. Diese Übersicht geht über die unmittelbar für den Wald in Frage kommenden Rechtsvorschriften hinaus. Damit soll einerseits die Interdependenz der umweltrelevanten Rechtsvorschriften hervorgehoben werden, andererseits kann dieser Anhang auch als Zusammenfassung von Rechtsvorschriften für die gesamte Reihe „Empfehlungen zur Umweltgestaltung und Umweltpflege" benützt werden.

Holzgewächsarten der österreichischen Wälder

Im Anhang zum Forstgesetz werden jene Arten von Holzgewächsen angeführt, die geeignet sind, eine Waldkultur im Sinne des Gesetzes zu bilden:

○ Nadelgehölze

Bergkiefer (Pinus mugo)	Kiefer (Pinus silvestris)	Schwarzkiefer
Eibe (Taxus baccata)	Lärche (Larix decidua)	(Pinus nigra var. austriaca)
Fichte (Picea abies)	Tanne (Abies alba)	Zirbelkiefer (Pinus cembra)

und für die inländische forstliche Nutzung geeignete, fremdländische, bestandesbildende Arten der Gattungen

Abies (Tanne)	Metasequoia	Pseudotsuga (Douglasie)
Cedrus (Zeder)	(Chinesisches Rotholz)	Sequoiadendron (Mammutbaum)
Chamaecyparis (Scheinzypresse)	Picea (Fichte)	Thuja (Thuje)
Larix (Lärche)	Pinus (Kiefer)	Tsuga (Hemlock)

○ Laubgehölze

Bergahorn (Acer pseudoplatanus)	Graupappel (Populus canescens)	Silberpappel (Populus alba)
Bergulme (Ulmus glabra)	Grünerle (Alnus viridis)	Sommerlinde (Tilia platyphyllos)
Birke (Betula pendula)	Hainbuche (Carpinus betulus)	Speierling (Sorbus domestica)
Schmalblättrige Esche	Hasel (Corylus avellana)	Spitzahorn (Acer platanoides)
(Fraxinus angustifolia)	Hopfenbuche (Ostrya carpinifolia)	Stieleiche (Quercus robur)
Eberesche (Sorbus aucuparia)	Mehlbeere (Sorbus aria)	Traubeneiche (Quercus petraea)
Edelkastanie (Castanea sativa)	Moorbirke (Betula pubescens)	Traubenkirsche (Prunus padus)
Elsbeere (Sorbus torminalis)	Robinie (Robinia pseudo-acacia)	Vogelkirsche (Prunus avium)
Esche (Fraxinus excelsior)	Roßkastanie	Walnuß (Juglans regia)
Feldahorn (Acer campestre)	(Aesculus hippocastanum)	Weißerle (Alnus incana)
Flaumhaarige Eiche	Rotbuche (Fagus silvatica)	Winterlinde (Tilia cordata)
(Quercus pubescens)	Schwarzerle (Alnus glutinosa)	Zerreiche (Quercus cerris)
Feldulme (Ulmus minor)	Schwarzpappel (Populus nigra)	Zitterpappel (Populus tremula)
Flatterulme (Ulmus laevis)		

und für die forstliche Nutzung geeignete, bestandesbildende Arten und Hybriden der Gattungen
Populus (Pappel)
Salix (Weide)

und für die inländische forstliche Nutzung geeignete, fremdländische, bestandesbildende Arten der Gattungen

Acer (Ahorn)	Fagus (Buche)	Platanus (Platane)
Ailanthus (Götterbaum)	Fraxinus (Esche)	Populus (Pappel)
Betula (Birke)	Juglans (Nuß)	Prunus (Kirsche)
Eleagnus (Ölweide)	Liriodendron (Magnolie)	Quercus (Eiche)

3 Wirkungen des Waldes

3.1 Nutzwirkung

Für das Forstgesetz in der Fassung der Forstgesetznovelle 1987 beginnt der Wald erst ab einer Mindestgröße von 1000 m² und einer Mindestbreite von zehn Metern. Dieser pragmatische Ansatz ist wohl notwendig, um aus fiskalischer und ökonomischer Sicht „Wald" zu definieren, ist aber aus ökologischer Sicht nicht hinreichend. Zu sehr sind die Wirkungen des Waldes u. a. von Boden-, Expositions-, Höhen- und Klimafaktoren abhängig. Ebenso pragmatisch wird der Wald zunächst nur als Stätte der Holzproduktion zur Kenntnis genommen, woran sich die Nutzwirkung orientiert. Gerade so, als wären Wasserspeicherung, Erosions- und Lawinenschutz, Luftfilterung sowie die Funktion des Waldes als Lebensstätte zahlloser weiterer Organismen keine Nutzwirkungen. Dabei werden diese sehr wohl über Fremdenverkehr, Grundstückspreise, Wassergewinnung u. a. m. vermarktet oder lukriert.

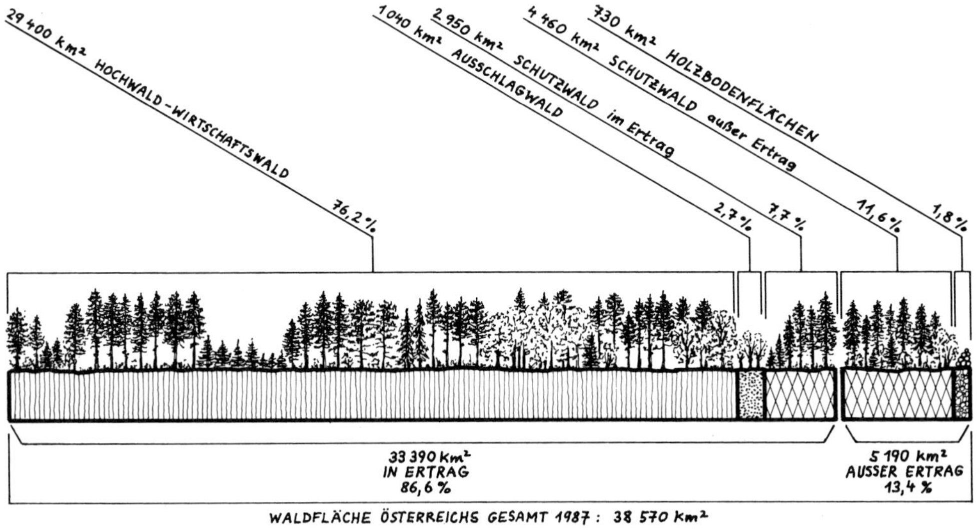

Abb. 24: Aufteilung der Waldfläche Österreichs nach Art der Bewirtschaftung (Quelle: Österreichische Forstinventur, 1981–1985)

Die „wirtschaftlich nachhaltige Hervorbringung des Rohstoffes Holz" ist somit das eingeschränkte Prinzip der Nutzwirkung. Wie wenig dies jedoch abgehoben von den anderen Nutzungen des Waldes gesehen werden kann, zeigen die vielen Debatten über überhöhte Wildbestände, die Nutzung des Waldes als Weide und Fehlentwicklungen im Waldbau überhaupt, die wenigstens fallweise die „ neuartigen Waldschäden" mitverursachen. Hinzu kommen – wie unser Band zeigen wird – noch andere Einwirkungen, wie der Forststraßenbau, die Anlage von Leitungsstrassen und Schipisten etc., die ihrerseits wieder Rückwirkungen auf den Wald, seinen Wasser- und Nährstoffhaushalt und damit letztlich auch seine wirtschaftlich nachhaltige Holzproduktion haben.
Der § 6 des Forstgesetzes 1987 schreibt diese Aufgaben der forstlichen Raumplanung zu. Damit sind zwar Ziele definiert, nicht jedoch deren praktische Erlangung.

Besonders zu beachten ist die Verbindung der Begriffe „wirtschaftlich" und „nachhaltig", woraus deutlich wird, daß im Waldbau nicht nur auf die momentanen ökonomischen Bedingungen (Rohstoffpreise, Marktmechanismen, etc.), sondern auch auf die langfristigen Voraussetzungen des Holzzuwachses Rücksicht zu nehmen ist.
Jedenfalls darf die angesprochene Nachhaltigkeit der Holzproduktion weder zu Lasten des Bodens noch zu Lasten der genetischen Vielfalt unserer Bäume gehen, das heißt, neben den ökonomischen sind auch die ökologischen Gesichtspunkte zu beachten, was aus dieser Gesetzesstelle allerdings nicht eindeutig hervorgeht.
In Österreich gibt es wenigstens 70 verschiedene Waldtypen und rund 200 Untertypen. Der Wald ist also mehr als eine standardisierte Holzfabrik!
Der Holzvorrat in Österreich, damit ist die Holzmasse aller wirtschaftlich nutzbaren Bäume gemeint, betrug 1987 über

Abb. 25: Anteile der wichtigsten Baumarten am Ertragswald

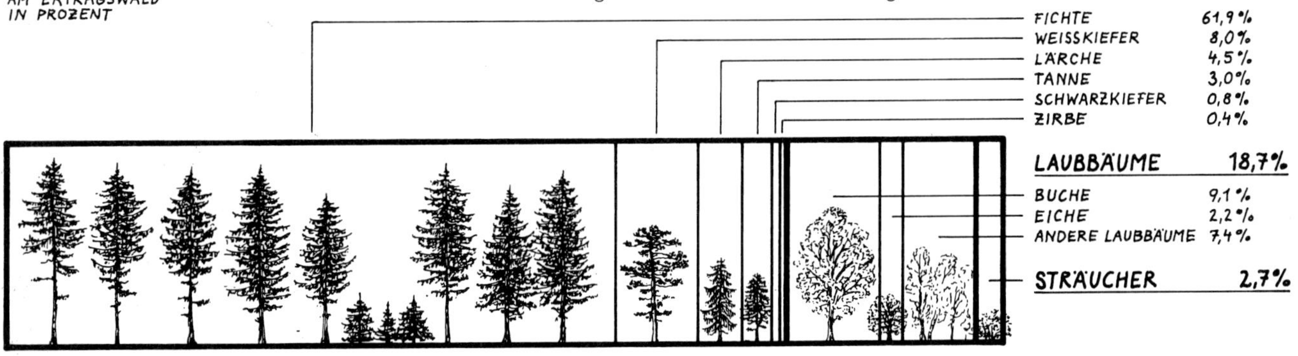

Mit einem Anteil von über 60 Prozent ist die Fichte der „Brotbaum" der Forstwirtschaft. Sie wurde weit über ihre natürlichen Standorte hinaus angepflanzt und gerät so zum bestimmenden Baum des österreichischen Waldes.
(Quelle: Österreichische Forstinventur, 1981–1985)

Abb. 26:
Aufteilung der Waldfläche Österreichs nach Besitzverhältnissen
(Quelle: Österreichische Forstinventur, 1981–1985)

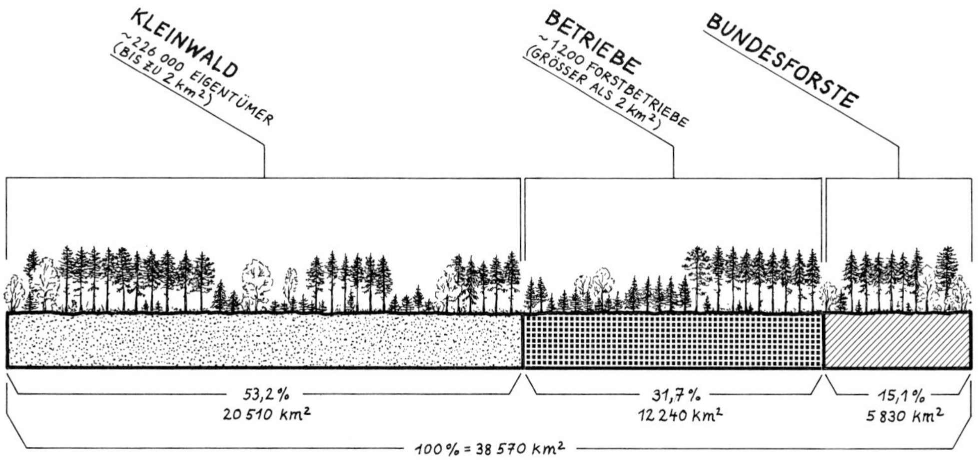

Anmerkung: Diese Gliederung ist nicht identisch mit der im Text unten getroffenen Einteilung nach der gesetzlich vorgeschriebenen Betriebsorganisation.

934 Millionen Vorratsfestmeter (das sind 282 Vfm je Hektar). Darunter wird das Stammholz ohne Äste, aber mit Rinde verstanden.
Die Holzvorratsfestmeter verteilen sich laut letzter Forstinventur so:

- Wirtschaftswald – Hochwald
  286 Vfm je ha (= 863 Mio Vfm insgesamt)
- Schutzwald im Ertrag
  241 Vfm je ha (= 71 Mio Vfm insgesamt)

Der jährliche Holzzuwachs liegt bei 19,6 Mio Vfm, die jährliche Entnahme bei rund 12 Mio Erntefestmetern (also von entrindetem Stammholz, entspricht etwa 15,5 Vfm).
Die Form der statistischen Zuordnung der Waldflächen richtet sich nach der Größe des Waldbesitzes. Bei einem Besitz über 500 Hektar Wald („Försterbetrieb") muß ein staatlich geprüfter Förster (Maturant), bei Besitzen über 1800 Hektar („Forstmeisterbetrieb") ein staatlich geprüfter Forstwirt (Absolvent der Universität für Bodenkultur) eingestellt werden. Die Betriebe unter 500 Hektar werden von den Landesforstinspektionen und Landeslandwirtschaftskammern betreut.
Rund 330.000 Hektar Wald (= 10,2 Prozent der Gesamtfläche des Wirtschaftswaldes) werden von 360 „Försterbetrieben" bewirtschaftet, 150 „Forstmeisterbetriebe" bewirtschaften weitere 580.000 Hektar (= 18,2 Prozent) und die Bundesforste schließlich rund 500.000 Hektar (= 15,6 Prozent). Den Rest der Waldfläche von insgesamt 1,800.000 Hektar (= 56 Prozent) teilen sich 227.000 Betriebe mit weniger als 500 Hektar Wald, die keinen eigenen Wirtschaftsführer benötigen.
Bei den land- und forstwirtschaftlichen Betrieben mit einer Gesamtfläche bis 50 Hektar sieht die durchschnittliche Nutzungsverteilung so aus: 25 Prozent Wald, 40 Prozent Acker, 30 Prozent Grünland und fünf Prozent unproduktive Fläche.
Bei größeren Betriebsflächen steigt der Waldanteil rasch an, Acker- und Grünlandflächen nehmen ab, bis schließlich nur noch Betriebe mit Wald- und „Öd"-Landanteil übrigbleiben.
Daraus ist erkennbar, daß der Wald erst bei großen Betriebsflächen als ausschließliche Existenzgrundlage in Frage kommt. Für den Bauern ist dagegen der Wald in erster Linie eine „Sparkasse", auf die er bei Geldbedarf zurückgreifen kann. Er läßt daher Bäume auch über das Alter der Hiebsreife hinaus stehen, wenn er keinen akuten Geldbedarf hat oder es ihm an Gelegenheit zum Holzfällen mangelt. Aus dieser Betriebsstruktur erklärt sich zum Teil der hohe Holzvorrat pro Hektar in Österreichs Wäldern, der auch auf den bedeutenden Bannwaldanteil zurückzuführen ist. Im europäischen Vergleich ist der Holzvorrat nur in der Schweiz noch höher, wo die angesprochene Struktur (Kleinwaldbesitz, Bannwaldanteil) eine noch stärkere Ausprägung erfahren hat. Was aber dem nur mit dem Rechenstift Ertragskurven erstellenden Ökonomen bedauerlich erscheinen mag, ist ökologisch gesehen in der Regel kein Nachteil (naturnäherer Altersaufbau des Waldes).

Rechtliche Aspekte der Holzgewinnung

Wie in keinem anderen Bereich sind die ökologisch sensiblen Wirtschaftsabläufe zur Gewinnung des Rohstoffes Holz durch gesetzliche Beschränkungen und behördliche Kontrollen geregelt. So sieht das Forstgesetz generelle Nutzungsbeschränkungen vor. Insbesondere sind hiebsunreife Bestände geschützt (mit verschiedenen Ausnahmen wie Fällungen für Bringungsanlagen oder Flächen für die Aufzucht von Christbäumen). Kahlhiebe sowie über das pflegliche Ausmaß hinausgehende Einzelstammentnahmen sind in derartigen Beständen generell verboten.

Abb. 27:
Vergleich zwischen tatsächlicher und potentieller Bestockung

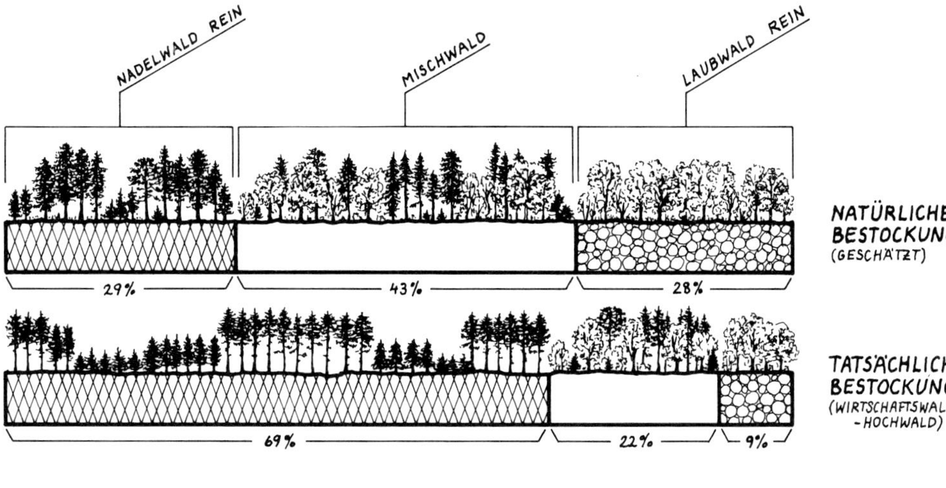

Durch die Bewirtschaftung verändert sich die Baumartenzusammensetzung beträchtlich. Raschwüchsige und relativ unempfindliche Baumarten (Fichte) werden aus ökonomischen Gründen für die Aufforstung bevorzugt. (Quelle: FBVA)

Das pflegliche Ausmaß wird überschritten, wenn nach der Einzelstammentnahme weniger als sechs Zehntel der vollen Überschirmung zurückbleiben würden.
Hiebsunreif sind Hochwaldbestände mit einem Alter unter sechzig Jahren (bei ungleichaltrigen Beständen gilt der Durchschnitt, wobei aber für die Hiebsreife mindestens die Hälfte der Bäume ein Alter von sechzig Jahren erreicht haben muß). Bei verschiedenen raschwüchsigen Baumarten kann das Alter der Hiebsreife auch unter sechzig Jahren liegen, die Hiebsreife kann in diesem Fall von einer bestimmten Stammdicke abhängig gemacht werden (§ 80 Forstgesetz).

Abb. 28: Stromleitungstrasse

Zu Anfang des 20. Jahrhunderts wurden erstmals Leitungstrassen für den Ferntransport von elektrischem Strom angelegt. Inzwischen durchschneiden und überspannen Tausende Kilometer von Stromleitungen auch die entlegensten Gebiete. Sie tragen zusammen mit Straßen-, Wege- und Pistenbauten zur Zerstückelung auch empfindlicher Waldbereiche bei und entwerten vielfach das Landschaftsbild. (Foto: M. Kumpfmüller, 1986)

Neben den eingangs erwähnten Ausnahmen sind folgende Eingriffe in hiebsunreife Bestände aufgrund einer behördlichen Bewilligung möglich:

- Aufhiebe von mehr als zehn Metern Breite für forstbetriebliche Maßnahmen oder für Maßnahmen der Wildstandsbewirtschaftung im Interesse der Walderhaltung.
- Stromleitungstrassen
- Räumung des Bestandes und ertragsteigernde forstliche Maßnahmen (wenn die Ertragsleistung des stokkenden Bestandes und die Produktionskraft des Waldbodens in einem offenbaren Mißverhältnis stehen), z. B. weil der Bestand stark geschädigt ist oder aus standortuntauglichen Baumarten besteht. Diese Bestimmung findet keine Anwendung in Bann- und Schutzwäldern und in der Kampfzone des Waldes (wobei unter Kampfzone die Zone zwischen der natürlichen Baumgrenze und der tatsächlichen Grenze des geschlossenen Baumbewuchses verstanden wird).
- Maßnahmen zur Zuwachssteigerung ohne Gefährdung der Wirkungen des Waldes (dieser Fall ist gegeben, wenn der bestehende Holzvorrat bereits den eines hiebsreifen Bestandes überschreitet). Auch diese Bestimmung findet keine Anwendung in Bann- und Schutzwäldern oder in der Kampfzone des Waldes.
- Abwehr einer Betriebsgefährdung bei außergewöhnlichen Unglücksfällen. Diese Bestimmung ist nur anwendbar, wenn die Gefährdung mit keiner anderen Maßnahme abgewendet werden kann, keine Waldverwüstung*) und kein Kahlhieb drohen und die Wiederbewaldung sichergestellt ist. Überdies ist auch diese Bestimmung in Bann- und Schutzwäldern und in der Kampfzone des Waldes nicht anzuwenden (§ 81).

---

*) Eine Waldverwüstung liegt vor, wenn durch Handlungen oder Unterlassungen
- die Produktionskraft des Waldbodens wesentlich geschwächt oder gänzlich vernichtet,
- der Waldboden einer offenbaren Rutsch- oder Abtragungsgefahr ausgesetzt,
- die rechtzeitige Wiederbewaldung unmöglich gemacht oder
- der Bewuchs offenbar einer flächenhaften Gefährdung insbesondere durch Wind, Schnee, Immissionen aller Art (außer solchen aus genehmigten Anlagen!) ausgesetzt wird oder Abfall (wie Müll, Gerümpel, Klärschlamm) abgelagert wird.

Eine weitere generelle Nutzungsbeschränkung der Wälder betrifft die Regelung von Kahlhieben. Verboten sind Kahlhiebe, die

- die Produktionskraft des Waldbodens dauernd vermindern,
- den Wasserhaushalt des Waldbodens erheblich oder dauernd beeinträchtigen,
- eine stärkere Abschwemmung oder Verwehung von Waldboden herbeiführen oder
- die Wirkung von Schutz- oder Bannwäldern gefährden.

Verboten sind weiters Großkahlhiebe im Hochwald. Ein solcher liegt vor, wenn die entstehende Kahlfläche

- bei einer Breite bis zu fünfzig Metern über eine Länge von sechshundert Metern hinausgeht (= 3 ha Fläche),
- bei einer Breite von über fünfzig Metern ein Ausmaß von zwei Hektaren überschreitet.

Dabei ist zu beachten, daß angrenzende Kahlflächen oder noch nicht gesicherte Verjüngungen ohne Rücksicht auf Eigentumsgrenzen anzurechnen sind.

Ausnahmen vom Verbot der Großkahlhiebe im Hochwald sind auf Antrag zu bewilligen, wenn

- forstbetriebliche Gründe wie insbesondere schwierige Bringungsverhältnisse oder die Notwendigkeit der Beseitigung minderproduktiver oder gefährdeter Bestände vorliegen,
- die Bewilligung für Maßnahmen zur Zuwachssteigerung im vorher erwähnten Sinne erteilt wurde,
- ansonsten der Fortbestand des land- und forstwirtschaftlichen Betriebes gefährdet wäre oder
- dies zur Errichtung einer energiewirtschaftlichen Leitungsanlage erforderlich ist.

Eine Ausnahme vom Verbot des Großkahlhiebes im Hochwald darf jedoch nur erteilt werden, wenn dadurch die Produktionskraft des Waldbodens nicht dauernd vermindert wird und keine Waldverwüstung eintritt (§ 82).

Einer besonderen Regelung unterliegt die Gewinnung von Tannenchristbäumen, weil die besonders empfindliche – dabei waldbaulich als Mischbaum sehr bedeutsame – Tanne in hohem Maß gefährdet ist (Wildverbiß, Luftverschmutzung, Tannensterben als komplexes Problem). Christbäume dürfen daher außer für den Eigengebrauch und bei Fällungen im Rahmen von Pflegemaßnahmen (soweit Bestandesmischung und Bestandesaufbau nicht gefährdet werden) nur auf speziell dafür vorgesehenen Flächen oder auf Stromleitungstrassen gewonnen werden. Verschiedene Kontrollen, z. B. die Markierung der Bäume durch Plomben, stellen die Einhaltung dieser Bestimmung sicher (§ 83).

Der Landeshauptmann kann zum Schutz des Waldes unter anderem auch die Gewinnung von Christbäumen und von Reisig durch Verordnung näher regeln (§ 84).

Neben den generellen Nutzungsbeschränkungen sieht das Forstgesetz für folgende Fällungen eine Bewilligungspflicht vor:

- für Kahlhiebe und diesen gleichzuhaltenden Einzelstammentnahmen auf einer zusammenhängenden Fläche ab einer Größe von einem halben Hektar;
- für Kahlhiebe und diesen gleichzuhaltenden Einzelstammentnahmen auf Hiebflächen, die an Kahlflächen oder an Flächen mit noch nicht gesicherter Verjüngung angrenzen und deren Flächensumme einen halben Hektar überschreitet;
- für Fällungen in Wäldern, die wegen Übertretungen des Waldeigentümers einer besonderen, durch Bescheid der Behörde festgelegten, behördlichen Überwachung bedürfen.

Einzelstammentnahmen sind Kahlhieben gleichzuhalten, wenn nach ihrer Ausführung weniger als sechs Zehntel der vollen Überschirmung zurückbleiben würden. Gesicherte Verjüngungen auf Teilflächen sind bei dieser Berechnung als voll überschirmt einzubeziehen.

Übertretungen, die eine Überwachung der Fällungen im vorerwähnten Sinn nach sich ziehen, sind:

- Waldverwüstung (siehe Fußnote auf Seite 42),
- wiederholte Verstöße gegen die Pflicht zur Wiederbewaldung oder zur Nachbesserung einer Verjüngung,
- wiederholte Verstöße gegen die zuvor geschilderte Bewilligungspflicht von Fällungen oder gegen dabei vorgeschriebene Bedingungen und Auflagen.

Der Waldeigentümer muß wegen der erwähnten Delikte rechtskräftig bestraft worden sein. Das Straferkenntnis darf nicht länger als fünf Jahre ab dem Beginn der beabsichtigten Fällung zurückliegen (§ 85).

Neben den bewilligungspflichtigen Fällungen kennt das Forstgesetz auch freie Fällungen. Freie Fällungen sind:

- Fällungen, nach deren Durchführung eine gesicherte Verjüngung zurückbleibt (Räumung),
- Fällungen infolge höherer Gewalt, die sich aus der notwendigen Aufarbeitung von Schadhölzern einschließlich allfälliger Schlagfrontbegradigungen sowie der Durchführung behördlicher Aufträge ergeben,
- Fällungen von Einzelstämmen und Baumgruppen auf Waldflächen, auf denen ein Bringungsrecht nach dem Güter- und Seilwegegrundsatzgesetz 1967, BGBl. Nr. 198, ohne Errichtung einer Bringungsanlage eingeräumt wird, in dem für die Bringung notwendigen Ausmaß,
- alle sonstigen Fällungen.

Allerdings sind auch freie Fällungen ab einem Umfang von einem halben Hektar der Behörde zu melden.

Bei der Fällung und Aufarbeitung ist jede Beschädigung stehender Bäume und Jungbäume tunlichst zu vermeiden.

Durch die angeführten Bestimmungen werden die weitergehenden Fällungsbeschränkungen in Schutz- und Bannwäldern sowie in der Kampfzone des Waldes nicht berührt (§ 86).

Fällungsanträge (Meldungen über Fällungen) haben Angaben über den Hiebsort und die Hiebsfläche, den Zeitraum der Fällung, die Holzmenge und zutreffendenfalls auch über den Käufer von Holz auf dem Stock oder den Schlägerungsunternehmer zu enthalten (§ 87).

Die Fällungsbewilligung kann von der Behörde versagt werden, wenn der Antragsteller bestehenden Verpflichtungen zur Wiederbewaldung wiederholt nicht entsprochen hat.

Bei Aufforstungsrückständen ist die Fällungsbewilligung mit der Auflage zu verbinden, daß die ausständige Wiederbewaldung innerhalb einer angemessenen Frist nachgeholt wird.

Überhaupt ist die Bewilligung erforderlichenfalls unter Bedingungen und Auflagen zu erteilen. Diese sollen ganz allgemein eine dem Forstgesetz entsprechende Waldbehandlung gewährleisten. Sie können Vorschreibungen über die Wiederbewaldung oder die pflegliche Bringung des gefällten Holzes, die Anordnung von Forstschutzmaßnahmen oder die „Auszeige“ (Kennzeichnung) der zur Fällung bewilligten Bestände betreffen (§ 88).

Zur Gewährleistung der Wiederbewaldung ist unter Umständen eine Sicherheitsleistung vorzuschreiben (§ 89).

An die Stelle von Fällungsanträgen können Fällungspläne treten, und zwar für Wälder, die eine betriebswirtschaftliche Einheit darstellen. Dabei sind im wesentlichen die Grundsätze anzuwenden, die für Fällungsanträge gelten (§§ 93 und 94).

Die Bestimmungen über den Schutz hiebsunreifer Bestände und über die behördliche Überwachung von Fällungen können durch die Landesgesetzgebung verschiedentlich modifiziert werden (§ 95).

Der österreichische Wald wächst auf Kosten der Almen

Österreich ist ein Land, in dem der Wald seit Jahrzehnten zunimmt. Dieser Vorgang ist hauptsächlich auf das langsame Zuwachsen von aufgegebenen Alm- und Weideflächen zurückzuführen. Der hohe Anteil Österreichs an den Alpen, nämlich rund 35 Prozent, bedingt auch einen sehr hohen Almanteil. In den Bundesländern Tirol und Vorarlberg umfaßt er je 50 Prozent der Landesfläche, in Salzburg 38 Prozent, in Kärnten 23 Prozent und in der Steiermark immerhin noch 21 Prozent. Allerdings ist dabei zu beachten, daß diese vom Almkataster ausgewiesenen Flächen nur zu rund der Hälfte aus reiner Almweide bestehen, der „Rest" ist Almwald und alpines Ödland. Letzteres ist aber nur aus der Sicht der Wirtschaft wenig interessant, dieser Bereich birgt eine natürliche Fülle interessanter Lebensformen, die an das rauhe Klima vorzüglich angepaßt sind.

Weitere Nutzungsarten neben der Holzgewinnung

Neben der Gewinnung von Holz treten alle anderen wirtschaftlich bedeutenden Nutzungen des Waldes stark in den Hintergrund. Einige davon sind heute nur noch von historischer Bedeutung, wie beispielsweise die Zeidlerei, die Waldbienenzucht. Bis zum Ende des 18. Jahrhunderts (praktische Einführung der Zuckererzeugung aus Zuckerrüben; Rohrzucker war den Wohlhabenden vorbehalten) war Honig der wichtigste Süßstoff und wurde demgemäß in großen Mengen benötigt. Entsprechend umfangreich waren auch die Schäden, die durch das Aushöhlen der Stämme (sogenanntes „Beuten") für die Bienenkolonien entstanden.
Nicht minder schädlich für den Wald wirkten und wirken sich die Harzgewinnung, die Gewinnung von Streu sowie die Waldweide aus.

○ Harzgewinnung

Um die Gefahren für den Wald zu vermeiden oder zu verringern, ist diese Nutzungsform im Forstgesetz geregelt. So dürfen nach § 39 Forstgesetz nur Baumarten geharzt werden, die für eine wirtschaftliche Harznutzung geeignet sind. Es betrifft dies in erster Linie die in Ostösterreich (Wienerwald, Steinfeld im Wiener Becken, östliche Kalkvoralpen) verbreitete Schwarzkiefer, deren Harz u. a. zur Terpentingewinnung genutzt wird. Durch das Harzen dürfen jedoch der Bestand des Waldes und seine Wirkungen nicht gefährdet werden.
In Bannwäldern*) darf nur nach Maßgabe des Inhaltes des Bannlegungsbescheides, in Schutzwäldern nur aufgrund einer sonstigen Bewilligung geharzt werden. Die Bewilligung darf nur erteilt werden, wenn die Harzgewinnung nicht der geeigneten Behandlung und Nutzung des Schutzwaldes bzw. der Kampfzone des Waldes und der Windschutzanlagen (§§ 22 und 25 des Forstgesetzes) widerspricht.

Der Bundesminister für Land- und Forstwirtschaft hat, soweit erforderlich, durch Verordnung die harzungsfähigen Baumarten festzustellen und die Verwendung bestimmter Werkzeuge oder die Anwendung bestimmter Verfahren für das Harzen zu untersagen. Eine derartige Verordnung ist bisher nicht ergangen. Allerdings hat das Harzen in den letzten Jahren sehr stark an wirtschaftlicher Bedeutung verloren und wurde vielfach gänzlich aufgegeben. Es ist aber nicht auszuschließen, daß es im Zuge der derzeitigen Aufwertung aller Naturprodukte wieder größere Bedeutung erlangt.

○ Streugewinnung

Die Streugewinnung aus dem Wald spielte früher wirtschaftlich eine große Rolle (siehe Abb. 29). Laubblätter, Nadeln, Moos (Bodenstreu), aber auch kleingehackte Nadelholzzweige (Schneitelstreu) wurden zum Einstreuen in den Stallungen verwendet. Die mit den tierischen Exkrementen vermischte Streu wurde sodann auf Wiesen und Felder als Dünger ausgebracht. Die für die Bauern existentielle Bedeutung der Streu kann noch daraus erkannt werden, daß sie der gerichtlichen Pfändung teilweise entzogen ist (§ 251 Exekutionsordnung).
Durch die Streugewinnung aus dem Wald können folgende Waldschäden entstehen:

- Durch die Aststreugewinnung (dem sogenannten Schneiteln) werden Bäume verstümmelt, so daß sie entweder ganz absterben oder kränkeln und in ihrer Zuwachsleistung beeinträchtigt sind. Das früher weit verbreitete Schneiteln ist daher heute verboten (§ 38 Abs. 2 Forstgesetz).
- Durch das Sammeln von Bodenstreu (Laub-, Nadel- und Moosstreu) mittels Rechen kann der Waldboden beschädigt werden, z. B. durch Verletzung der Feinwurzeln der Bäume und Zerstörung der Pilzmyzele. Die Gewinnung sogenannter Rechstreu ist daher nur mittels Holzrechen und auf derselben Stelle höchstens jedes vierte Jahr zulässig (§ 38 Abs. 1 Forstgesetz).

*) Bannwälder dienen vor allem der Abwehr bestimmter Gefahren von Menschen, menschlichen Siedlungen und Anlagen oder kultivierten Böden (Lawinen, Felssturz, Steinschlag, Erdrutsche, Wind, Hochwasser etc.). Eine Bannlegung kann aber auch erfolgen, wenn die Wohlfahrtswirkung eines Waldes seine Nutzwirkung überwiegt. Wälder werden durch Bescheid in Bann gelegt, sofern das zu schützende volkswirtschaftliche Interesse (Bannzweck) sich als wichtiger erweist als die mit der Einschränkung der Waldbewirtschaftung infolge der Bannlegung verbundenen Nachteile.

Schutzwälder sind Wälder, deren Standort durch die abtragenden Kräfte von Wind, Wasser und Schwerkraft gefährdet ist, und die eine besondere Behandlung zum Schutz des Bodens und des Bewuchses sowie zur Sicherung der Wiederbewaldung erfordern.

– Die Masseproduktion des Waldes an erneuerbaren Teilen wie Laub und Nadeln übertrifft diejenige des Stammholzes bei weitem. Daraus wird ersichtlich, daß der Stoffkreislauf des Waldes durch eine systematische Entfernung von Laub und Nadeln nachhaltig gestört werden kann. In Wäldern, deren Böden zur Verarmung neigen, in Schutzwäldern sowie auf Waldflächen, auf denen die Streunutzung die Wiederbewaldung gefährden würde, ist daher die Gewinnung von Bodenstreu gänzlich untersagt (§ 38 Abs. 1 Forstgesetz).

Abb. 29: Geschneitelte Bäume

Grünes Laub und kleine Äste von Bäumen und Gehölzen wurden von alters her als Einstreu für den Stall und in der Folge als Dünger in der Landwirtschaft genutzt. Da zusätzlich auch abgefallenes Laub aus den Wäldern gerecht wurde, kam es an vielen Waldstandorten in Österreich zu einem starken Nährstoffentzug zugunsten der Wiesen und Felder, dessen Nachwirkungen bis heute spürbar sind. (Foto: H. Schacht)

○ Waldweide

Auch durch die Waldweide können Wälder empfindlich geschädigt werden.
Mit dem Übergang des Waldeigentums in Privatbesitz blieben bestimmte Nutzungsrechte am Wald als Grunddienstbarkeiten (Servitute) bestehen, darunter Holz- und Streubezugsrechte und Weiderechte. Heute versucht man, durch Regulierung und Ablösung der Weiderechte mögliche Schäden für den Wald auszuschalten oder zu verringern (Wald- und Weidenutzungsgrundsatzgesetz, BGBl. Nr. 103/1951 i. d. dz. F., samt Ausführungsgesetzen der Bundesländer; Kompetenzmaterie: Bodenreform nach Art. 12 Abs. 1 Z. 3 B-VG, Grundsatzgesetzgebung des Bundes, Ausführungsgesetzgebung und Vollziehung durch die Länder). Durch Regulierungen werden die Weiderechte näher bestimmt, etwa die Weideplätze, die Viehtränke, die Weidezeit, die Viehgattung und -zahl sowie die Art der Zäune und Ställe.
Im Wald weidendes Vieh verursacht Verbiß- (mit ähnlichen Folgen wie der Wildverbiß) und Trittschäden (zumal heute schwerere Rinderrassen als früher gehalten werden). Dadurch kommt es zur Zertrampelung von Keimlingen und Jungpflanzen, zu Bodenverdichtungen, Erosionsansätzen und zur Rotfäule der Baumstämme. Diese schädlichen Folgen sind vor allem deshalb zu beachten, weil das Vieh häufig in der Kampfzone des Waldes weidet, das heißt in einem Bereich, in dem der Wald einerseits eine besondere Schutzfunktion hat, andererseits sehr empfindlich ist. Das Forstgesetz schreibt daher vor, daß durch die Waldweide die Erhaltung des Waldes und seiner Wirkungen nicht gefährdet werden darf (§ 37 Abs. 1 Forstgesetz).
In zur Verjüngung bestimmten Waldteilen, in denen das Weidevieh die bereits bestehende oder erst heranzuziehende Verjüngung schädigen könnte (Schonungsflächen), darf die Waldweide nicht ausgeübt werden. Die Weidetiere sind von den Schonungsflächen fernzuhalten. Auf Antrag des Waldeigentümers oder des Weideberechtigten hat die Behörde unter Bedachtnahme auf die öffentlichen Interessen an der Walderhaltung den Umfang, die Dauer und die Kennzeichnung der Schonungsflächen durch Bescheid festzulegen (§ 37 Abs. 3 Forstgesetz).
Mit Sicherheit lassen sich die nachteiligen Folgen nur ausschließen, wenn man die Waldweide gänzlich unterbindet, was durch Ablösung der Weiderechte anzustreben ist. Eine gewisse Schädigung des Waldes wird aber durch den Viehtrieb und die Schneeflucht wohl immer bestehen bleiben. Der Viehtrieb ist daher unter Rücksichtnahme auf die nötige Waldschonung, erforderlichenfalls auch auf zumutbaren Umwegen, durchzuführen (§ 37 Abs. 2 Forstgesetz).

Abb. 30: Waldweide

Die Waldweide stellt nicht nur in Österreich ein unterschätztes Problem dar. Die heute vorrangig gezüchteten schweren Rinderrassen verdichten den Boden, zertreten den Jungwuchs und fressen die frischen Triebe ab. (Foto: K. Farasin, 1988)

Die Schneeflucht ist eine uralte, wohl unverzichtbare rechtliche Einrichtung. Sie berechtigt dazu, Weidevieh bei drohenden Elementargefahren und für die Dauer des Anhaltens dieser Gefahren in (eigenen oder fremden) Wald einzutreiben. Der Waldeigentümer ist verpflichtet, die Schneeflucht zu dulden.

3.2 Schutzwirkung

Das Forstgesetz definiert die Schutzwirkung des Waldes als „Schutz vor Elementargefahren und schädigenden Umwelteinflüssen sowie die Erhaltung der Bodenkraft gegen Bodenabschwemmungen und -verwehungen, Geröllbildung und Hangrutschung".

Der Gesetzgeber streicht hier gerade jene Eigenschaften des Waldes heraus, die schon im Mittelalter zur Bannlegung einzelner Hangwälder führten. Bei der Schutzwirkung ist natürlich in erster Linie an die alpinen Hangwälder zu denken, die unverzichtbare Voraussetzung für die gefahrlose Besiedlung der Täler sind. Schon im ausgehenden Mittelalter, manchmal auch früher, war durch Viehweide und Almwirtschaft die Waldgrenze an vielen Orten Österreichs herabgedrückt worden, und es ist bis heute nicht gelungen, die Waldgrenze wieder anzuheben. Besonders bedenklich ist dies, weil etwa die Hälfte aller Lawinen in ehemaligen Waldarealen losbricht.

Die meisten in den letzten 30 Jahren unternommenen Versuche, obere Hanglagen wiederaufzuforsten, scheiterten – oft, nachdem Anfangserfolge erzielt werden konnten. Dem stehen nur wenige geglückte Hochlagenaufforstungen gegenüber (z. B. Zirbenaufforstung in Osttirol). Gegenwärtig wird die Schutzwirkung einzelner Wälder in Österreich durch „neuartige Waldschäden" (Waldsterben), durch Weidevieh und Wildverbiß, gelegentlich auch durch Schipisten wesentlich gemindert. Überalterung der Bestände und damit fehlende Naturverjüngung sowie Rodungen, aber auch das Absterben einzelner Bäume als Folge von Immissionseinwirkungen, führen zur Auflockerung der Wälder, bis diese so licht geworden sind, daß aus dem Wald selbst Lawinen abgehen können.

Baumwurzeln binden natürlich auch Erde und lockeres Gestein und verhindern so den Steinschlag, den Abgang von Muren und – insbesondere bei Bodenschutzgehölzen – den Bodenabtrag durch Wind. Bodenschutzgehölze werden künstlich angelegt, um den Wind abzubremsen. Die ersten großflächigen Aufforstungen dieser Art verdanken wir der Kaiserin Maria Theresia und Kaiser Joseph II. im Steinfeld (nomen est omen) und im Marchfeld.

Die Wälder sind es schließlich auch, die an der Bodenbildung ganz wesentlich beteiligt sind, die den Boden festhalten und vor Abtrag durch das Wasser schützen. Sie schützen den Boden darüber hinaus vor direkten Einwirkungen der Sonne und vor dem Aufprall der Regentropfen. Ohne Waldboden gäbe es heute keine Landwirtschaft, denn so gut wie alle landwirtschaftlichen Nutzflächen – ob Grünlandwirtschaft oder Ackerflächen – sind ehemalige Waldstandorte.

Wälder dienen aber auch dem Schutz unserer Trinkwasserreserven. Sie stellen einen hochwertigen Filter gegenüber Einflüssen aus Niederschlägen und Luftschadstoffen dar (siehe auch Punkt 3.3).

Rechtsgrundlagen der Schutzwirkung des Waldes

Verschiedene rechtliche Vorschriften befassen sich sowohl mit dem Schutz des Waldes vor Wildbächen und Lawinen als auch mit der Funktion des Waldes als Wildbach- und Lawinenschutz.

Bereits im Reichsforstgesetz 1852, RGBl. Nr. 250/1852, wurde die Aufgabe des Waldes als Schutz vor elementaren Gefahren rechtlich anerkannt. Im Forstgesetz 1975 ist der Schutz vor Wildbächen und Lawinen eingehend geregelt (VII. Abschnitt, Schutz vor Wildbächen und Lawinen; §§ 98 bis 103). Diese Bestimmungen ergänzen das Wildbachverbauungsgesetz, RGBl. Nr. 117/1884, in der derzeitigen Fassung. Dabei sind die Bestimmungen dieses Abschnittes des Forstgesetzes nicht nur auf den Wald anzuwenden (§ 98 Abs. 1).

Abb. 31: Wurzelteller

Durch extremes Hochwasser wurde der Wurzelteller dieser Fichte freigespült. Man erkennt, daß die Fichte auf solchen Böden ein breites Wurzelgeflecht unmittelbar unter der Bodenoberfläche entwickelt. Für die Standsicherheit der Bäume ist gerade an solchen Standorten ein Mischwald anzustreben. (Foto: W. Katzmann, 1987)

Abb. 32: Lawinenverbauung

Das Bild zeigt, mit welchem enormen technischen und finanziellen Aufwand Sanierungsmaßnahmen vorangetrieben werden müßten, wenn diese Aufgabe nicht mehr großteils vom Wald geleistet werden könnte. Verschwindet mit der Entwaldung zusätzlich der schützende und festigende bodenbedeckende Unterwuchs, beginnt der Boden sehr rasch zu erodieren. Hier läßt sich erahnen, welche Auswirkungen ein weiteres Fortschreiten des Waldsterbens nach sich ziehen könnte. (Foto: L. Beckel)

Wenn an dieser Stelle auf die normalerweise mehr oder weniger unsichtbare Welt der Wurzeln zurückzukommen ist, so deshalb, weil sie für den Boden und die Bodenbildung, die Verwitterung des Ausgangsgesteins und den Aufschluß mineralischer Stoffe von entscheidender Bedeutung ist. Wurzelaktivität, Boden- und Humusbildung führen schließlich sogar zur Unabhängigkeit vom jeweiligen Ausgangsgestein.
Anders als (heute) am Acker ist es im Wald vor allem die Humusauflage des Bodens, die besonders hohe Besiedlungsdichten an Tieren aufweist, nämlich an Zersetzern organischer Substanz; Pflanzenfresser spielen dagegen quantitativ eine weit geringere Rolle. Würmer und Kleinlebewesen wie Springschwänze, Asseln, Milben, Insektenlarven u. a. bilden die tierischen Gemeinschaften. Diese werden nur noch von zersetzenden Mikroorganismen und Pilzen zahlenmäßig erreicht oder übertroffen. Letztere leben in Symbiose mit den Wurzeln und ermöglichen der Pflanze oft erst den Aufschluß und Transport von Nährstoffen und Wasser. Die Wurzeln sind für den Aufschluß des Bodens, seine Lockerung, Durchlüftung und Wasserspeicherung von großer Bedeutung. Da die Wurzeln – vor allem die feineren Anteile – in dauerndem Auf- und Umbau begriffen sind, sind sie auch für die Sickerleistung der Böden relevant. So können beispielsweise von Schilf durchwurzelte Böden das 100- bis 1000fache an Wasser versickern als brachliegende Äcker. Schon dieser Sachverhalt zeigt, daß Flurgehölze und Hecken auch für die Grundwasseranreicherung dienlich sind.
Wurzeln können je nach Pflanzenart in ganz unterschiedlicher Weise den Boden aufschließen. Nach der Ausbildung der Baumwurzeln lassen sich bestimmte Typen unterscheiden.
Wurzeln erschließen die unterschiedlichsten Bodenhorizonte. Während Flachwurzler wie die Fichten kreisförmige „Wurzelteller" ausbilden und sich die Hauptwurzelmasse in unmittelbarer Nähe der Bodenoberfläche befindet, ist die Hauptwurzelmasse bei Tannen eher vertikal ausgerichtet. Damit erhalten die Bäume

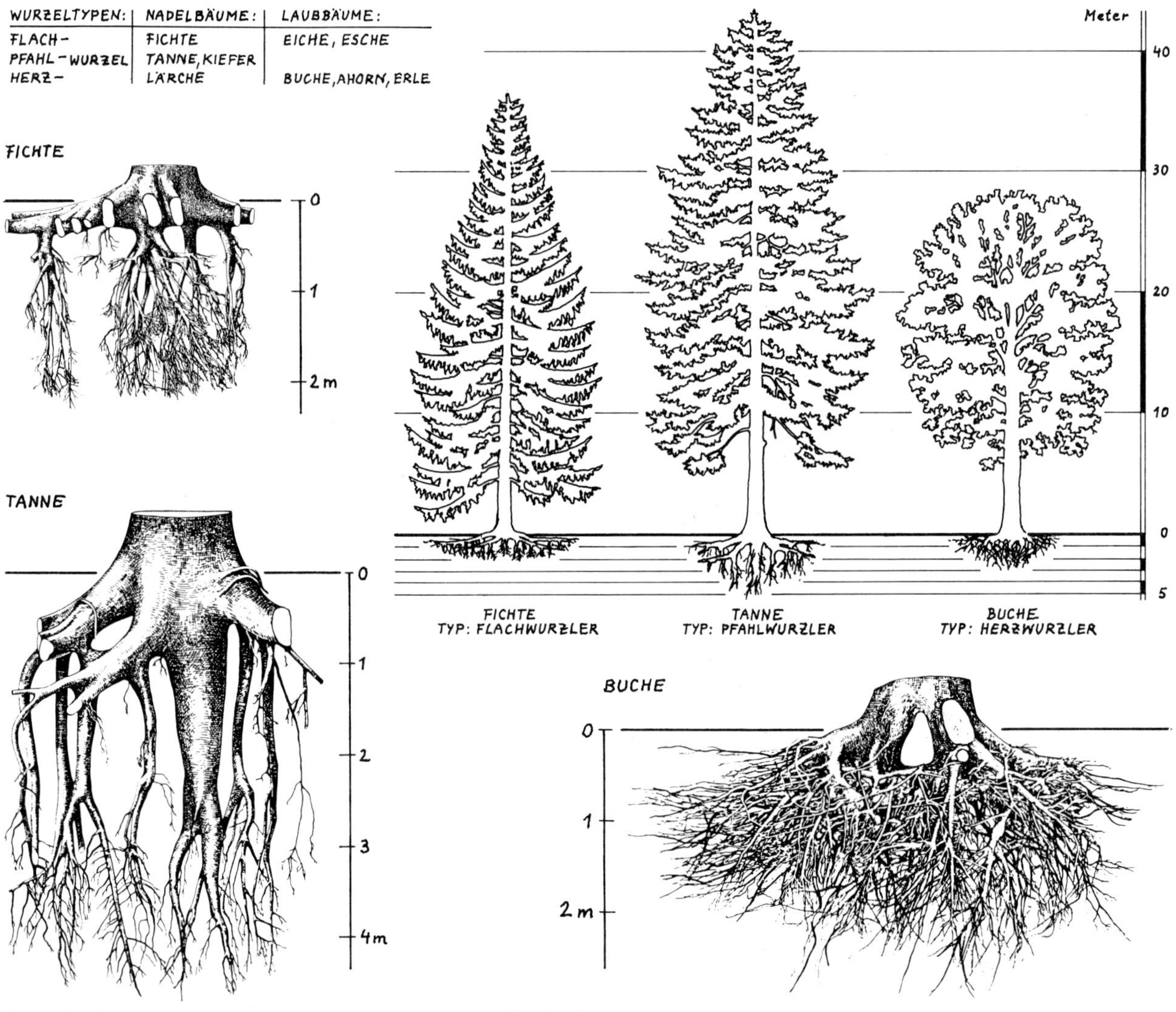

Abb. 33: Typische Wurzelformen der wichtigsten Waldbäume

Im Verhältnis zur Höhe und zum Kronenvolumen der Bäume fällt auf, daß die Wurzeln einen eher kleinen Raum einnehmen. Auf die Darstellung der großen Feinwurzelmasse, die sich in stetiger Veränderung befindet, wurde hier verzichtet. Großen Einfluß auf die Ausbildung und Tiefe der Verwurzelung haben auch die jeweiligen Boden- und Grundgesteinsverhältnisse. (Quelle: nach Köstler, Brückner, Bibelriether, 1968) auch einen festeren Stand gegenüber dem Winddruck. In einem Mischwald herrscht also eine ganz andere Durchwurzelung des Bodens vor als beispielsweise in einer Fichtenmonokultur. Die im Boden gebildete Biomasse der Wurzeln macht oft einen beträchtlichen Anteil der gesamten Biomasse aus. Bei Gräsern und krautigen Pflanzen kann sie die oberirdische Blattmasse sogar beträchtlich übertreffen.

Die Rhizosphäre – so wird der durchwurzelte Bereich des Bodens auch genannt – besitzt eine hohe Speicherleistung für Wasser. So hat man errechnet, daß ihr Volumen etwa das Dreifache aller technischen Wasserspeicher Österreichs beträgt. Verdichtete Böden hingegen können nur ein Dreißigstel an Wasser aufnehmen. Das Prinzip der Pflanzenkläranlagen beruht auf der dreidimensionalen, beträchtlichen Durchwurzelung des Bodens mit Sumpfpflanzen, die einerseits die rasche Versickerung beaufschlagten Abwassers gewährleisten und andererseits den Bodenkörper mit abbauenden Organismen wie eine Tropfkörperanlage anreichern. Solcherart werden organische Stoffe mineralisiert und/oder abgebaut und Schwermetalle an Bodenteilchen angelagert.

Das Wasserspeichervermögen des Wurzelraumes ist auch ein wichtiger Grund, warum Schipisten nicht einfach planiert werden sollten. Es zeigte sich nämlich, daß planierte und eingesäte Pisten oft nur ein Fünftel des ursprünglichen Wasserrückhalts einer „alten" Almwiese besitzen. Der optische Eindruck einer grünen Wiese täuscht bei eingesäten Pisten manchmal über mangelnden Wasserrückhalt und gestörtes Wasserspeichervermögen hinweg. Meist aber sind die Folgen des mangelnden Wasserrückhaltes – trotz Begrünung – sehr augenfällig (z. B. tiefe Erosionsgräben).

Die Wurzeln sind also für die Pflanzen Verankerung, gewährleisten die Wasserversorgung, erschließen wichtige mineralische Rohstoffe, lockern den Boden und sind das Bindeglied im Kreislauf des Auf- und Abbaus der organischen Substanz.

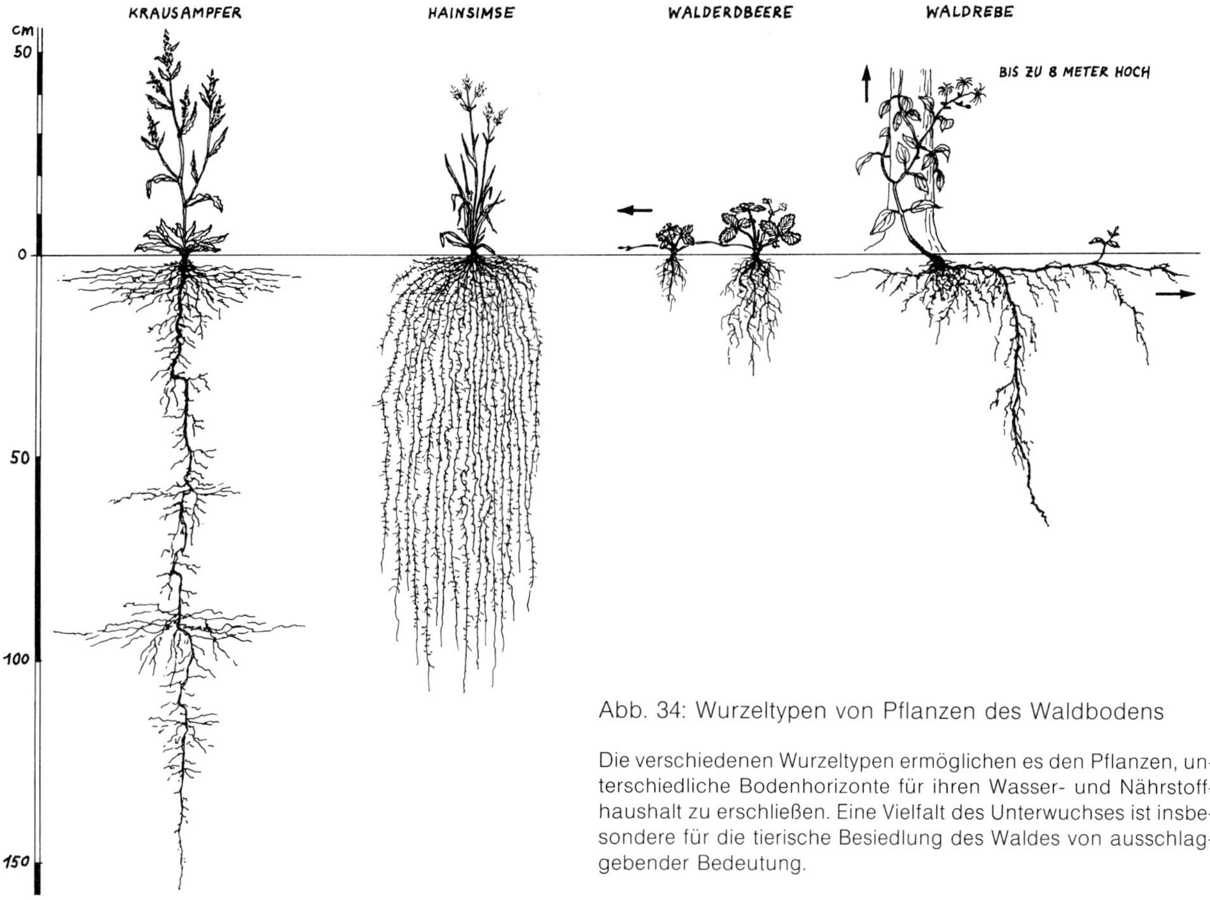

Abb. 34: Wurzeltypen von Pflanzen des Waldbodens

Die verschiedenen Wurzeltypen ermöglichen es den Pflanzen, unterschiedliche Bodenhorizonte für ihren Wasser- und Nährstoffhaushalt zu erschließen. Eine Vielfalt des Unterwuchses ist insbesondere für die tierische Besiedlung des Waldes von ausschlaggebender Bedeutung.

Ein Wildbach im Sinne des Forstgesetzes ist vor allem durch seine umfangreiche Feststofführung (Geschiebe) bei rasch und stark schwankender Wasserführung gekennzeichnet.
Unter einer Lawine im Sinne des Forstgesetzes sind Schneemassen zu verstehen, die bei raschem Absturz auf steilen Hängen, Gräben u. ä. infolge der kinetischen Energie oder der von ihnen verursachten Luftdruckwelle oder durch ihre Ablagerung Gefahren oder Schäden verursachen können (§ 99 Abs. 2). Unter dem Einzugsbereich einer Lawine werden dabei deren Nähr-, Abbruch- und Ablagerungsbereich sowie die Lawinenbahn verstanden (§ 99 Abs. 4).

Das Forstgesetz mißt der Waldbehandlung im Einzugsbereich von Wildbächen und Lawinen besondere Bedeutung bei. So hat die Behörde, soweit es zur Abwehr von Lawinen erforderlich erscheint,
- die Verwendung von geeignetem forstlichem Vermehrungsgut der in Betracht kommenden Baumarten vorzuschreiben; dem Waldeigentümer dürfen daraus keine erheblichen Mehrkosten erwachsen;
- Fällungen u. a. in der Kampfzone des Waldes an eine Bewilligung zu binden oder gänzlich zu untersagen;
- im Zweifelsfalle zur Festlegung der Schutzwaldeigenschaft von Wäldern ein Feststellungsverfahren durchzuführen;
- dem Landeshauptmann die Einleitung des Verfahrens zur Anordnung von großräumigen Maßnahmen zur Sanierung von Schutzwald vorzuschlagen;
- Bannlegungen für Wälder und neu bewaldete Flächen im Einzugsgebiet auszusprechen;
- örtlich begrenzte Fällungen zur Vermeidung unmittelbar drohender Abrutschungen, einschließlich jener von Hochwaldbeständen, auch wenn diese die Obergrenze der Hiebsunreife noch nicht überschritten haben, vorzuschreiben (§ 100 Abs. 1).

Zum Zweck des Wildbach- und Lawinenschutzes in banngelegten Wäldern können diese, soweit es erforderlich ist, auch vom forsttechnischen Dienst der Wildbach- und Lawinenverbauung (Gebietsbauleitung) bewirtschaftet werden (§ 100 Abs. 2).
Droht im Einzugsgebiet eines Wildbaches oder einer Lawine eine Verschlechterung des Waldzustandes oder ist diese bereits im Gange, so daß eine wirksame Bekämpfung der Wildbach- und Lawinengefahr erschwert oder unmöglich gemacht wird, so hat die Behörde, sofern es sich nicht bereits um ein Arbeitsfeld nach dem Wildbachverbauungsgesetz handelt, festzustellen, welche Vorbeugungsmaßnahmen erforderlich erscheinen (§ 101 Abs. 1).

Vorbeugungsmaßnahmen können insbesondere sein:
- Vorkehrungen zur Unterbindung des Entstehens oder der Ausweitung von Erosionen,
- die Neubewaldung von Hochlagen sowie in der Kampfzone des Waldes,
- die Bannlegung neu bewaldeter Flächen,
- die Beschränkung der Bringung,
- die Beschränkung der Waldweide auf ein tragbares Ausmaß (§ 101 Abs. 2).

Im Interesse des Wildbach- und Lawinenschutzes kann auch die Bringung an eine Bewilligung der Behörde gebunden werden, wobei die erforderlichen Bedingungen und Auflagen vorzuschreiben sind (§ 101 Abs. 4).
Bei Fragen des Wildbach- und Lawinenschutzes hat der „Forsttechnische Dienst für Wildbach- und Lawinenverbauung“ (§ 102 Forstgesetz) große praktische Bedeutung.
Dieser Dienst gliedert sich in folgende Dienststellen:
- Sektionen mit dem Wirkungsbereich auf das Gebiet eines oder mehrerer Bundesländer,
- Gebietsbauleitungen mit dem Wirkungsbereich auf Teilgebiete eines Sektionsbereiches.

Diese Dienststellen unterstehen dem Bundesministerium für Land- und Forstwirtschaft und haben insbesondere folgende Aufgaben:
- Die Projektierung und Durchführung von Maßnahmen, einschließlich solcher zum Schutz und zur Hebung der oberen Waldgrenze,
- die Überwachung der durchgeführten forstlich-biologischen Maßnahmen sowie die Obsorge für die Erhaltung der in diesem Zusammenhang errichteten Anlagen,
- die Verwaltung der zweckgerichteten Förderungsmittel und Interessentenbeiträge für die hier erwähnten Maßnahmen,
- die Erstellung und Führung eines Wildbach- und Lawinenkatasters,
- die Ausarbeitung von Gefahrenzonenplänen.

Bezüglich des Problembereiches „Wildbäche“ sei auch auf den Band „Wasser“ der „Empfehlungen zur Umweltgestaltung und Umweltpflege“, S. 61ff., verwiesen.

3.3 Wohlfahrtswirkungen

Das Forstgesetz subsumiert unter den Wohlfahrtswirkungen des Waldes seinen „Einfluß auf die Umwelt, und zwar insbesondere auf den Ausgleich des Klimas und des Wasserhaushaltes, auf die Reinigung und Erneuerung von Luft und Wasser und auf die Lärmminderung“.
Die Wohlfahrtswirkungen des Waldes stehen im engen Zusammenhang mit seinen Schutzwirkungen, und oft fällt es schwer, eine einschlägige Funktion eindeutig einem der beiden Wirkungsbereiche zuzuordnen (etwa die Funktion des Wasserrückhaltes, die sowohl unter dem Aspekt der Wohlfahrt als auch vom Gesichtspunkt des Schutzes aus gesehen werden kann). Während aber die Schutzwirkungen vorrangig vom Interesse ihres Nutznießers, des Menschen, her definiert werden, sind die Wohlfahrtswirkungen, insbesondere die klimatischen Leistungen, unabdingbare Voraussetzungen für den Fortbestand des Ökosystems Wald selbst. Mit anderen Worten: Der Wald schafft sich sein eigenes Bestandsklima!
Eine weitere (allerdings nicht im Forstgesetz verankerte) Wohlfahrtsfunktion des Waldes besteht in seinem Einfluß auf die Erhaltung wildlebender Pflanzen- und Tierarten. Der Wald trägt hier zu Zielen des Naturschutzes, aber auch eines – nicht zu eng verstandenen – Umweltschutzes bei. Diese Wohlfahrtsfunktion, die man als ökosystemare oder biogenetische Funktion des Waldes bezeichnen könnte, sollte im Hinblick auf ihre zunehmende Bedeutung ins Forstgesetz (§ 6) aufgenommen werden!
Dies könnte in Anlehnung an den Vorschlag einer Arbeitsgruppe unter Prof. Grabherr, Institut für Pflanzenphysiologie der Universität Wien, in folgender Weise erfolgen: „Die Wohlfahrtswirkung, das ist der Einfluß auf die Umwelt, und zwar insbesondere auf den Ausgleich des Klimas und des Wasserhaushaltes, auf die Reinigung und Erneuerung von Luft und Wasser, auf die Lärmminderung und auf die Erhaltung der natürlichen genetischen Vielfalt in Anerkennung der Rolle des Waldes als Lebensraum und Zufluchtsstätte für Pflanzen und Tiere, als biologisches Regenerationszentrum inmitten der Kulturlandschaft. . .“.

Abb. 35a: Forststraße

Das rücksichtslose Anschneiden von instabilen Hängen kann beträchtliche Erosionsschäden nach sich ziehen. Vom Oberhang bricht der Boden ab, am Unterhang wird er überschüttet und auf diese Weise auch die Vegetation zum Absterben gebracht.

Die im Forstgesetz genannten Wohlfahrtswirkungen
- Klimaausgleich,
- Wasserhaushalt,
- Reinigungs- und Filterwirkung auf Luft und Wasser sowie
- Lärmminderung

sollen im folgenden näher erläutert werden.
Man weiß seit langem, daß Wälder ein eigenes Bestandsklima haben. Weniger bekannt ist, daß sie auch Fernwirkungen weit über die Waldgrenze hinaus ausüben und so den Klimaablauf bis in entfernte Gebiete mitgestalten. Diese Fernwirkungen beruhen auf Luftbefeuchtung und Windbremsung. Verursacht wird dies durch die enorme Blatt- und Nadelmasse, die eine biologisch aktive Oberfläche bildet, die ein Mehrfaches der darunter befindlichen Bodenfläche erreichen kann. So beträgt beispielsweise die Blattoberfläche eines hektargroßen 80jährigen Rotbuchenbestandes 15,8 Hektar, also fast das 16fache der überschirmten Fläche. Ein Kilogramm trockene Rotbuchenblätter (das sind je nach Größe 3000 bis 7000 Blätter) reicht aus, um 20 m^2 abzudecken. Die Nadeloberfläche eines hektargroßen 35jährigen Fichtenbestandes erreicht 19,2 Hektar. Ein Kilogramm trockene Fichtennadeln (das sind 117.000 bis 200.000 Stück) deckt eine Fläche von

Abb. 35b: Forststraße

Eine ältere Böschungssicherung zeigt, daß solche Schäden nicht auftreten müssen. In diesem Fall wurde der Oberhang mit Holzstämmen und Drahtgittern gesichert, und es kommt bereits wieder Jungwuchs auf. (Fotos: W. Katzmann, 1978 und 1986)

5,8 m^2 ab. Die organische Masse, also Stämme, Äste, Nadeln und Blätter, kann bis zu 500 Tonnen je Hektar ausmachen, was dem Zehnfachen der organischen Masse eines gleich großen Maisfeldes entspricht. Auf diese Weise kommt ein eigenes Bestandsklima zustande, das sich von der Umgebung sowohl im Strahlungs- als auch im Wärme- und Wasserhaushalt unterscheidet (jeder, der im Wald fotografiert, merkt sofort, wieviel Sonneneinstrahlung vom Wald absorbiert wird). Wälder reflektieren nur 10 bis 15 Prozent des eingestrahlten Lichts. Der Wald ist deshalb auch für die Augen erholsam.
Wälder werden von Luftmassen durchströmt, überströmt und umströmt. So wirkt sich im Lee des Waldes die Windabschwächung bis in eine Entfernung aus, die der fünfzigfachen Wipfelhöhe der Bäume entspricht. Der Luftraum über den Wäldern wird kilometerhoch durch Wärme- und Wasserdampfströme beeinflußt. In einer von Wäldern und Hecken gegliederten Landschaft kommen noch andere Wohlfahrtswirkungen hinzu: Windschutz, verminderte Verschmutzungen, Nebelsperren, Blendschutz, Verdunstungsschutz in Trockenzeiten für die benachbarten Felder. Der Wald schützt angrenzende Flächen vor Verwehungen des Bodens. Der Wald gleicht Temperaturgegensätze aus. Er schützt vor direkter Sonneneinstrahlung und mildert den Frost.
Daß die Waldkronen den Wind bremsen und dabei turbulente vertikale Luftströmungen entstehen, ist bekannt. Dieser Effekt führt zur Schadstoffausfilterung aus der Luft. Die Turbulenzen im Kronenbereich führen auch zur endgültigen Ablagerung von Staubteilchen, ganz im Gegensatz zum freien Feld, wo bereits sedimentierte Teilchen neuerlich aufgewirbelt werden können. Diese Staubarmut der Waldluft ist auch therapeutisch wirksam, ebenso wie ihr Gehalt an ätherischen Ölen und Stoffen.
Durch die Wasserverdunstung ist die relative Luftfeuchte im Wald bis zu 10 Prozent höher als im Umland. Der Wald verdunstet fast soviel wie eine freie Wasseroberfläche. Er bewirkt eine verzögerte Schneeschmelze, den Wasserrückhalt und die Dämpfung des Wasserabflusses; er hat Einfluß auf die Taubildung, er „kämmt" den Nebel aus und dient damit der Gewinnung zusätzlichen „Niederschlags". Im Extremfall der tropischen Regenwälder stammen 50 Prozent des Niederschlags aus der Verdunstung durch die Vegetation. Das Wasser wird also zur Hälfte recycliert. Die Verdunstung entzieht aber auch der Umgebung Wärme, wodurch es an Sommertagen im Wald kühler ist als im Umland.
Die Sauerstoffproduktion beträgt bei einem Hektar Fichtenwald – je nach Alter und Bestockungsgrad – zwei bis zwanzig Tonnen jährlich. Dieser Sauerstoffproduktion steht jedoch die Sauerstoffzehrung durch den biologischen Abbau der abgestorbenen Biomasse gegenüber. Sauerstoffproduktion und Sauerstoffverbrauch aller grünen Pflanzen (also auch des Waldes) in ihrem Werden und Vergehen befinden sich in einem komplexen, im einzelnen gar nicht durchschaubaren Gleichgewicht, das auch durch Klimaschwankungen anscheinend kaum zu stören ist, der Sauerstoffgehalt der Atemluft bleibt daher über lange Zeiträume hinweg konstant. Die Rolle des Waldes als „Sauerstoffproduzent" wird also häufig überzeichnet, der irdische Sauerstoffvorrat ist zehntausendmal größer als der jährliche Verbrauch an Sauerstoff, dagegen kann die Bedeutung des Waldes für die Luftqualität kaum hoch genug eingeschätzt werden. Die „Atmung" des Waldes, also der Durchsatz an Luft durch die Pflanzenorgane, beträgt das 15- bis 20fache tierischer Organismen gleichen Gewichts.
Der Wald beeinflußt den Wasserhaushalt ganz erheblich. Das hohe Wasserspeichervermögen des Waldbodens bewirkt, daß im Gegensatz etwa zu Almwiesen und Schipisten im Wald praktisch kein Oberflächenabfluß auftritt. Regen und Schmelzwasser werden zurückgehalten und nur nach und nach abgegeben. Zudem schmilzt im Wald liegender Schnee vergleichsweise langsam. Weder Starkregenereignisse noch die Schneeschmelze führen zu Erosionen, wie sie auf unbewaldeten Flächen beobachtet werden können. Katastrophale Niederschläge mit über 200 bis 300 Millimetern pro Ereignis, wie sie auch in unseren Breiten von Zeit zu Zeit auftreten, kann der Wald allerdings nicht mehr zurückhalten. Im Regelfall werden jedoch die Folgeschäden solcher Ereignisse weitaus geringer ausfallen als bei nicht mehr intaktem oder fehlendem Wald. Der Wald trägt weiters zu gleichmäßiger Quellschüttung und ausgeglichenem Abfluß in den Bächen bei.
Hinzu kommt, daß das aus dem Wald abfließende Wasser von bester Qualität ist, wenigstens solange Düngung, Pestizide u. a. ferngehalten werden (vgl. Kap. 4.4).
Der Wald reduziert auch Lärmeinwirkungen. Der Wald ist also durch sein ausgeglichenes Klima und die Abwesenheit zivilisationsbedingter Geräusche für Erholungszwecke prädestiniert. Nicht zuletzt sind die natürlichen Geräusche, die von der Lebewelt des Waldes hervorgebracht werden, auch für das psychische Wohlbefinden von Bedeutung.

Alle aufgezeigten Leistungen werden auch von entsprechend gestalteten Wirtschaftswäldern erbracht, wobei die Art der Bewirtschaftung natürlich Auswirkungen auf die Wohlfahrtswirkungen hat. Größere Kahlschläge in Hanglagen wirken sich äußerst negativ auf alle zuvor aufgezählten Eigenschaften aus und sollten deshalb unterbleiben. Die Schutz- und Wohlfahrtswirkungen können am besten durch eine naturnahe Waldwirtschaft sichergestellt werden. Schlußendlich ist ein naturnaher Wald Refugium einer Vielzahl bedrohter Tier- und Pflanzenarten, zu deren Erhaltung wir verpflichtet sind.

3.4 Erholungswirkung

Das Forstgesetz versteht unter Erholungswirkung „die Wirkung des Waldes als Erholungsraum auf den Waldbesucher". Die Rolle des Waldes als Erholungsraum gewinnt mit der zunehmenden Industrialisierung und sonstigen zivilisatorischen „Verfremdung" unserer Umwelt immer mehr an Bedeutung. Schon im 18. Jahrhundert wurde durch die Öffnung des Wiener Praters, des einstigen Jagdgartens der Habsburger, für das Volk zur Zeit Kaiser Josephs II. dieser neu aufkommenden Rolle des Waldes Rechnung getragen. Auch Viktor von Schöffels Kampf um die Erhaltung des Wienerwaldes ist vor allem vom Gedanken des Schutzes des Waldes im Interesse einer Erholung suchenden Bevölkerung getragen.
Heute sind manche Gemeinden dazu übergegangen, ihre Wälder überwiegend unter dem Gesichtspunkt der Erholungswirksamkeit zu bewirtschaften (Wien, Mödling), wobei auch Waldareale gänzlich außer Ertrag gestellt werden.
Was am Erholungswald geschätzt wird, ist das subjektiv empfundene Maß an Freiheit, das er verspricht; ist die Möglichkeit, Zuflucht vor Technik, Reglementierung, durchorganisierter Freizeit, Alltagsstreß und naturfremder Lebensführung zu finden. Schon Friedrich Schiller meinte

Abb. 36: Wasserbilanz einer Fichte

Die Mengenangaben beziehen sich auf den Quadratmeter Bodenoberfläche.

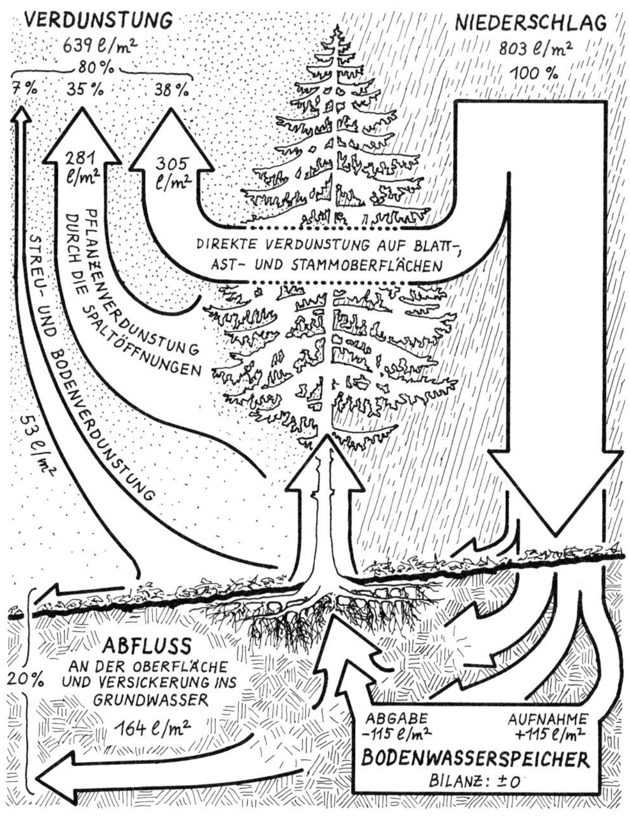

Eine mittelgroße Fichte (ca. 35 Jahre alt) verdunstet im langjährigen Durchschnitt etwa 250 Liter Wasser pro Tag, das größtenteils dem Boden entnommen wird, wovon jedoch nur ein Bruchteil (0,01 bis 0,05 Prozent) dem Aufbau der Biomasse des Baums dient. Zwar wird dem Wasserdurchsatz für Photosynthese, Zellatmung und Biomasseaufbau wesentlich mehr entnommen, doch entsteht bei all diesen Prozessen neuerlich Wasser, welches in Form von Dampf wieder abgegeben wird.
Der enormen Saugwirkung der Wurzeln und dem Wassertransport im Baum aufwärts zu den Nadeln, in Gang gehalten durch die Verdunstung über die Spaltöffnungen, steht nur ein verhältnismäßig kleiner Rücktransport von Wasser mit neugebildeten organischen Substanzen nach unten entgegen (vgl. Abb. 2, Seite 13).
Bei einem jährlichen Niederschlag von 800 mm (das entspricht ungefähr der Niederschlagsmenge in inneralpinen Tälern oder den Hochlagen des Wienerwaldes) gelangen auf einer bewaldeten Fläche nur 20 Prozent ins Grundwasser bzw. fließen oberflächlich ab. Im Regelfall ist der Oberflächenabfluß im Verhältnis zur Versickerung gering. Daraus erklärt sich das große Wasserrückhaltevermögen der Wälder und ihre Bedeutung für einen ausgeglichenen Wasserhaushalt. Die Folgen eines gestörten Wasserhaushalts beschreibt bereits Plato (vgl. Kasten, Seite 21).

um 1793: „Wer verweilet nicht lieber bei der geistreichen Unordnung einer natürlichen Landschaft als bei der geistlosen Regelmäßigkeit eines französischen Gartens?"
Immer mehr Menschen zieht es heute in den Wald, um Ausgleich zu finden, um Naturbeobachtungen anstellen zu können, um sich zu sammeln oder Abstand zu gewinnen. Der Wald – als Rückzugsgebiet – hat dadurch auch eine wesentliche psychologische Bedeutung für die Menschen erlangt. Da im Wald der Ausgleich zur technischen Welt gesucht wird, versteht es sich fast von selbst, daß – bei Besucherbefragungen – naturfremde Eingriffe kategorisch abgelehnt werden. Das erklärt auch die Heftigkeit der Diskussionen, die um Herbizideinsätze im Wald oder um den Bau von Forststraßen entbrannt sind. Der im Feld gelegene Güterweg oder der massive Chemikalieneinsatz auf dem Acker erregt die Erholungsuchenden vergleichsweise weit weniger.
Erholungsuchende bevorzugen Mischwälder. Die Forderungen, die vom Besucher gestellt werden, decken sich also weitgehend mit den Prinzipien des naturnahen Waldbaues. Darüber hinaus werden Aussichtspunkte, eingestreute Wiesen u. ä. verlangt.
Allerdings finden sich auch merkwürdige Widersprüche. So werden zwar naturnahe Wälder gewünscht, jedoch sollen die Erschließungsstraßen hinreichend bequem sein. So sehr also über hohe unbegrünte Böschungen und Schutthalden, Felssprengungen, Materialentnahmen und aufgerissene Bestandesränder geklagt wird, werden diese Eingriffe doch der bequemen Begehbarkeit wegen in Kauf genommen. Dabei wird übersehen, daß diese Art der Erschließung für den Wanderer oft ermüdender ist, als Wegen zu folgen, die dem Gelände angepaßt sind. Leider werden die ursprünglichen, etwas steiler angelegten Wanderwege häufig von Forststraßen gekreuzt und damit unterbrochen bzw. durch die Steilheit der Böschungen ober- und unterhalb der Forststraßen unbenützbar gemacht.
Wenn von Erholung im Wald gesprochen wird, so ist zumeist nur jene Erholung gemeint, die an die bestehende Bewirtschaftung anknüpft und die als extensiv bezeichnet werden kann. Dazu zählt etwa das Pflücken von Brombeeren und Heidelbeeren und das Sammeln von Pilzen. Nicht hinzugezählt werden können die organisierten und gelegentlich sogar mit Sprechfunk ausgerüsteten Pilzsucher, die planmäßig den Wald durchkämmen, alles niedertrampeln und damit massive Störungen für Wald und Wild verursachen. Die allgemeine Schwächung des Ökosystems Wald und die dargestellten Exzesse von Pilzsuchern haben ein Eingreifen des Gesetzgebers erforderlich gemacht. Mit der Forstgesetznovelle 1987, BGBl. Nr. 576, wurde das Sammeln von Pilzen auf zwei Kilogramm pro Person und Tag beschränkt, eine darüber hinausgehende Sammeltätigkeit unter Strafe gestellt (Geldstrafe bis 30.000 Schilling und/oder zwei Wochen Arrest nach § 174 Abs. 4 und 5 Forstgesetz 1975). Die Durchführung von bzw. die Teilnahme an Pilz- und Beerensammelveranstaltungen wurde ebenfalls verboten. Die Intensität der Erholungsnutzung und die Disziplin des Besuchers entscheiden letztlich, wie stark der Wald beansprucht wird oder inwieweit Störungen reversibel und damit tolerierbar sind.
Auch der Wintersport bringt hier große Probleme mit sich, vor allem dann, wenn im Jungwald Schi gefahren wird. Oftmals werden Jungbäume regelrecht „geköpft". Schilanglauf, Tourenschilauf und vor allem der sogenannte Variantenschilauf (das ist das Schifahren unter Verwendung sogenannter mechanischer Aufstiegshilfen, also von Seilbahnen und Liften, aber abseits der Pisten des Seilbahnbereiches) haben den Gesetzgeber im Zusammenhang mit der Forstgesetznovelle 1987, BGBl. Nr. 576, sehr beschäftigt. Ursprünglich war ein Verbot auch des Tourenschilaufes abseits markierter Routen geplant. Dies wäre zweifellos schon administrativ kaum durchführbar gewesen, hätte zu Rechtsunsicherheit geführt und wohl auch dem Fremdenverkehr geschadet, während der Nutzen für den Wald wahrscheinlich gering gewesen wäre.

Aufklärung der Tourenläufer auch unter Mithilfe der alpinen Vereine ist hier wohl ein mehr Erfolg versprechender Weg. Nach Interventionen verschiedener touristischer Institutionen und alpiner Vereine wurde dieses Verbot in der endgültigen Fassung fallengelassen. Dagegen blieb das Verbot des Variantenschilaufs – sehr zu Recht – bestehen. In den Erläuterungen zur Novelle wurde dabei als Richtlinie für die Vollziehung ein Bereich von 500 Metern Breite beiderseits der jeweiligen Aufstiegshilfe als „Tabuzone" festgelegt, in der nur auf der gekennzeichneten Piste abgefahren werden darf (vgl. Kap. 4.7, Seite 110f.).
Das Schilanglaufen auch abseits der Loipen ist unter Anwendung der nötigen Vorsicht gestattet; das Anlegen von Loipen ist dagegen nur mit Zustimmung des Waldeigentümers erlaubt (§ 33 Abs. 3 Forstgesetz 1975).

Intensiv zur Erholung genutzte Wälder zeigen nicht selten Trittschäden, verstreuten Unrat aller Art inklusive Fäkalien und Einbußen an Pflanzenzuwachs. Besonders der Waldsaum ist davon betroffen, gegen das Bestandesinnere zu nehmen die Beeinträchtigungen meist ab. Nicht verschwiegen werden soll auch, daß es stark unterschiedliche Empfindlichkeiten der Pflanzengesellschaften gegenüber Tritt und Nährstoffzufuhr (organische Abfälle, Urin, Fäkalien) gibt. Am empfindlichsten reagieren Feuchtbiotope wie beispielsweise Moore, deren touristische Erschließung als besonders bedenklich angesehen werden muß.

Wie stark der Erholungsdruck auf den stadtnahen Wald ist, zeigt das Beispiel des Waldes in Wien: der Wiener Magistrat muß jährlich über 500 m^3 Müll und 25 Tonnen Alteisen (Kühlschränke, Autos, etc.) aus dem Stadtwald räumen. Auch die Brandgefahr bei intensiverer Erholungsbeanspruchung ist hier zu erwähnen. Brände können nicht nur durch weggeworfene Zigarettenstummel verursacht werden, sondern auch – infolge Brennglaswirkung – durch Glasbruch. Besonders sind dadurch trockene Waldgebiete gefährdet, beispielsweise bestimmte Teile des Wienerwaldes.
Weniger eine Belastung als ein ästhetisches Problem ist das Wegwerfen von Patronenschachteln, leeren Plastikpatronenhülsen, Dosen, Kunststoffverpackungen und sonstigen Einweggebinden. Intensiv genutzte Wälder in unmittelbarer Stadtnähe können dadurch den Charakter von ungeordneten Deponien annehmen, desgleichen Bodenschutzanlagen, wo durch die Windbremsung der „verwehte" Abfall leeseitig abgelagert wird. Die beste Form der Besucherlenkung im Wald ist eine sparsame Erschließung. Ohne hier der Landschaftsmöblierung (Sitzbänke, Abfallkörbe etc.) das Wort reden zu wollen, hat es sich doch gezeigt, daß insbesondere bei großen Besucherzahlen ein Management wichtig ist. Wenn man bedenkt, daß ein schönes Wochenende 50.000 bis 100.000 Besucher in den Lainzer Tiergarten in Wien lockt, kann man sich leicht vorstellen, welchen Belastungen ein solches nur 25 km^2 großes Gebiet zeitweilig ausgesetzt ist.
Es sollte auch festgehalten werden, daß sich nur 20 Prozent der Wälder im Besitz der öffentlichen Hand befinden, hingegen 80 Prozent Privatwald sind, also Erholung im Wald Erholung auf fremdem Grund und Boden ist. So wie es kaum jemandem einfallen würde, landwirtschaftliche Güterwege zu verlassen, um auf der frischen Saat herumzutrampeln oder in Kornfeldern spazierenzugehen, sollte der Erholungsuchende nicht die Waldwege verlassen und nicht in Jungkulturen oder Dickungen eindringen. Hiezu ist die Solidarität der Erholungsuchenden mit jenen notwendig, für die der Wald Broterwerb ist.

Waldlehrpfad

Zweifellos stellt der Wald – zumindest in weiten Teilbereichen – das noch am naturnähesten bewirtschaftete Ökosystem Österreichs dar. Der Wald, der noch dazu fast die Hälfte der Staatsfläche einnimmt, ist damit ein Ort, der auch für Bildungszwecke von überragender Bedeutung ist. Gerade in den letzten Jahren ist diesem Umstand durch die Einrichtung zahlreicher Wald- bzw. Naturlehrpfade Rechnung getragen worden. In gleicher Weise rückt auch der bildungspolitische Aspekt von Nationalparks und Naturparks in den Vordergrund.
Als Beispiel von vielfältigstem Anschauungswert soll hier der „Naturlehrpfad Stamser Eichenwald" vorgestellt werden. Dieses an sich schon einmalige – und seit 1929 als Naturdenkmal ausgewiesene – Gebiet repräsentiert den Typus eines naturnahen Eichen-Linden-Mischwaldes, wie er vor Jahrhunderten im oberen Inntal von Natur aus vorkam. Zum Inn hin wird dieser Wald von einem Überschwemmungswald aus Grauerlen abgelöst, hangaufwärts von Fichtenwäldern und schließlich dem subalpinen Lärchen-Zirben-Wald.
Der Stamser Wald wurde schon von den Zisterziensern, die das Land urbar machten, von der Rodung ausgenommen. Die Stamser Mönche erkannten seine Bedeutung als Schutzwald gegen Vermurungen und die austrocknenden Föhnwinde. So können in diesem Gebiet heute noch die verschiedensten Ausformungen der Baum-, Strauch-, Kraut- und Moosschichten sowie typische Feuchtgebiete wie Tümpel, Weiher und Teiche samt der in ihnen heimischen Fauna besichtigt werden.

Mit dem „Naturlehrpfad Stamser Eichenwald" wurde erstmalig in Tirol versucht, das gesamte Ökosystem eines naturnahen Waldgebietes mit seinen Wechselbeziehungen von Standorten und Lebensgemeinschaften der Tier- und Pflanzenwelt aufzuzeigen – im Gegensatz zu den bisherigen Waldlehrpfaden, die meist nur einzelne Bäume und Sträucher benennen.

An dreizehn Stellen entlang des Naturlehrpfades wurden Lehrtafeln aufgestellt, auf denen jeweils ein bestimmter ökologischer Themenkreis behandelt wird. In einer didaktisch aufbereiteten Broschüre, herausgegeben vom Landschaftsdienst der Landesforstdirektion für Tirol, sind diese Lehrstationen der Reihe nach angeführt sowie mit ausführlichen Begleittexten und zahlreichen Abbildungen versehen.

Waldboden

Rechtliche Aspekte der Waldbenützung zu Erholungszwecken

Für Erfordernisse der Hygiene (u. a. auch zum Schutz von Heilquellen) und der Erholung sowie zur Sicherung der notwendigen Bewaldung der Umgebung von Fremdenverkehrsorten und Ballungsräumen können Wälder in Bann gelegt werden. Antragsberechtigt für Bannlegungen zu diesem Zweck ist jeder, der ein rechtliches Interesse an einer derartigen Bannlegung hat.
Besteht an der Benützung von Wald für Zwecke der Erholung ein öffentliches Interesse, so kann darüber hinaus eine Erklärung zum Erholungswald beantragt werden.

Gründe für die Erklärung zum Erholungswald sind:
- ein Bedarf an Erholungswald für die Bevölkerung bestimmter Gebiete, insbesondere von Ballungsräumen, der wegen seines Umfanges in geordnete Bahnen gelenkt werden soll;
- die Schaffung, Erhaltung und Gestaltung von Erholungsräumen in Fremdenverkehrsgebieten, sofern dies wünschenswert ist.

Als Erholungswald scheiden kraft gesetzlicher Anordnung Wälder aus, die bestimmten Benützungsbeschränkungen unterliegen (z. B. Christbaumkulturen) oder wenn dadurch eine örtlich notwendige Schutzwirkung gefährdet wäre.

Gemäß § 33 (2) dürfen auch Wiederbewaldungs- und Neubewaldungsflächen nicht als Erholungswald ausgewiesen werden, solange der Bewuchs eine Höhe von drei Metern noch nicht erreicht hat.
Vorzugsweise kommt Wald im Eigentum einer Gebietskörperschaft (Gemeindewald) als Erholungswald in Frage.

Antragsberechtigt sind u. a. auch Organisationen, deren Mitglieder die Waldfläche regelmäßig begehen (z. B. alpine Vereine), aber auch Gemeinden, das Land, Interessenvertretungen des Fremdenverkehrs.
In Erholungswäldern können auch hiebunreife Hochwaldbestände gerodet und verschiedene Gestaltungseinrichtungen (Parkplätze, Radfahr- und Reitwege, Sporteinrichtungen etc.) bewilligt werden. Wir meinen, daß von dieser Möglichkeit sparsam Gebrauch gemacht werden sollte.

Von grundlegender Bedeutung für die Erholungswirkung des Waldes ist das Recht auf seine freie Begehbarkeit. Dieses im Forstgesetz verankerte Recht ist der Rest ehemals viel weitergehender Nutzungsrechte aller freien Bürger am Wald. Die freie Begehbarkeit unterliegt verschiedenen Einschränkungen. So dürfen etwa Wiederbewaldungs- und Neubewaldungsflächen oder Forstgärten nicht betreten werden.
Verschiedene Waldflächen können befristet gesperrt werden, z. B. Baustellen von Forststraßen, Gefährdungsbereiche bei Fällungen, Windwurfflächen, Wildwintergatter, Waldflächen, auf denen Forstschädlinge bekämpft werden usw. Dauernd gesperrt können u. a. Sonderkulturen (Christbäume) werden.

3.5 Ökologische Wirkung*)

Wald ist kein Industrieprodukt, das sich beliebig vermehren läßt. Der Wald ist vielmehr die komplexeste und weitest entwickelte Lebensgemeinschaft von Pflanzen mit Tieren, die wir weltweit kennen. In seiner ursprünglichsten Form wird er charakterisiert durch einen gestuften Aufbau, wobei grundsätzlich zwischen dem Kronenbereich der Bäume, einer darunter liegenden Strauchschicht und den Boden deckenden Kraut- und Moosschichten unterschieden werden kann. Dazu kommt noch der Waldboden, eine vielfältige Lebensstätte unterschiedlichster Organismen, die am Abbau der Laub- und Nadelstreu teilhaben und so für die Pflanzen wieder Nährstoffe verfügbar machen. Es gibt auch nicht den Wald schlechthin, sondern je nach den standörtlichen Gegebenheiten und Klimaverhältnissen lassen sich die unterschiedlichsten Zusammensetzungen von Pflanzen und Tieren feststellen. In Summe gesehen ist somit der Wald auch in Österreich jener Lebensraum, der von der höchsten Artenvielfalt gekennzeichnet ist.
Die Grundzüge des Lebenskreislaufes des Waldes, also des Aufbaus und Zerfalls der Waldsubstanz, wurde in Kapitel 2.1 dargestellt. Am Lebenskreislauf des Waldes sind sehr viele Organismen in unterschiedlichen Rollen als Produzenten, Konsumenten und Destruenten (vgl. Abb. 8) beteiligt. Da eine Störung oder der Ausfall einzelner Organismengruppen den Wald als Ganzes gefährden können, verdient jede einzelne im Wald lebende Art gleichermaßen unsere Aufmerksamkeit.
Die Art der Forstwirtschaft bestimmt, welchen Tier- und Pflanzenarten Lebensraum geboten wird. Wenn man davon ausgeht, daß in einem Urwald in unseren Breitengraden gut ein Drittel der vorhandenen Biomasse totes Holz ist, kann man sich leicht vorstellen, was dessen Wegfall im Wirtschaftswald für Rückwirkungen auf Flora und Fauna hat. Je ursprünglicher ein Wald ist, desto komplexer ist das Muster in sich verzahnter und voneinander abhängiger Lebensräume.
Im Hinblick auf die Erhaltung der Artenfülle ist daher die Errichtung eines Systems nicht bewirtschafteter, naturbelassener Waldgesellschaften zu fordern, das sich als biogenetisches Netzwerk nicht nur über Regionen, sondern über ganz Europa spannt. Dabei ist auch einzukalkulieren, daß natürliche Schadensereignisse für den Wald zur Regel gehören und sogar Brände, Windwurf und Schneebruch der Verjüngung und Dynamik im Wald durchaus förderlich sein können (vgl. dazu Kapitel 5.5 Naturwaldzellen, Nationalparke). Was für den auf Nutzen bedachten Menschen als Katastrophe erscheint, ist für viele Tier- und Pflanzenarten eine Vermehrungs- und Überlebenschance.

*) Die vom Forstgesetz angesprochenen Wirkungen des Waldes (Schutz-, Nutz-, Wohlfahrts- und Erholungswirkung) setzen ein störungsfreies Zusammenwirken aller Waldorganismen stillschweigend voraus. Diese Voraussetzung versteht sich heute nicht mehr von selbst. Sie muß vielmehr als Grundlage aller Wirkungen des Waldes verstanden werden. Sie sollte somit auch Eingang in das Forstgesetz finden. Dabei könnte die in Kapitel 3.3, Seite 56, vorgeschlagene Änderung des § 6 Forstgesetz übernommen werden.

Natürliches Lebensalter und Umtriebszeit heimischer Laub- und Nadelbaumarten

Die Umtriebszeit ist jener Zeitraum, in dem alle zu einem gemeinsamen Betrieb vereinigten Holzbestände planmäßig einmal zur Fällung (Ernte) kommen sollen. Die Umtriebszeit ist nach Holzart, Standortverhältnissen und der Betriebsart (Hochwald, Niederwald) bzw. dem Betriebsziel verschieden. Jedenfalls erfolgt die Ernte des Holzes in der Regel lange vor dem natürlichen Lebensende eines Baumes (vgl. die untenstehenden Zahlen). Dies deshalb, weil der Baum in höherem Lebensalter an Wuchskraft verliert und nach der Bodenreinertragslehre (siehe Seite 22) somit ein neu begründeter Bestand höhere Holzzuwachsleistungen verspricht. Auch werden bestimmte Holzlängen und -stärken von der Sägeindustrie bevorzugt. (Die Sägeindustrie hat sich hier an Durchschnittswerte angepaßt, diese Anpassung wirkt nun ihrerseits auf die Umtriebszeiten zurück.)
Wie sehr aber bei einer individuellen Beurteilung jedes einzelnen Baumes die mögliche Zuwachsleistung eines älteren Baumes von abstrakten Ertragskurven abweicht, zeigt das Beispiel des Forstbetriebes Ligist (siehe Kasten Seite 104). Es sollte also ein Umdenkprozeß ähnlich wie in der Landwirtschaft Platz greifen: Es wird in Zukunft darauf ankommen, Qualität – wenn schon nicht statt, so zumindest neben Quantität – zu erzielen. Die Vorzüge des Standortes sollen genutzt werden, statt gegen den Standort Massenware zu produzieren. Was sich z. B. im Weinbau längst bewährt hat, nämlich auf Markenware zu setzen, sollte auch in der Holzproduktion vermehrt Anwendung finden. Die Preise, die etwa für Furnierhölzer und Spezialitäten bezahlt werden, betragen ein Vielfaches des Durchschnittspreises für gewöhnliches Schnittholz (so erlösen beispielsweise auf Furniereiche spezialisierte Forstbetriebe in der Bundesrepublik Deutschland bis zu S 100.000.– je Festmeter, aber auch Kiefernholz bester Güte, das im Rahmen der üblichen Umtriebszeit so nicht gewonnen werden kann, erzielt um die S 500.– je Festmeter, also ein Mehrfaches des Preises durchschnittlicher Qualität – und wird vor allem nach Österreich exportiert!).
In der Tabelle werden die Umtriebszeiten der in der Forstwirtschaft vorrangig genutzten Baumarten ihrem natürlichen Lebensalter gegenübergestellt. Zwei forstwirtschaftlich weniger relevante Baumarten sollen hier zunächst erwähnt werden: Die Eibe, die bis zu 25 Meter hoch und 1500 Jahre alt werden kann und damit Österreichs langlebigster Baum ist, sowie die Linde, die eine Höhe von 30 Metern und ein Alter von 1200 Jahren erreichen kann.

Baumart	natürliches Alter (bis)	durchschnittliches Alter in der Forstwirtschaft (Umtriebszeit)	erreichbare Höhe
Laubbäume:			
Eiche	700 Jahre	180–300 Jahre	40 Meter
Bergahorn	400 Jahre	120–140 Jahre	30 Meter
Ulme	400 Jahre	120–140 Jahre	30 Meter
Esche	300 Jahre	100–140 Jahre	40 Meter
Schwarzpappel	300 Jahre	30– 50 Jahre	30 Meter
Rotbuche	250 Jahre	120–140 Jahre	45 Meter
Spitzahorn	150 Jahre	120–140 Jahre	30 Meter
Weißbuche	150 Jahre	60–100 Jahre	25 Meter
Schwarzerle	120 Jahre	60– 80 Jahre	35 Meter
Birke	100 Jahre	60– 80 Jahre	30 Meter
Nadelbäume:			
Fichte	600 Jahre	80–120 Jahre	55 Meter
Kiefer	600 Jahre	100–120 Jahre	45 Meter
Lärche	600 Jahre	100–140 Jahre	54 Meter
Tanne	600 Jahre	90–130 Jahre	60 Meter
Douglasie	400 Jahre	60–100 Jahre	60 Meter

(Quelle: Wald und Umwelt, Information der Schutzgemeinschaft Deutscher Wald und des Österreichischen Naturschutzbundes.)

4 Einflüsse auf den Wald

4.1 Klimaeinflüsse

Boden- und Waldentwicklung werden langfristig vom Klima bestimmt. Diese Langzeitwirkung des Klimas (zyklische Wärme- und Kältephasen) wird von kurzfristigeren Klima- und Witterungseinflüssen überlagert. In unserer Betrachtung beschränken wir uns im wesentlichen auf diese relativ kurzzeitigen Ereignisse, weil ihre Auswirkungen auf den Wald durch menschliche Eingriffe nachteilig beeinflußt werden. Es sind dies:

- ○ Temperaturstürze und Frostereignisse,
- ○ niederschlagsbedingte Schäden,
- ○ Trockenheit,
- ○ Sturmschäden sowie
- ○ witterungsbedingte Brände.

○ Temperaturstürze, Frostereignisse

Winterliche Temperaturschwankungen können dem Wald im Regelfall wenig anhaben, im Gegensatz zu plötzlichen Temperaturstürzen, die beträchtliche Schäden anzurichten vermögen. So fiel beispielsweise vor einigen Jahren im Osten Österreichs in der Silvesternacht die Temperatur innerhalb weniger Stunden von +10 auf –20° C. Solche Extreme führen bei vielen Bäumen (insbesondere, wenn sie noch „in Saft" stehen) zum Aufplatzen der Rinde und zu Stammrissen, die die betroffenen Bäume in der Folge anfällig für Pilz- und Schädlingsbefall machen und das Holz entwerten. Hat der Baum seine Aktivität stark reduziert, was beispielsweise bei Fichten bei Dauertemperaturen unter –4° C der Fall ist, kann sich auch ein Absinken der Temperatur bis –30° C kaum nachteilig auswirken. Große Schäden können dagegen Spätfröste – also Kälteeinbrüche zu Beginn der Vegetationsperiode – anrichten, vor allem an Laubbäumen.

Immissionsgeschädigte Wälder sind gegenüber Temperaturstürzen und Spätfrösten zusätzlich gefährdet, weil die Widerstandskraft der Bäume vermindert ist.

○ Niederschlagsbedingte Schäden

Niederschlagsbedingte Schäden können durch Schnee, gefrierenden Regen, Hagel und Starkregenfälle verursacht werden.

– Schnee

Unter Schneebruch versteht man Schäden, die durch das Gewicht des auf den Bäumen lastenden Schnees entstehen.

Namentlich durch Schneefälle während der Vegetationszeit, wie sie im Bergwald immer wieder vorkommen, können erhebliche Schäden ausgelöst werden. Die „in Saft" stehenden Bäume sind wesentlich bruchanfälliger, außerdem ist der frühe und späte Schnee meist sehr naß und schwer. Diese an sich natürliche Bruchgefahr kann durch menschliche Eingriffe erhöht werden. So gilt es heute als gesichert, daß die auf Luftverschmutzung zurückzuführenden Waldschäden die Bruchfestigkeit der Bäume verringern. Auch in nicht standortgemäßen Monokulturen – namentlich der Fichte und Kiefer – kann sich der Schnee nachteiliger auswirken als in naturnäheren Beständen. Dies deshalb, weil sich der Naßschnee in der Krone anlegt und die Baumschäfte bricht oder irreversibel verbiegt. Besonders gefährdet sind Bäume im sogenannten „Stangenalter" (vergleiche Abb. 38). Durchforstungsrückstände können sich dabei

Abb. 37: Schneebruch

Gleichaltrige Monokulturen (hier Kiefern), wie sie im Wald- und Weinviertel häufig zu finden sind, sind durch Schnee- und Eisbruch sehr gefährdet. Schwerer Schneefall verbunden mit starkem Wind führte 1985 zu Schäden auf 40.000 Hektar Waldfläche im Waldviertel. Schäden dieser Art treten vor allem in der Übergangszeit von Herbst auf Winter und Winter auf Frühjahr auf. (Foto: W. Katzmann, 1985)

Abb. 38:
Durchforstungsrückstände

Zur Erzielung vollholziger Stämme (vgl. Abb. 40, Sonnenbrand) werden Schläge zunächst sehr dicht mit Jungbäumen besetzt. Später müssen im Wachstum zurückbleibende Stämme entfernt werden, um den anderen Bäumen ein besseres Fortkommen zu ermöglichen (Durchforstung). Fehlende Durchforstung kann zu den im Bild gezeigten Schäden führen. (Foto: W. Katzmann, 1984)

besonders nachteilig auswirken. Typisch für den Ablauf einer solchen Schneekatastrophe war jene von Anfang November 1985. Allein im Osten Österreichs fielen über 40.000 Hektar Kiefernwald diesem Einzelereignis zum Opfer. Verstärkt werden solche Schneebruchschäden häufig durch heftigen Wind – so auch im angesprochenen Fall.

Zur Erhöhung der Schneebruchgefährdung kann weiters ungeeignetes Vermehrungsgut beitragen (hier ist § 13 Abs. 1 Forstgesetz zu beachten, wonach bei der Wiederbewaldung geeignetes Vermehrungsgut zu verwenden ist). Bäume ein und derselben Art entwickeln nämlich je nach standörtlicher Herkunft unterschiedliche, genetisch fixierte Wuchsformen (Genotypus, im Gegensatz zum Phänotypus, siehe dazu Abb. 58), die den gegebenen natürlichen Belastungen angepaßt sind.

Neben akuten Gefährdungen durch Lawinenabgänge – so können beispielsweise Staublawinen infolge des auftretenden Luftdrucks ganze Waldteile entwurzeln bzw. Stämme zerbrechen – spielt auch das sogenannte Schneefließen eine Rolle. Der Druck des langsam hangabwärts „fließenden" Schnees ist ein bedeutender

Abb. 39:
Lawinenschaden

Immer wieder gelingt es Lawinen, in den Bergwald Breschen zu schlagen. Das Bild zeigt eine solche Lawinenbahn. (Foto: K. Farasin, 1988)

Schadfaktor für Jungbäume. An Hängen kann man immer wieder beobachten, daß der Schneedruck säbelartige Wuchsformen der Bäume auslöst (solche Deformationen können aber auch andere Ursachen, wie z. B. Hangrutschungen, haben). Durch enorme Kräfte können Bäume auch umgedrückt und samt ihren Wurzeltellern ausgehoben werden, was zu Erosionsherden führt. In schneereichen Wintern können sich auf Waldlichtungen mächtige Schneedecken bilden, die das Aufkommen von Schüttepilzen (Schneeschütte) begünstigen. Diese Pilze sind in der Lage, Jungfichten innerhalb weniger Monate völlig zu entnadeln. Hohe Schneelage kann überdies zur Bildung von Schneeschimmel führen, der in Bergwäldern mehr Schaden als der Wildverbiß anzurichten vermag.

- Durch Eisregen verursachte Waldschäden treten relativ selten auf. Eine derartige Waldkatastrophe durch gefrierenden Regen fand im Februar 1987 im Innviertel statt.
- Hagelschloßen bewirken erhebliche mechanische Schäden an Blättern und Stämmen. Charakteristisch sind die durch Hagelschlag verursachten „Bahnen".
- Starkregenfälle können den Waldboden in beträchtlichem Maße aufweichen. In Hanglagen führt diese Aufweichung in Verbindung mit dem Eigengewicht der Stämme zu Erdrutschen. Durch Starkregenfälle aufgeweichtes Erdreich erhöht auch die Gefährdung durch Sturm, da die Bäume leichter entwurzelt werden können.

Sind aufgrund der Bodenbeschaffenheit solche Gefährdungen zu erwarten, sollte der Wald sowohl seiner Artenzusammensetzung nach als auch in seinem Altersaufbau zugunsten geringerer Flächengewichte beeinflußt werden. Bei akuten Gefährdungen ist die vorzeitige Nutzung der Bäume zu überlegen. In Anbetracht der Seltenheit der hier angesprochenen Starkregenfälle wird eine solche vorzeitige Nutzung aber unterbleiben können, wenn die Schutzwirkung des Waldes diese möglichen Gefährdungen überwiegt.

○ Trockenheit

Verteilung und Menge von Niederschlägen im Jahresverlauf sind für das Gedeihen des Waldes von ausschlaggebender Bedeutung. Außer bei extremen Starkregenfällen wirken sich hohe Niederschläge meist nur indirekt negativ aus, nämlich im Zusammenhang mit der Entwicklung von Forstschädlingen.

Anders verhält es sich bei zu geringen Niederschlägen über einen längeren Zeitraum hinweg. Trockenperioden können zu Schäden an den Feinwurzeln führen; sie können aber auch infolge mangelnder „Verdünnung" von Schadstoffen im Boden die neuartigen Waldschäden verstärken.

Der Trockenheit gleichzuhalten sind Frostperioden: Nicht die Kälte, sondern die durch die Dauer des Frostes eingeschränkte Fähigkeit der Pflanzen zur Wasseraufnahme bestimmt die Waldgrenze im Gebirge (bei gleichem Jahresmittelwert der Temperatur, aber längeren Vegetationsperioden wächst selbst bei wesentlich geringeren Gesamtniederschlägen – wie etwa in Sibirien oder Kanada – der Wald noch ausgezeichnet). Die Waldgrenze im Gebirge ist somit eine „Trockengrenze", und das bei einem Mehrfachen der Niederschlagsmenge, wie sie im östlichen Flach- und Hügelland Österreichs anfällt. Dieses (scheinbare) Paradoxon zeigt, daß es beim limitierenden Faktor „Trockenheit" nicht nur auf die absolute Jahresniederschlagsmenge ankommt. Die Dauer des Frostes und des damit für das Pflanzenwachstum ausscheidenden Zeitraumes ist ein zusätzlicher, aber nicht der einzige Faktor. Ganz entscheidend ist die Fähigkeit des Bodens, Wasser speichern und zurückhalten zu können. Der Grad der Speicherfähigkeit hängt von der jeweiligen Beschaffenheit des Bodens ab, im wesentlichen von seiner gröberen oder feineren Körnung (Schotter, Sand einerseits, Löß und Lehm andererseits, um nur Extreme herauszugreifen), weiters von seinem Anteil an organischer Substanz und deren Quellfähigkeit. Am Rande sei auch auf den Einfluß durch die mittelbare (nicht unmittelbar auf die Niederschläge im Wuchsgebiet zurückzuführende) Wasserzufuhr aus entfernteren Gegenden durch Fließgewässer und die sie begleitenden Grundwasserströme verwiesen, der vor allem in Auwäldern eine Rolle spielt.

Dieser Wasserhaushalt wird durch menschliche Eingriffe wesentlich beeinflußt. So ist in den letzten zwei Jahrzehnten der Grundwasserspiegel im östlichen Flach- und Hügelland Österreichs im Durchschnitt um etwa 1,5 Meter (!) gesunken. Flußbau und landwirtschaftlicher Wasserbau, übermäßige Entnahme von Grundwasser für verschiedenste Zwecke, Drainageeffekte etwa durch Kanalisationen, Bodenverdichtung und „Ausräumen" der Landschaft (Beseitigung von Hecken, Baumgruppen, Begleitwuchs von Fließgewässern) haben zur Absenkung des Grundwasserspiegels beigetragen. Es liegt auf der Hand, daß Trockenschäden in den Wäldern dieses Gebietes durch diese Grundwasserabsenkung verschärft wurden. Durch Luftschadstoffe beeinflußte Wälder haben darüber hinaus weniger Widerstandskraft auch gegen Trockenschäden.

Überhaupt ist das Klima in unseren Breiten in den letzten Jahren aus noch unbekannten Ursachen trockener geworden, zusätzlich sind einige besonders trockene Jahre in relativ knappem zeitlichem Abstand aufgetreten, beispielsweise 1983 und 1984, was sicherlich die Zunahme der neuartigen Waldschäden stark gefördert hat. Ob es sich dabei um erste Auswirkungen des „Treibhauseffektes" handelt, läßt sich zur Zeit noch nicht mit Sicherheit sagen.

○ Sturmschäden

Der Wald bietet einerseits Schutz vor dem Wind und ist andererseits selbst durch Windeinwirkung gefährdet. Hier zeigen sich Parallelen zur Schadstoffausfilterung! (Vgl. Kap. 3.3, Seite 52.)

Im wesentlichen hat der Wald als Windschutz folgende Aufgaben:

- Der Wald soll durch einen möglichst geschlossenen Bestand sich selbst bzw. angrenzende Wälder vor Windwurf bzw. Windbruch schützen.
- Der Wald soll angrenzende landwirtschaftliche Kulturen vor Bodenabtrag und Austrocknung durch den Wind bewahren.

Zum ersten Punkt wäre zu sagen, daß der Wind, auch wenn er keinen unmittelbaren Waldschaden anrichtet, eine beträchtliche – oft unterschätzte – Belastung der Bäume bewirkt. Man erinnere sich an „Wetterbäume", vom Wind einseitig geformte exponierte Fichten, Zirben, aber auch Buchen.

Der Wind verstärkt – wie viele andere natürliche Belastungen (Sonnenbrand, Parasiten, Frost, Trockenheit) – insbesondere in Monokulturen die Folgen der Luftverschmutzung. Bei einem im Wind schwankenden Baum werden Feinwurzeln zerrissen und – vor allem bei Fichten – der Boden durch das sogenannte „Stampfen" des Baumes

Abb. 40: Sonnenbrand

Im dichten Bestand gewachsene Stämme haben wenig schützende Äste. Hier strebt der Baum im Kampf ums Licht vor allem in die Höhe. Er bildet dabei die vom Forstmann geschätzten astarmen Stämme, die sich nach oben nur schwach verjüngen (vollholzige Stämme, im Gegensatz zu den sich nach oben verjüngenden [= abholzigen und astigen] Stämme freistehender Bäume).
Beim Solitärbaum spielt der Kampf ums Licht keine Rolle, daher entwickelt er eine Wuchsform, die ihn vor allem widerstandsfähig gegen den Windangriff von allen Seiten macht. Der vollholzige Bestand wird dagegen besonders bruchanfällig, wenn er durch Hiebfronten, wie im Bild zu sehen, freigestellt wird. Auch erleiden die derart freigestellten Bäume regelrechte Sonnenbrände und werden in der Folge auch anfälliger für Schädlinge.
(Foto: W. Katzmann, 1984)

Abb. 41: Windwurf im Rotwald

Durch einen Föhnsturm in den 60er Jahren wurden große urwaldähnliche Flächen in Niederösterreich zerstört. Dies zeigt, daß auch in der natürlichen Entwicklung des Waldes durch Katastrophen wie Windwurf und Waldbrand immer wieder schwere Schäden entstehen. Anders als in der natürlichen Entwicklung hat man hier allerdings das verwertbare Holz aufgearbeitet. In der Folge wurde der gesamte Jungwuchs vom Wild gefegt und verbissen. Unter Urwaldbedingungen schaffen dagegen umgestürzte Bäume Licht für den Nachwuchs und bilden ein ideales Keimbett für diesen (siehe auch Abb. 72). (Foto: W. Katzmann, 1969) verdichtet. Ist das Feinwurzelsystem als mittelbare Folge der Luftverschmutzung an sich schon geschädigt, so ist leicht einsehbar, daß diese zusätzliche Belastung dem Baum umso weniger bekommt (tatsächlich sind windexponierte Berg- und Hügelkämme aus diesen und anderen Gründen vom Waldsterben besonders betroffen).

Im schlimmsten Fall knickt und entwurzelt der Wind Bäume auf beträchtlichen Flächen. Solche Windwürfe können sich zu regelrechten Waldkatastrophen auswachsen wie z. B. in den Jahren 1966/67 in ganz Mitteleuropa, 1972 in Norddeutschland und zur Jahreswende 1975/76 im Rax-Schneeberg-Gebiet.

Der enorme Schadholzanfall bei solchen Katastrophen führt zu einem Überangebot an Holz und damit zu einem Preisverfall. Das wirkt wiederum auf die gesamte Waldbewirtschaftung zurück (z. B. unterbleiben die notwendige Aufarbeitung oder andere Pflegemaßnahmen, weil nicht genügend Betriebsmittel und Personal zur Verfügung gestellt werden können). In Deutschland hat man mit dem Forstschädenausgleichsgesetz 1969 eine Regelung geschaffen, die in solchen Fällen staatliche Hilfe vorsieht.

In entlegenen Berggebieten unterbleibt unter Umständen die Aufarbeitung, was sich sogar positiv auf die Verjüngung auswirken kann.

Das Gefüge des Waldes (Altersaufbau, Baumartenzusammensetzung, Rodungsflächen innerhalb des Bestandes) beeinflußt ganz wesentlich die Widerstandskraft gegen Windwurf bzw. Windbruch. Wie bei so vielen an sich natürlichen Belastungsquellen des Waldes (tierische und pflanzliche Schädlinge, Wildschäden, Trockenheit) stehen Art und Ausmaß der Auswirkungen in enger Wechselbeziehung zu menschlichen Eingriffen. Windbruch- und windwurfgefährdet sind besonders Monokulturen, also Waldflächen, die sich ausschließlich oder weitgehend aus einer Baumart zusammensetzen (Parallele zur Anfälligkeit gegen Forstschädlinge und Schneebruch), namentlich Monokulturen der flachwurzelnden Fichte, die aus gleichaltrigen Bäumen bestehen. Wird ein solcher Bestand gar noch von Straßen, Stromleitungstrassen, Skipisten, Aufstiegshilfen, etc. durchschnitten, ist der Windwurf fast schon vorprogrammiert. In solchen Schneisen können „Kamineffekte" entstehen, die den Winddurchzug beschleunigen (Düsenwirkung).

Die Ursachen der besonderen Bruchgefährdung derart aufgerissener Fichtenbestände werden in Abb. 42 erläutert.

Aus dem Dargelegten wird klar, daß Vorkehrungen gegen den Windbruch oder Windwurf im wesentlichen nicht Gegenstand einzelner Bestimmungen des Forstgesetzes sein können, vielmehr aus einer Zusammenschau verschiedener waldbaulicher Maßnahmen begriffen werden müssen.

Immerhin können waldbauliche Vorkehrungen gegen Windbruch aus § 12 Forstgesetz (öffentliche Interessen an der Walderhaltung) und aus § 13 (Wiederbewaldung) herausgelesen werden. Im § 12 heißt es, daß Wald so zu behandeln ist, daß die Produktionskraft des Bodens erhalten und seine Wirkungen nachhaltig gesichert bleiben.
§ 13 verlangt standorttaugliches Vermehrungsgut bei der Wiederbewaldung von Kahlflächen, was wohl auch unter dem Gesichtspunkt einer windbruchfesten Artenzusammensetzung gesehen werden kann.
§ 14 Abs. 2 Forstgesetz regelt den sogenannten Dekkungsschutz. Danach hat jeder Waldeigentümer Fällungen entlang seiner Eigentumsgrenzen in einer Entfernung von weniger als 40 Metern zu unterlassen, wenn durch die Fällung nachbarlicher Wald einer offenbaren Windgefährdung ausgesetzt würde.
Im Interesse des Windschutzes können Wälder auch in Bann gelegt werden (§ 27 Abs. 2 lit. a Forstgesetz).

Im Flach- und Hügelland des Ostens wurde der Wald, aber auch Hecken und Feldraine, zugunsten einer intensiven agrarischen Nutzung sehr stark zurückgedrängt, was mannigfache nachteilige Folgen für den Naturhaushalt mit sich brachte. Unter diesen nachteiligen Folgen steht der Windabtrag und die Austrocknung des Ackerbodens – der einen Großteil des Jahres ohne Bewuchs ist – im Vordergrund. Deshalb errichtet man Bodenschutzanlagen, das sind Streifen oder Reihen von Bäumen und Sträuchern, die vorwiegend dem Schutze vor Windabtrag des Bodens, insbesondere bei landwirtschaftlich genutzten Grundstücken, sowie der Schneebindung (als Feuchtigkeitsreserve im Frühjahr) dienen. Sie unterliegen auch den Bestimmungen des Forstgesetzes ungeachtet der Kulturgattung oder Benützungsart der Grundflächen und des flächenmäßigen Aufbaues des Bewuchses (§ 2 Abs. 1 Forstgesetz).

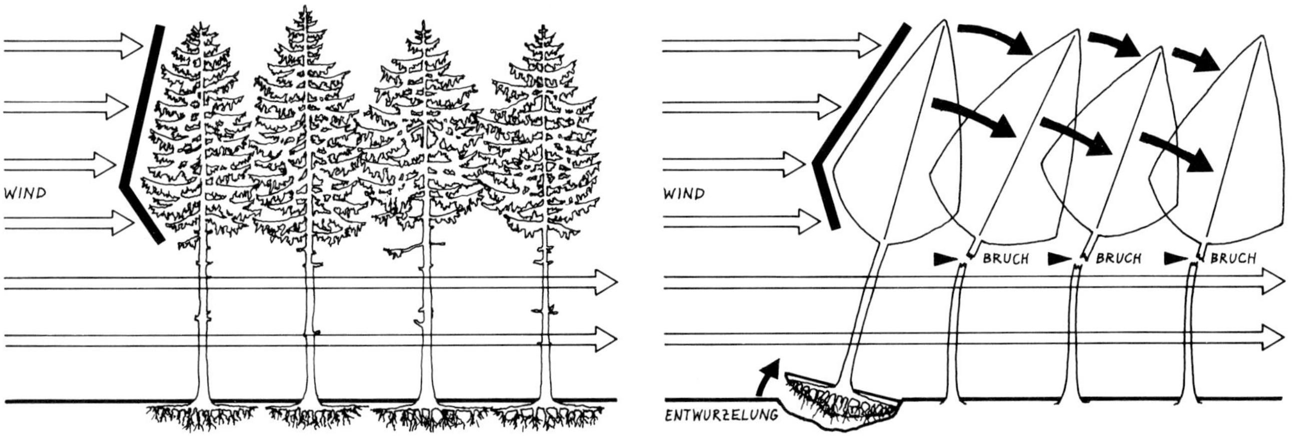

Abb. 42: Windwurf

Wind, der direkt auf einen Waldrand ohne vorgelagerte, schützende Gehölze auftrifft, kann mit seiner ungeschwächten Kraft Randbäume entwurzeln und Bäume im Bestandsinneren zerbrechen (vgl. Abb. 38). Die Wirkung des Windes kann durch auf den Zweigen lastenden Naßschnee oder Eis (vgl. Abb. 37) noch gesteigert werden.

Abb. 43a: Waldbrandfläche in Griechenland

Im Mittelmeergebiet verheeren jedes Jahr Waldbrände Hunderttausende Hektar Wald. Viele davon werden vor allem von Spekulanten, aber auch von Touristen, Hirten und Jägern „gelegt"; auch hier hat die Art des Aufforstens die Brandgefahr zumindest vergrößert.

○ Witterungsbedingte Brände

Lange Trockenzeiten können standortabhängig zum Abtrocknen der Wurzeln führen und erhöhen – insbesondere im Frühjahr – die Waldbrandgefahr, vor allem dann, wenn die Belaubung noch nicht entwickelt und das Gras sowie die abgefallenen Blätter ausgetrocknet sind. Inwieweit die den natürlichen Abläufen überlagerten menschlichen Eingriffe in standörtliche Verhältnisse und die Veränderung der natürlichen Vegetation zugunsten eines Wirtschaftswaldes solche Katastrophen begünstigen, läßt sich nur sehr schwer abschätzen.

Von Blitzschlägen ausgelöste Brände bleiben oft in geringem Rahmen, da die meist gleichzeitig auftretenden Regenfälle von sich aus ein Übergreifen des Brandes verhindern oder wenigstens stark einschränken. Wohl aber vernichten Blitzschläge häufig Einzelbäume (Abb. 44).

Abb. 43b: Waldbrandfläche bei Imst (T)

In Österreich treten die meisten Waldbrände im Frühjahr auf, nämlich dann, wenn Schönwetterperioden das vorjährige Gras abgetrocknet und die Vegetation sich noch nicht neu entwickelt hat. Die 1945 abgebrannte Waldfläche bei Imst konnte trotz aller Bemühungen in den vergangenen 43 Jahren nicht wieder aufgeforstet werden. Ursache dafür sind der seichtgründige und lockere steile Boden sowie die durch die Südlage bedingten extremen Temperaturverhältnisse im Sommer. (Fotos: W. Katzmann)

Abb. 44: Vom Blitz gestreifte Fichte

Blitzschläge müssen nicht unbedingt zu Waldbränden führen, vor allem weil Gewitter oft mit starken Regenfällen verbunden sind. Blitzspuren lassen sich insbesondere an alten Bäumen an exponierten Stellen beobachten. (Foto: W. Katzmann, 1984)

4.2 Forstschädlinge

Als Forstschädlinge werden vor allem jene Organismen bezeichnet, die bei massenhaftem Auftreten bestimmte – meist wirtschaftlich interessante – Waldbaumarten schädigen können. In naturbelassenen Wäldern treten Schädlingskalamitäten wohl nur dann auf, wenn Baumarten an ihrer klimatischen Verbreitungsgrenze natürlicherweise geschwächt sind oder wenn nach großflächigen Naturkatastrophen, etwa durch Windwurf oder Waldbrände, einzelne Baumarten in ihrem Aufkommen begünstigt wurden (was zu monokulturartigen Beständen führen kann).

Heute sorgt schon die allgemeine Luftbelastung mit Schadstoffen dafür, daß alle Wälder vom Menschen mehr oder weniger beeinflußt werden.

Die wirtschaftliche Bevorzugung einzelner Baumarten und deren Aufzucht in Monokulturen haben in gleicher Weise das Schädlingsrisiko erhöht wie der Zwang zur Rationalisierung, der zunehmende Maschineneinsatz und entsprechende Erntemethoden. Dem steht ein Rückgang der Schädlingsvorbeugung und Schädlingsüberwachung gegenüber. Durchforstungsrückstände, in Rinde gelagertes Holz, große Mengen nicht aufgearbeiteten Holzes nach Windbruch und Schneebruch (vorwiegend Folgen des Arbeitskräftemangels in der Forstwirtschaft), nicht rechtzeitiges Entfernen von sogenannten „Käferbäumen" sowie Schäden durch Erntemaschinen begünstigen die Entstehung und Ausbreitung von Schädlingskalamitäten. Hinzu kommt, daß naturferne Wälder auch hinsichtlich biologischer Nützlinge wie beispielsweise Vögel und Ameisen verarmt sind.

Zu den wichtigsten Forstschädlingen zählen Nager, Insekten (Schmetterlinge, Blattwespen, Käfer), Pilze, aber auch Bakterien, Viren und Mykoplasmen (Mikroorganismen ohne Zellwand, die Baumfäule bewirken), gelegentlich auch Schmarotzerpflanzen (Mistel). Auf das Wild als Schadensverursacher wird in Kapitel 4.3 gesondert eingegangen.

All diese Schädlinge können bei verstärktem Auftreten den Holzwert erheblich herabsetzen bzw. den Bestand an sich gefährden.

Manche Wissenschafter sehen in den Forstschädlingen, insbesondere in den Viren, die Primärursache der neuartigen Waldschäden, die allgemein als „Waldsterben" bezeichnet werden. Wenn auch die tatsächlichen Ursachen des Waldsterbens bislang nicht mit letzter Sicherheit feststellbar sind, so sprechen gegen die Hypothese einer Virusinfektion doch Indizien, die keinen Zweifel daran lassen, daß Viren als Primärursache ausscheiden:

- Bei einer Virusinfektion müßte sich ein Infektionsherd feststellen lassen, von dem sich der Schaden in typischer Weise ausbreitet. Dies ist augenscheinlich nicht der Fall.
- Infektionen erzeugen in der Regel ein spezifisches Krankheitsbild, das von unspezifischen Krankheits- und Schwächezuständen leicht abzugrenzen ist. Dies trifft ebenfalls nicht zu.

Abb. 45: Käferbefall

Vom Borkenkäfer befallene Bäume sind oft an ihrer rostroten Verfärbung von weitem erkennbar und sollten deshalb so rasch wie möglich aus dem Bestand entfernt werden. Bricht man die Rinde eines solchen Baumes ab, so sind darunter die charakteristischen arttypischen Fraßgänge und Brutkammern der Käferlarven zu erkennen (unten links). (Fotos: W. Katzmann und H. Führer)

- Infektionen befallen eine bestimmte Baumart, allenfalls mehrere verwandte, nicht aber alle Baumarten. Gerade das letztere ist aber beim neuartigen Waldsterben der Fall.

- Eine Reihe von Indizien weist auf den Zusammenhang von Waldschäden und Luftschadstoffen hin, z. B., daß in Österreich die Schäden in verkehrsreichen und stark industrialisierten Tälern sehr verbreitet sind (übrigens ein Hinweis dafür, daß unsere Schäden großteils „hausgemacht" und nicht nur auf Ferntransporte von Schadstoffen zurückzuführen sind; allerdings sind in den letzten Jahren, möglicherweise durch Photooxidantien bedingt, auch Schäden bis zur bzw. gerade an der Waldgrenze entstanden).

Wenn somit Forstschädlinge wie Viren als Primärursache des Waldsterbens ausscheiden, so ist es doch naheliegend, daß sie Walderkrankungen beschleunigen bzw. verschlimmern. Es liegt auf der Hand, daß jeder geschwächte Organismus anfälliger für Sekundärinfektionen ist und überhaupt jede zusätzliche – auch natürliche und alltägliche – Belastung (Trockenheit, Fröste, Sonnenbrand, Wind, Wildschäden, Schneedruck etc.) schlechter verträgt als ein gesunder Organismus. Sekundäre Schäden wie z. B. Forstschädlinge können somit zum Auslöser des endgültigen Zusammenbruches eines Bestandes werden.

Ohne Anspruch auf Vollständigkeit sollen einige wesentliche Schädlinge genannt werden, die auch Massenschäden auslösen können:
- Mäuse, Hasen
- Borkenkäfer (Buchdrucker, Kupferstecher) bei Fichte
- Nonne (bei Fichte), Weidenspinner, Kiefernspinner, Lärchenminiermotte, Eichenwickler
- Kieferbuschhornblattwespe, Fichtengespinstblattwespe, Fichtenblattwespe, Fichtengebirgsblattwespe
- Fichtengallenlaus
- Tannentrieblaus
- Nematoden (Fadenwürmer), die z. B. „Naßkerne" bei Fichten, Kiefern und Tannen auslösen
- Eichenmistel
- Schneeschimmel, Schneeschütte und andere Schüttepilze bei Zirbe, Lärche, Fichte, Hochlagenwäldern allgemein; Pilze lösen auch das Triebsterben bei Lärche und Zirbe aus und entnadeln die Bäume; bestimmte Pilze, die durch Käfer übertragen werden, bringen durch Verstopfen der Wasser-Leitungsbahnen vor allem Ulmen und Platanen rasch zum Absterben
- Viren

Großflächige Bekämpfungsaktionen chemischer Art sind in einem relativ naturnahen Ökosystem wie dem Wald grundsätzlich abzulehnen. Zudem ist der optimale Zeitpunkt der Ausbringung solcher Präparate sehr schwer abzuschätzen, und ungünstigenfalls wird womöglich alles andere als der Schädling von der chemischen Keule getroffen.

Frisch gesetzte Jungbäume leiden unter einem Verpflanzungsschock, kämpfen mit Bewurzelungsproblemen und stehen zudem in Konkurrenz zu Sträuchern und Gräsern. Aus diesem Grund wird ihnen oft die natürlich aufkommende Vegetation chemisch vom Leib gehalten. (In Baumschulen wurden in letzter Zeit erfolgversprechende Versuche unternommen, den Setzlingen durch Pappscheiben die pflanzliche Konkurrenz fernzuhalten. Das gewählte Material verrottet mit dem Heranwachsen der Jungbäume.) Auch im folgenden Jugendstadium hat der Baum spezifische Feinde, die den Einsatz von Insektiziden provozieren.
Manchen dieser Schädlingskalamitäten kann kaum begegnet werden. Als Beispiele seien das Eichensterben durch Mistelbefall und das Ulmensterben durch Pilzbefall genannt. Tracheomykosepilze, also Pilze, die die Leitungssysteme der Bäume verstopfen, führen zum raschen Absterben. Neben der Ulme sind davon in jüngster Zeit auch Platanen, Eichen und Pinien betroffen. Diese Pilze wurden aus Nordamerika eingeschleppt und werden durch Käfer (z. B. Ulmensplintkäfer) verbreitet. Sie zeigen die Problematik der Einbringung von Organismen aus anderen, weit entfernten Lebensräumen. Mit diesen werden natürlich deren Parasiten eingeführt, gegen die heimische Pflanzen unter Umständen keine Abwehrkräfte entwickeln können. Die gelegentlich propagierte Einbringung von Nutzhölzern aus anderen Kontinenten scheint uns u. a. auch aus diesem Grund problematisch.

Rechtliche Aspekte der Schädlingsbekämpfung

Waldeigentümer (ebenso ihre Forst- und Forstschutzorgane) haben ihr Augenmerk auf die Gefahr des Auftretens von Forstschädlingen zu richten und Wahrnehmungen über eine gefahrdrohende Vermehrung von Forstschädlingen ohne Verzug der Behörde zu melden. Gleiches gilt auch für Inhaber von bestimmten anderen Flächen, die nicht Wald im Sinne des Forstgesetzes sind (z. B. bestimmte, nicht forstlich genutzte Baumbestände wie Parke oder Alleen, weiters auch Forstgärten, Forstsamenplantagen und Christbaumkulturen – § 43 Abs. 1 Forstgesetz).
Unter Umständen besteht eine verschärfte Anzeigepflicht, und zwar für Gebiete mit Verhältnissen, die eine rasche Vermehrung eines Forstschädlings begünstigen. Hier kann die Behörde durch Verordnung anordnen, daß schon Erscheinungen anzuzeigen sind, die erfahrungsgemäß eine gefahrdrohende Vermehrung des Forstschädlings erwarten lassen.
In der Verordnung sind die Vorkommnisse, die die Anzeigepflicht begründen, anzuführen. Mit der Anzeigepflicht können gleichzeitig auch geeignete Maßnahmen zur Feststellung der Befallsdichte und auch schon zur Abwehr des Forstschädlings angeordnet werden. Diese Verordnung ist auf die voraussichtliche Dauer der Gefahrenlage zu befristen (§ 43 Abs. 3).
Der Waldeigentümer hat die Pflicht,
- der Gefahr einer Schädigung eines Waldes durch Forstschädlinge vorzubeugen und
- Forstschädlinge, die sich bereits in gefahrdrohender Weise vermehren, wirksam zu bekämpfen (§ 44 Abs. 1).

Die Behörde hat dem Waldeigentümer, soweit erforderlich, Maßnahmen zur Vorbeugung oder Bekämpfung von Schädlingen vorzuschreiben, wenn auch andere Wälder bedroht sind (§ 44 Abs. 2).
Je nach Größe und Umfang der Gefahr oder der Art der angezeigten Maßnahmen kann der Landeshauptmann oder der Bundesminister für Land- und Forstwirtschaft (wenn sich die Maßnahmen über ein Bundesland hinaus zu erstrecken haben) unmittelbar eingreifen. Sie können die erforderlichen Maßnahmen nach einem einheitlichen Plan durchführen (§ 44 Abs. 3).
Landwirtschaftlich und gärtnerisch genützte Grundstücke werden erforderlichenfalls in die Bekämpfungsmaßnahmen einbezogen (§ 44 Abs. 6).
Unter Umständen werden entsprechende Verkehrsbeschränkungen angeordnet – das zeigt bereits an, daß die Bekämpfung in erster Linie mit einem chemischen „Gifthobel" erfolgt, wobei naturgemäß „Späne fliegen"; das heißt, die Bekämpfung ist für Mensch, Tier und Pflanzen nicht ungefährlich. Wild, Fische, Singvögel und Insekten einschließlich der Bienen sind davon betroffen, weiters Waldfrüchte (Heidelbeeren, Himbeeren, etc.). Durch den Gifteinsatz werden Boden und Wasser geschädigt, daher sind die Eigentümer gefährdeter Bienenvölker, Jagd- und Fischereiausübungsberechtigte sowie zuständige Organe von Wasserversorgungseinrichtungen rechtzeitig zu verständigen (§ 44 Abs. 7).
Den Bestimmungen des Forstgesetzes über den Schutz vor Forstschädlingen (IV. Abschnitt B, §§ 43–46) kommt auch im Hinblick auf neuartige Waldschäden besondere Bedeutung zu: Die schlagartige Vermehrung eines bestimmten Schädlings kann ein Indiz für eine Störung bzw. Entgleisung des Ökosystems Wald sein.

Wesentliche Ursachen für derartige Störungen des Ökosystems Wald sind:
- die bereits erwähnte allgemeine Schwächung des Waldes durch die Umweltverschmutzung;
- waldbauliche Fehler wie der wenig strukturierte Bestandesaufbau (gleiche Baumart, meist gleicher Altersaufbau = Monokultur), Durchforstungsrückstände;
- Zerschneidung oder Zerstückelung des Bestandes durch Straßen und Trassen aller Art, Schipisten, Kahlhiebe, Lawinen etc.

Maßnahmen zur Vorbeugung vor Schädlingsbefall sind somit eine unabdingbare Forderung, da die Bekämpfung bei akuten Katastrophen ihrerseits die Entstabilisierung des Ökosystems Wald begünstigt, z. B. durch die Vernichtung von natürlichen Feinden der Schädlinge.

Als mittelbare gesetzliche Vorbeugungsmaßnahmen (Maßnahmen im weiteren Sinne) gegen Schädlingskatastrophen können alle Bestimmungen angesprochen werden, die sich mit der Erhaltung eines gesunden Waldbestandes schlechthin befassen. In diesem Zusammenhang wären etwa der zweite, dritte, vierte, sechste, achte, neunte und elfte Abschnitt des Forstgesetzes zu erwähnen. Diese Abschnitte tragen die Überschriften (in der im vorigen Satz erwähnten Reihenfolge): Forstliche Raumplanung, Erhaltung des Waldes und der Nachhaltigkeit seiner Wirkungen, Forstschutz (hier ist vor allem der Unterabschnitt „Forstschädliche Luftverunreinigungen" neben dem Unterabschnitt „Schutz vor Forstschädlingen" – der sich unmittelbar mit dem hier besprochenen Gegenstand befaßt – zu nennen), Nutzung der Wälder, Forstpersonal, Forstliche Bundesversuchsanstalt sowie Forstsaat- und Forstpflanzgut.

Nun aber zurück zu den diesbezüglichen Bestimmungen im engeren Sinn: Die Anzeigepflicht nach § 43 Abs. 1 Forstgesetz bzw. die verschärfte Anzeigepflicht nach § 43 Abs. 3 sind nicht „echte" Vorbeugevorschriften, weil zum Zeitpunkt des Erkennens der drohenden Schädlingsvermehrung die Gefahr zwar vielleicht noch im Keim erstickt werden kann, aber eine echte Vorbeugung nicht mehr möglich ist.

Fichtengespinstblattwespe

Im Norden des Mühlviertels werden an Waldbeständen durch die Fichtengespinstblattwespe gravierende Schäden verursacht. Diese Wälder, die schon länger dem Einfluß waldschädigender Immissionen aus der DDR, ČSSR und aus Polen ausgesetzt sind, leiden an stark angesäuerten Böden. Dies scheint auch die ungehemmte Ausbreitung des Schädlings zu begünstigen, da sein „Hauptwidersacher", ein an der Larve parasitisch lebender Fadenwurm, im sauren Boden nicht überleben kann. Dadurch finden sich bis zu 2000 Larven je m² Boden. Im Regelfall würde die drei Jahre im Boden lebende Fichtengespinstblattwespenlarve von ihren Parasiten erheblich dezimiert werden und ein Massenbefall ausbleiben.
(Fotos: E. Führer, 1987, 1988)

Erwähnt wurde bereits die (allgemeine) Verpflichtung des Waldeigentümers, einer Schädigung des Waldes durch Forstschädlinge vorzubeugen (§ 44 Abs. 1).

§ 45 sieht sonstige Vorbeugemaßnahmen vor: So ist es verboten, durch Handlungen oder Unterlassungen die Vermehrung von Forstschädlingen zu begünstigen, und zwar auch für den Fall, daß eine Massenvermehrung nicht unmittelbar droht. (Diese Bestimmung ist wohl zu allgemein und unbestimmt, als daß man daraus Pflichten allgemein umweltschützerischer oder waldbaulicher Art ableiten könnte.)

Gefälltes Holz, das von Forstschädlingen befallen ist oder als deren Brutstätte dienen kann, ist – wo immer es sich befindet – so rechtzeitig zu behandeln, daß eine Verbreitung von Forstschädlingen unterbunden wird. Diese Verpflichtung trifft den Waldeigentümer oder den jeweiligen Inhaber des Holzes.

Die näheren Anordnungen hat der Bundesminister für Land- und Forstwirtschaft durch Verordnung zu erlassen.

In dieser kann insbesondere vorgesehen werden,
- daß innerhalb einer dem Erfordernis der bestmöglichen Verhinderung der Forstschädlingsvermehrung entsprechenden Frist befallene oder vom Befall bedrohte Stämme gefällt, solche Hölzer raschest aufgearbeitet, aus dem Wald entfernt, entrindet oder sonst für eine Forstschädlingsvermehrung ungeeignet gemacht werden;
- daß der Transport oder die Lagerung solcher Hölzer auch außerhalb des Waldes nur gestattet ist, wenn sie bestimmten chemischen oder mechanischen Behandlungsweisen wie Besprühung oder Entrindung unterworfen worden sind.

Durch Verordnung des Bundesministers für Land- und Forstwirtschaft vom 2. April 1978, BGBl. Nr. 184, wurden diese Bestimmungen näher ausgeführt. Die Verordnung sieht Vorbeugemaßnahmen bei folgenden Nadelhölzern vor:
- die bereits von Schadinsekten befallen wurden,
- die von Schnee und Wind oder aus anderen Gründen geworfen oder gebrochen wurden,
- die während der Vegetationszeit gefällt wurden.

Bekämpfungstechnische Behandlungsweisen sind dabei:
- Entrinden und Verbrennen der Rinde,
- Einwässern oder Beregnen,
- Anwendung von Pflanzenschutzmitteln.

Von Insekten befallene bereits gefällte Hölzer sind rechtzeitig bekämpfungstechnisch zu behandeln, wo immer sie sich befinden. Stehende Hölzer sind vor einer solchen Behandlung zu fällen. Der Transport von Hölzern, die von Insekten befallen und bekämpfungstechnisch nicht behandelt sind, ist verboten.

Wind- und Schneebrüche sind bei Gefahr einer Forstschädlingsvermehrung aufzuarbeiten und bekämpfungstechnisch zu behandeln. Hiebei ist auf die klimatischen Verhältnisse, auf die Jahreszeit und das Auftreten der Insekten in den letzten Jahren und auf sonstige, die Vermehrung begünstigende oder hemmende Umstände Bedacht zu nehmen. (Die letztere Bestimmung verlangt unter Umständen subtile Abwägungen, man denke z. B. an einen Windwurf oder an Lawinenschäden in Waldreservaten.)

Die hier besprochene Verordnung verlangt eine bekämpfungstechnische Behandlung binnen vier Wochen. Tritt innerhalb dieser Frist ein Befall ein, so ist die bekämpfungstechnische Behandlung rechtzeitig, jedenfalls aber vor Ablauf der vierwöchigen Frist durchzuführen.

In Parenthese sei auf das besondere Problem des Überhandnehmens der Fällungen während der Vegetationszeit hingewiesen, nicht nur wegen der notwendigen Schädlingsbekämpfung.

In früheren Zeiten erfolgte das Fällen in den Tieflagen des Waldes fast ausschließlich in der kalten Jahreszeit. Dies hatte verschiedene Gründe. Z. B. ist die Qualität des im Winter geschlagenen Holzes besser (das saftlose Holz kann rascher und problemloser trocknen; außerdem standen in der warmen Jahreszeit viel weniger – bäuerliche – Arbeitskräfte zur Verfügung). Anders war es im Bergwald, wo aus Gründen der Erreichbarkeit immer schon im Sommer mit der Axt geschlägert wurde. Die heute üblichen Fällungen zu jeder Jahreszeit bringen – neben der erwähnten Möglichkeit des Gifteinsatzes – noch weitere Nachteile: Das Holz ist, wie erwähnt, von schlechterer Qualität (daher kürzere Lebensdauer und höherer Verbrauch), muß mit hohem Energieeinsatz getrocknet werden, und bei der Bringung entstehen größere Schäden. (Der gefrorene Boden ist unempfindlicher, Rückeschäden an Baumstämmen wirken sich in der kalten Jahreszeit weniger aus.)

Doch zurück zu den Vorbeugemaßnahmen. Zu ihnen gehört auch der Forstpflanzenschutz. Dieser erfolgt im wesentlichen durch das Pflanzenschutzgesetz, BGBl. Nr. 124/1948 i. d. dz. F., in Verbindung mit § 46 Forstgesetz.

Zur Anwendung kommen dabei insbesondere der zweite und dritte Teil, wonach die Ein-, Aus- und Durchfuhr von Pflanzenschutzmitteln untersagt werden können, und diese nur nach erfolgter Genehmigung in Verkehr gesetzt werden dürfen. Bei der Beurteilung der Zulässigkeit von Ein-, Aus- und Durchfuhr hat dabei die Bundesanstalt für Pflanzenschutz das Einvernehmen mit der Forstlichen Bundesversuchsanstalt herzustellen; die Zulassung von Pflanzenschutzmitteln für den Forstbereich entscheidet die letztere Anstalt allein. (Das Register aller zugelassenen Pflanzenschutzmittel führt allerdings die Bundesanstalt für Pflanzenschutz.)

Seit der Forstgesetznovelle 1987, BGBl. Nr. 576, ist auch der § 1 des Pflanzenschutzgesetzes auf forstliche Kulturen anzuwenden. Nach dieser Gesetzesstelle sind jagdbare Tiere vom Pflanzenschutz ausgenommen. Maßnahmen aus dem Titel des Pflanzenschutzes gegen nicht jagdbare Tiere dürfen nur insofern durchgeführt werden, als sie nach der zum Schutz dieser Tiere bestehenden Bestimmungen zulässig sind – eine auch bei gutem Willen schwer durchführbare und noch schwerer kontrollierbare Bestimmung.

Schließlich ist im hier besprochenen Zusammenhang auch das Bundesgesetz vom 5. April 1962 über Maßnahmen zum Schutze des Waldes anläßlich der Ein-, Aus- und Durchfuhr des Holzes, BGBl. Nr. 115, zu erwähnen. Durch dieses Gesetz wird bestimmt, daß Holz, welches in das Bundesgebiet eingeführt wird, einer Kontrolle daraufhin zu unterziehen ist, ob es von Forstschädlingen frei ist. Dieses Gesetz bezieht sich insbesondere auf Nadelholz mit Rinde, kann aber durch Verordnung des Bundesministeriums für Land- und Forstwirtschaft (§ 10) ausgedehnt werden. Die Ein- und Durchfuhr von kontrollpflichtigem Holz darf nur über bestimmte Eintrittsstellen erfolgen. Die Kontrollorgane sind vom Bundesministerium für Land- und Forstwirtschaft zu bestellen.

4.3 Wald und Wild

Ebenfalls zum Forstschädling ist vielerorts das Wild geworden, insbesondere Schalenwildarten wie Reh, Mufflon, Hirsch und Gemse, weil einerseits seine Vermehrung durch den Menschen aus jagdlichen Gründen begünstigt wird und andererseits Forstwirtschaft und Erschließungen aller Art den Lebensraum des Wildes verändert und eingeengt haben. Einstmals wurden der Wildvermehrung durch den jahreszeitlichen Witterungsverlauf sowie durch Wolf, Luchs und Bär Grenzen gesetzt, durch das Raubwild wohl in bescheidenerem Ausmaß, als man annehmen möchte. Diese Aufgabe der Bestandesregelung, aber auch die der Auslese, beansprucht nun – nach ihrem Selbstverständnis – die Jägerschaft (mit dem Unterschied, daß ehedem das Raubwild seine Beute nicht durch den Winter gefüttert hat . . .).

Vieles spricht dafür, daß in Europa ursprünglich die Nutzung des Waldes einschließlich der Jagd jedermann zustand. Reste dieser „gesamthandschaftlichen" Nutzung des Waldes haben sich in seiner freien Begehbarkeit (§ 33 Forstgesetz, Landesgesetze über die Wegefreiheit im Bergland) bis heute erhalten. Das freie Aneignungsrecht des „herrenlosen" Wildes besteht jedoch nicht mehr. Die fränkischen Könige (zu deren Machtbereich im wesentlichen auch das heutige Österreich gehörte) nahmen seit dem 9. Jahrhundert die Jagd für sich in Anspruch und verliehen sie an geistliche und weltliche Herren weiter. Die Bauern verloren mit der Zeit fast überall ihr ursprüngliches Waffen- und Jagdrecht. Die Jagd wurde zu einem Vorrecht des Adels. Durch Überhege und Vernichtung der natürlichen Feinde des Wildes (Wolf, Luchs, Bär), bei der die Bauern übrigens mithelfen mußten, entstanden der Landwirtschaft schwere Ertragseinbußen. Oft wurde Wild auch mutwillig oder strafweise über bäuerliche Felder getrieben. Wild- und Jagdschäden wurden somit zu wesentlichen Mitursachen jener Spannungen, die sich in den Bauernkriegen des ausgehenden Mittelalters bzw. der frühen Neuzeit entluden. Auch der „Mythos" der Wildschützen beruhte teilweise auf diesen Erinnerungen.

1848 wurde das Jagdrecht auf fremdem Grund und Boden in Deutschland und Österreich aufgehoben; in Deutschland wurde kurzfristig sogar das freie Aneignungsrecht an Wild wiederhergestellt, was zu einem drastischen Rückgang der Wildbestände führte. In Österreich ist seit 1849 das Jagdrecht mit dem Grundeigentum verbunden.

„Jagd ist angewandter Naturschutz", „Der Jäger erhält das ökologische Gleichgewicht in der Natur", „Der Jäger schützt und hegt im Interesse der Allgemeinheit den natürlichen Wildbestand unserer Wälder". So oder ähnlich lauten die Slogans, die heutzutage von der Jägerschaft mediengerecht, das heißt in der Regel unterstützt durch „herzige" Bilder von Rehkitzen, unter die Leute gebracht werden. Es kann nicht Aufgabe der vorliegenden Untersuchung sein, diese Aussagen unreflektiert wiederzugeben. Sie sind sicherlich nicht ganz unrichtig, ja sie könnten bei Überwindung bestimmter Fehlentwicklungen sogar bejaht werden. Diese Fehlentwicklungen werden aber von einzelnen erstrangigen Forstleuten als derart gravierend angesehen, daß sie den Waldschäden durch die Umweltverschmutzung gleichgehalten werden. Bei einer Forstfachtagung in Bayern meinte ein Jagdfunktionär, die Jagd werde die Waldschadensdiskussion überleben. Darauf erwiderte ein Forstfachmann, dies glaube er auch, allerdings werde es sich dann um eine Steppenjagd handeln.

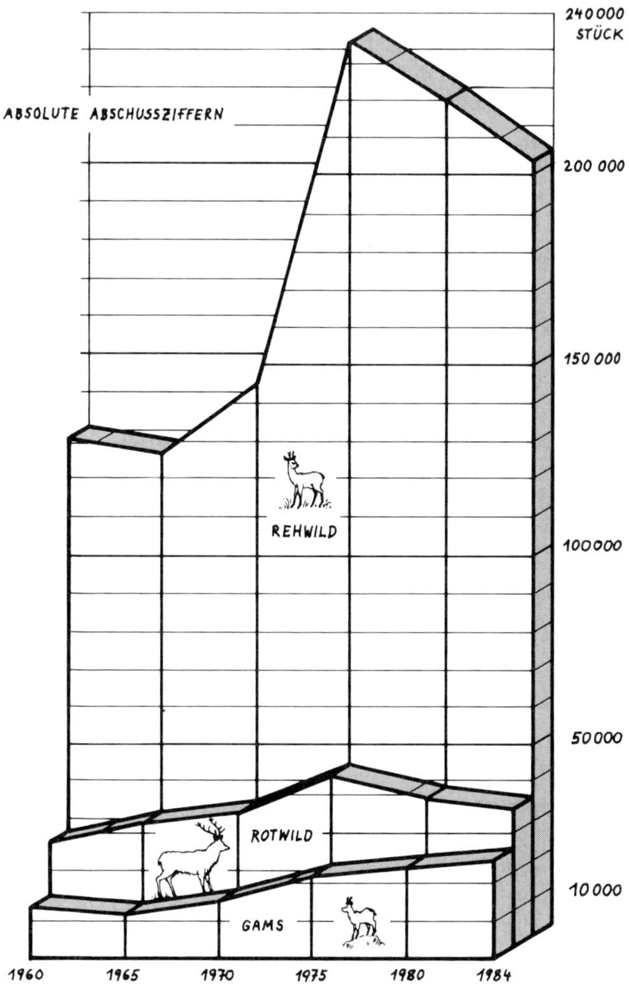

Abb. 46: Jagdliche Nutzung

Obwohl seit 1975 der Abschuß von Reh- und Rotwild stark und bei der Gemse leicht rückläufig ist, kann daraus weder eine Abnahme der Bestände noch der Verbißschäden abgeleitet werden. Das Gegenteil ist anzunehmen, da seither durch weitere „großzügige" touristische und wirtschaftliche Erschließung der Wälder und durch den zunehmenden Tourismus auf Almflächen der Lebensraum des Wildes stark eingeengt wurde. (Quelle: FBVA)

Die Waldschäden durch das Wild sind, wie man sieht, ein heißes Eisen. Dazu einige Fakten:

- Wildarten, die Schäden im Wald verursachen können, sind vor allem der Rothirsch, das Reh und die Gemse. Dazu kommen noch einige bei uns eingebürgerte Wildarten wie der Damhirsch, der Sikahirsch und das Mufflon. Nur in Ausnahmefällen kann auch das an und für sich für den Wald nützliche Wildschwein – das mehr vom Landwirt gefürchtet wird – Waldschäden verursachen.
- Vor allem die Anzahl der Rothirsche und Rehe hat in den letzten Jahrzehnten enorm zugenommen.
- Der Rothirsch, die „heilige Kuh des deutschen Waldes" (Horst Stern), hat mit menschlicher Unterstützung seinen Lebensraum weit über das ursprüngliche Verbreitungsgebiet hinaus ausgedehnt. Andererseits wurden ursprüngliche Wanderwege des Rothirsches durch Verkehrswege, Zersiedlung, etc. unterbrochen. So wanderten beispielsweise die im Karwendel beheimateten Hirsche im Winter bis in die Isarauen bei München. Nun verbleiben sie den ganzen Winter im Gebirge, was für den Bergwald natürlich Probleme bringt.

Abb. 47: Gefegter Baum

Um den Bast abzustreifen, reiben Hirsche und Rehe ihr jährlich nachwachsendes Geweih oft an Jungbäumen, die dadurch schwer geschädigt werden, ja sogar zugrunde gehen können. Im Bild ein altes Windbruchgebiet mit einer stark gefegten Jungfichte im Vordergrund.
(Foto: W. Katzmann, 1978)

- Der Lebensraum des Wildes wird durch menschliche Veränderungen des Waldes und Eingriffe aller Art vernichtet oder verschlechtert (Verlust von Äsungsflächen, etc.). Vor allem der Wintertourismus bringt zusätzlich eine starke Beunruhigung des Wildes. Das führt unabhängig von den Wilddichten zur Verschärfung der Probleme.
- Hirsch, Reh und Gemse schädigen den Wald durch Verbiß, das heißt, sie fressen junge Triebe der Bäume bzw. die Wipfelknospe und hemmen dadurch deren Entwicklung oder vernichten sie. Vor allem Hirsch und Mufflon „schälen" die Bäume durch Verbeißen der Rinde, was auch zum Tod des Baumes führen kann. Rehbock und Hirsch „fegen" im Frühjahr den Bast von den Geweihen und verursachen auf diese Weise Schäden.
- Vom Wildverbiß sind vielfach Bäume betroffen, die zu einer gesünderen Durchmischung und damit zu einer größeren (und naturgemäßeren) Artenvielfalt des Waldbestandes beitragen könnten (Laubbäume aller Art, Tannen). Diese Artenvielfalt könnte die Widerstandskraft der Wälder z. B. gegen Luftverschmutzung, Wind- und Schneebruch, Erdabrutschungen und Lawinen, aber auch gegen den Wildverbiß selbst erhöhen. Die einseitige Bevorzugung der Fichte ist Mitursache der Wildproblematik. Der eng gesetzte Fichtenreinbestand bewirkt eine geringe Lichtdurchlässigkeit und führt häufig zur Bodenversauerung. Diese Bedingungen sind für Futterpflanzen ungünstig, was übermäßigen Verbiß zur Folge hat. Wird ein nur aus wenigen Trieben und Knospen bestehender Baum verbissen, zählt dies nicht einmal als Wildschaden.
- Wildschäden können nachteilige Folgen verschiedener Umwelteinflüsse (Luftverschmutzung, Änderungen im Wasserhaushalt, Artenverarmung) verstärken. Unter Umständen kann durch Verbiß die Verjüngung von Beständen weitgehend oder ganz unterbunden werden. Bei überalterten und/oder umweltgeschädigten Beständen kann dies deren Zusammenbruch beschleunigen oder erleichtern – mit allen nachteiligen Folgewirkungen (Lawinen, Muren, Steinschlag, Bodenabtrag bis zur Verkarstung), insbesondere bei Schutz- oder Bannwäldern im Gebirge. Das Wild bringt übrigens auch andere Pflanzen (also nicht nur Bäume) manchmal fast zum Verschwinden, darunter geschützte Blumen wie etwa den Türkenbund. Manche dieser Pflanzen sind für den Wald bzw. für seinen Bodenhaushalt von besonderer Bedeutung.

Die angeführten Fakten dürfen nicht als Verteufelung der Jagd verstanden werden, weil Lösungen tatsächlich recht kompliziert sind. Nur beispielhaft seien hier Umstände genannt, die eine Lösung erschweren:

- Manches liegt außerhalb des Einflusses der Jagd, wie die land- und forstwirtschaftliche Umgestaltung der Landschaft, Einschränkungen des Lebensraumes durch Verkehrswege und Entwässerungsbauten, Beunruhigung des Wildes durch den Tourismus, etc.
- Exakte Erhebungen über die tatsächlichen bzw. optimalen Wilddichten sind äußerst schwierig. Die Methoden zur Feststellung der tatsächlichen Wilddichte sind umstritten und unterliegen zahlreichen Fehlerquellen. Die optimale Wilddichte (eine völlige Eliminierung des Wildes kommt aus naturschützerischen und landeskultu-

Abb. 48: Verbissene Jungtanne

Um das weitere Abbeißen des Endtriebs zu verhindern und damit ein beschleunigtes Herauswachsen aus der Reichweite des Schalenwilds zu bewirken, setzt man seit längerer Zeit streichfähige Schutzmittel ein. Da sich das Wild an den Geschmack gewöhnt, muß deren Zusammensetzung immer wieder geändert werden. (Foto: W. Katzmann, 1986)

rellen Gründen nicht in Frage) hängt von so vielen Einzelumständen ab, daß generelle Aussagen unmöglich sind.

- Umstritten ist der Einfluß der Wildfütterung (Menge und Art des Futters) auf die Wildschäden. Auch hier sind generalisierende Aussagen nicht möglich. Mag man auch den gänzlichen Verzicht auf Fütterung als den „naturgemäßen" Zustand ansehen, so ist doch zu bedenken, daß die Fütterung einen notwendigen Ausgleich zu Lebensraumverlusten bzw. -veränderungen schaffen kann.
- Das Umweltbewußtsein hat wie in der gesamten Bevölkerung auch bei der an und für sich naturverbundenen Jägerschaft zugenommen. Als Beispiel veränderter Gesinnung sei die heute mehrheitlich positive Einstellung der Jäger zum Greifvogelschutz oder zu bestimmten Wiedereinbürgerungsversuchen (z. B. des Luchses, in jüngster Zeit des Bären und des Lämmergeiers) angeführt. Es kann aber nicht übersehen werden, daß auch Prestigedenken (Trophäenkult) und Kurzzeitgewinnstreben (nämlich dann, wenn der Pachtertrag der Jagd über den nur langzeitig zu realisierenden Waldertrag

Abb. 49: Winterfütterung

Die Winterfütterung des Wildes erweist sich besonders dort als notwendig, wo das herbstliche Abwandern in die Niederungen durch menschlichen Einfluß unmöglich geworden ist. (Foto: K. Splechtna, 1980)

Abb. 50: Schälschäden nahe einer Futterstelle

Im Umkreis von Futterplätzen wird vor allem von Hirschen die Baumrinde „geschält". Die Ursache hiefür liegt nicht nur im oft einseitigen Futterangebot, sondern auch im Sozialverhalten des Rudels: rangniedere Hirsche schädigen die Stämme aus Frustration. (Foto: W. Katzmann, 1987)

gestellt wird) eine vernünftige Wildstandsregelung erschweren. Auch jagdliche Traditionen bzw. das Jagdrecht (Schonzeiten) stehen ihr teilweise im Weg. So wäre es für den Jäger unweidmännisch und ungesetzlich, etwa einen zu hohen Rotwildbestand bei der Fütterung durch Abschuß zu dezimieren, obwohl diese Methode früher durchaus üblich war, für das Wild unter Umständen weniger quälerisch ist und dabei eine artgerechte Selektion am leichtesten zu erreichen wäre.

Wenn also auch nicht der Jagdwirtschaft allein die Verantwortung für die durch das Wild verursachten Probleme zugeschoben werden darf, so kann sie auch nicht aus dieser Verantwortung entlassen werden. Namentlich der jagdliche „Trophäenkult" steht einer rationalen Bewältigung des Wald-Wild-Problems entgegen.

War das Wild einmal abschöpfbare Biomasse und Fleischreserve, das deshalb auch in großen Wildgattern gehalten wurde, so sind es heute mehr die Kopfknochen, denen das Interesse der Jägerschaft gilt. Je abnormer vergrößert das Geweih ist, umso teurer müssen Abschüsse bezahlt werden. Hirsche sind heute wohl die mit weitem Abstand umsorgtesten Tiere im Forst. Fütterungen sind nicht mehr nur auf den Winter beschränkt, die Verabreichung von Antibiotika und Entwurmungsmitteln haben dazu geführt, daß man beim Rothirsch beinahe zur Haustierhaltung gelangt ist. Hiezu eine charakteristische (wahre) Anekdote: Am Stammtisch eines Bergortes schilderte ein ortsansässiger Berufsjäger, wie er sich mit einem ausländischen Jagdgast lautlos an einen bestimmten kapitalen Hirsch herangepirscht hat. Da warf ein Freund ein: „Gib nicht so an, so scheu war dieser Hirsch gar nicht, den habt ihr doch lange im Gatter gehalten." „Schon, schon", erwiderte der Berufsjäger, „aber wenn er mich bemerkt hätte, dann wäre er mir zugegangen und hätte um Brot gebettelt, und der Jagdgast wäre um seine teuer erkaufte Illusion gekommen." Das Interesse an möglichst imposanten Geweihbildungen hat somit zu verschiedensten Eingriffen in die Natur geführt, wozu nicht zuletzt auch die Einbringung standortfremder Rassen zu zählen ist, die die angepaßten heimischen Hirsche „verbessern" sollten. Verschiedene Wildtierarten, die in unseren Breiten überhaupt nicht vorkamen, wie Mufflon, Dam- und Sikahirsch, wurden eingebürgert und schafften besondere Probleme (z. B. Trittschäden und Schälschäden durch Mufflons).

Zum Schutz vor Wildverbiß beginnt man mehr und mehr, Flächen einzuzäunen. Diese Methode hat leider drei schwere Nachteile: Zum einen können sich nur solche Pflanzen innerhalb des Zaunes ansiedeln, die auch dorthin gelangen können, also über geeignete Verbreitungsmechanismen verfügen – die eingezäunte Fläche stellt ja eine Art Insel dar –, zum anderen bewirken hohe Schneelagen, daß der Zaun vom Wild überstiegen wird bzw. dem Schneeschub nicht standhält. Schließlich sind für die meisten Waldbesitzer die Kosten für effiziente Einzäunungen unerschwinglich.

Die Wilddichte müßte sich am möglichen Äsungspotential des Waldes orientieren, das heißt, der Wildbestand sollte zu keiner Einbuße der am betreffenden Standort insgesamt möglichen Baum- und Straucharten führen. Zumindest die wichtigsten Hauptbaumarten sollten gedeihen können.

Trotz der dargelegten Vielschichtigkeit der Fragen kann zusammenfassend gesagt werden, daß der Bestand an Rot- und Rehwild (auch an Gamswild) landesweit zu hoch ist und auf ein tragbares Ausmaß zu reduzieren wäre. Leider war diese Forderung lange Zeit rechtlich erschwert: Den Forstbehörden war es aus verfassungsrechtlichen Gründen (Forstwesen ist Bundessache, Jagdrecht Landessache) nicht möglich, eine allfällige, durch jagdbare Tiere verursachte Waldverwüstung selbst abzustellen (Entscheidung des Verfassungsgerichtshofes, VfSlg 4348), sie konnte sie nur den Jagdbehörden mitteilen.

Beim Erkenntnis des Verfassungsgerichtshofes, VfSlg 4348 vom 11. Jänner 1963, ging es um die kompetenzrechtliche Beurteilung des Entwurfes eines „Bundesgesetzes zum Schutze des Waldes gegen Wildeinwirkungen" aufgrund

Abb. 51: Wirkung eines Wildzauns

Wird ein Gebiet im Wald abgezäunt, zeigt sich sehr rasch eine tiefgreifende Änderung des Vegetationsbildes (rechts). Bei dem links des Zauns liegenden, leergefressenen Waldstück verhindert selbst eine geringe Wilddichte durch den Verbiß der Keimlinge das Aufkommen von Jungwuchs. (Foto: W. Katzmann, 1979)

eines Feststellungsantrages der Bundesregierung nach Art. 138 Abs. 2 B-VG. Der Verfassungsgerichtshof entschied, daß ein derartiger Entwurf in die Kompetenz der Länder fällt. Das Forstgesetz 1975 trug dieser Kompetenzlage Rechnung.

Die Jagdgesetze der Bundesländer betonen in der Regel zwar formal die Höherwertigkeit der land- und forstwirtschaftlichen Interessen gegenüber den jagdlichen, die Durchsetzung dieses Grundsatzes ist jedoch u. E. nicht ausreichend determiniert.

Tatsächlich ergibt ein Befund der geübten Praxis häufig das Gegenteil des vom Gesetz Geforderten.

In seiner Stellungnahme zum Entwurf einer Forstgesetznovelle 1987 hat daher das Österreichische Bundesinstitut für Gesundheitswesen eine Kompetenzverlagerung in Richtung Bund zur Debatte gestellt.

In der überarbeiteten und vom Parlament verabschiedeten Forstgesetznovelle 1987 wurde die einschlägige Bestimmung des Forstgesetzes (§ 16 Abs. 5) durch Verfassungsbestimmung geändert; wird nun eine durch jagdbare Tiere verursachte flächenhafte Gefährdung des Bewuchses festgestellt, so sind durch das zuständige Organ des Forstaufsichtsdienstes ein Gutachten über Ursachen, Art und Ausmaß der Gefährdung und Vorschläge zu deren Abstellung an die Jagdbehörde und an den Leiter des Forstaufsichtsdienstes beim Amt der Landesregierung zu erstatten. Diesem kommt in den landesgesetzlich vorgesehenen Verfahren zum Schutz des Waldes gegen waldgefährdende Wildschäden Antragsrecht und Parteistellung zu.

„Zehn ökologische Wald-Wild-Gebote",

aufgestellt im Jahr 1981 von Prof. Hannes Mayer, Universität für Bodenkultur Wien:

1. Der Naturwald ist Ausgangsbasis für eine wirtschaftliche und überwirtschaftliche leistungsfähige Waldwirtschaft.
2. Der naturnahe Wirtschaftswald garantiert nachhaltige Leistungsfähigkeit.
3. Die Umwandlung standortwidriger Monokulturen in naturnahe Wirtschaftswälder stabilisiert das Ökosystem und den Forstbetrieb.
4. Im Naturwald stehen Wald und Wild in einem ökologischen Gleichgewicht.
5. Der Naturwald verliert durch jagdwirtschaftliche Wilddichten die ökologisch entscheidende Selbstregulierung und seine Stabilität.
6. Ohne Lösung der Wildfrage ist keine naturnahe, nachhaltig leistungsfähige Waldwirtschaft möglich.
7. Naturnahe Waldwirtschaft löst das Wald-Wild-Problem und garantiert tragbare Schäden und gesunde Wildpopulationen.
8. Die Ökologisierung der Jagdwirtschaft ist vordringlichstes Gebot.
9. Integrierte waldbaulich-ökologische und wildbiologisch-jagdtechnische Maßnahmen, primär eine ökologisch orientierte Wildstandsreduktion, müssen die Wald-Wild-Frage lösen.
10. Naturnaher Wald mit naturnahem Wildstand ermöglicht eine wirtschaftlich-überwirtschaftlich und nachhaltig leistungsfähige Waldwirtschaft. Die naturnahe Waldwirtschaft setzt eine naturnahe Jagdwirtschaft mit ökologiebewußten und waldverbundenen Jägern voraus.

Wildverbiß, Waldweide

Rinder, Schafe, Pferde sind bei der Nahrungsaufnahme hauptsächlich auf Gräser, Kräuter und Farne angewiesen. Rot- und Gamswild hingegen benötigen 30 Prozent ihrer Nahrung in Form von faserreichem Material aus Zweigen, Knospen und Trieben von Bäumen, Rehe sogar 50 bis 60 Prozent. Diese zähe Äsung ist sehr wichtig, die Tiere gewinnen daraus Roheiweiß, Gerb-, Mineral- und Ballaststoffe. Der durchschnittliche Jahresbedarf an zäher Äsung beträgt bei Rotwild 720 kg, bei Rehwild 360 kg und bei Gamswild 250 kg.
Daraus läßt sich in einem komplizierten Ermittlungsverfahren die nachhaltige Äsungskapazität eines Waldes errechnen, der eine bestimmte Stückzahl an Wild entspricht, bei der noch die natürliche Verjüngung aller (!) Baumarten gesichert ist. Es wird davon ausgegangen, daß die nachhaltige Äsungskapazität ein Fünftel der vorhandenen Äsungskapazität beträgt. Im allgemeinen ertragen 100 ha Wald längerfristig höchstens 0,2 bis 1,0 Schalenwildeinheiten. Liegt die Wilddichte höher, vermindert sich die Äsungskapazität, und der Druck auf die natürliche Verjüngung nimmt zu, so daß einer immer höheren Wilddichte immer weniger Äsungskapazität gegenübersteht. Dieses Problem läßt sich auch nicht durch Fütterung des Wildes umgehen (ungleiche und unvollständige Zusammensetzung des Futters gegenüber dem natürlichen Nahrungsangebot, negative Folgen für das „Sozialverhalten“ des Rudels, etc.). Selbstverständlich wird das Äsungsangebot vom jährlichen Witterungsverlauf modifiziert und von der Art der Waldbewirtschaftung beeinflußt.
Ähnliche Probleme wie mit jagdbaren Tieren ergeben sich aus der Waldweide, die vielfach ein historisches Relikt darstellt. Obwohl man sich bemüht, diese Weiderechte abzulösen, werden immer noch ca. 350.000 ha Wald beweidet. Die Trennung von Wald und Weide und die Ablöse von Waldweiderechten bringt somit dem Förster wie dem Bauern Vorteile. Allerdings wird mit zunehmender Höhenlage eine absolute Trennung von Wald und Weide immer schwieriger. Ganz auf die Almwirtschaft zu verzichten, kann auch nicht im volkswirtschaftlichen Interesse liegen. Das würde nicht nur den Verzicht auf die Nutzung heimischer Biomasse mit sich bringen, sondern auch aus landeskulturellen und Fremdenverkehrsgründen nachteilig sein.
An ökologischen Schäden, die die Waldweide verursacht, sind schwerpunktmäßig folgende aufzulisten:
- Beeinträchtigung der Schutzfunktionen der Bergwälder (insbesondere Bannwälder)
- Herabsetzen der Waldgrenze
- Erosionsbegünstigung
- Trittschäden an Boden und Bäumen (insbesondere durch in den letzten Jahrzehnten immer schwerer gewordene Rinderrassen)
- Almwegebau
- Eutrophierung (Nährstoffüberlastung) von Gebirgsgewässern und Feuchtflächen

Trotzdem werden in Österreich noch immer ca. 350.000 ha Wald beweidet.
Die tragbare Wilddichte und die Waldweide können nicht voneinander getrennt gesehen werden.
Zusammenfassend kann gesagt werden, daß sich infolge jahrhundertelanger Waldweideausübung heute zahlreiche Bergwälder extrem verlichtet haben, wobei die Zahl der Stämme oft unter die Hälfte der standörtlich möglichen Werte abgesunken ist. Die Vergreisung und Verlichtung der Bergwälder führt zu einem großflächigen Abbau der Humusvorräte und zu einer Verstärkung des Oberflächenabflusses. Die Waldweidegebiete liefern aber im Durchschnitt nur Erträge von höchstens vier Prozent der Talweiden und höchstens 20 Prozent der Almlichtweiden. Almwirtschaftlich günstig ist die Waldweide nur auf kleinen ebenen Flächen in der Nähe der Almlichte. Bei der Trennung von Wald und Weide ließen sich die verlorenen Futtererträge aus der Waldweide durch Almverbesserungen und womöglich begrenzte Almerweiterungen und eine bessere Weideführung ausgleichen. Infolge Personalmangels nimmt jedoch die Extensivierung heute fast überall zu.

Es ist zu hoffen, daß es durch diese Neuregelung möglich sein wird, Waldschäden durch das Wild besser kontrollieren und beheben zu können. Der Erfahrungszeitraum ist allerdings noch zu kurz, um ein abschließendes Urteil über die Wirksamkeit dieser Gesetzesstelle abgeben zu können.

Eine weitere Neuregelung in diesem Zusammenhang ist die jährliche Berichtspflicht des Bundesministers für Land- und Forstwirtschaft an den Nationalrat über Art und Ausmaß von Waldverwüstungen, insbesondere durch Wild, die Gutachtertätigkeiten der Forstbehörden und die Maßnahmen der Jagdbehörden sowie deren Erfolg. Der Bericht ist nach Bundesländern zu gliedern.

Neben dem Forstrecht bestimmt auch der Vollzug des Jagdrechtes Art und Ausmaß der durch die Jagd bewirkten Umweltprobleme. Aus diesem Grund wird im folgenden auf ausgewählte Aspekte des Jagdrechtes eingegangen.

Das Jagdwesen ist in Österreich nach Art. 15 Abs. 1 Bundes-Verfassungsgesetz in Gesetzgebung und Vollziehung Landessache. Jagdgesetze der einzelnen Bundesländer (siehe Anhang) regeln das Jagdwesen näher. Daneben gibt es eine Reihe von Verordnungen, vor allem über Schonzeiten, Jagdgenossenschaften und Jagdaufsichtsorgane. Es besteht weiters eine Vereinbarung zwischen verschiedenen Bundesländern (nach Art. 15a B-VG) über die gegenseitige Anerkennung von Nachweisen der jagdlichen Eignung und jagdlichen Verläßlichkeit. Weiters besteht zwischen dem Bund und dem Land Kärnten ein Übereinkommen nach Art. 15a B-VG über die Sicherung eines ausgewogenen Verhältnisses von Wald und Wild.

Regelmäßig ist die Bezirksverwaltungsbehörde Erste Instanz, Oberbehörde und Zweite Instanz ist die Landesregierung.

Erst ab einer bestimmten Größe des Grundbesitzes ist eine jagdliche Bewirtschaftung möglich. Die Landesjagdgesetze legen diese mit 115 Hektar (bzw. 200 Joch) fest (Eigenjagd), neuerdings ist ein Trend zu größeren Flächen (z. B. Burgenland 300 Hektar) festzustellen. Kleinere für die Jagd geeignete Grundstücke werden in Genossenschaftsjagden zusammengefaßt. Jagen dürfen der Grundeigentümer oder der Jagdpächter, weiters Jagdgäste.

Abb. 52: November,
Stundenbuch des Duc du Berry, um 1415

Buchen- und Eichenwälder wurden früher zur Tiermast genutzt. Die Schweine durften nur zu einer bestimmten Jahreszeit in den Wald getrieben werden. Dem Baumbestand selbst wurde durch intensive Laubstreu- und Brennholzgewinnung zugesetzt. Es muß in diesem Zusammenhang daran erinnert werden, daß Europa von Laubwäldern dominiert war. Auch im Bereich der Alpen war der Laubwald vorherrschend, der ebenso wie der Lärchenwald als Waldweide diente. Die Übernutzung der Wälder führte schon im Mittelalter zu ausgedehnten Erosionen und gefährlichen Überschwemmungen, welche schließlich nur durch umfangreiche Wasserbaumaßnahmen bekämpft werden konnten. Der auch heute noch naturferne Wasserbau hatte also seine Wurzeln in der Übernutzung der Wälder und der Nutzung des Wassers für den Holztransport.
(Musée Condé, Chantilly)

Neben der zivilrechtlichen bedarf es auch einer verwaltungsrechtlichen Jagdberechtigung (Jagdkarte auf Grund einer Prüfung).

Nun zu einigen Regelungen des Jagdbetriebes und der Jagdwirtschaft, die engen Bezug zum Umweltschutz haben:

– *Um die jagdliche Eignung zu erlangen, muß – wie erwähnt – eine Prüfung abgelegt werden, bei der auch umweltrelevante Kenntnisse nachzuweisen sind.*

Unter anderem werden auch Kenntnisse aus den Bereichen des Naturschutzes und der Wildkunde gefordert, womit eine – wenn auch unbestimmte – Beziehung zum Artenschutz gegeben ist. Die Ausbildung in diese Richtung könnte durchaus noch verstärkt werden. Sie käme vor allem den Greifvögeln zugute, bei denen es aufgrund mehr oder minder bewußter Verwechslungen immer wieder zu rechtswidrigen Abschüssen kommt.

– *Mit der Jagdberechtigung ist auch die Verpflichtung der Hege des Wildes verbunden.*

Unter Wild werden dabei die jagdbaren Tiere verstanden, die in den verschiedenen Landesgesetzen meist taxativ aufgezählt werden. Nach einzelnen Landesgesetzen können durch Verordnung der Landesregierung auch andere Tiere für jagdbar erklärt werden. Die Hege des Wildes besteht insbesondere in der Verpflichtung einer angemessenen Wildfütterung in „Notzeiten" (Winter).

– *Durch die Verordnungen aufgrund der Jagdgesetze sind für bestimmte jagdbare Tierarten Schonzeiten festgelegt.*

Bestimmte Tierarten können dabei auch ganzjährig geschont werden. Die Ausübung der Jagd ist nur außerhalb dieser Schonzeiten zulässig. Geschontes Wild darf im allgemeinen während der Schonzeiten nicht in Verkehr gebracht oder feilgehalten werden (durch die Möglichkeit des Tieffrierens von Fleisch wohl überholt).
Die Regelung der Schonzeiten steht naturgemäß im Zusammenhang mit der Walderhaltung, aber auch mit dem Artenschutz. Die Festlegung von Schonzeiten geht heute sicherlich in vielen Fällen (vor allem bei ganzjährig geschonten Tieren) über rein jagdwirtschaftliche Gesichtspunkte hinaus und übernimmt naturschützerische Anliegen sozusagen stellvertretend für den Naturschutz, weil jagdbare Tiere grundsätzlich vom Naturschutz nicht erfaßt werden. Dennoch wäre eine Einbeziehung gefährdeter

jagdbarer Tiere auch in die Naturschutzgesetzgebung zu fordern, wie dies etwa in der Steiermark beim Greifvogelschutz bereits teilweise verwirklicht ist. Dies deshalb, weil die Einstellung der Verfolgung allein bei manchen Arten nicht mehr den Weiterbestand sichern kann, sondern vielmehr aktive Pflegemaßnahmen erforderlich sind (Horstbewachung, Verbesserung des Lebensraumes, des Nahrungsangebotes, der Vermehrungsmöglichkeit, Nachzucht, Auswilderung vom Menschen gehaltener Wildtiere, Wiedereinbürgerung, Besuchssperre, etc.).
Darüber hinaus fallen beim Naturschutz mögliche Interessenkollisionen (jagdliche Interessen kontra Greifvogelschutz) weg. Dies könnte die immer noch üblichen Ausnahmeabschußbewilligungen durch die Bezirksverwaltungsbehörden verhindern.

– *Bestimmte Wildarten dürfen nur im Rahmen behördlich genehmigter Abschußpläne erlegt werden. Der Abschuß dieser Wildarten ist zu melden. Der Jagdberechtigte hat der Bezirksverwaltungsbehörde ein Verzeichnis der jährlichen Abschüsse (Abschußliste) vorzulegen.*

Die Bestimmungen sowohl über die Schonzeiten als auch über die Abschußpläne sind im Zusammenhang mit Fragen der Walderhaltung und des Artenschutzes zu sehen.

– *Die Beunruhigung von Wild durch jagdfremde Personen ist verboten.*

Die Beunruhigung des Wildes kann zu erhöhten Wildschäden führen. Sie kann aber auch zum regionalen Verschwinden von Arten beitragen, was bei an sich gefährdeten Tierarten die Gefahr des gänzlichen Aussterbens vergrößert (z. B. bei Rauhfußhühnern wie Auer-, Birk- und Steinwild). Dabei darf aber nicht übersehen werden, daß „primärer" Beunruhiger des Wildes der Jäger selbst ist, der Tourist aber nur ein „sekundärer". Fällt die „primäre" Beunruhigung weg, läßt sich manches „scheue" Wild auch von großen Touristenmassen wenig beeindrucken (siehe Erfahrungen in verschiedenen Nationalparks).

– *Wildernde Hunde und Katzen („Raubzeug") dürfen von Jagdausübungsberechtigten getötet werden.*

Die Bestimmungen über den Abschuß wildernder Hunde und Katzen haben wohl auch Bedeutung für den Artenschutz, letztlich auch für die jagdbaren Arten.
In diesem Zusammenhang ist auch die Bekämpfung des Raubzeugs, aber auch des Raubwildes (Marder, Fuchs, Luchs u. a.) durch Fallenstellen, Vergasung und Begiftung zu erwähnen. Viele dieser Methoden bewegen sich an der Grenze der Legalität oder sind verboten, manche sind auch sehr umstritten (Tollwutbekämpfung) und widersprechen internationalen Vereinbarungen, die Österreich eingegangen ist.

– *Landesfremde Tiere dürfen nicht oder nur mit Bewilligung ausgesetzt werden.*

Die Bestimmungen über das Aussetzen landesfremder Tiere korrespondieren mit vergleichbaren Regelungen in den Naturschutz- und Fischereigesetzen. Sie haben Bedeutung für den Schutz der Fauna vor Verfremdung. Die Auswirkungen solcher Faunenverfremdungen sind oft nicht vorhersehbar und können zum Verlust einheimischer Arten führen. Bekannt sind etwa die Folgen der Einbringung und Verwilderung des Hundes in Australien, der dort einheimische Tiere – wie den Beutelwolf – verdrängte. Aber auch in Österreich hat die Einbürgerung des Muffelwildes ökologisch negative Folgen bewirkt, wobei die Probleme mit dieser Wildart jährlich zunehmen. Eingeführte Tiere können sich zur Landplage entwickeln, wie etwa das Kaninchen in Australien oder die Bisamratte und der Waschbär in Europa.

– *Jagdgebiete dürfen ohne Bewilligung des Jagdberechtigten nicht mit Schußwaffen, Fallen etc. durchstreift (betreten) werden.*

Auch bei dieser Bestimmung stehen Interessen der Jagdwirtschaft im Vordergrund, jedoch ist am Rande auch der Artenschutz betroffen.

– *Bestimmte unweidmännische Jagdmethoden (Scheinwerfer, Schnellfeuerwaffen, Schlingen etc.) sind verboten.*

Die Bestimmungen über weidgerechtes Jagen haben Berührungspunkte zum Tierschutz, weil durch sie tierquälerische Methoden verboten werden, aber auch zum Artenschutz. Österreich hat sich im übrigen auch durch ein internationales Abkommen verpflichtet (Berner Konvention = Übereinkommen des Europarates vom September 1979, abgeschlossen anläßlich der Dritten Europäischen Umweltministerkonferenz; durch Bundesgesetz, BGBl. Nr. 372/1983, genehmigt), bestimmte Fangmethoden bei Säugetieren und Vögeln zu unterlassen. Auch dabei geht es um den Schutz der Tiere vor Qualen und um den Artenschutz, vor allem um die Vermeidung unselektiver Fangmethoden etwa mittels Schlagfallen (z. B. „Schwanenhals"), in die auch gänzlich geschützte Tiere (z. B. seltene Greifvögel) geraten können.
Zwischen den Jagdgesetzen der Bundesländer und diesem Abkommen bestehen Diskrepanzen, weil die Jagdgesetze teilweise Fangmethoden zulassen, die nach diesem Abkommen verpönt sind, z. B. die Verwendung von Fallen, die Verwendung von Gift bzw. von vergifteten Ködern, das Begasen und Ausräuchern oder die Verwendung geblendeter lebender Vögel als Lockmittel (sogenannte Hüttenjagd). Auch außerhalb der Jagdgesetze werden Fangmethoden zugelassen, die im Widerspruch zum angeführten Artenschutzabkommen stehen. So kann die Verwendung von Leimruten zum Fang nicht jagdbarer Vögel (z. B. aus Gründen der Brauchtumspflege) etwa nach dem oberösterreichischen Naturschutzgesetz zugelassen werden.

– *Bestimmte Vorkehrungen sind bei Wildseuchen zu treffen (Anzeigepflicht bei Seuchenverdacht).*

Schonungslose und grausame Verfolgung, wie sie im vorigen Punkt angesprochen wurde, wird namentlich zur Tierseuchenbekämpfung (Tollwut) angewendet. Betroffen davon ist in erster Linie der Fuchs.
Ob die dabei angewandten Methoden überhaupt geeignet sind, ja nicht vielfach gerade das Gegenteil des angestrebten Erfolges bewirken, ist eine offene Frage. So wird vermutet, daß die wahllose Verfolgung gesunder und kranker Tiere eine biologische Auslese in Richtung seuchenresistenterer Tiere verhindert. Weiters kommt dadurch eine sehr starke Wanderbewegung der Füchse zustande, weil sie in Gebiete zuwandern, in denen man sie vorher stark dezimiert hat. Dadurch wird die Seuche womöglich rascher verschleppt. Im übrigen sind von der übermäßigen Verfolgung vornehmlich revierlose Individuen betroffen, deren Überlebens- und Fortpflanzungschance ohnehin sehr gering ist. Es ist somit durch diese Verfolgung nicht einmal möglich, nennenswerten Einfluß auf die Bestandesdichte zu nehmen. In der Schweiz (mittlerweile gebietsweise auch in Österreich) wird die Tollwutbekämpfung sehr erfolgreich durch Impfen (Impfstoffe in Ködern) betrieben.

- *Unter bestimmten Voraussetzungen können Jagdgebiete für Erholungsuchende gesperrt werden.*

Gebietssperren aus jagdlichen Gründen stehen in einem gewissen Gegensatz zur freien Begehbarkeit des Waldes (§ 33 Forstgesetz). Ähnlich wie beim Gegensatzpaar Waldverwüstung (Angelegenheit des Forstwesens) einerseits – Wildhege (Angelegenheit des Jagdrechtes) andererseits, findet der sachliche Gegensatz auch hier seine Entsprechung im Rechtlichen (Frage der Zuständigkeit des Bundes oder der Länder). Diese Gebietssperren sollten jedenfalls auf das unbedingt erforderliche Maß beschränkt bleiben.

- *Für entsprechenden Jagdschutz ist zu sorgen. Dieser umfaßt den Schutz des Wildes vor „Raubwild", „Raubzeug" und Wilderern sowie die Abwehr der Verletzung jagdlicher Vorschriften.*

Beim Jagdschutz steht wieder die Jagdwirtschaft im Vordergrund. Hinsichtlich der Raubwildbekämpfung gilt das vorhin Gesagte sinngemäß.
Der Fuchs ist dabei – wie erwähnt – trotz aller Verfolgung dank seiner enormen Anpassungsfähigkeit als Art ungefährdet. Er hat sich sogar Großstädte als Lebensraum erobert und seine Aktivität weitgehend in die Dunkelheit verlegt. Andere Arten, vor allem Greifvögel, sind durch die „Raubwildbekämpfung" vom Aussterben bedroht. Das Umdenken erfolgt teilweise noch zögernd und unwillig, wie die immer wieder laut werdenden Forderungen nach Freigabe von Abschüssen z. B. des Steinadlers beweisen.
Die Beseitigung der Freßfeinde ist auch ein Nachteil für die Beutetiere selbst, weil Freßfeinde einen notwendigen Selektionsdruck ausüben. Überhaupt ist die verbreitete Überhege mancher Wildarten – neben dem Aspekt der Walderhaltung – auch unter dem Gesichtspunkt einer naturgemäßen Wildtierfauna zu sehen. So fällt bei der vielfach fast ganzjährig geübten Fütterung und sonstigen Pflege (z. B. Entwurmung) des Rotwildes und beim Fehlen jeglicher Freßfeinde fast jede natürliche Auslese weg. Die vom Menschen geübte Selektion läuft dagegen ziemlich einseitig auf immer eindrucksvollere Trophäen hinaus – ein Ziel, das zusätzlich durch Einkreuzung ausländischer Rassen verfolgt wird.

- *Vorkehrungen zum Schutz vor Jagd- und Wildschäden sind zu treffen.*

Der Druck, der durch andere Nutzungen auf den Waldbestand ausgeübt wird, kann die Wald-Wild-Problematik verschärfen. Wanderer, Langläufer, Schifahrer, Schwammerlsucher führen (oft in Verbindung mit zu hohen Wilddichten) zu verstärkten Verbiß- und ihrer Folgeschäden. Die ertragsorientierte Forstwirtschaft schafft zudem Forste, die von den natürlichen Wäldern grundverschieden sind. Oft sind der Unterwuchs durch zu starke Beschattung zurückgedrängt und Laubbäume kaum noch vertreten. Solcherart bewirtschaftete Wälder ertragen auch eine verminderte Wilddichte kaum.

Beklagt werden ferner die fehlenden Grundkenntnisse über den Wald als Ökosystem, sodaß der Jäger ohne Vorbildung und Wissen über Zusammenhänge in seinem Revier agiert. Vielfach wird der dabei entstehende Schaden entweder nicht ernst genommen oder in seiner zeitlichen Perspektive und Wirksamkeit verkannt. Auch Abhilfen, die durch die Anlage von „Wildäckern" als Äsungsflächen geschaffen werden, führen oft dazu, daß ökologisch sehr wertvolle und für andere Tierarten wichtige Lebensgrundlagen verändert oder vernichtet und Probleme der Landwirtschaft in den Wald verlagert werden. Es ist erstaunlich, daß ein Problem, dessen Existenz seit Jahrzehnten allgemein bekannt ist, diesen Umfang angenommen hat. Der Schaden am Volksvermögen, der durch die Jagdwirtschaft und die Überhege von Reh und Hirsch entsteht, wird zur Zeit jährlich auf drei bis vier Milliarden Schilling geschätzt, wobei die ökologischen Folgen ökonomisch nicht abschätzbar sind. Damit liegen die vom Wild verursachten Schäden nur knapp unter der jährlichen Schadenssumme von 6,5 Milliarden Schilling, die auf das „Waldsterben" zurückgeführt wird, freilich ebenso ohne Hinzurechnung der ökologischen Folgen für die Volkswirtschaft.

4.4 „Waldsterben" und Luftschadstoffe

Schon aus der Antike sind emissionsbedingte Waldschäden bekannt, die durch die Verhüttung von Erzen verursacht und u. a. von Plinius dem Älteren beschrieben wurden.
Mit dem Beginn des Industriezeitalters und dem starken Anstieg des Kohleverbrauches, der vielfach Holz (Holzkohle) als Roh- und Brennstoff für industrielle Prozesse (wie Salzsieden, Metall- und Glaserzeugung) verdrängte, traten Waldschäden in ganz Europa immer häufiger auf. Diese nun schon klassischen „Rauchschäden" wurden bereits um die Mitte des vorigen Jahrhunderts wissenschaftlich untersucht.

Der Übergang vom Holzeinsatz zum mineralischen Energieträger Kohle bewirkte zunächst eine große Entlastung der Wälder, die unter einer katastrophalen Übernutzung gelitten hatten. Dieser Vorteil wurde allerdings in zunehmendem Maß – vor allem nach dem letzten Krieg – durch den Schadstoffausstoß bei der Verbrennung mineralischer Energieträger (Kohle und Erdöl) zunichte gemacht.

Die Waldschäden im Erzgebirge führten schon 1840 zur Schaffung des ersten Lehrstuhls für Pflanzenchemie an der Königlich Sächsischen Forstakademie in Tharandt. Das Erzgebirge ist heute eine weithin baumlose Wüstenei, die durch das flächige Absterben des Waldes unbesiedelbar wird und wo der vergiftete Boden die Niederschläge nicht mehr zu trinkbarem Wasser filtern kann.

1872 schrieb R. A. Smith im englischen Manchester sein mittlerweile berühmt gewordenes Buch vom sauren Regen („Air and Rain"). Der Regen wird durch das in der Luft natürlich vorkommende Kohlendioxid (CO_2) schwach angesäuert (ohne diesen Säuregehalt wäre etwa die Entstehung von Höhlen und anderen Karsterscheinungen unmöglich, die sich aus der Auflösung des Kalkes durch die Kohlensäure erklären lassen). Der weit über das natürliche Maß hinausgehende saure Regen entsteht durch die Auswaschung von Schadstoffen aus der Luft. Das Regenwasser wird dabei angesäuert (z. B. durch H_2SO_3 = schwefelige Säure und H_2NO_3 = salpetrige Säure aus schwefel- bzw. stickstoffhältigen Abgasen) und versauert in der Folge den Boden. Die aggressiven (chemisch reaktionsfreudigen) Säuren bewirken die Freisetzung von bislang im Boden chemisch gebundenen, hochgiftigen Metallionen (z. B. Aluminium, Blei, Kupfer), die nunmehr schädlich auf Bodenorganismen und Feinwurzeln einwirken. Auch hat der Säureeintrag negative Auswirkungen auf das Bodenleben. Die Mineralisation organischer Substanz durch Bodenflora und -fauna kann dadurch weitgehend unterbunden werden, was zu einer biologischen Verarmung des

Abb. 53:
Fichtelgebirge (BRD)

Im Einflußbereich großer Emittenten (Industrien der DDR, ČSSR und Polens) kommt es zu großflächigem Waldsterben, insbesondere dort, wo die Wälder durch Hang- und Kuppenlagen sehr exponiert sind. Unser Beispiel zeigt das Fichtelgebirge, wo bereits große Waldflächen völlig abgestorben sind. Hauptverursacher ist hier Schwefeldioxid. (Foto: G. Frauerwieser, 1985)

Bodens führt. Solche Ansäuerungen sind von Alters her auch als natürliche Vorgänge bekannt, sie können jedoch, wie erwähnt, durch waldbauliche Maßnahmen begünstigt werden (Fichten- und Kiefermonokulturen). Die Ansäuerung ermöglicht weiters die Ausschwemmung von für das Pflanzenwachstum unentbehrlichen Elementen wie Magnesium und Kalium. Der saure Regen und Nebel schädigt aber auch unmittelbar Nadeln, Blätter und Rinde der Bäume. So werden beispielsweise die Wachsüberzüge der Nadeln verätzt und der Gasstoffwechsel beeinträchtigt.

Die Ansäuerung der Niederschläge über das natürliche Ausmaß hinaus erfolgt aber nicht nur durch Schwefeldioxid und Stickoxide. Schon um die Jahrhundertwende beschrieben österreichische Forstprofessoren Rauchschäden, die durch Salzsäure und Flußsäure verursacht waren (Glashütten, Ziegeleien).

Neben den klassischen, begrenzten Rauchschadensgebieten spricht man heute von „neuartigen Waldschäden", die landesweit auftreten, ohne daß der Schaden einer bestimmten einzelnen Emissionsquelle zugeordnet werden kann. Die Belastung der Luft erreicht dabei oft nicht jene Grenzwerte, die einige Zeit allgemein für den Eintritt bestimmter Waldschäden als notwendig vorausgesetzt wurden. Die eingetretenen Schäden können daher nur als Folge der langjährigen Dauerbelastung bzw. als Folge des Zusammenwirkens vieler Schadstoffe, waldbaulicher Fehler und Klimawirkungen gesehen werden, wobei dieses Zusammenwirken (Synergismus) vielfach wissenschaftlich noch nicht durchschaut wird. Völlig offen hinsichtlich ihrer biophysikalischen Effekte und Auswirkungen auf die Bäume sind Radar- und Radiowellen sowie elektromagnetische Felder (z. B. Starkstromleitungen). So sollen Richtfunkstrecken u. ä. ebenso neuartige Waldschäden auslösen können.
Als weiterer Effekt kommt hinzu, daß in vergangenen Jahrzehnten oft untaugliches forstliches Saatgut bei der Nachpflanzung des Waldes verwendet wurde, dessen Herkunft nicht immer nachvollziehbar ist. An solchen Standorten hat es auch wenig Sinn, die Naturverjüngung den Hauptbaumarten zu überlassen, hier müssen standorttaugliche Sorten bevorzugt nachgepflanzt werden.

Das einstmals klare Bild Verursacher – Waldschaden ist eher die Ausnahme geworden. Hochgezogene Schornsteine und ein seit Kriegsende explodierender Individualverkehr tragen die Schadstoffe in alle Landesteile, ja weit darüber hinaus. Der Kraftfahrzeugverkehr verursacht vor allem Stickoxide, die zur Ansäuerung der Niederschläge beitragen (salpetrige Säure). Der Säureangriff erfolgt dabei auch durch Nebel und Rauhreif. Darüber hinaus produziert der Kraftfahrzeugverkehr Kohlenwasserstoffe, die sich ebenso wie Stickoxide unter dem Einfluß des Sonnenlichtes zu hochgiftigen sogenannten Photooxidantien entwickeln. Diese Photooxidantien (z. B. Ozon, Peroxiazetatnitryle), die direkt auf Blätter, Nadeln und Rinde einwirken – also nicht in Verbindung mit Niederschlägen und nicht über eine Versauerung des Bodens –, sind oftmals schädlicher für den Wald als die Ausgangsstoffe. Das ist gerade dort bedeutsam, wo Schadstoffe über viele Kilometer und nationale Grenzen hinweg transportiert und wirksam werden.
Auch Österreich ist von diesem Ferntransport betroffen, bezieht es doch aus den Nachbarstaaten weit mehr Schadstoffe, als es selber in diese exportiert. Die in der Karte (Abb. 55) dargestellte Verbreitung der Waldschäden legt jedoch nahe, daß ein Großteil der akuten Schäden vom inländischen Schadstoffaufkommen verursacht wird.

Insbesondere führt winterliches Inversionswetter in Tal- und Beckenlagen zu beträchtlichen Schadstoffkonzentrationen, wobei Nebel und Rauhreif die pflanzenschädigende Wirkung dieses Vorgangs noch verstärken. Während also die klassischen Rauchschadensgebiete ihre Entstehung dem überwiegenden Eintrag von Schadgasen und Stäuben (= Trockendeposition) im Umfeld einzelner Emittenten „verdanken", scheinen die „neuartigen Waldschäden" (= Waldsterben) eher auf die hinzukommenden Immissionsbelastungen durch mit Schadstoffen angereicherten Schnee, Regen, Reif, Tau und Nebel (= Naßdeposition) zurückzuführen zu sein. Der saure Regen jedenfalls läßt sich heute überall in Österreich nachweisen. Er hat bereits zu Säureschüben in Fließgewässern und Seen geführt.

Eines der ersten Länder Europas, das unter dem Import von Luftschadstoffen zu leiden hatte, war Schweden. Besonders ungünstig für das Land wirkte sich dabei der aus westeuropäischen und mittelenglischen Industriezentren herangeführte saure Regen und Schnee, aber auch das kalkarme Grundgestein aus, das Säureschübe nicht ausreichend zu neutralisieren vermag. Seit den sechziger Jahren versauerten die skandinavischen Gewässer mehr und mehr, sodaß heute der Großteil der südschwedischen Seen ohne höheres Leben ist: Fische, Krebse, Muscheln, Insekten u. a. sind verschwunden. Heute leidet auch der gesamte schwedische Wald unter dem europäischen „Schadstofftourismus".

Seit 1950 hat sich der Ausstoß von Stickoxiden und Kohlenwasserstoffen aus dem Kfz-Verkehr verzehnfacht und – so meint man aufgrund von Jahresringanalysen – die Baumbelastung und -schäden allmählich aufgebaut.

Zwar ist es in Österreich gelungen, den Anfall an Schwefeldioxid seit 1980 praktisch zu halbieren, doch ist seither der Ausstoß anderer Luftschadstoffe, vor allem von Kohlenwasserstoffen, Kohlenmonoxid und Stickoxiden, weiter angestiegen. Erschwerend für die Einschätzung der Situation wirkt der Umstand, daß über Mengen und Wirkungsweisen vieler Luftschadstoffe (z. B. über Fluorkohlenwasserstoffe und chlorierte Kohlenwasserstoffe) wenig bekannt ist. Es wird angenommen, daß jeder Österreicher – statistisch gesehen – jährlich über 200 kg der „klassischen" Luftschadstoffe Schwefeldioxid (SO_2), Stickoxide (NO_X), Kohlenmonoxid (CO) und flüchtige organische Kohlenwasserstoffverbindungen (C_nH_m) „produziert" und an die Luft abgibt. Dies entspricht einem abgasgefüllten Würfel von einem Kilometer Kantenlänge. Mit einer spürbaren Entlastung wird erst ab Mitte der neunziger Jahre gerechnet.

Es gibt verschiedene Vorstellungen darüber, wie das Waldsterben zustande kommt, alle Erklärungsversuche schreiben jedoch den Luftschadstoffen eine primäre Rolle zu. Schädlingsbefall, Trockenschäden, Standortsunterschiede, waldbauliche Fehler und der Klimaablauf werden nur als auslösende bzw. verstärkende Faktoren angesehen. Insgesamt kann eine Schwächung des gesamten Waldökosystems durch Luftschadstoffe angenommen werden. Nach neueren amerikanischen Untersuchungen soll der von der Luftverschmutzung stammende Stickstoff die mit den Baumwurzeln in Symbiose lebenden Pilze (Mykorrhiza) massiv beeinträchtigen und dadurch die Waldschäden auslösen. Diese Theorie hat u. E. viel für sich, übersteigt doch der Eintrag an Stickstoff aus der Luft fast überall bereits jene Menge, die der Wald umsetzen kann.

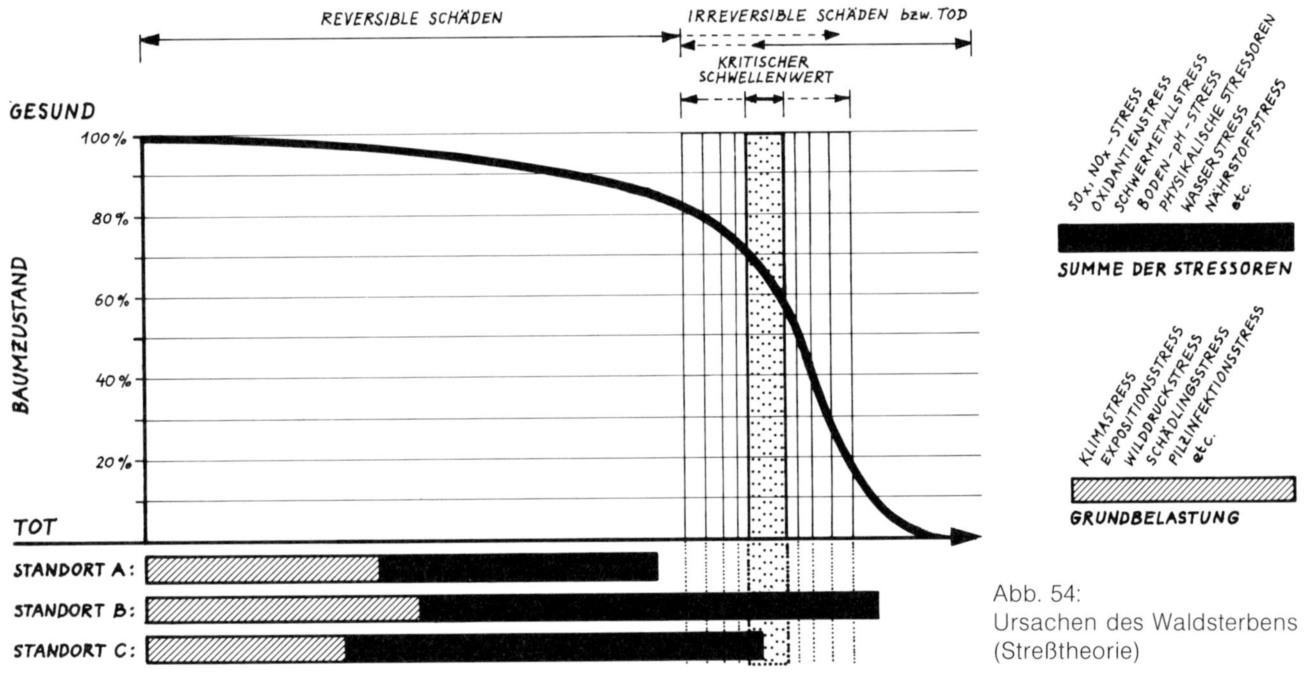

Abb. 54:
Ursachen des Waldsterbens (Streßtheorie)

Die Abbildung zeigt ein vereinfachtes Modell zur Darstellung der Summenwirkung verschiedener Belastungskomplexe eines Waldökosystems. Zur standortspezifischen Grundbelastung, die sich aus unterschiedlichen Faktoren wie Klima, Exposition, Wilddruck etc. zusammensetzt, kommen vom Menschen verursachte Belastungen, z. B. chemische (SO_2), physikalische (elektromagnetische Felder, Radioaktivität) und Folgefaktoren (Nährstoffe). Diese wirken additiv oder sogar potenzierend. Übersteigt die Gesamtbelastung (Grundbelastung plus Summe der Stressoren) einen kritischen Schwellenwert, so können die dem Baum eigenen „Reparatur"-Mechanismen die Schädigung nicht mehr auffangen und es kommt zu irreversiblen Schäden bzw. zum Tod. Dieser Schwellenwert ist von Baum zu Baum in Abhängigkeit von Umständen wie genetisch bedingte Widerstandskraft und Alter verschieden. Daraus erklärt sich die Vielzahl von Theorien zum Waldsterben und die Schwierigkeit Verursacher festzustellen, da jeder auf den Baum einwirkende Stressor für sich zum vorzeitigen Absterben führen kann. (Quelle: nach Bolhar-Nordekampf, 1988, verändert)

Zur Abbildung:

Standort A: Grundbelastung plus Stressoren erreichen nicht die kritische Schwelle; Baum kann sich erholen.
Standort B: Grundbelastung plus Stressoren überschreiten die kritische Schwelle; Baum stirbt ab.
Standort C: Grundbelastung plus Stressoren erreichen den kritischen Bereich; Baum erleidet irreversible Schäden, die je nach Alter und Veranlagung nicht zum Absterben führen müssen.

Waldsterben

In der Forstpathologie wird das Waldsterben heute überwiegend als Streßerkrankung gesehen, deren Wurzeln im jahrzehntelang steigenden Schadstoffeintrag aus Luft und Niederschlag liegen. Das betroffene Waldökosystem hat somit schon über Jahre hinweg kumulativ Schadstoffe angereichert, wobei der Ausbruch der Erkrankung nach dem jetzigen Stand der Kenntnisse von drei Faktorenkomplexen abhängt:

- disponierende Faktoren:
  darunter werden die Eigenschaften des Standorts und des Bodens, Klimaschwankungen sowie Altersstruktur und Genetik der Bäume verstanden;
- auslösende Streßfaktoren:
  kurzfristig währende Extrembelastungen durch Frost, Trockenheit, Luftverunreinigungen, Insekten, mechanisch verursachte Schäden (Bringung, Wildverbiß, Wind);
- begleitende Streßfaktoren:
  Insekten, Blatt-, Rinden- und Wurzelpilze, Infektionen.

Bei den durch die Luft eingetragenen Stickstoffoxiden handelte es sich zunächst um essentielle Nährstoffe, deren übermäßige Zufuhr sich erst längerfristig negativ auswirkt, nämlich ab dem Zeitpunkt, ab dem die im Boden freigesetzten Säuren nicht mehr neutralisiert werden können, der Boden bzw. das Bodenwasser also sauer wird. Schon bei normaler Bewirtschaftung schwankt der Säuregehalt des Bodens um ein bis zwei Werte in der pH-Skala. Hinzu kommt, daß viele unserer Waldböden durch den Raubbau vergangener Jahrhunderte und den übermäßigen Austrag biogener Stoffe (Streunutzung, Waldweide) angesäuert sind und das Ökosystem auch noch durch moderne Bewirtschaftungsmethoden wie die sogenannte Ganzbaumnutzung – also das Entnehmen des kompletten Baumes aus dem Waldökosystem – belastet ist. Je stärker aber der pH-Wert des Bodens absinkt, umso kritischer wird auch der Eintrag und die Speicherung von Metallionen, die schließlich freigesetzt die Wurzeln vergiften können. Der geänderte Bodenchemismus schädigt darüber hinaus auch die Bodenflora und -fauna.

Der Wasserhaushalt der Bäume gerät in Unordnung. Da der Stoffaustrag aus dem Wald bzw. Waldboden nur über Nutzung und Grundwasser möglich ist, sind zwei Dinge klar:

- Erstens lassen sich die gespeicherten Schadstoffe nur langfristig wieder entfernen, selbst wenn ab sofort keine Luftschadstoffe mehr in den Wald gelangen;
- zweitens müssen mit der drastischen Verringerung der Schadstoffeinträge naturnähere Bewirtschaftungsformen einhergehen, um das Boden-Säure-Gleichgewicht wiederzugewinnen.

Praktisch sind alle Wälder – wenn auch in unterschiedlichem Ausmaß – vom „Waldsterben" betroffen, das jedoch in unterschiedlicher Form und verschiedenem Ausmaß zutage treten kann: in der verringerten Zuwachsleistung des Stammholzes, als Schäden im Feinwurzelbereich und an Pfahlwurzeln oder als Organschäden an Blättern und Nadeln. Manche Symptome wie die verringerte Zuwachsleistung können dabei lange Zeit unbemerkt bleiben. Sind erst einmal Vergilbungen an Blättern und Nadeln aufgetreten, so können die dadurch angezeigten Schäden nur noch schwer durch Sanierungsmaßnahmen ausgeglichen werden. Der plötzliche Baumtod kommt dann nur für jene überraschend, die frühe Warnzeichen wie etwa den Verlust von Nadeljahrgängen nicht beachtet haben. Ob die Bäume trotzdem gerettet werden können, liegt nicht im Vermögen der Forstwirtschaft.

Unumstritten ist auch der Einfluß der Photooxidantien auf das Waldsterben. Photooxidantien entstehen unter Sonneneinstrahlung aus Stickoxiden und Kohlenwasserstoffen, die vornehmlich aus dem Kfz-Verkehr stammen. Daneben wird auch das Blei als Treibstoffzusatz wieder stärker als Schadursache in Betracht gezogen. Zwar ist die Gesamtmenge an emittiertem Blei stark abgesunken – sie beträgt gegenwärtig für ganz Österreich ca. 400 Tonnen jährlich –, Bleiverbindungen sind aber hochwirksame Pflanzengifte, so daß eine Entwarnung verfrüht wäre.

Problematisch ist auch die uneinheitliche Bewertung der Schäden. So kommt es für den Laien zu völlig unterschiedlichen und unverständlichen Bewertungen entlang der tirolerisch-bayerischen Grenze. Werden auf unserer Seite erst 30 Prozent der Bäume als geschädigt angegeben, sind es jenseits der Grenze bereits über 60 Prozent. Dies kommt durch die Auswahl der zu bewertenden Bäume zustande. Jenseits der Grenze werden unterschiedslos alle Bäume zur Bewertung herangezogen, bei uns werden nur Bäume mittleren Alters aus dem Bestandsinneren ausgewählt, also selektiv Individuen begünstigter Standortverhältnisse und optimalen Alters bewertet. Auch das Tauziehen um jährliche minimale Verbesserungen oder Verschlechterungen ist in diesem Zusammenhang zu sehen. Ein klimatisch günstiges Jahr mit entsprechender Winterfeuchte und naßkühlem Sommer täuscht eine Verbesserung vor, die am tatsächlichen Zustand des Waldökosystems vorbeigeht. Bevor nämlich der Baum schwere Mangelsymptome wie Vergilbungen und Verluste von Blättern oder Nadeln zeigt, hat er bereits die ihm eigenen Möglichkeiten der Kompensation verschlechterter Wuchsbedingungen ausgeschöpft. Die Auffassungsunterschiede bei der Auswahl zu bewertender Bäume und der Interpretation der Schadbilder prägten auch die Arbeiten des Österreichischen Bundesinstituts für Gesundheitswesen gegenüber der offiziellen Interpretation durch die Forstliche Bundesversuchsanstalt. Unsere Erhebungen der Vitalität des Waldes durch Luftbildinterpretation und vergleichende Bewertung im Gelände begannen bereits vor mehr als einem Jahrzehnt. Hervorzuheben sind dabei unsere Arbeiten im Tiroler Inntal, in Vorarlberg und im Wienerwald. Wie auch immer, der Zustand unserer Wälder bleibt auf absehbare Zeit weiterhin alarmierend, und es wird intensiver Bemühungen zur raschen Schadstoffentlastung einerseits und zur waldbaulichen Vorsorge andererseits bedürfen, um das Ökosystem Wald zu erhalten.

Letztlich sind aber auch in den Jahren seit Kriegsende zahllose Eingriffe in den Wasserhaushalt (Straßenbau, Wegebau, Leitungstrassen und Pisten, Kanalisationen, Flußbau, Entwässerungen, etc.) getätigt worden, die zum lokalen Absinken des Grundwasserspiegels führten und somit als disponierender Faktor zusätzlich Bedeutung erlangt haben. Auf diese Auswirkungen auf den Wasserhaushalt wird später noch zurückzukommen sein.

Methoden der Waldschadenserhebung

Die Erhebung und Bewertung der Waldschäden erfolgt europaweit in technisch unterschiedlicher Weise. Auch die Auswahl der Bäume und deren Standort wird nicht überall gleich vorgenommen. Kriterien und Parameter zur Schadensbewertung werden verschiedenartig angelegt und/oder interpretiert. Selbst bei gleichen Maßstäben unterliegen sie subjektiven Einflüssen durch den Bewerter. Diese Umstände bewirken, daß festgestellte Schäden nicht nur von Land zu Land ungleichartig ausgewiesen werden, sondern auch von Bewerter zu Bewerter.

Der wichtigste Parameter für die Bewertung von Nadelbäumen ist die durchschnittliche Zahl an Nadeljahrgängen. (Ein Nadelbaum erneuert seine Benadelung in einem Zyklus von mehreren Jahren. Eine gesunde Fichte weist somit Nadeln aus mehreren Jahrgängen auf, z. B. in 600 Metern Seehöhe durchschnittlich aus sieben Jahren. Bei einer kränkelnden Fichte sinkt hingegen die Anzahl der Nadeljahrgänge bis auf drei ab. Die Zahl der Nadeljahrgänge kann aber auch klimabedingt schwanken, ebenso ist sie alters- und standortabhängig.) Weitere Kriterien sind u. a. der Zustand der Krone, die Länge und Farbe der Nadeln und deren chemische Zusammensetzung. Ähnlich komplex ist auch die Bewertung von Laubbäumen.

Das Österreichische Bundesinstitut für Gesundheitswesen (ÖBIG) hat sich schon ab Mitte der siebziger Jahre mit Baumschäden in der Stadt und den Vitalitätseinbußen des Waldes und ihrer Bewertung auseinandergesetzt und ist dabei immer wieder zu durchaus anderen – meist schlechteren – Bewertungen des Waldes gelangt, als die mit der Waldzustandsinventur befaßte Forstliche Bundesversuchsanstalt. Schon die Vorgangsweise war unterschiedlich: Bei den staatlichen Inventuren werden nur Bäume aus dem Inneren von Baumgruppen an Stichprobenpunkten vor Ort bewertet. Vom ÖBIG wurde immer eine möglichst große Anzahl Bäume unter Verwendung von Luftbildern untersucht. Zum Vergleich: In der Waldzustandsinventur werden rund 70.000 Bäume in ganz Österreich klassifiziert; allein in Vorarlberg hat das ÖBIG rund 170.000 Bäume bewertet. Es versteht sich von selbst, daß im letzteren Fall ein detaillierteres Bild der Gesamtsituation entsteht.

Um die Waldzustandserhebungen möglichst effizient zu gestalten, werden zunächst vom Flugzeug aus großformatige Infrarotbilder angefertigt (Methode der Fernerkundung, vgl. Abb. 87), um einen zeitgleichen Überblick über ein großes Gebiet zu gewinnen. Dabei ist es wichtig, den günstigsten Aufnahmezeitpunkt, nämlich nach Auswachsen des ersten Nadeljahrgangs, abzuwarten. Je nach Höhenlage ist dieser Zustand in den Monaten Juli bis August erreicht. Nachdem die Nadeln voll entwickelt sind, ist auch der richtige Zeitpunkt zur Durchführung eines Meßfluges gekommen. In dieser Jahreszeit (August) werden die Kronen um Mittag durch die noch genügend hoch stehende Sonne ausreichend ausgeleuchtet. Spätere Zeitpunkte des Jahres sind für Meßflüge ungünstiger, weil die tiefer stehende Sonne den gesamten Kronenraum schlechter ausleuchtet und im Gebirge größere Teile der aufzunehmenden Fläche im Schatten liegen.

Bei Aufnahmen mit Infrarotfilmen wird der kurzwellige Spektralanteil des Lichtes weggefiltert, das für den Menschen nicht mehr sichtbare Licht im nahen Infrarotbereich jedoch abgebildet. Dadurch erhält der Film seine charakteristische Rotfärbung. Da gesunde Blatt- und Nadeloberflächen den Infrarotanteil des Sonnenlichtes besonders stark rückstrahlen, werden gesunde Bäume in kräftigen Rottönen abgebildet und unterscheiden sich dadurch von geschwächten oder kranken Bäumen. Zur Beurteilung der Bäume aus Luftbildern sind jedoch die Form und die Struktur der Baumkronen fast noch wichtiger. Solche Untersuchungen setzen somit große Erfahrung voraus. Um die Vitalitätsbeurteilungen möglichst fehlerlos durchzuführen, verbringen die Luftbildinterpreten immer wieder mehrere Tage im Wald, um die Merkmale in der Natur mit jenen im Luftbild zu vergleichen. Auch werden aus den Baumkronen an den wachstumsfreudigsten Stellen im Kronenbereich Äste mit Benadelung entnommen, die schließlich im Labor nach vorhandenen Nadeljahrgängen sortiert, getrocknet und chemisch analysiert werden. Der analytische Aufwand und die nicht zu unterschätzenden Mühen der Gewinnung von Ästen im Freiland setzen der Zahl der zusätzlich untersuchten Bäume recht enge Grenzen. Daher werden auch vom Boden aus gut sichtbare Merkmale bestimmter Bäume erhoben, die dann am Luftbild wiedererkannt und verallgemeinert werden können. Die Interpretationsarbeiten geschehen mit Unterstützung von Computerprogrammen, ohne die die großen Datenmengen nicht zu bewältigen wären. Daraus wird aber auch klar, daß jährliche Inventuren des Waldzustands nur mit großem Sach- und Personalaufwand durchführbar sind.

Nadelanalysen, das Zählen der Jahrgänge, Bewertungen der Kronen und Beurteilungen von Infrarotemissionen sind möglicherweise als Aussagekriterien für den Gesundheitszustand von Bäumen nicht hinreichend. Indiz dafür, daß die Auswahl der Kriterien wahrscheinlich zu eng ist, ist die Tatsache, daß schon lange vor den ersten sichtbaren Waldschäden die Zuwachsleistungen der Bäume deutlich (und unabhängig vom Witterungsverlauf) zurückgegangen sind. Diese Verminderung der Zuwachsleistung geht bis zum Anfang der sechziger Jahre zurück (wo von „neuartigen Waldschäden" noch keine Rede war) und ist aus Stammscheiben gefällter Bäume ablesbar (engere Jahresringe).

Daraus wird auch ersichtlich, daß Schlagzeilen, die nach Jahren mit hohen Niederschlägen zu lesen sind, wie „Der Waldzustand hat sich verbessert", über die langfristige Entwicklung wenig aussagen. Es ist denkbar, daß die „Verbesserung" ein nur sehr vorübergehendes Phänomen ist, ähnlich wie sich der Zustand eines Kranken bei guter Behandlung lindert, ohne daß eine Heilung eingetreten wäre.

Die lange Zeit unbemerkte, sozusagen „schleichende" Schadensentwicklung der sechziger und siebziger Jahre macht die Forderung von Forstwissenschaftern plausibel, daß die Schadstoffbelastung der Luft zumindest auf das Niveau von 1950 abgesenkt werden muß.

Abb. 55: Gebiete Österreichs unter dem Einfluß forstschädlicher Luftverunreinigungen

Waldflächen

Gebiete unter Einfluß forstschädlicher Luftverunreinigungen

Schädigungsstufen:

DVG 1,51–2,00

DVG 2,01–2,80

DVG 2,81–5,00

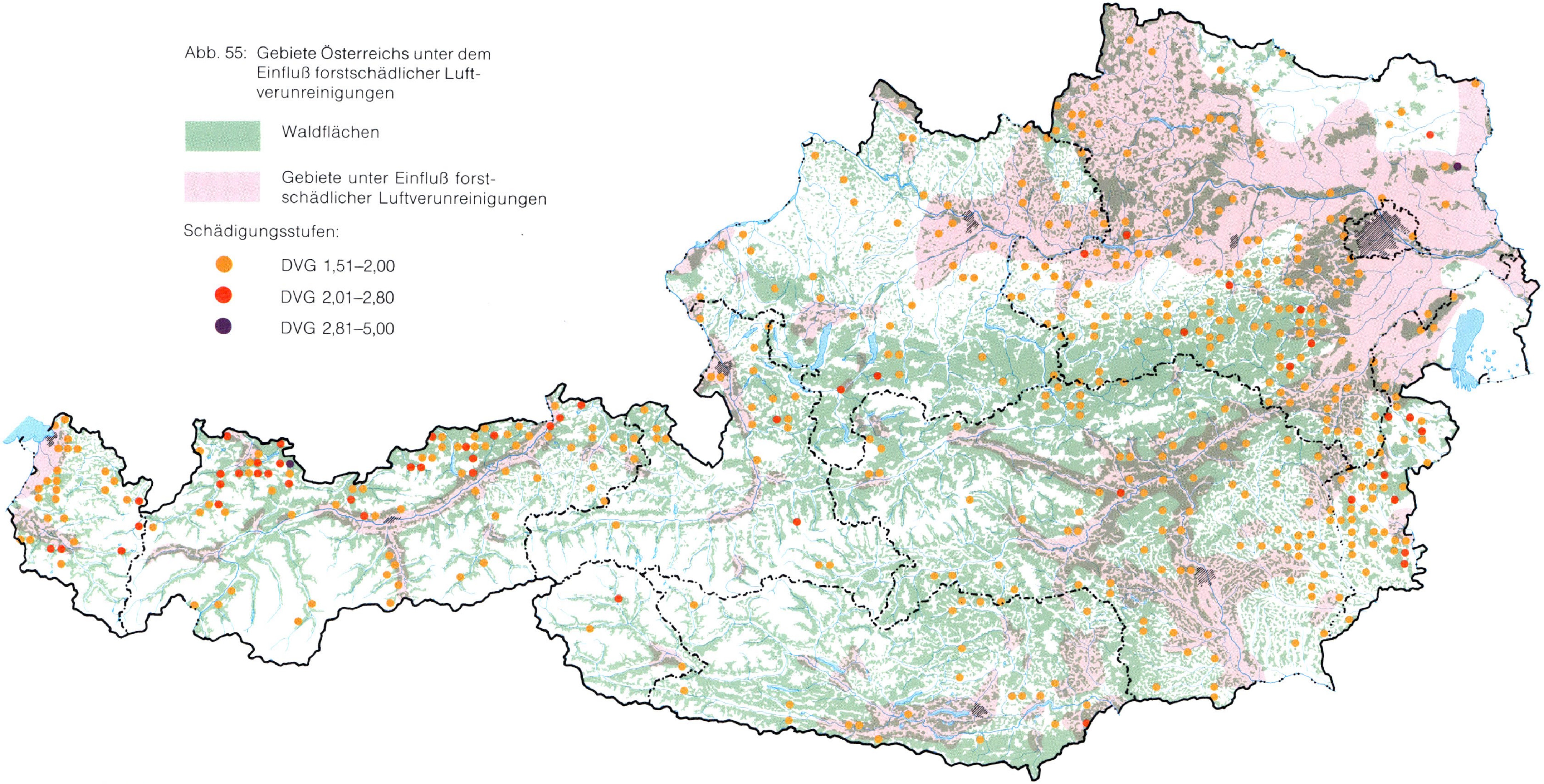

DVG: Durchschnittlicher Verlichtungsgrad, das ist das arithmetische Mittel des Kronenzustands (5 Stufen, siehe Anhang „Taxationshilfe") von 30 Probebäumen pro Probefläche entsprechend einem bundesweiten Grundaufnahmeraster von 4 × 4 km.

In der Karte sind jene Gebiete verzeichnet, in denen – unter dem Einfluß von Luftverunreinigungen – Waldschäden erwartet werden müssen. Die im Zuge der Waldzustandsinventur nach einem Rasternetz untersuchten Baumbestände wurden in die Karte nur insoweit aufgenommen, als sie über das natürliche Maß hinausgehende Schäden zeigten. Daraus ergibt sich, daß sowohl in ausgewiesenen Belastungsgebieten gesunde Bestände angetroffen werden können als auch geschädigte Bestände in anscheinend unbelasteten Gebieten. Als Ursache dafür können die jeweils lokale Immissionssituation und die Topographie angesehen werden.

Waldschäden in Europa

Die verwendeten Inventurverfahren sind unterschiedlich, ihre Ergebnisse daher *nicht* miteinander vergleichbar!

Land	Waldfläche in 1000 ha	Schadens-prozent	geschädigt: in 1000 ha	Anmerkungen
Finnland	19 400	27,5 (NW)	5 083	repräsentative Erhebung in Nadelwaldbeständen (NW)
Norwegen	8 330	28,9 (NW)	1 388	repräsentative Erhebung in Nadelwaldbeständen
Schweden	26 500	17,7 (NW)	3 434	repräsentative Erhebung in Nadelwaldbeständen
Dänemark	493	4,0		13 Dauerbeobachtungsflächen (Nadelwald)
Irland	382			keine Angaben
Großbritannien	2 100	67,0 (NW)	978	Erhebungen in ausgewählten Regionen, als Ursache vor allem klimatische Einflüsse angenommen (Luftschadstoffe nicht ausgeschlossen)
Niederlande	309	59,2 (NW)	112	repräsentative Erhebung in Nadelwaldbeständen, auch Laubholz betroffen
Belgien	616			Hauptschadensgebiet Wallonien
Luxemburg	82	20,2 (NW)	6	repräsentative Erhebung in Nadelwaldbeständen, auch Laubholz betroffen
Frankreich	15 075	38,0 (NW)	380	Erhebung in ausgewählten Regionen, starke Schäden in Vogesen, Elsaß, Nordalpen, Jura
BR Deutschland	7 389	53,7	3 967	repräsentative Erhebungen für alle Baumarten
DDR	2 900	ca. 90	2 610	schätzungsweise sind 90% des gesamten Waldes betroffen – vor allem Lausitz, Thüringer Wald, Erzgebirge
Polen	8 677	ca. 70	6 074	schätzungsweise sind 70% des gesamten Waldes betroffen – vor allem Isergebirge, Riesengebirge, Raum Kattowitz
Schweiz	1 200	50,0	600	repräsentative Erhebungen für alle Baumarten
Österreich	3 754	31,0	1 163	repräsentative Erhebungen für alle Baumarten
Tschechoslowakei	4 600	27,0	1 200	Nadelwald 49,2% – repräsentative Erhebungen
Ungarn	1 670	11,0	184	Nadelwald 39,6% – Erhebungen in ausgewählten Regionen
Jugoslawien	9 500	ca. 10	950	Nadelwald 38,8% – Erhebungen in ausgewählten Regionen
Bulgarien	3 800	31,2 (NW)	140	Erhebungen in Nadelwaldbeständen ausgewählter Regionen
Italien	6 363	6,5	414	halboffizielle Angaben
Griechenland	2 512			keine Angaben
Spanien	10 600	38,7 (NW)	194	Erhebungen in Nadelwaldbeständen ausgewählter Regionen
Portugal	3 600			keine Angaben
Summe	139 852		28 877	

Angaben aus den Jahren 1986/87 (1984/85): Länderberichte der CEA, Mitteilungen aus dem deutschen Bundesministerium für Ernährung, Landwirtschaft und Forsten und Berichte in der Fachliteratur; (NW) = Nadelwald
(Quelle: Internationaler Holzmarkt 3/1988)

Stand September 1987

Abb. 56: Ranshofen (OÖ)

Im Weilharter Forst, im Nahbereich der Aluminiumhütte, finden sich Waldschäden, die vorwiegend auf Fluorwasserstoffimmissionen zurückzuführen sind. Die Nadelbäume sind stärker als die Laubbäume betroffen.

Trotz der dramatischen Entwicklung, die infolge des Eintrags von Luftschadstoffen und anderer Zivilisationseinflüsse im Wald begonnen hat, sind generelle Empfehlungen und „Patentrezepte" zur Waldrettung nicht zu geben. So ist es beispielsweise unzulässig, aus dem pH-Wert versauerter Standorte eine generelle Düngeempfehlung beispielsweise für Kalk oder Kombidünger abzugeben, denn:

- Die artenreichsten und vielfältigsten Wälder findet man keineswegs nur auf mit genügend Nährstoffen versorgten Böden. Im Gegenteil, sieht man von Auwäldern ab, waren die Bäume immer gezwungen, mit Nährstoffen haushälterisch umzugehen.
- Mit Düngung wird immer das Gesamtökosystem verändert.
- Walddüngung beeinflußt in jedem Fall das kleinräumige Biotopmuster wie z. B. Quellen, Felsfluren, Moore. Der Wald als die letzte große heimische Gen-Reserve würde nivelliert (vergleiche Landwirtschaft).
- Die Wirkung der Walddüngungen sind kaum überschaubar; so könnte eine Düngung auch zur Auswa-

Abb. 57: Brixlegg (T)

Der durch die Emissionen der Buntmetallhütte Brixlegg geschädigte Wald zeigt die Wirkungen von Schwefeloxiden und Schwermetallen (Blei, Kupfer, Zink usw.). Das Bodenleben hat sich weitgehend aufgehört, wodurch kleine Äste, Zweige und Nadeln unverrottet zurückbleiben. Auch Moose und Flechten sind hier ausgestorben. (Foto: W. Katzmann, 1979)

schung von anderen wichtigen Spuren- und Nährstoffen ins Grundwasser führen.
Meliorierungsmaßnahmen mit geringen Mengen von Gesteinsmehlen verschiedener Rezepturen, vermischt mit organischem Dünger, scheinen dagegen als langsam fließende Düngerquelle besser geeignet zu sein. Bis dato bleiben aber noch weitere Versuche abzuwarten und es sind auch andere waldbauliche Maßnahmen auszuschöpfen. Allen voran die Trennung von Wald und Weide, die Ermöglichung der Naturverjüngung durch jagdliche Eingriffe, Durchforstungen u. a. m.
Was es für ein Gebirgsland wie Österreich bedeutet, wenn dem Waldsterben nicht Einhalt geboten werden kann, muß wohl kaum erläutert werden. Grundsätzlich ist man sich auch einig, daß der gesamte Schadstoffausstoß unter Kontrolle gebracht und etwa auf das Niveau von 1950 abgesenkt werden muß. Da die dafür erforderlichen Maßnahmen Zeit benötigen, ist davon auszugehen, daß die Waldschäden noch weiter voranschreiten werden – mit allen Konsequenzen.
Wie sehr der Wald aber als Ökosystem betroffen ist, zeigt der Umstand, daß bestimmte auf Säureeintrag empfindliche Orchideen, Moose und Flechtenarten in ganz Europa im Schwinden oder schon ausgestorben sind. Die Rückwirkungen, die ihr Aussterben auf das Gesamtsystem Wald hat, sind weder erforscht noch abschätzbar.
Die Luftverunreinigungen schädigen auch die Blüten und Pollen der Waldbäume und stellen somit die Gewinnung von forstlichem Vermehrungsgut in Frage. Am kritischsten ist vorderhand und soweit bekannt die Lage bei Tanne und Fichte in den Berggebieten. Dabei ist es wichtig zu verstehen, daß Tanne nicht gleich Tanne und Fichte nicht gleich Fichte ist. Lokale Anpassungen bewirken, daß Hochlagenfichten beispielsweise härtere klimatische Verhältnisse ertragen können als Fichten der Tallagen, die sich oft schon im Aussehen unterscheiden (Abb. 58). Neuerdings versucht man, diesem Problem durch den Aufbau von Samenbanken zu begegnen, auch ein Hinweis, wie ernst die Lage geworden ist.

Im östlichen Flachland sind besonders die Eichen betroffen, aber auch Robinien, Erlen, Pappeln, Buchen und Eschen zeigen Schäden. Im Wienerwald sterben scheinbar gesunde Eichen innerhalb weniger Wochen nach dem Laubaustrieb ab. Die Buche bildet peitschenförmige Triebe aus und verkahlt zusehends. Robinien verfärben sich schon zu Frühlingsende gelblich. Die Schädigungen auch an Laubbäumen kamen selbst für Fachleute überraschend, hatte man doch angenommen, daß der jährliche Blattabwurf den Laubbäumen zugute kommen und vor allem Nadelbäume, deren Organe über mehrere Jahre am Baum verbleiben, betroffen sein müßten. Wie auch immer, die generelle Schädigung so gut wie aller Baumarten läßt erkennen, daß fundamentale Lebensprozesse wie z. B. die Photosynthese, der Wasserhaushalt und der Nährstofftransport betroffen sein müssen. Unseres Erachtens ist für das Ansteigen der Schäden der immer stärker ausufernde Individualverkehr verantwortlich, der in seinen Wirkungen über emittierte Kohlenwasserstoffe, Stickoxide und deren anschließende Umbildung zu Photooxidantien die Wirkungen von Stäuben und Schwefelverbindungen längst übertroffen hat. Auch das vermehrte Auftreten von Ozon in den letzten Jahren wird allgemein für die Zunahme von Schäden an den Laubbäumen verantwortlich gemacht. Damit im Zusammenhang steht auch die Beobachtung, daß eine kräftige Laubverfärbung, wie sie früher für Laub- und Mischwälder charakteristisch war, nicht mehr in gleichem Ausmaß beobachtbar ist.

Im Anhang findet sich eine Bestimmungstabelle über die Schadmerkmale und deren Zuordnung zu bestimmten Schädigungsstufen (Taxationshilfe, S. 139 bis 150).

Die Verminderung der Luftverschmutzung hat für die Walderhaltung in den letzten Jahren solche Bedeutung erlangt, daß auf die rechtlichen Möglichkeiten einer Umsetzung dieses Zieles ausführlicher einzugehen ist.
Eine Zusammenstellung der wichtigsten Bundes- und Landesgesetze und Verordnungen, die sich mit diesem Fragenkomplex befassen, findet sich im Anhang. Eine Reihe dieser Vorschriften wurde nicht im Hinblick auf Forstschäden erlassen und spielen für diese keine oder nur eine ganz geringfügige Rolle, z. B. alle Vorschriften, bei denen die Luftreinhaltung nur am Rande eine Rolle spielt, wie etwa die entsprechenden Bestimmungen in den Abfallbeseitigungsgesetzen der Bundesländer. Eine eingehendere Darstellung dieser Gesetze ist daher entbehrlich. Dagegen sollen jene gesetzlichen Vorschriften, die eine zentrale Rolle für den Schutz der Wälder spielen, zumindest in den Grundzügen dargestellt werden. Dabei soll von den wesentlichen Quellen der waldgefährdenden Luftverunreinigungen ausgegangen werden. Es sind dies:
- Kalorische Kraftwerke
- Fernheizwerke
- Müllverbrennungsanlagen
- Industriefeuerungsanlagen
- Bergwerksanlagen
- Kraftfahrzeuge
- Hausbrand

Von diesen Emissionsquellen ausgehend, sind folgende gesetzliche Vorschriften darzustellen:
- ○ das Luftreinhaltegesetz für Kesselanlagen
- ○ die Gewerbeordnung
- ○ das Berggesetz
- ○ § 364a Allgemeines Bürgerliches Gesetzbuch
- ○ das Kraftfahrgesetz samt Kraftfahrgesetz-Durchführungsverordnung, die Straßenverkehrsordnung und das Bundesstraßengesetz

Neben diesen Gesetzen und Verordnungen sind weiters jene Vorschriften zu behandeln, die sich bereichsübergreifend mit dem Problem Luftreinhaltung befassen, es sind dies – neben dem kurz darzustellenden Förderungswesen – der Abschnitt „Forstschädliche Luftverunreinigungen" des Forstgesetzes samt Durchführungsverordnung, die Luftreinhaltegesetze der Bundesländer und die Umweltschutzbestimmungen des Strafgesetzbuches. Letzteres soll aber wegen seiner praktischen Unwirksamkeit nicht näher behandelt werden.

Es würde Umfang und Aufgabe der vorliegenden Arbeit übersteigen, eine umfassende kritische Untersuchung dieser Gesetze vorzunehmen. Dennoch sollen einzelne Mängel und mögliche Verbesserungen besprochen werden, soweit sie in einem Zusammenhang mit grundsätzlichen Erwägungen einer zeitgemäßen Luftreinhaltungspolitik stehen.

Abb. 58: Bergfichten an der Loserstraße (OÖ)

Klimatische Standortunterschiede bedingen bestimmte Wuchsformen derselben Pflanzenart („Jede Fichte hat ein anderes Gesichte"). Die Fichten der Bergwälder sind meist schlank, weil sie so dem hohen Schnee- und Winddruck und der damit verbundenen Bruchgefahr besser widerstehen können. (Foto: W. Katzmann, 1979)

Abb. 59: Vertrocknete Pappeln im Marchfeld (NÖ)

Durch Absinken des Grundwassers in den vergangenen Jahren sind Pappeln und Weiden im Absterben begriffen bzw. abgestorben. Die Grundwasserabsenkungen lassen sich auf die starke landwirtschaftliche und industrielle Wasserentnahme und auf Maßnahmen des Wasserbaues zurückführen. (Foto: W. Katzmann, 1985)

Nun zu den gesetzlichen Vorschriften im einzelnen:

○ Luftreinhaltegesetz für Kesselanlagen (LRG-K, BGBl. Nr. 380/1988)

Das Luftreinhaltegesetz für Kesselanlagen regelt den „Betrieb von Dampfkesselanlagen hinsichtlich der jeweiligen höchstzulässigen Menge jener Emissionen, welche eine Verunreinigung der Luft durch gasförmige, flüssige oder feste Stoffe bewirken können" (§ 1 Abs. 5). Dem Gesetz unterliegen alle Arten von Dampfkesselanlagen, gleichgültig, ob sie in Industriebetrieben verwendet werden oder der gewerbsmäßigen Erzeugung von Energie (kalorische Kraftwerke, Fernheizwerke) oder anderen Zwecken (z. B. der Müllverbrennung) dienen.
Dampfkesselanlagen sind derart zu errichten und zu betreiben, daß den Prinzipien der Vorsorge, der Schadstoffverdünnung, der Gefahrenabwehr und des Umweltschutzes entsprochen wird (§ 2 Abs. 1 und § 10 Abs. 1).

Nach dem Vorsorgeprinzip sind Emissionen, die nach dem Stand der Technik vermeidbar sind, zu vermeiden (§ 2 Abs. 1 lit a). Nach dem Prinzip der Schadstoffverdünnung sind nicht vermeidbare Emissionen rasch und wirksam so zu verteilen, daß sie eine möglichst geringe Immissionsbelastung verursachen (§ 2 Abs. 1 lit b). Nach dem Prinzip der Gefahrenabwehr sind Gefährdungen des Lebens, der Gesundheit und des Eigentums von Nachbarn sowie unzumutbare Belästigungen der Nachbarn zu vermeiden (§ 2 Abs. 1 lit c). Nach dem Prinzip des Umweltschutzes sind Belastungen der Umwelt (Boden, Pflanzen- oder Tierbestand) nach Maßgabe entsprechender Durchführungsverordnungen zu vermeiden (§ 2 Abs. 1 lit d).

Zur Umsetzung der im Gesetz vorgesehenen Emissionsbegrenzung nach dem Stand der Technik sind durch Verordnung des Bundesministers für wirtschaftliche Angelegenheiten im Einvernehmen mit dem Bundesminister für Umwelt, Jugend und Familie Grenzwerte festzulegen (§ 3 Abs. 3).
Durch weitere Verordnungsermächtigungen des neuen Gesetzes sollen die festzulegenden Schornsteinhöhen (§ 2 Abs. 4), die Beschaffenheit der Brennstoffe, die Meßverfahren bei den Emissionsmessungen (§ 8 Abs. 5) und die Art der Emissionserklärung (§ 10 Abs. 8) geregelt werden.

Mit der Luftreinhalteverordnung für Kesselanlagen 1989, BGBl. Nr. 19/1989 (LRV-K 1989), wurden u. a. Emissionsgrenzwerte auf Grund des § 3 Abs. 3 LRG-K festgelegt. Die Verordnung ersetzte die bisherigen Grenzwerte der Zweiten Durchführungsverordnung zum Dampfkesselemissionsgesetz (= Vorgängergesetz des LRG-K). Die Verordnung begrenzt die Emissionen von Staub, Schwefeldioxid, Kohlenmonoxid und Stickstoffoxide aus Dampfkesselanlagen. Besondere Grenzwerte bestehen für Müllverbrennungsanlagen (z. B. für Fluor- und Chlorkohlenwasserstoffe sowie Schwermetalle), für mit Altöl befeuerte Anlagen (organischer Kohlenstoff) und für Laugenverbrennungsanlagen der Zellstoffindustrie.

Neben der Festlegung von Schornsteinhöhen regelt die Verordnung weiters die Anforderungen an die Beschaffenheit von Brennstoffen. Bei Heizöl extra leicht (Ofenheizöl) beträgt der zulässige Schwefelgehalt 0,2 Prozent, bei Heizöl schwer 2 Prozent, ab 1. 1. 1992 1 Prozent. Diese Grenzwerte entsprechen den in der Vereinbarung BGBl. Nr. 292/1983 (zuletzt geändert durch BGBl. Nr. 369/1989), gestützt auf Art. 15a B-VG, enthaltenen Kriterien (siehe Seite 96).
Schließlich befaßt sich die Verordnung auch mit Emissionsmessungen und der Emissionserklärung im Sinne der erwähnten §§ 8 Abs. 5 und 10 Abs. 8 des LRG-K.
Die Errichtung und Inbetriebnahme von größeren Dampfkesselanlagen (Brennstoffwärmeleistung > 50 kW) sowie alle Änderungen an einer genehmigten Anlage bedürfen einer behördlichen Genehmigung. In den Genehmigungsbescheid können Auflagen oder „Festsetzungen" aufgenommen bzw. später zusätzlich erteilt werden (§ 4 Abs. 1).
Dampfkesselanlagen bestimmter Größenordnung (bei gasförmigen Brennstoffen > 600 kW; sonstige Brennstoffe > 100 kW) sind jährlich von einem befugten Sachverständigen zu überprüfen (§ 7 Abs. 1).
Auf Grund der Langlebigkeit von Dampfkesseln ist die Altanlagensanierung ein zentraler Bereich des Luftreinhaltegesetzes für Kesselanlagen, von dem die Wirksamkeit des Gesetzes entscheidend abhängt. Das Gesetz trifft hier sehr subtile (und umstrittene) Detailregelungen, die in ihren Auswirkungen wohl noch nicht gänzlich überschaut werden können (§§ 11 und 12).

Im wesentlichen haben dabei die Inhaber sanierungspflichtiger Dampfkesselanlagen die Wahl zwischen vier Möglichkeiten:
- Einmalige Sanierung der Anlage innerhalb von drei Jahren.
- Stand-by-Betrieb: Ab 1993 darf die Anlage nicht länger betrieben werden, als der zugeführten Brennstoffwärmemenge von 5000 Voll-Laststunden entspricht.
- Glocken-Lösung: Die Emissionen anderer, im selben Standort in Betrieb befindlicher, sanierungspflichtiger Dampfkesselanlagen sind dabei so zu vermindern, daß die Gesamtemission bestimmte (in einer Anlage zum LRG-K festgelegte) Werte nicht übersteigt.
- Weiterbetrieb der Anlage ohne Sanierung auf die Höchstdauer von sechs Jahren.

○ Gewerbeordnung

Neben Dampfkesselanlagen sind vor allem industrielle Prozesse eine bedeutende Emissionsquelle. Sie verursachten etwa im Jahre 1986 35 Prozent der Schwefeldioxidemissionen und 11 Prozent der Stickoxidemissionen. Diese Emissionen sind rechtlich von der Gewerbeordnung 1973 (BGBl. Nr. 50/1974 i. d. dz. F.) erfaßt.
Die maßgeblichen Bestimmungen sind dabei die §§ 69 und 69a (Verordnungsermächtigung zur Durchsetzung von Umweltschutzmaßnahmen), § 71a (Umschreibung des Begriffes „Stand der Technik"), weiters Bestimmungen über die Betriebsanlagen (§§ 74 – 84) bzw. über das Verfahren zur Genehmigung von Betriebsanlagen (§§ 353 – 359b), § 360 (Möglichkeit einer Betriebsschließung aus Gründen des Nachbarschaftsschutzes) sowie letztlich auch die Strafbestimmungen (§§ 366 – 373).
Der Bundesminister für wirtschaftliche Angelegenheiten kann zur Vermeidung einer Gefährdung von Leben oder Gesundheit von Menschen oder zur Vermeidung von Belastungen der Umwelt (§ 69) durch Verordnung festlegen, welche Maßnahmen Gewerbetreibende z. B. bei der Einrichtung von Betriebsstätten zu treffen haben. Mit dieser Verordnungsermächtigung, in Verbindung mit § 69a, wo diese Umweltbelastungen näher umschrieben werden, kam der Umweltschutz überhaupt erst als selbständiges Rechtsgut in die Gewerbeordnung. Bis zur entsprechenden Novelle BGBl. Nr. 399/ 1988 war der Umweltschutz nur mittelbar, nämlich als Schutz der Nachbarn ein Gegenstand des Gesetzes.
Auch im Bereich des Dampfkesselwesens wurde der Umweltschutz als selbständiges Rechtsgut erst mit dem nun

Abb. 60: Inversionslage (Gußwerk, Stmk.)

Der den Fabrikschloten entströmende Wasserdampf durchstößt den Kältesee, der sich durch nächtliche Abkühlung und Absinken der – schweren – Kaltluft gebildet hat. In vielen Tälern Österreichs führen nächtliche Kälteseen zu Anreicherungen von Schadgasen aus Verkehr, Hausbrand und Industrie in Bodennähe. Oft vermag auch die Tageserwärmung diese Kälteseen nicht aufzulösen, wodurch es zu noch stärkeren Anreicherungen kommt (Smog). Löst sich die Inversionslage schließlich auf, werden die Hangwälder extrem belastet.

geltenden Luftreinhaltegesetz für Kesselanlagen, BGBl. Nr. 380/1988 (§ 2 Abs. 1 lit d), eingeführt. Eine entsprechende Durchführungsverordnung fehlt aber bisher im Gewerberecht. Zudem wird bezweifelt, ob die beiden Verordnungsgrundlagen im Sinne unserer Verfassung (Art. 18 Abs. 2 BV-G) ausreichend vorherbestimmt sind.
Die Luftreinhalteverordnung für Kesselanlagen 1989 nimmt in erster Linie auf Emissionsbegrenzungen (§ 2 Abs. 3 LRG-K) Bezug, wirkt aber zweifellos auch als allgemeine umweltentlastende Maßnahme im Sinne des § 2 Abs. 1 lit. d leg. cit.

Während inhaltlich der Umweltschutz nun immerhin Gegenstand dieser Gesetze ist, wird das Verfahren zur Bewilligung von Betriebsanlagen nach wie vor vom Nachbarrecht beherrscht. Nur Nachbarn haben neben dem Betreiber in diesem Verfahren Parteistellung und damit Zugang zu dem sonst unter Ausschluß der Öffentlichkeit geführten Verfahren. Versuche, diesen Zustand durch die rechtliche Einführung von Bürgerbeteiligungen, Umweltverträglichkeitsprüfungen und Verbandsklagen zu ändern, haben bisher zu keinem Erfolg geführt.
Gewerbliche Betriebsanlagen dürfen unter anderem nur

Abb. 61: Waldschäden am Ostrong (NÖ)

Man nimmt an, daß die Kuppen und west-exponierten Hangwälder des Ostrong durch fernverfrachtete Abgase der Linzer Industrie absterben. Die Abgase bewirken auch eine derart starke Versauerung des Bodens, daß nahezu kein Bodenbewuchs mehr aufkommen kann. (Fotos: W. Katzmann, 1988)

mit Genehmigung der Behörde errichtet oder betrieben werden, wenn sie geeignet sind, das Leben oder die Gesundheit des Gewerbetreibenden, seiner Familienangehörigen (soweit sie nicht den Bestimmungen des Arbeitnehmerschutzgesetzes unterliegen), der Nachbarn oder der Kunden oder Vermögenswerte der Nachbarn zu gefährden. Gleiches gilt auch, wenn sie geeignet sind, die Nachbarn durch Geruch, Lärm, Rauch, Staub, Erschütterung oder in anderer Weise zu belästigen (§ 74 Abs. 2).
Der Schutz des Waldes ist hier nicht eigens angeführt. Der Gesetzgeber verwies in den Erläuterungen zur Gewerbeordnung 1973 darauf, daß dieser Schutz durch den Schutz des Eigentums ohnehin erfaßt sei. Dies ist bezüglich der „neuartigen Waldschäden" allerdings durch Beweisschwierigkeiten und die große Zahl möglicher Verursacher vielfach nur Theorie.
Um nachteilige Einwirkungen auszuschließen oder doch auf ein „zumutbares Maß" zu beschränken, können Auflagen vorgeschrieben werden (§ 77 Abs. 1). Dabei sind Emissionen von Luftschadstoffen in jedem Fall nach dem Stand der Technik zu begrenzen (§ 77 Abs. 3).
Die Behörde kann im Genehmigungsbescheid anordnen, daß die Betriebsanlage (ganz oder teilweise) erst aufgrund einer Betriebsbewilligung in Betrieb genommen werden darf, wenn die Auswirkungen der Anlage (oder von Teilen der Anlage) zum Zeitpunkt der Genehmigung nicht ausreichend beurteilt werden können. Sie kann zu diesem Zweck auch einen Probebetrieb zulassen oder anordnen. In der folgenden Betriebsbewilligung können auch andere oder zusätzliche Auflagen vorgeschrieben werden (§ 78 Abs. 2).

Die Behörde kann auch eine eingeschränkte Betriebsbewilligung erteilen (§ 78 Abs. 3).
Abweichungen von den vorgeschriebenen Auflagen sind von den Behörden unter Umständen zu tolerieren und zwar dann, wenn sie die durch den Genehmigungsbescheid getroffene Vorsorge nicht verringern (§ 78 Abs. 4).

Ergibt sich nach Genehmigung der Anlage, daß die Auflagen nicht ausreichend sind, können nachträglich andere oder zusätzliche Auflagen vorgeschrieben werden.
Die Behörde hat solche Auflagen nicht vorzuschreiben, wenn sie unverhältnismäßig sind (§ 79 Abs. 1).
Die Behörde hat ein derartiges Verfahren zur Nachrüstung von Anlagen von Amts wegen oder auf Antrag des Bundesministers für Umwelt, Jugend und Familie einzuleiten. Der Bundesminister für Umwelt, Jugend und Familie hat so einen Antrag zu stellen, wenn auf Grund der ihm vorliegenden Nachbarbeschwerden oder Meßergebnisse anzunehmen ist, daß der Betrieb der Anlage zu einer über die unmittelbare Nachbarschaft hinausreichenden beträchtlichen Belastung der Umwelt u. a. durch Luftschadstoffe führt (§ 79a).
Wird mit dem Betrieb einer Anlage zumindest in einem wesentlichen Teil nicht binnen drei Jahren nach erteilter Genehmigung begonnen, so erlischt die Genehmigung (§ 80 Abs. 1). Dadurch soll verhindert werden, daß allfällige schärfere Auflagen, die zu einem späteren Zeitpunkt erteilt worden wären, umgangen werden.
Wird der Betrieb einer Anlage gänzlich oder teilweise unterbrochen, so hat der Inhaber der Anlage entsprechende Vorkehrungen zum Schutze vor nachteiligen Umweltauswirkungen zu treffen. Unter Umständen können ihm dabei auch Maßnahmen mittels Bescheid aufgetragen werden.

Bei umweltrelevanten Änderungen von Betriebsanlagen sind ebenfalls Betriebsanlagengenehmigungen in der geschilderten Art und Weise erforderlich (§ 81 Gewerbeordnung).

Der Bundesminister für wirtschaftliche Angelegenheiten kann im Einvernehmen mit dem Bundesminister für Arbeit und Soziales, dem Bundeskanzler, dem Bundesminister für Umwelt, Jugend und Familie und dem Bundesminister für Land- und Forstwirtschaft durch Verordnung für genehmigungspflichtige Arten von Anlagen im Interesse des Umweltschutzes nähere Vorschriften nach dem Stand der Technik und dem Stand der medizinischen und der sonst in Betracht kommenden Wissenschaften erlassen. Diese Verordnungen betreffen die Betriebsweise, die Ausstattung oder das zulässige Ausmaß von Emissionen von Anlagen oder Anlagenteilen.

Diese Verordnungen beziehen sich grundsätzlich auch auf bereits genehmigte Anlagen. Allerdings können zugunsten von Altanlagen abweichende Bestimmungen oder Ausnahmen festgelegt werden, wenn der Aufwand zur Erfüllung dieser Verordnungsbestimmungen unverhältnismäßig wäre. Dies gilt allerdings nicht für Bestimmungen zum Schutz vor einer Gefahr für das Leben oder die Gesundheit (§ 82 Abs. 1).

Bei Vorliegen bestimmter Voraussetzungen können bestimmte Nachrüstungsaufträge der Behörde auch mit Bescheid – anstelle der durch Verordnung angeordneten Aufträge oder zusätzlich zu diesen – erfolgen (§ 82 Abs. 2). Für die Nachrüstung kann eine Frist bis zu fünf Jahren eingeräumt werden, sofern es nicht um die Beseitigung von Lebens- oder Gesundheitsgefahren geht (§ 82 Abs. 5). Mit der Gewerberechtsnovelle 1988 wurden – nicht zuletzt unter dem Eindruck großer Unfälle im Ausland – Bestimmungen über gefahrengeneigte Anlagen eingeführt (§ 82a), die am Rande auch die Luftreinhaltung und damit Walderhaltung berühren, hier aber nur erwähnt werden sollen.

Von größerer Bedeutung ist die ebenfalls auf die erwähnte Novelle zurückzuführende Bestimmung des § 82 b, nach der genehmigte Betriebsanlagen regelmäßig zu überprüfen sind.

Bei Auflassung von Betriebsanlagen sind die für den Umweltschutz erforderlichen Vorkehrungen zu treffen. Der Betriebsinhaber hat dabei die zuständige Behörde zu verständigen. Reichen diese Vorkehrungen nicht aus oder trifft der Betriebsinhaber nicht oder nicht ausreichend die notwendigen Vorkehrungen, sind ihm diese bescheidmäßig aufzutragen (§ 83).

Auch bei gewerblichen Arbeiten außerhalb von Betriebsanlagen hat die Behörde erforderlichenfalls für den Umweltschutz geeignete Auflagen zu erteilen (§ 84).

Das Verfahren zur Genehmigung von Betriebsanlagen (§§ 353–359b Gewerbeordnung) soll hier nicht im Detail dargestellt werden. Jedenfalls hat die Behörde eine Augenscheinsverhandlung anzuberaumen und den Nachbarn vom Gegenstand und von Zeit und Ort Kenntnis zu geben. Dies geschieht durch Anschlag in der Gemeinde und in den unmittelbar benachbarten Häusern. Der Behörde bekanntgewordene Nachbarn sind persönlich zu laden. Die Gemeinde ist in diesem Verfahren im Gegensatz zur früheren Rechtslage (§ 32 der Gewerbeordnung 1883), wo sie volle Parteistellung hatte, lediglich zu hören. Nur wenn sie selbst Nachbar ist (z. B. weil sie in der Nachbarschaft Grundstücke besitzt), kommt ihr Parteistellung zu (Erläuterungen zur Gewerbeordnung 1973). Im Hinblick auf die Aufgaben der Gemeinde, z. B. der örtlichen Flächenwidmung, wäre zu überdenken, ob der ursprüngliche Rechtszustand nicht wiederhergestellt werden sollte.
Spätestens bei der Augenscheinsverhandlung sind Ein-

Abb. 62: Fluorschäden bei Lend (S)

Ulmen, Bergahorne und fast alle Fichten in unmittelbarer Nähe des Aluminiumwerks in Lend sind durch überwiegend fluorhaltige Abgase abgestorben bzw. schwer geschädigt. (Foto: W. Katzmann, 1988)

wände gegen die Anlage zu erheben. Von diesem Zeitpunkt ist man Partei und hat somit ein Recht auf Zustellung des behördlichen Bescheides bzw. das Recht der Berufung. Wird man als Nachbar übergangen, kann dies ebenfalls geltend gemacht werden (Wiedereinsetzung in den vorigen Stand).

Im Verfahren betreffend die Erteilung der Betriebsbewilligung nach § 78 Abs. 2 Gewerbeordnung haben Nachbarn nur dann Parteistellung, wenn in der Betriebsbewilligung andere oder zusätzliche Auflagen vorgeschrieben werden (§ 356 Abs. 4).

Werden von Nachbarn privatrechtliche Einwendungen gegen die Anlage vorgebracht, so hat der Verhandlungsleiter auf eine Einigung hinzuwirken. Gelingt dies nicht, muß der Nachbar, z. B. ein Waldbesitzer, den Zivilrechtsweg beschreiten (§ 357).

Schließlich kann die Behörde einen Betrieb zur Gänze oder teilweise schließen, um eine Gefahr für das Leben oder die Gesundheit von Menschen abzuwehren – bei einer nicht genehmigten Betriebsanlage genügt dafür bereits eine unzumutbare Belästigung der Nachbarn (§ 360).

Subsidiär kann für eine Betriebsschließung auch der § 68 Abs. 3 des Allgemeinen Verwaltungsverfahrensgesetzes 1950 herangezogen werden: Nach dieser Gesetzesstelle kann ein rechtskräftiger Bescheid abgeändert werden, wenn dies zur Beseitigung von das Leben oder die Gesundheit von Menschen gefährdenden Mißständen oder zur Abwehr schwerer volkswirtschaftlicher Schädigungen unvermeidlich ist. Gerade um die Abwehr schwerer volkswirtschaftlicher Schäden kann es aber bei forstschädlichen Luftverunreinigungen gehen – sie wären vom § 360 GewO nicht erfaßt, so daß hier an § 68 Abs. 3 AVG zu denken wäre.

○ Berggesetz

Ein weiterer Bereich von großer Bedeutung für den Schutz vor forstschädlichen Luftverunreinigungen ist der Bergbau.

Dieser wird durch das Berggesetz, BGBl. Nr. 259/1975 i. d. dz. F., geregelt. Erfaßt werden vom Berggesetz dabei das Aufsuchen, Gewinnen und Aufbereiten verschiedener Mineralien, die Aufbereitung allerdings nur insoweit, als sie vom Bergberechtigten im betrieblichen Zusammenhang mit dem Aufsuchen und Gewinnen erfolgt.

Vom Standpunkt einer modernen Luftreinhaltepolitik ist das Berggesetz hoffnungslos überaltet, da der Umweltschutz nur in sehr allgemeiner Form angesprochen wird. Anders als im Luftreinhaltegesetz für Kesselanlagen, der Gewerbeordnung und dem Kraftfahrgesetz ist im Berggesetz keine Begrenzung der luftverschmutzenden Emissionen nach dem Stand der Technik vorgeschrieben. Im Gegensatz zum Luftreinhaltegesetz für Kesselanlagen und der Gewerbeordnung sieht das Berggesetz auch keine Altanlagensanierung vor.

Da die Aufbereitung von Mineralien durch den Bergberechtigten einen wesentlichen Bereich der – sehr umweltbelastenden – Grundstoffindustrie einschließt, besteht hier eine bedeutende Lücke in der österreichischen Umweltgesetzgebung.

○ Bürgerliches Recht

Ist die Anlage einmal behördlich bewilligt, können die von ihr verursachten Einwirkungen z. B. durch Luftschadstoffe nicht zivilrechtlich unterbunden werden. Es kann lediglich der Ersatz des zugefügten Schadens gerichtlich verlangt werden. Dies allerdings auch dann, wenn der Schaden durch Umstände verursacht wird, auf die bei der behördlichen Verhandlung keine Rücksicht genommen wurde (§ 364a ABGB).

Daß auch das Zivilrecht im Umweltschutz und gerade im Bereich der Luftreinhaltung eine bedeutende Rolle spielen kann, beweist das Beispiel Japan. Der bedeutende Vorsprung dieses Landes bei der Luftreinhaltung und in der

Entwicklung von Luftreinhaltetechnologien hängt wesentlich mit dem dortigen zivilrechtlichen Umweltschutz zusammen.
Umwelt- und Gesundheitsdaten wurden flächendeckend erfaßt und korreliert. Für Schadenersatzansprüche genügt ein statistischer (nicht naturwissenschaftlich begründeter) Zusammenhang zwischen Umweltbelastungen (z. B. Luftverschmutzung durch SO_2) und Gesundheitsschäden (z. B. Asthma, Bronchitis, Lungenkrebs).
Solche Beweiserleichterungen kennt grundsätzlich auch unser Zivilrecht. (Bezüglich der im Forstgesetz enthaltenen Bestimmungen über den Schadenersatz bei forstschädlichen Luftverunreinigungen siehe S. 98.)
Das Geld für die Ersatzleistungen wird durch zweckgebundene Abgaben aufgebracht, die je nach Schadstoffausstoß an einen Fonds zu leisten sind. Werden Umweltschäden derart konsequent den Verursachern angelastet, stellt sich heraus, daß nicht der angeblich unerschwingliche Umweltschutz, sondern der unterlassene Umweltschutz, also die Umweltverschmutzung, der volkswirtschaftlich größere Schaden ist. Geht dieser Schaden im tatsächlichen Umfang, was derzeit in Westeuropa nicht üblich ist, in die innerbetriebliche Kostenrechnung ein, werden viele Maßnahmen rentabel, die ansonsten den Betrieben nur Kosten verursachen und deshalb unter Umständen unterlassen werden.
Vor allem aber haben die möglichen Ersparnisse bei den Schadenersatzzahlungen die Japaner ständig zu neuen technischen Entwicklungen angespornt: Die Betriebe entwickelten und entwickeln laufend Technologien, die alles Bisherige an Effizienz übertreffen. Nebenbei sei angemerkt, daß die internationale Konkurrenzfähigkeit der Japaner (obwohl sie längst kein Niedriglohnland mehr sind) durch diese Kostenbelastung nicht gelitten hat (ein Argument, das häufig gegen „zu weitgehende" Umweltschutzforderungen vorgebracht wird). Im Gegenteil: Europa muß letztlich doch nachziehen, will es die Grundlagen seiner Existenz erhalten, und ist aufgrund des gewaltigen Entwicklungsrückstandes gezwungen, die erforderlichen Anlagen (oder zumindest die Lizenzen) aus Japan zu importieren. Sehr zu Recht hat sich daher der Österreichische Juristentag 1985 mit Fragen einer Reform des Zivilrechtes als Umweltschutzinstrument befaßt.
Auch ein weiteres Argument gegen eine angeblich zu weitgehende Belastung der Betriebe bei voller Internalisierung der Umweltkosten hat sich als wenig stichhaltig erwiesen, nämlich die Befürchtung, daß Unternehmer ihre Betriebe in Länder mit geringen Umweltauflagen „auslagern". Einschlägige Untersuchungen haben aber gezeigt, daß für die Frage der Standortbestimmung von Anlagen andere Überlegungen wesentlich stärker im Vordergrund stehen (z. B. politische Stabilität, sozialer Friede, Ausbildungsstandard der Arbeitskräfte etc.).

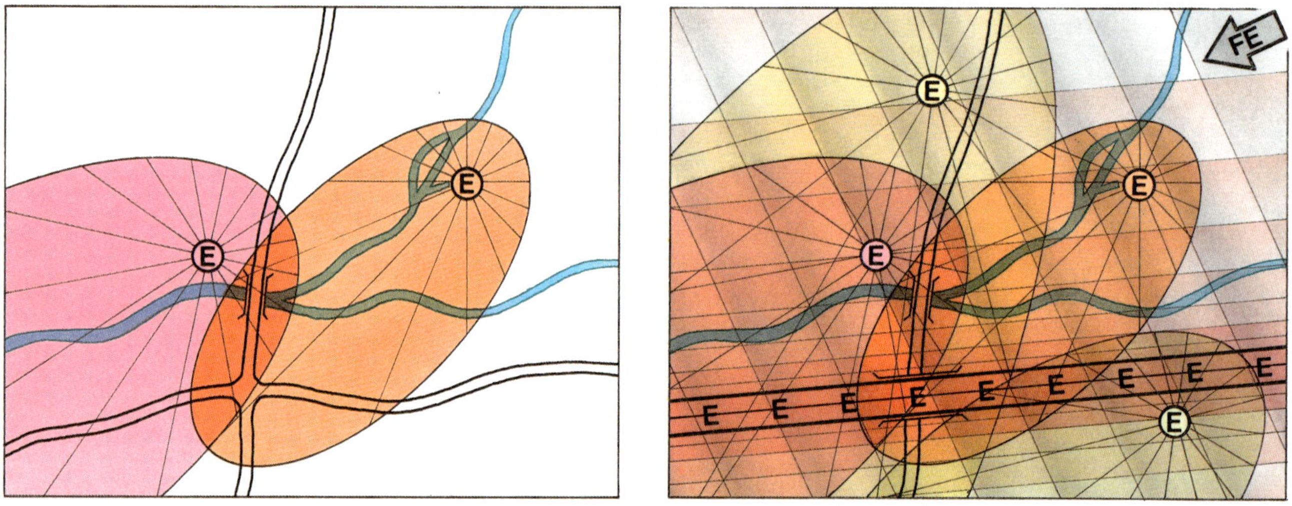

Abb. 63: Einwirkungen von Anlagen auf die Nachbarn: Rechtliche Fiktion und soziale Realität

Das Allgemeine Bürgerliche Gesetzbuch und das Betriebsanlagenrecht, z. B. der Gewerbeordnung, gehen davon aus, daß sich das Umfeld der von einer Anlage ausgehenden Umweltbeeinträchtigung abgrenzen läßt, daß sich weiters Schäden aus dieser Umweltbeeinträchtigung eindeutig einem oder doch einer überschaubaren Anzahl von Verursachern zuordnen lassen. Durch die Vielzahl von Verursachern wird dies zunehmend illusorisch, wie sich gerade an der Beeinträchtigung des Waldes zeigt: Statt klar einem Emittenten zuordenbaren „klassischen" Rauchschäden, haben wir es nunmehr mit einer Schädigung des gesamten Ökosystems Wald zu tun, ohne daß in der Regel ein einzelner oder eine kleine Gruppe von Verursachern feststellbar wäre. Dies führt immer häufiger zu einem Versagen des herkömmlichen Schadenersatzrechtes. Aber auch Anlagengenehmigungsverfahren, bei denen nur „Nachbarn" Parteistellung haben, obwohl letztlich alle von den zusätzlichen Auswirkungen jeder neuen Anlage betroffen sind, werden zunehmend unbefriedigender. Deshalb wird einerseits der berechtigte Ruf nach Umweltverträglichkeitsprüfungen und Bürgerbeteiligung immer lauter. Andererseits werden zusätzlich zu administrativ-technischen Auflagen lenkende Abgaben gefordert. Diese könnten aber nur sinnvoll sein, wenn sie tatsächlich einen wirksamen verbrauchslenkenden Einfluß haben, also im Extrem- bzw. Idealfall sich asymptotisch dem Null-Ertrag nähern, weil der Schadstoffausstoß gegen null reduziert wird (E = Emittenten, FE = Fernimmission).

○ Straßen- und Kraftfahrwesen

Wenden wir uns nun einer weiteren bedeutenden Quelle von Luftschadstoffen zu, nämlich dem Verkehr, wobei hier der individuelle Kraftfahrverkehr als Verschmutzungsquelle eindeutig im Vordergrund steht. Lange Zeit stand die Diskussion über Schwefeldioxid (SO_2) im Zentrum des Interesses, er war der „Leitluftschadstoff", dem eine weitgehend ungeteilte Aufmerksamkeit zuteil wurde. Erst später wurden Stickoxide und Kohlenwasserstoffe sowie die

Abb. 64 und 65:
Waldschäden durch Verkehrsabgase

Oberes Foto: Von der Spitze einer Meßplattform im Rosaliengebirge (an der Grenze zwischen Niederösterreich und dem Burgenland) kann man direkt in die vom Waldsterben betroffenen Wipfel der Fichten hineinsehen. Typisch für diese Art der Schädigung vorwiegend durch Autoabgase (Stickoxide, Ozon aus Photooxidantien) ist der fast gänzliche Verlust der Benadelung und das Austreten von Harz aus dem Stamm. Meist hat derselbe Baum in Bodennähe noch mehrere Nadeljahrgänge.
Unteres Foto: Durch das Abgasgemisch von Verkehr und Industrie der Großstadt sterben an den Hängen des Wienerwaldes Buchen, Eichen und Ahorne, aber auch schon die Eschen ab. Besonders die empfindlicheren Eichen können innerhalb weniger Wochen total zugrunde gehen. (Fotos: W. Katzmann, 1987 und 1988)

sich daraus bildenden Photooxidantien wie Ozon und Peroxiazetatnitryle stärker beachtet. Für unsere Betrachtung ist der Streit, was nun im höheren Maße für das Waldsterben verantwortlich ist, wenig ergiebig. Fest steht, daß Schwefeldioxide und Stickoxide Säuren bilden, somit für „Sauren Regen", aber auch für den noch schädlicheren „Sauren Nebel" und „Sauren Schnee" verantwortlich sind. Während aber in Österreich und anderen Ländern die Schwefeldioxidbelastung ihren Höhepunkt überschritten hat und in den letzten Jahren wesentlich zurückgegangen ist, wird der Stickoxid- und Kohlenwasserstoffausstoß noch lange nicht wesentlich absinken. An dieser Situation ist der Individualverkehr ganz maßgeblich beteiligt, zumal die Senkung der Stickoxidbelastung aus anderen Quellen, etwa aus kalorischen Kraftwerken, schon seit einigen Jahren mit zunehmendem Erfolg betrieben wird. Die für den Kraftfahrverkehr maßgeblichen rechtlichen Normen wurden bereits erwähnt. Es sind dies das Kraftfahrgesetz 1967 mit der Kraftfahrgesetz-Durchführungsverordnung 1967, die Straßenverkehrsordnung 1960 und das Bundesstraßengesetz 1971.

Nun zu den gesetzlichen Bestimmungen im einzelnen:
Das Kraftfahrgesetz 1967 (BGBl. Nr. 267/1967 i. d. dz. F.) regelt die „grundlegenden Bestimmungen über das Kraftfahrwesen" (Erläuterungen zur Regierungsvorlage). Dabei werden Bauart und Ausrüstung von Kraftfahrzeugen festgelegt. In diesem Zusammenhang gewinnt naturgemäß der Umweltschutz zunehmend an Bedeutung, weshalb das Kraftfahrgesetz mehrfach novelliert werden mußte. Kraftfahrzeuge müssen grundsätzlich so gebaut und ausgerüstet sein, daß durch ihren Gebrauch weder Rauch noch schädliche Luftverunreinigungen entstehen (§ 4 Abs. 2). Es dürfen nur Kraftstoffe mit beschränktem Gehalt an Bleiverbindungen verwendet werden, auch Benzol oder Schwefel dürfen nur in einer Menge vorkommen, daß eine schädliche Luftverunreinigung ausgeschlossen ist (§ 11 Abs. 3).
Gemäß § 26a Abs. 2 sind durch Verordnung dem jeweiligen Stand der Technik entsprechend, nähere Bestimmungen über die Dichte des Rauches und die Zusammensetzung der Gase und Dämpfe bei einzelnen Arten von Kraftfahrzeugen festzusetzen. Auch der höchstzulässige Gehalt an Bleiverbindungen, Benzol oder Schwefel in Kraftstoffen für Kraftfahrzeuge kann nach dieser Gesetzesstelle durch Verordnung begrenzt werden.
Auf Grund des § 26a Abs. 2 erging die Verordnung des – damaligen – Bundesministers für Gesundheit und Umweltschutz, BGBl. Nr. 111/1985 (geändert durch die Verordnung BGBl. Nr. 548/1985; für Kraftstoffe, die nicht zum Betreiben von Kraftfahrzeugen bestimmt sind, gilt eine analoge Verordnung des Wirtschaftsministeriums auf Grund der Gewerbeordnung, BGBl. Nr. 549/1985).
Nach diesen Verordnungen darf der Gehalt an Bleiverbindungen, berechnet als Blei bei Normalbenzin, 0,013 g je Liter nicht übersteigen, was praktisch bleifreies Benzin bedeutet. Bei Superbenzin beträgt der Höchstwert 0,15 g je Liter.
Der Schwefelgehalt von Dieseltreibstoff wurde mit 0,3 Prozent Masseanteil begrenzt. Der Benzolgehalt im Benzin wurde auf 5 Prozent begrenzt.
Kraftfahrzeuge, bei denen Bedenken bestehen, ob mit ihnen nicht über ein als unvermeidlich in Kauf genommenes Ausmaß hinaus Lärm, Rauch, übler Geruch oder schädliche Luftverunreinigungen verursacht werden, sind von der Behörde zu überprüfen (Besondere Überprüfung, § 56).

Bekanntlich sind Kraftfahrzeuge auch routinemäßig jährlich unter anderem im Hinblick auf schädliche Luftverunreinigungen zu untersuchen (Wiederkehrende Begutachtung, § 57a).
Schließlich kann jedoch jedes Fahrzeug auch an Ort und Stelle geprüft werden, ob vermeidbare schädliche Luftverunreinigungen verursacht werden (§ 58).
Wesentliche Details der grundsätzlichen Bestimmungen über den Umweltschutz im Kraftfahrgesetz 1967 sind in der Kraftfahrgesetz-Durchführungsverordnung 1967 (BGBl. Nr. 399/1967 i. d. dz. F.) näher geregelt.
Durch den raschen Wandel technischer Voraussetzungen, aber auch der Veränderungen im Umweltbewußtsein, unterliegt diese Verordnung häufigen Novellierungen (derzeit insgesamt 27; eine 28. Novelle, in der u. a. Luftreinhaltevorschriften für LKW vorgesehen sind, ist bereits geplant). Mit der 17. KDV-Novelle, BGBl. Nr. 161/1985, wurde z. B. die bekannte grüne Begutachtungsplakette eingeführt. In weiteren Novellen wurden sehr strenge Begrenzungen des Ausstoßes von Stickoxiden, Kohlenwasserstoffen und Kohlenmonoxid beim Betrieb verschiedener Arten von Kraftfahrzeugen eingeführt. Da die entsprechenden Regelungen sehr jung sind und nur neuzugelassene Kraftfahrzeuge erfassen, weiters teilweise Legisvakanzen (Zeiträume bis zum Wirksamwerden der Vorschriften) festgelegt wurden, ist nur ein allmählicher und schrittweiser Entlastungseffekt für die Umwelt zu erwarten.
Bedeutung für die Luftreinhaltung hat auch die Straßenverkehrsordnung 1960 (BGBl. Nr. 159/1960 i. d. dz. F.): Tempolimits wurden lange Zeit nur unter dem Aspekt der Verkehrssicherheit diskutiert, nunmehr haben sie auch Relevanz bezüglich des Schadstoffausstoßes namentlich auch deshalb, weil sie einen gleichmäßigeren Verkehrsablauf sicherstellen und Katalysatoren bei niedrigeren Geschwindigkeiten besser arbeiten. In diesem Zusammenhang werden die heute zulässigen Höchstgeschwindigkeiten von 50 km/h im Ortsgebiet, 100 km/h auf Freilandstraßen und 130 km/h auf Autobahnen (§ 20 StVO 1960) kritisch diskutiert. In teilweise nicht immer seriösen Untersuchungen wurde die Rolle der Höchstgeschwindigkeiten hinsichtlich der Abgabe von Schadstoffen bagatellisiert. Andererseits ist heute jeder, wenn auch kleiner Beitrag zur Luftreinhaltung wichtig, zumal die für den Kraftfahrbereich vorgeschriebenen Grenzwerte bisher insgesamt noch zuwenig gebracht haben. Überhaupt ist der Kraftfahrverkehr z. B. im Vergleich zu kalorischen Kraftwerken, was die Luftreinhaltung durch technische Maßnahmen anlangt, im Hintertreffen. Auch international gesehen, z. B. im Vergleich zu den USA, Kanada und Japan, sind wir bezüglich technischer und administrativer Maßnahmen (Geschwindigkeitsbegrenzungen und vor allem deren Kontrolle) stark im Rückstand. Psychologisch bestehen bei uns irrationale Widerstände gegen Geschwindigkeitsbegrenzungen bzw. deren Vollzug, die etwa einem US-Amerikaner unverständlich sind. Dabei stehen bei uns im Gegensatz zu Deutschland auch Interessen der Industrie nicht so im Vordergrund.
Auf die Erhaltung der Wohlfahrtswirkung von Alleen und Baumgruppen (Mikroklima, Tierwelt im Siedlungsbereich) zielen die Bestimmungen der §§ 76a (Fußgängerzone) und 76b (Wohnstraße) ab.

Das Bundesstraßengesetz 1971 (BGBl. Nr. 286/1971 i. d. dz. F.) ist nicht nur unter dem Aspekt der Luftreinhaltung im Interesse der Walderhaltung zu sehen. Der direkte Waldflächenverlust durch Bundesstraßen (einschließlich der Schnellstraßen und Autobahnen) ist beträchtlich. Durch Zerschneidungseffekte wird der Lebensraum Wald zusätzlich stark beeinträchtigt. (Der Verlust an Wild durch den Kraftfahrverkehr ist dabei wohl die auffälligste, keineswegs aber die bedeutendste Schädigung des Lebensraumes Wald, bedeutender sind z. B. die Auswirkungen auf den Wasserhaushalt!) Über die Folgen des „Aufreißens" des Waldbestandes durch Schneisen aller Art vergleiche auch Kapitel 4.6. Naturgemäß wirken sich die beim Kraftfahrverkehr freigesetzten Luftschadstoffe insbesondere in unmittelbarer Nähe der Straßen nachteilig aus.
Der Gesetzgeber hat aus der Not (Staatsfinanzen) eine Tugend gemacht, als er unter anderem in der Novelle zum Bundesstraßengesetz 1971, BGBl. Nr. 273/1983, das Ausbauprogramm auf ein vernünftigeres Maß reduziert hat. In

Abb. 66:
Hochwechsel (NÖ)

In Höhenlagen von etwa 1500 Metern werden die Fichten des Hochwechsels besonders durch Ferntransport von Emissionen des Grazer und des Wiener Beckens geschädigt. Verstärkend dürfte hier häufiger Nebel wirken, der von den Bäumen „ausgekämmt“ wird. (Foto: W. Katzmann, 1986)

der letztgenannten Novelle wurde auch der Umweltschutz im Zusammenhang mit dem Bundesstraßenbau verbessert. So ist nunmehr der Straßenverlauf einer Bundesstraße unter Bedachtnahme auf die Umweltverträglichkeit festzulegen. Weiters sind Bundesmittel für Umweltmaßnahmen sowie für den Forschungszweck Umweltschutz beim Bundesstraßenbau zu verwenden (§ 6).

Die Bürgerrechte (Einsicht in die Planungsunterlagen, die in den betroffenen Gemeinden durch sechs Wochen aufzulegen sind; Recht auf Stellungnahme für jedermann; § 4 Abs. 5) und der Schutz der Nachbarn (§ 7a) wurden erweitert. Insgesamt ist jedoch die Rechtsstellung der Anrainer, wie der Bürger überhaupt, im Verfahren bei der Errichtung von Bundesstraßen schlecht. Der Verlauf einer Bundesstraße kann immer noch quasi durch behördlichen Federstrich festgelegt werden.

Hausbrand bzw. Luftreinhaltung allgemein

Lange Zeit gab es in Österreich keine einheitliche Kompetenz „Luftreinhaltung“, Luftreinhaltung wurde vielmehr rechtlich als Anhang zu einer bestimmten Hauptmaterie behandelt. Daraus ergab sich, daß Luftreinhaltung einmal in Bundes-, einmal in Landeskompetenz fiel. (Eine Bundes-Verfassungsgesetz-Novelle aus dem Jahr 1983, BGBl. Nr. 175/1983, brachte nur eine Zuständigkeit des Bundes in Gesetzgebung und Vollziehung zur Abwehr von gefährlichen Belastungen der Umwelt, die durch Überschreitung von Immissionsgrenzwerten entstehen; dies schloß aber die Kompetenz für die Erlassung dieser Grenzwerte selbst nicht ein!) Mit der Bundes-Verfassungsgesetz-Novelle 1988, BGBl. Nr. 685, erhielt der Bund nun weitergehende Kompetenzen auf dem Gebiet der Luftreinhaltung. Der Bund ist nunmehr grundsätzlich für Luftreinhaltung zuständig. Allerdings verbleibt die Zuständigkeit für Heizungsanlagen weiterhin in der Kompetenz der Länder. Eine weitere Einschränkung der generellen Bundeskompetenz für Luftreinhaltung bringt Art. 11 Abs. 5 B-VG (in der Fassung der B-VG-Novelle BGBl. Nr. 685/1988). Demnach ist der Bund im Bereich der Gesetzgebung für Luftschadstoffe zuständig, allerdings nur „soweit ein Bedürfnis nach Erlassung einheitlicher Vorschriften vorhanden ist“. Diese Grenzwerte dürfen in den die einzelnen Gebiete der Verwaltung regelnden Bundes- und Landesvorschriften nicht überschritten werden. Die Vollziehung dieser Regelung fällt in die Kompetenz der Länder. Die Kompetenzen des Bundes im Bereich der Luftreinhaltung sind auf mehrere Ressorts verteilt.

Aus der dargestellten verfassungsrechtlichen Lage ergeben sich folgende Konsequenzen: Mangels Zuständigkeit des Bundes für Heizungsanlagen ist auch derzeit kein wirksamer bundeseinheitlicher Immissionsschutz möglich (da ja einzelne Schadstoffmoleküle mangels „Mascherl“ nicht einem bestimmten Verursacher zugeordnet werden können). Ohne unmittelbaren Zugriff auf den Verursacher – eben auch den Hausbrand – ist aber ein wirksamer Immissionsschutz nicht möglich.

Darüber hinaus unterliegt die Bundeskompetenz im Bereich der Luftreinhaltung – trotz grundsätzlicher Zuständigkeit des Bundes – sowohl immissions- wie emissionsseitig den bereits dargestellten Einschränkungen. Durch deren unbestimmte Umschreibung („Soweit ein Bedürfnis nach Erlassung einheitlicher Vorschriften vorhanden ist“, „Maßnahmen zur Abwehr gefährlicher Belastungen, die durch Überschreitung vom Immissionsgrenzwerten entstehen“) sind Zweifelsfälle bezüglich der Kompetenzabgrenzungen sozusagen bereits vorprogrammiert.

Durch die bis zur erwähnten Bundes-Verfassungsgesetz-Novelle bestehende (und wie dargestellt teilweise weiterbestehende) Rechtszersplitterung im Bereich der Luftreinhaltung, wurden zahlreiche Landesgesetze erlassen, die diesen Bereich regeln. Diese Vorschriften gelten nun – soweit sie sich nicht auf Heizungsanlagen beziehen – als bundesrechtliche Vorschriften für das Land, in dem sie erlassen worden sind (Art. VIII Bundes-Verfassungsgesetz-Novelle 1988). Mangels eines einheitlichen Immissionsschutzge-

setzes bleibt somit trotz der erwähnten Verfassungsgesetz-Novelle eine beträchtliche – auch dem Gleichheitsgrundsatz widersprechende – Rechtszersplitterung auf dem Gebiet der Luftreinhaltung bestehen.
In der Folge soll nun auf diese Landesgesetze – die also nun teilweise in einem bestimmten Bundesland geltendes Bundesrecht sind – näher eingegangen werden. Die Frage, inwieweit diese Gesetze noch Landesrecht oder aber jetzt Bundesrecht sind, kann dabei für unsere Betrachtung unbeachtet bleiben.
Bezüge zur Luftreinhaltung stellen unter anderem folgende Landesgesetze her:
Abfallbeseitigungsgesetze, Bauordnungen, Ausführungsgesetze der Bundesländer über natürliche Heilvorkommen und Kurorte, Campingplatzgesetze, Feldschutzgesetze, Motorschlittengesetze, Natur- und Landschaftsschutzgesetze, Ölfeuerungs- und Öllagerungsgesetze, Raumordnungsgesetze, Veranstaltungsgesetze, Kehrordnungen, Feuerwehrgesetze, Gasgesetze u. dgl.
Daneben gibt es in den meisten Bundesländern Gesetze, bei denen die Luftreinhaltung ausschließlicher Regelungsgegenstand ist (Luftreinhaltegesetze und verschiedene Verordnungen aufgrund dieser Gesetze).
Diese Gesetze sollen der Reinhaltung der Luft im Interesse der Gesundheit der Menschen und der Erhaltung der Natur dienen und der Verunreinigung der Luft durch „luftfremde Stoffe" (Rauch, Ruß, Staub, Schwebstoffe, Dämpfe, Gase, Gerüche) entgegenwirken.
Die Gesetze enthalten die allgemeine „Verpflichtung", sich nach Möglichkeit und Zumutbarkeit so zu verhalten, daß keine Luftverunreinigung eintritt. Freilich sind diese Regelungen sehr unbestimmt und sehen keine Sanktionen vor. Es handelt sich somit nur um programmatische Sätze.
Die Eigentümer von Grundstücken, auf welchen sich Anlagen befinden oder auf welchen luftverunreinigende Maßnahmen vorgenommen werden, können durch Bescheid dazu verpflichtet werden, die Anlagen (Maßnahmen) so zu ändern, daß eine Luftbeeinträchtigung nicht eintritt (z. B. Kärnten § 3 Abs. 2, Oberösterreich § 6 Abs. 2, Salzburg § 3 Abs. 2).
Personen, die verpflichtet werden können, sind zum Teil näher bestimmt (Grundstückseigentümer, Pächter, Mieter, etc.).

Die Gesetze sehen vor, daß durch Verordnung der Landesregierungen Grenzen für die Luftverschmutzung festgelegt werden können. Normiert werden dabei:
- der höchstzulässige Schwefelgehalt von Brennstoffen,
- der höchstzulässige Kohlendioxidgehalt der Rauchgase flüssiger Brennstoffe,
- die höchstzulässige Temperatur, Konzentration und Menge austretender luftfremder Stoffe (Emissionsgrenzwerte),
- die Zulässigkeit des Lagerns, Ausbreitens, Ausstreuens usw. von luftfremden Stoffen.

Zum Teil ist auch das Verbrennen von Abfällen gesetzlich verboten, zum Teil kann es durch Verordnung gesetzlich verboten werden.
Die Gesetze sehen laufende Messungen der Luftverunreinigung in allen Teilen des Landes vor, wofür die Landesregierungen zu sorgen haben.
Bei Erreichen bestimmter Immissionsgrenzwerte ist in einzelnen Bundesländern eine Warnung der Bevölkerung durch die Landesregierung vorgesehen.
Zur Vollziehung der Gesetze können Organwalter Grundstücke und Gebäude betreten. Personen sind zur Auskunftserteilung verpflichtet.

Auch auf Ebene der Gemeinden bestehen Verordnungen, die im eigenen Wirkungsbereich der Gemeinde erlassen werden und sich mit der Luftreinhaltung befassen. Auch sie sehen z. B. Verbote des Verbrennens von Abfällen vor.

Eine Möglichkeit zur Überwindung der kompetenzrechtlichen Zersplitterung im Bereich der Luftreinhaltung bietet der Art. 15a B-VG. Nach diesem Artikel können Bund und Länder untereinander Vereinbarungen über Angelegenheiten ihres jeweiligen Wirkungsbereiches schließen. Tatsächlich wurde eine derartige Vereinbarung über den höchstzulässigen Schwefelgehalt im Heizöl zwischen dem Bund und allen neun Bundesländern abgeschlossen (BGBl. Nr. 292/1983, geändert durch eine weitere Vereinbarung, zuletzt durch BGBl. Nr. 369/1989). Dabei wurde der Schwefelgehalt bei
- Heizöl extra leicht (Ofenheizöl) auf 0,2 Prozent
- Heizöl leicht auf 0,3 Prozent
- Heizöl mittel auf 0,6 Prozent
- Heizöl schwer auf 2 Prozent, ab 1. 1. 1992 auf 1 Prozent

festgelegt. (In den Landesgesetzen wurde der Schwefelgehalt für Heizöl schwer teilweise generell mit 1 Prozent begrenzt.)
Die Luftreinhalteverordnung für Kesselanlagen 1989 und die Verordnung zur Begrenzung des Schwefelgehaltes von Heizöl, BGBl. Nr. 94/1989, auf Grund der Gewerbeordnung sehen ebenfalls eine Begrenzung des Schwefelgehaltes im Heizöl nach Art der Vereinbarung zwischen Bund und Ländern vor. Daneben besteht eine Vereinbarung mit der ÖMV, wonach der Schwefelgehalt im Heizöl extra leicht mit 0,20 Prozent und im Dieselöl mit 0,15 Prozent begrenzt wird.
Technisch sind allerdings noch niedrigere Werte möglich, die gerade in einer Zeit relativ billiger Energie angestrebt werden sollten.
In diesem Zusammenhang sei auch eine weitere Verordnung des Bundesministers für Handel, Gewerbe und Industrie erwähnt (BGBl. Nr. 378/1976), wonach in Feuerstätten für die Aufbereitung bituminösen Mischgutes nur Heizöle mit einem Gehalt von 0,8 Prozent Schwefel verwendet werden dürfen.
Auch international ist das Problem der Luftverunreinigung Gegenstand von Übereinkommen, erwähnt sei das von Österreich mitunterzeichnete Übereinkommen über weiträumige grenzüberschreitende Luftverunreinigung, BGBl. Nr. 158/1983.
Durch die Bundes-Verfassungsgesetz-Novelle BGBl. Nr. 175/ 1983 wurde schließlich auch ein bundeseinheitliches Smogalarmgesetz ermöglicht. Dieses Smogalarmgesetz, BGBl. Nr. 38/1989, ist mit 1. Juni 1989 in Kraft getreten. Es sieht Grenzwerte für Luftschadstoffe (Schwefeldioxid, Staub, Kohlenmonoxid, Stickstoffdioxid) vor, ab denen Vorkehrungen zur Verringerung der Emissionen auf Grund von Smogalarmplänen der Landeshauptleute zu treffen sind. Diese Grenzwerte sind nach Alarmstufen differenziert (Vorwarnstufe, Smogalarmstufe 1, Smogalarmstufe 2).

Förderung der Luftreinhaltung

Die Luftreinhaltung ist auch Gegenstand staatlicher Förderungsmaßnahmen. So sehen die bereits erwähnten Luftreinhaltegesetze der Bundesländer die Förderung der Luftreinhaltung vor.
Nach § 22 Abs. 1 5. Finanzausgleichsgesetz 1989, BGBl. Nr. 687/1988, gewährt der Bund Zuschüsse an Länder und Gemeinden zur Förderung des Umweltschutzes.

Abb. 67: „Fichtenfenster"

Charakteristisch für das Schadensbild an Fichten ist das Auftreten eines sogenannten „Fichtenfensters" unmittelbar unter der Krone. (Foto: W. Katzmann, 1986)

Maßnahmen, die sich mittelbar auf die Luftreinhaltung auswirken, sind die bessere Wärmedämmung von Wohnhäusern, die Verminderung des Energieverlustes und des Energieverbrauches von Zentralheizungs- und Warmwasserbereitungsanlagen, der Anschluß an zentrale Wärmeversorgungsanlagen und Investitionen zur Nutzung von Alternativenergien oder zur besonders wirtschaftlichen Nutzung von konventioneller Energie. Hier sehen das Wohnbauförderungsgesetz 1984, BGBl. Nr. 482/1984 i. d. dz. F., und das Wohnhaussanierungsgesetz, BGBl. Nr. 483/1984 i. d. dz. F., entsprechende Mittel vor. Auch das Fernwärmeförderungsgesetz, BGBl. Nr. 640/1982 i. d. F. BGBl. Nr. 570/1985 und BGBl. Nr. 744/1988, sind hier anzuführen.
Schließlich ist in diesem Zusammenhang das Umweltfondsgesetz, BGBl. Nr. 567/1983 i. d. dz. F. (mit dem Umwelt- und Wasserwirtschaftsfondsgesetz, BGBl. Nr. 79/1987 i. d. F. BGBl. Nr. 607/1987 und BGBl. 299/1989, wurde der Umweltfonds mit dem Wasserwirtschaftsfonds zusammengelegt), zu erwähnen, das schwerpunktmäßig die Förderung von Luftreinhaltemaßnahmen bei gewerblichen und industriellen Betrieben vorsieht.
Nicht übersehen werden soll aber, daß grundsätzlich die Vermeidung bzw. der Ersatz aller Schäden für unbeteiligte Dritte bei jeder wirtschaftlichen Tätigkeit ein Teil der Produktionskosten sind, die grundsätzlich vom Verursacher (Verursacherprinzip) und nicht von der Allgemeinheit (Gemeinlastprinzip) zu tragen sind. Dieser Grundsatz entspricht einem Ordnungsprinzip der Marktwirtschaft, wonach der Staat für gleiche Rahmenbedingungen im wirtschaftlichen Wettbewerb zu sorgen hat. Nur so ist eine rasche und wirksame Anpassung an geänderte wirtschaftliche Bedingungen möglich (z. B. der Übergang von der alten und verschmutzenden „Schornsteinindustrie" zu moderneren Wirtschaftszweigen). Nur so kann verhindert werden, daß Wirtschaftszweige, die weniger oder gar nicht verschmutzen bzw. auf saubere Umwelt angewiesen sind wie die Forstwirtschaft und der ebenfalls vom Wald profitierende Fremdenverkehr, die Verschmutzer mit ihren Steuergeldern subventionieren – eine Subvention der verschmutzenden, unter Umständen überalterten Produktion, aber auch über zu niedrige Preise des „umweltfeindlichen" Konsums.
Schließlich muß unter Umständen die öffentliche Hand das bereits bei der Herstellung geförderte Erzeugnis bei seiner Vermarktung (z. B. beim Export) ein weiteres Mal subventionieren. Noch einmal sei auf das Beispiel Japan (vgl. Seiten 91 und 92) verwiesen, das systemkonforme Alternativen aufzeigt.
Die Förderung ist allerdings häufig das einzige Mittel, um rasch zu einer Senkung des Schadstoffausstoßes zu kommen, wenn man die Alternative von Betriebssperren (sei es administrativ oder durch Insolvenzen) als politisch und sozial unverträglich ausschließt.

Forstschädliche Luftverunreinigungen

Zum Schutz vor meßbaren Schäden an Waldboden oder Bewuchs durch Luftverunreinigungen sieht das Forstgesetz vor, daß Anlagen, die erfahrungsgemäß solche Luftverunreinigungen verursachen, behördlich bewilligt werden müssen (§ 49). Für Anlagen, die bereits bei Inkrafttreten des Forstgesetzes (1. 1. 1976) bestanden, sieht § 51 die Vorschreibung der erforderlichen Maßnahmen vor. Es können das Bedingungen oder Auflagen für die Anlage oder forstliche Maßnahmen sein, die dem Waldeigentümer gegen Kostenersatz aufgetragen werden (z. B. die Verwendung „rauchharter" Baumarten).
Die Bestimmungen des Forstgesetzes über „forstschädliche Luftverunreinigungen" (IV. Abschnitt Forstschutz – C. Forstschädliche Luftverunreinigungen §§ 47–57) haben einen langen Dornröschenschlaf hinter sich, weil ihre Anwendung von einer entsprechenden Verordnung des Bundesministers für Land- und Forstwirtschaft abhängig ist.

Erst 1982 wurden durch die (erste) Verordnung über forstschädliche Luftverunreinigungen, BGBl. Nr. 494/1982, Immissionsgrenzen festgelegt (Höchstgrenzen im Halbstun-

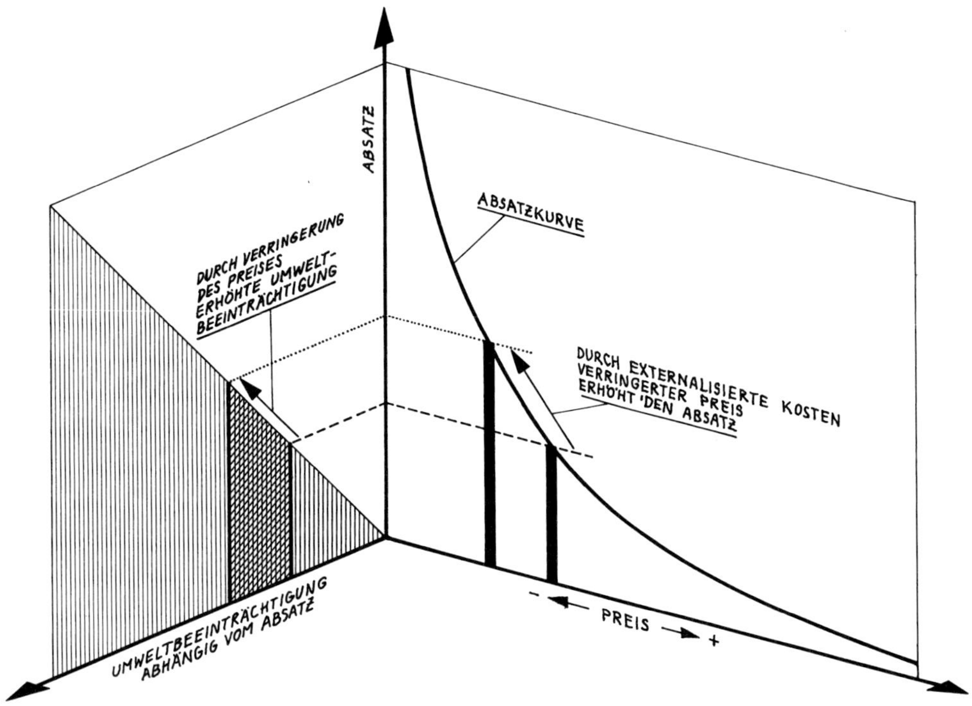

Abb. 68:
Verursacherprinzip und Verbrauch von Umweltgütern

Die Abbildung soll – stark vereinfacht und unter Vernachlässigung verschiedener Zusatzfaktoren wie etwa Konkurrenzverhältnisse oder Nachfrageelastizität – den Zusammenhang von Wettbewerbsverzerrung durch externalisierte Kosten und Verbrauch von Umweltgütern illustrieren.

denmittelwert und im Tagesmittelwert, gestaffelt nach Vegetationszeit und kalter Jahreszeit für Schwefeldioxid, Fluorwasserstoff, Chlorwasserstoff und Ammoniak). Für überwiegend aus Laubbäumen aufgebaute Bestände galten dabei höhere Werte. Da nur Großbetriebe in die Verordnung einbezogen wurden, blieb auch diese Verordnung weitgehend totes Recht.

Die zweite Verordnung über forstschädliche Luftverunreinigungen, BGBl. Nr. 119/84 (die die erste Verordnung ablöste), erfaßt nun auch kleinere Betriebe. Höchstmengen wurden auch für den Staubniederschlag (blei-, zink-, kupfer-, kadmium-, magnesiumoxid-, kalziumoxidhältige Stäube) festgelegt. Grenzwerte für Stickoxide und Kohlenwasserstoffe – beides sehr waldschädliche Stoffe – fehlen, ebenso Grenzwerte für Folgeprodukte dieser Schadstoffe, z. B. Ozon.

Derzeit (Herbst 1989) steht die Einführung einer Novelle zur 2. Verordnung über forstschädliche Luftverunreinigungen unmittelbar bevor. (Der entsprechende Verordnungsentwurf wurde bereits zur Begutachtung ausgesendet). Gestützt auf die „Luftqualitätskriterien NO_2" der Österreichischen Akademie der Wissenschaften sollen nun Grenzwerte für forstschädliche Stickoxide eingeführt werden. Da vor allem Nadelbäume auch außerhalb der Vegetationszeit biologisch aktiver sind, als man lange Zeit annahm, sollen die bisher jahreszeitlich unterschiedlich festgelegten Grenzwerte bei Schwefeldioxid, Fluorwasserstoff und Chlorwasserstoff durch einheitliche Werte sowohl für die Vegetationszeit als auch die Vegetationsruhe ersetzt werden.

Die bisher überhöhten Grenzwerte für den Staubniederschlag sollen herabgesetzt werden.

Es ist auch beabsichtigt Grenzwerte für den Umwandlungsstoff Ozon einzuführen.

Seit der Forstgesetznovelle 1987 (§ 48 Abs. 1 lit. b und Abs. 2) ist bei forstschädlichen Luftverunreinigungen auch auf das Zusammenwirken von mehreren Schadstoffen (Synergismus) zu achten. Dieser gesetzlichen Bestimmung soll die Verordnungsnovelle ebenfalls Rechnung tragen. Für die Durchführung des Verfahrens und die Erteilung der Bewilligung ist grundsätzlich die Forstbehörde zuständig, doch entfällt diese bei der Errichtung (oder Änderung) von Anlagen, die nach gewerbe-, berg-, eisenbahn-, energie- oder dampfkesselrechtlichen Bestimmungen bewilligungspflichtig sind. Inhaltlich ist aber auch bei den letztgenannten Bestimmungen dieser Abschnitt des Forstrechtes anzuwenden. Dem Verfahren ist ein Forstsachverständiger der Behörde beizuziehen.

Sind von den Emissionen Schutz- oder Bannwälder (außer Bannwälder zum Schutz vor Emissionen, die von der Anlage selbst ausgehen) betroffen, ist das Verfahren auf alle Fälle von der Forstbehörde durchzuführen (§ 50).

Die Behörden haben auch Erhebungen (Immissions- und Emissionsmessungen) durchzuführen, wenn forstschädliche Luftverunreinigungen anzunehmen sind (§ 52).

Diese Erhebungen spielen für die in diesem Abschnitt festgelegten zivilrechtlichen Bestimmungen eine Rolle: Hier ist vor allem die Verursachensvermutung (Beweislastumkehr) des § 54 zu erwähnen. Nach dieser Gesetzesstelle wird vermutet, daß bei mehreren möglichen Verursachern eines Schadens durch forstschädliche Luftverunreinigungen der Schaden von diesen Anlagen gemeinsam verursacht wurde. Nach § 53 Abs. 1 lit b haften dabei mehrere Verursacher „zur ungeteilten Hand", das heißt, jeder einzelne (Mit-)Verursacher haftet für den ganzen eingetretenen Schaden. Dies zielt in die Richtung, die schon bei der Darstellung der bürgerlich-rechtlichen Bestimmungen zur Luftreinhaltung erwähnt wurden (siehe Seite 92). Allerdings kommt diese Verursachensvermutung grundsätzlich nur dann zum Tragen, wenn die forstschädlichen Luftverunreinigungen von einer forstrechtlich nicht bewilligten Anlage ausgehen oder die Emissionen das in der Bewilligung festgelegte Ausmaß überschreiten. Ansonsten ist der bereits erwähnte § 364a ABGB (vergleiche Seite 91) anzuwenden.

Mit der Forstgesetz-Novelle 1987 (BGBl. Nr. 576/1987) wurde der Abschnitt über forstschädliche Luftverunreinigungen modifiziert. So wurde bei der Altanlagensanierung nach § 51 auf die Einschränkung der „möglichsten Schonung wohlerworbener Rechte" verzichtet. Die Depositionsrate der Schadstoffe im Boden und deren Anreicherung ist

Abb. 69:
Trockenschäden
an Eichen

Am Rande des Marchfelds (Seyring) kann man immer wieder an Bäumen ein frühzeitiges Welken der Belaubung feststellen. An diesen Standorten läßt sich das „Eichensterben" mit großer Wahrscheinlichkeit auf die fortschreitende Grundwasserabsenkung und auf die jahreszeitlichen Schwankungen des Grundwasserspiegels, die durch die landwirtschaftliche Wasserentnahme bedingt sind, zurückführen. (Foto: W. Katzmann, 1986)

nun festzustellen, weiters sind – wie erwähnt – synergistische Wirkungen vermehrt zu beachten.
Insgesamt scheint jedoch das Konzept der Bekämpfung forstschädlicher Luftverunreinigungen durch das Forstgesetz selbst (ein auch verfassungsrechtlich umstrittener Weg) weitgehend gescheitert zu sein. Dies insbesondere deshalb, weil nur eine dem Vorsorgeprinzip entsprechende Emissionsbegrenzung an der Quelle der Verschmutzung einen Erfolg bringen kann. Wie wenig der Gesetzgeber seinem eigenen Konzept vertraut, ergibt sich aus § 16 Forstgesetz. Danach werden flächenhafte Gefährdungen des Waldes durch forstschädliche Luftverunreinigungen nicht als Waldverwüstungen qualifiziert. Dies obwohl durch die Festsetzung von Immissionsgrenzwerten eben diese Gefährdungen eigentlich ausgeschlossen sein müßten.
Umso mehr Bedeutung wird in Zukunft dem Vollzug von Luftreinhaltemaßnahmen, vor allem nach der Gewerbeordnung und dem Luftreinhaltegesetz für Kesselanlagen, beizumessen sein.

Zusammenfassung

Eine moderne Luftreinhaltestrategie muß dafür Sorge tragen, daß der Ausstoß von Luftschadstoffen nach Möglichkeit nicht erst am Schornstein minimiert wird. Dies ist durch einen möglichst sparsamen Energieeinsatz (Stichworte: Wärmedämmung, Fernwärme, Kraft-Wärme-Kupplungen, Einsatz elektrischer Energie nur dort, wo diese aus technischen Gründen unverzichtbar ist, Vorrang des öffentlichen Verkehrs) sicherzustellen. Trotz einiger Ansätze in der österreichischen Legistik besteht hier noch ein beträchtlicher Nachholbedarf, z. B. bei der Tarifgestaltung der Elektrizitätsversorgung.
Der auch durch vorgeschaltete organisatorische Maßnahmen unvermeidbare Schadstoffausstoß ist nach dem Stand der Technik zu minimieren (schadstoffarmer Brennstoffeinsatz, schadstoffvermeidende Verbrennungstechnik, nachgeschaltete Abgasreinigungsmaßnahmen der Abgase). Mit Ausnahme der Aufbereitung mineralischer Rohstoffe nach dem Berggesetz und dem Hausbrand (hier ist die Schadstofflimitierung nach dem Stand der Technik aus sozialen Gründen wohl nicht erreichbar) ist die Gesetzgebung im wesentlichen auf zeitgemäßem Standard, wenn auch durch die erst allmählich wirksam werdende Altanlagensanierung bzw. Stillegung von Altanlagen sowie durch Vollzugsdefizite bei der Kontrolle der Verschmutzer nur ein allmähliches Wirksamwerden von Maßnahmen möglich ist.
Immissionen wären bundesweit nach Maßgabe der zu schützenden Rechtsgüter – nicht zuletzt des Waldes – zu begrenzen. Trotz der Verfassungsgesetznovellen 1983 und 1988 fehlen diesbezüglich noch immer die verfassungsgesetzlichen Voraussetzungen, nämlich vor allem eine alle Verschmutzungsquellen (Emittenten) umfassende Zugriffsmöglichkeit des Bundesgesetzgebers. Dazu kommen noch Belastungen durch Ferntransporte von Schadstoffen, die innerstaatlich gänzlich unbewältigbar sind.
Die Schäden der Umweltverschmutzung wären den Verursachern nach ausländischem Vorbild (Japan) konsequenter anzulasten.

4.5 Gefährdung des Waldes durch unsachgemäßen Waldbau

Es war sicher eine historische Großtat, den österreichischen Wald nach Jahrhunderten der Übernutzung wieder aufzubauen (so wurden z. B. die staatseigenen Montanforste und Salinenwälder noch über die Mitte des 19. Jahrhunderts hinaus nur unter dem Blickwinkel der Holzbedarfsdeckung für die Salinen und Eisenwerke bewirtschaftet). Dabei war es naturgemäß nicht möglich, lokales Saat-

gut zu verwenden, da ganze Berghänge kahlgeschlagen und baumlos waren. So wurde oft mit Saatgut untauglicher Herkunft ein – heute ausgewachsener – Bestand begründet. Das „Auswachsen" ehemals in kurzen Umtriebszeiten „auf Stock" gesetzter Laubwälder, die vornehmlich der Brennholznutzung dienten (meist waren es Au- und Trockenwälder im Osten Österreichs), führte dazu, daß der heutige Bestand oft aus hundert- und mehrjährigen Stöcken aufgewachsen ist und deshalb der Einzelbaum besonders anfällig gegen Schädlingsbefall oder Wurzelfäule ist (z. B. Eichen, Weiden, Erlen). Im Gegensatz dazu stellt der verbleibende Wurzelstrunk in Nadelwäldern ein klimatisch günstiges Keimbett für nachwachsende Fichten und Tannen dar, da er früher schneefrei, wärmer als der Boden ist und unkrautfrei bleibt.
Der Waldboden war – es wurde schon erwähnt – durch Weidevieh verdichtet und zusätzlich durch die Streugewinnung und Laubnutzung an Nährstoffen verarmt. Urwälder im eigentlichen Sinne gab es nur noch auf „Extremstandorten", insbesondere an unzugänglichen Steilhängen. Diese Wälder konnten auch kein Vorbild für den künftigen Wald sein. Die Fläche, die der Wald damals bedeckte, war – abgesehen von der Qualität und Baumartenmischung – um ein Drittel kleiner als heute. Es galt also, einen Wald heranzuziehen, der einerseits hochwertiges Holz hervorzubringen vermochte, und andererseits wieder Sozialleistungen erbringen konnte wie Wasserrückhalt, Kleinklimaausgleich, Windschutz, Bodenschutz, Schutz vor Muren, Steinschlag und Lawinen.

Abb. 70: Bewirtschaftungsformen der Forstwirtschaft

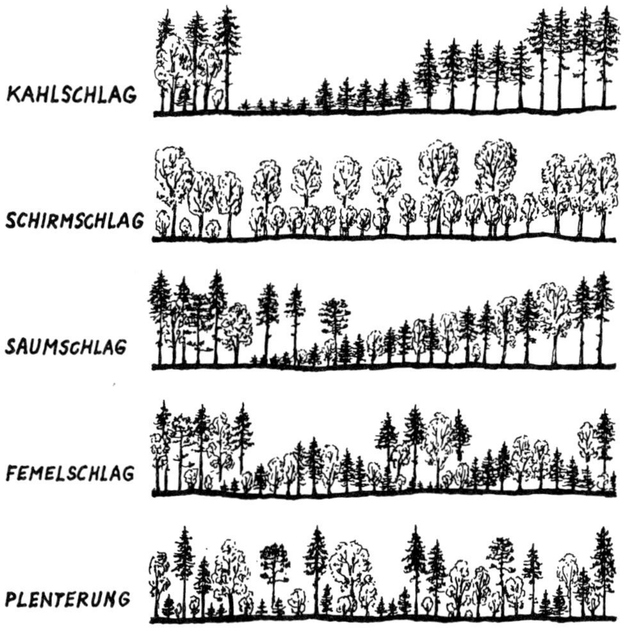

(Quelle: Österreichischer Forstverein, 1988)

Formen der technischen Bewirtschaftung des Waldes

Grundsätzlich können drei verschiedene Formen der Waldbewirtschaftung unterschieden werden: Niederwaldbetrieb, Mittelwaldbetrieb und Hochwaldbetrieb. Diese unterscheiden sich wie folgt:

○ *Niederwald*
(Ausschlagwald) ist ein Waldbestand, bei dem die Bestandesbegründung durch *Stockausschlag* oder (und) *Wurzelbrut,* meist mit dem Ziel der *Brennholzerzeugung* in kurzer *Umtriebszeit* (etwa 20 Jahre), erfolgt.

Stockausschlag: Vegetative Vermehrung infolge der Bildung von Adventivknospen oder des Austreibens schlafender Knospen an dem im Boden verbleibenden Stammteil nach der Fällung eines Baumes (z. B.: Hainbuche, Eiche, Linde, Hasel usw.).

Wurzelbrut: vegetative Vermehrung; oberflächlich streichende Seitenwurzeln schlagen aus.

Umtriebszeit: Zeitraum zwischen der Begründung und der planmäßigen Ernte von Waldbeständen.

○ *Mittelwald*
ist eine Betriebsart, die eine Kombination von Niederwald und Hochwald darstellt: Eine untere Schicht aus Stockausschlägen und eine obere Schicht aus *Kernwüchsen* (das sind aus Samen – generativ – entstandene Pflanzen). Je nach der Individuenzahl im Oberholz ähnelt der Mittelwald mehr dem Niederwald (wenige Oberholzbäume) oder dem Hochwald (viele Oberholzbäume).

Das Unterholz wird im Niederwald alle 15 bis 30 Jahre genutzt, dabei auch die ältesten (stärksten) Oberholzbäume. Die Oberholzbäume weisen das ein-, zwei-, drei-, vielfache Alter des Niederwaldes auf. Die „klassische" Oberholzbaumart ist die Eiche.
Von der Waldfläche Österreichs (3,857.000 ha) sind nur 2,7 Prozent (104.000 ha) Ausschlagwald. Dieser Waldtypus ist besonders im Osten Österreichs beheimatet – also in den überwiegenden Laubwaldgebieten. Hier stellen Übergangsformen zwischen Nieder- und Mittelwaldbetrieb oft eine klimatische Notwendigkeit dar (geringes Wasserangebot!). Durch die aktuelle lufthygienische Situation sind diese Wälder besonders betroffen, und es besteht fast keine Chance auf Hochwaldbetrieb, der ökonomisch interessanter wäre, überzugehen. Andererseits bietet aber gerade der Nieder- und Mittelwald einer seltenen Tier- und Pflanzenwelt Lebensraum, ist also ökologisch von großem Interesse. Die beiden Betriebsarten bilden schließlich einen Übergang zu den auf landwirtschaftlichen Flächen an anderer Stelle (Kap. 6) diskutierten Energiewäldern.

○ *Hochwald*
entsteht aus Kernwüchsen (zum geringen Teil aus Stecklingen). Der größte Teil der produzierten Holzmenge wird im voll erwachsenen Bestand genutzt, in einer Umtriebszeit, die normalerweise durchschnittlich 100 Jahre beträgt.
Der Hochwald bedeckt praktisch 97 Prozent der Waldfläche Österreichs und ist damit wirtschaftlich am bedeutendsten.

(Quelle: abgeändert nach Österr. Forstverein, 1988)

Abb. 71:
Fichtenaufforstung

Wie der Laubwald im Hintergrund zeigt, wäre hier eine Aufforstung mit zumindest einer Mischkultur angebracht gewesen. (Foto: W. Katzmann, 1986)

Zunächst ging es aber auch darum, mit den Waldflächen ertragsmäßig möglichst gleich viel produzieren zu können wie auf dem Acker. Dieser ökonomische Ansatz bewirkte eine starke Hinwendung zu schnellwüchsigeren Nadelhölzern und Monokulturen. Er ist bis heute nicht zur Gänze überwunden.
Heute gilt es, durch waldbauliche Maßnahmen historischen Fehlentwicklungen entgegenzuwirken, wobei Nutz-, Schutz- und andere Wohlfahrtswirkungen (Erholung, ökosystemare Wirkung) zu optimieren sind.
Waldbau kann dabei als die „bewußte Gestaltung des Waldes“ bezeichnet werden, deren Ziel es ist, einen hohen dauerhaften Ertrag zu erwirtschaften, wobei die Produktionskraft des Standortes ebenso wie die Vielfalt der Lebensgemeinschaft bewahrt werden soll.
Durch die Art der Waldnutzung bzw. die Hiebsart wird dabei die spätere Wiederaufforstung bzw. Verjüngung des Bestandes wesentlich mitbestimmt.

Grundsätzlich lassen sich fünf verschiedene Typen der Waldnutzung unterscheiden (siehe dazu auch Abb. 70). In der Reihenfolge mit abnehmender Intensität des Eingriffs:

- Der *Kahlhieb:* die Fläche wird komplett abgeschlagen. Meist werden Bäume gleicher Art und gleichen Alters nachgepflanzt (Monokultur).
- Der *Saumhieb:* das Altholz wird saumartig abgeholzt. Der Bestand verjüngt sich natürlich und/oder wird ebenso streifenförmig neu angepflanzt.
- Der *Schirmhieb:* das Altholz wird sukzessive aufgelichtet, bis die anwachsende Naturverjüngung so kräftig ist, daß sie ohne Hilfe weiterkommt.
- Der *Femelhieb:* aus dem Bestand werden lochartig die Altbäume entnommen. Die Naturverjüngung kann sich ausdehnen, je mehr die Löcher ausgedehnt werden.
- Die *Plenterung:* als dem Femelhieb nahe verwandt kann das Plentern gesehen werden, also die Nutzung des einzelnen, (meist) ältesten Stammes innerhalb eines Dauerwaldes.

Die Diskussion über die „neuartigen Waldschäden“ brachte aber auch Kritik an waldbaulichen Fehlentwicklungen, die zumindest als mitverantwortlich für die Schäden gelten können, allen voran die Monokulturen, also gleichaltrige und gleichartige Bestände, namentlich der Fichten und Föhren. Solche Reinbestände können als extrem risikoreich angesehen werden (vgl. Abb. 22, 37).

Betrachtet man die unterschiedlichen Nutzungsarten aus der Sicht eines umweltverträglichen Umgangs mit dem Wald, so kommt das Plenterprinzip sicher dem ursprünglichen Wald am nächsten. Der Plenterwald findet sich vorzugsweise im Bauernwald und ist wohl in der Schweiz am längsten betrieben worden.

Aber auch in Österreich finden sich hervorragend bewirtschaftete Plenterwälder, z. B. in Oberösterreich im Kobernaußerwald. Bei Naturkatastrophen wie z. B. Föhnstürmen, Naßschnee zeigt sich, daß Wälder, die auf diese Weise genutzt werden, meist weniger betroffen sind als anders bewirtschaftete Wälder. Daß aber selbst Urwälder nicht vor Sturmkatastrophen gefeit sind, zeigt das Beispiel des Rotwaldes, des letzten mitteleuropäischen Urwaldes. Dort warf ein Föhnsturm mit Spitzen bis zu 200 Stundenkilometern mehrere hundert Hektar Bestand. Solche Katastrophen, inkl. Waldbränden, gab es sicherlich auch schon vor den Eingriffen durch den Menschen. Trotzdem läßt sich ihre Wirkung nicht mit Kahlschlägen vergleichen, weil der hohe Anteil von Totholz gleichzeitig den Unterwuchs begünstigte und sich der Wald im Schutz der geworfenen Bäume mehr oder weniger flächig verjüngen konnte. Bezieht man sich auf das mögliche Lebensalter unserer Nadelbäume von 400 bis 1000 Jahren, so haben solche Bäume im Laufe ihres langen Lebens sicher mehrere Naturkatastrophen und kleinere Klimaschwankungen überstanden. Demgegenüber werden heute die Bäume schon in Jugendjahren genutzt, wobei aber gerade der Plenterwald zeigt, daß der Massezuwachs in den älteren Phasen eines Baumlebens nicht allzu sehr absinkt, wenn durch Entnahme nebenstehender Bäume die Standortbedingun-

gen für das Einzelindividuum verbessert werden. Solche Wälder stellen für unsere Bauern einen wichtigen Beitrag zum Lebensunterhalt dar. (Siehe dazu auch den Kasten S. 57.)
Spezielle Formen der Bewirtschaftung finden sich im Auwald und in der Mittelwaldwirtschaft ebenso wie in Energiewäldern, auf die später noch näher einzugehen sein wird (Kap. 6).
Den stärksten Eingriff in den Wald stellt sicher der Kahlschlag dar, weil dabei der Boden den unmittelbaren Wettereinflüssen großflächig ausgesetzt wird und – abgesehen von Bodenerosionen in Hanglagen – die sich einstellende „Schlagvegetation" das Aufwachsen der nachgepflanzten Bäume behindert. Diese werden heute aus Arbeitskräftemangel nicht mehr händisch freigeschnitten, sondern „chemisch gepflegt". Auch stellt ein solcher Schlag für das Wild eine Attraktion dar, und die Bäume müssen mit Antiverbißmitteln geschützt werden.
Ausgehend von den dargestellten Zielen des Waldbaues ergibt sich eigentlich von selbst die Forderung nach einer naturnahen Waldwirtschaft. Darunter versteht man die Förderung eines standortangepaßten Bewuchses, der sich aus Bäumen unterschiedlichen Alters zusammensetzt. Dieser naturnahe Waldbau wird auch vom Gesetzgeber bei der Verjüngung standortgerechter Altbestände bevorzugt (§ 13 Abs. 3 Forstgesetz 1975 i. d. F. der Forstgesetznovelle 1987). In Österreich handelt es sich bei einem standortangepaßten Bewuchs weitgehend um Mischwälder (Laub- und Nadelbäume). Ausnahmen sind beispielsweise Auwälder, Trockenwälder bzw. hochgelegene Fichtenbergwälder und Zirbenwälder. Die Fichtenkulturen wurden jedoch durch die Forstwirtschaft weit über ihr natürliches Verbreitungsgebiet ausgedehnt, in der Regel mit gleichaltrigem Bestandesaufbau. Die negativen Auswirkungen dieser standortfremden Fichtenforste (Bodenversauerung, Bruchanfälligkeit, Schädlingskalamitäten, mangelnde Attraktivität bezüglich Erholung und Fremdenverkehr) sind allgemein bekannt, weshalb in der Theorie diese Art des Waldbaus bereits mehrheitlich abgelehnt wird. Tatsächlich zeigen aber der Verkauf von Forstpflanzen und viele Jungwälder, daß beinahe überall in Österreich die Fichtenmonokulturen weiter zunehmen.
Die Nachteile der Fichtenmonokultur ließ ein deutscher Forstmeister in Stein meißeln, nachdem sein Bestand vom Sturm geworfen worden war:

„Willst du deinen Wald vernichten,
dann pflanze Fichten, nichts als Fichten."

Forstfachleute fordern seit langem, daß vor allem unterhalb 500 m Seehöhe nirgendwo in Österreich ein Fichtenreinbestand begründet werden sollte.
Eine naturnahe Waldwirtschaft kann nicht plötzlich verwirklicht werden, wie ja auch die Bevorzugung der Nadelhölzer seit der Mitte des vorigen Jahrhunderts nicht unmittelbar zur Verbreitung der Fichtenmonokulturen geführt hat. Das fortschreitende Waldsterben, der Schädlingsbefall und die Schäden durch den zunehmenden Einsatz von schweren Maschinen bei der Bringung lassen erwarten, daß eine planmäßige Neuorientierung nur schrittweise vorankommen wird. Namentlich der Wildverbiß verhindert häufig das Aufkommen eines Mischbestandes, ein Problem, dem oft nur durch teure Wildzäune begegnet werden kann. Hinzu kommt, daß die Fruchtbarkeit der Baumarten rasch zurückgeht, was gleichfalls als Auswirkung der Luftverschmutzung gesehen wird. In den wenigen totalen Schadensgebieten wie dem Erzgebirge konnten solche Verminderungen der Fruchtbarkeit schon vor Jahrzehnten beobachtet werden. Mit den dortigen Wäldern sind aber auch genetische Ressourcen zugrunde gegangen, die heute dringend zur Wiederaufforstung benötigt würden. Es wäre sinnvoll, Naturwaldzellen (siehe Abschnitt 5.5) auch im Hinblick auf die Erhaltung und gegebenenfalls auch Gewinnung von Saatgut auszuwählen.
Ein naturnaher Waldbau muß sich zu allererst an den forstlichen Standortfaktoren Klima und Boden orientieren.
Die Klimageschichte zeigt, daß die alpinen Barrieren in Europa den Rückzug mancher Baumarten, die vor den Eiszeiten auch bei uns heimisch waren, vor der sich von Norden her ausbreitenden Klimaverschlechterung in wärmere Überlebensräume verhindert haben. In Nordamerika, das keine den Rückzug hemmenden Gebirgsketten zwischen Nord und Süd aufweist, finden sich dreimal so viele Eichen- und Ahornarten, aber auch Nadelbäume kommen in größerer Artenzahl vor. Die Beurteilung, welcher Baum – wenn überhaupt – zusätzlich zu den heimischen Gehölzen angesiedelt werden soll, muß kritisch geprüft werden. Unter anderem ist in diesem Zusammenhang der Einschleppung von Parasiten vorzubeugen. Außerdem sind Untersuchungen der Gesamtbiozönose notwendig, weil ja die für eine Neuansiedlung vorgesehene Baumart nicht unabhängig von der sie umgebenden Lebensgemeinschaft gesehen werden kann.
Vorderhand wäre es schon wertvoll, Zäunungen zur Abwehr des Schalenwildes zu vermehren, um Bäume und Sträucher, die gegen Verbiß empfindlich sind, wieder aufkommen zu lassen. Sinnvollerweise sollte aber das überzählige Wild soweit abgeschossen werden, bis seine Anzahl die natürliche Verjüngung aller Baumarten nicht mehr verhindert.
Schon vor Jahrzehnten wurde mehrfach nachgewiesen, daß innerhalb von Kulturschutzzäunen scheinbar verschwundene Pflanzenarten wieder nachwachsen und sich die Zahl der Bodenlebewesen stark vermehrt, oft auf das Zwanzigfache. Dies gilt auch für verhältnismäßig kleine, abgegrenzte Flächen von wenigen hundert Quadratmetern Ausdehnung.
Welche Art der Holzernte auch gewählt wird, immer ist dabei an das dadurch beeinflußte Kleinklima zu denken. Frost, Schnee, Wind, starke Sonneneinstrahlung können selbst beim Femelschlag Wirkungen zeigen. Ein Plenterwald, der vielfach als Idealbild angesehen wird, erfordert z. B. besondere Sorgfalt bei der Entnahme der Stämme, wenn durch Maschineneinsatz verursachte Bringungsschäden gering gehalten werden sollen. Dazu kommt, daß sich bestimmte Wälder von Natur aus flächig verjüngen (z. B. Auen).
Wie ein von Monokulturen geprägter Forst laufend in einen naturnäheren Bestand „umgebaut" werden kann, soll am Beispiel der Forstverwaltung Ligist in der Steiermark gezeigt werden (siehe Kasten). Seit Kriegsende wird dort – mit dem Schwerpunkt in Höhenlagen zwischen 700 und 1400 m – der Versuch unternommen, sowohl im Waldbau als auch im Wegebau unter Wahrung ökonomischer Erfordernisse Neuland zu beschreiten. Zäunungen halten, wo erforderlich, das Wild ab, sodaß sich innerhalb weniger Jahre auf dem durch die Monokulturen belasteten Boden Laubhölzer und Sträucher einfinden konnten. Ein naturnaher Bestand bietet letztlich auch dem Wild (so es nicht überhegt ist) eine verbesserte Äsung. Hiebreife Bäume werden einzeln ausgewiesen und geerntet und so über die Naturverjüngung auch die genetische Basis beeinflußt. Die Rückewege sind mit Grassamen eingesät und dadurch kaum zu sehen. Dort, wo Bestände schon vor Jahren „rückgebaut" wurden, bietet der Wald einen erfreulich vielfältigen Anblick.

Abb. 72: Kadaververjüngung

In Urwäldern und naturnahen Wäldern kommt der Kadaververjüngung große Bedeutung zu. Umgestürzte Stämme und stehengebliebene Baumstrünke stellen ein ideales Keimbett dar. Im Vergleich mit dem Boden erwärmen sie sich rascher und ermöglichen durch ihre erhöhte Lage und die dadurch bedingte geringere Schneedecke ein längeres jährliches Wachstum des Keimlings. Auf solche Art aufgewachsene Bäume sind meist an Stelzwurzeln erkennbar. (Foto: W. Katzmann, 1978)

Abb. 73: Naturverjüngung (Ligist, Stmk.)

(Foto: W. Katzmann, 1986)

Ligist

Am Beispiel der Forstverwaltung Ligist (Steiermark) sollen die Prinzipien der naturnahen Bewirtschaftung dargestellt werden:

1. Erhaltung der Produktionskraft durch Mischwald. Hauptholzart ist die Fichte, sie steht in Mischung mit Tanne, Buche, Lärche und Bergahorn. In den tieferen Lagen spielen zusätzlich die Kiefer und die Edelkastanie eine Rolle.
2. Kahlschläge sind äußerst selten. Die Holznutzung erfolgt zur Hälfte durch Freistellung von Naturverjüngungen, zur anderen Hälfte durch Durchforstungen (Schwachholznutzungen). Jeder Baum wird einzeln beurteilt und ausgezeigt (Einzelstammnutzung). Solang Qualität und Wachstum des Einzelbaumes gut sind, wird er gefördert. Die Analyse eines Baumriesen (einer Fichte) ergab zum Beispiel, daß er im Alter von 100 Jahren ein Volumen von etwa drei Festmetern hatte. Im Schlägerungsalter von 196 Jahren jedoch war sein Volumen auf rund elf Festmeter gestiegen. Daraus sieht man, daß dieser Baum in den ersten 100 Jahren seines Lebens nur 30 Prozent und in den zweiten 100 Jahren 70 Prozent seines Endvolumens erzeugt hat. Normalerweise würde das Schlägerungsalter der Fichten schon bei 100 bis 120 Jahren liegen. Man darf also bei der Schlägerung nicht nach einem Schema oder nach einem Durchschnittsalter vorgehen. Es ist weit produktiver, möglichst jeden Baum individuell zu beurteilen. (Siehe dazu auch Kasten S. 57.)
3. Beschädigte und schlecht wachsende Bäume werden frühzeitig entnommen. Mischholzarten werden konsequent in ihrem Wachstum begünstigt.
4. Der Waldaufbau wird durch diese Bewirtschaftung stabiler und vielfältiger. Statt gleichaltriger Bestände wird ein ungleichaltriger Wald angestrebt. Dies ergibt sich daraus, daß die wertvollen Bäume möglichst lange wachsen sollen, weil sie die besten „Aktien" sind, die nicht vorzeitig verkauft werden sollten.
5. Ein vielfältig aufgebauter Wald, gemischt aus Jungwüchsen, mittelalten und alten Bäumen, bietet der gesamten Tierwelt und dem Wild mehr Lebensraum und Nahrung.
6. Mit dieser Wirtschaftsweise sollen großflächige Schäden am Wald durch Wind- und Schneebruch verringert werden.
7. Die Technik bei der Ernte des Holzes muß sich auf diese Prinzipien einstellen. Mit Ausnahme weniger Revierteile kann die gesamte Fläche des Reviers mit Allradtraktoren befahren werden. Der Wald ist mit Rückegassen im Abstand von 40 bis 50 Metern erschlossen. Die Traktoren dürfen nur auf diesen Rückegassen fahren. Das Holz wird am Schlägerungsort auf die einzelnen Sortimente abgelängt, mit der Traktorseilwinde zur Rückegasse geseilt und zur Abfuhrstraße transportiert. Die Reviere sind gut mit Waldstraßen erschlossen; sie haben eine Erschließungsdichte von etwa 45 lfm Straßen pro Hektar. Notwendig ist sorgfältige Arbeit beim Schlägern und Rücken des Holzes bis zur Abfuhrstraße, um die Schäden am Waldbestand klein zu halten.
8. Der überwiegende Teil der Erneuerung des Waldes erfolgt durch Naturverjüngung. Qualität und Höhenrasse der vorhandenen Waldbäume sind daher auch in den Jungpflanzen enthalten.
9. Mit Hilfe eines Netzes von Kontrollflächen – permanente Stichprobeninventur – wird die Entwicklung des Waldes verfolgt. Wie hoch ist der Holzvorrat? Aus welchen Holzarten setzt er sich zusammen? Welche Baumartenmischung haben die Jungwüchse? Wieviel Holz wächst jährlich zu? Und so fort.
10. Unter den vorhandenen Naturgegebenheiten ist diese naturnahe Wirtschaftsweise auch betriebswirtschaftlich erfolgreich und braucht die Konkurrenz mit hochmechanisierten Verfahren nicht zu scheuen. Der Vorteil der beschriebenen Einzelstammwirtschaft liegt in der weitgehenden Möglichkeit zur Wertholzerzeugung.

Betriebsdaten der Forstverwaltung Ligist des Souveränen Malteser Ritterordens:
Gesamtfläche: 3280 ha
Waldfläche: 2850 ha

Natürliche Waldgesellschaften (nach K. Zukrigl):
– in der Oststeiermark:
Colline Stufe (bis 400 m):
Eichen-Hainbuchen-Wald mit Kiefer
– in der Weststeiermark:
Submontane Stufe (400–700/800 m): bodensaurer Buchenwald mit Edelkastanie und Kiefer
Montane Stufe (700–1200/1300 m): bodensaurer Fichten-Tannen-Buchen-Wald
700–1450 m: Fichten-Tannen-Wald
Subalpine Stufe (ab 1450 m): Silikatfichtenwald

Durchschnittliche jährliche Holznutzung:
16.000 fm, pro ha 5,6 fm
Laufender jährlicher Zuwachs: pro ha 5,9 fm

Tatsächliche Baumartenverteilung:

– in der Oststeiermark:	Fichte	44 Prozent
	Kiefer	31 Prozent
	Laubholz	25 Prozent
	(hauptsächlich Buche, Eiche)	
– in der Weststeiermark:	Fichte	88 Prozent
	Tanne	3 Prozent
	Lärche	5 Prozent
	Kiefer	2 Prozent
	Laubholz	2 Prozent

Waldbauziel:
Weitgehende Umwandlung der Baumartenverteilung in Richtung der natürlichen Waldgesellschaften. Das heißt vor allem Erhöhung des Laubbaumanteiles von der Ebene bis in eine Seehöhe von 1200 bis 1300 m. Dadurch soll die Leistungsfähigkeit der Böden langfristig verbessert werden.

Aus wirtschaftlichen Gründen besondere Förderung der Qualitätsausbildung durch fortgesetzte Auslese in den Waldbeständen.

(Dr. Josef Spörk, Forstmeister, Forstverwaltung Ligist)

Abb. 74:
Forststraßennetz

Ein dichtes Netz von Forststraßen zerlegt den ehemals geschlossenen Wald in kleine Restflächen. Es ist leicht vorstellbar, daß auch der Wasserhaushalt solcher Hänge durch den übermäßigen Straßenbau schwer in Mitleidenschaft gezogen wird. (Foto: L. Beckel)

4.6 Bringung (Forststraßen)

Die forstliche Bringung ist die Beförderung von Holz oder sonstigen Forstprodukten vom Gewinnungsort im Wald bis zu einer öffentlichen Verkehrsanlage.
Diese Beförderung kann grundsätzlich zu Lande, in der Luft (in seltenen Ausnahmen mit dem Hubschrauber, häufiger als Seilbringung) oder zu Wasser erfolgen. Die letztere Möglichkeit kann hier außer Betracht bleiben. Sie ist in Österreich (im Gegensatz zu Skandinavien, der Sowjetunion oder Kanada) nur noch von historischer Bedeutung. Die früher weit verbreitete Flößerei ist gänzlich verschwunden, das Triften von Holz (das heißt, die Beförderung von nicht zu Flößen verbundenen Baumstämmen auf dem Wasser) in Bächen und Flüssen bzw. in eigens dafür hergestellten Kanälen wird nur noch ausnahmsweise (z. B. als Fremdenverkehrsattraktion) durchgeführt.
Dagegen bedeutet die Bringung zu Lande eine erhebliche Belastung des Waldes. Sie umfaßt auch die Zwischenlagerung des Holzes (Holzbodenflächen) sowie den Transport der Arbeiter und des Gerätes. Das dabei zunehmend eingesetzte schwere Gerät schädigt den Boden durch Verdichtung und zerstört das Feinwurzelsystem der Bäume. Je nach Witterung und Wassersättigung des Bodens und der Hanglage des Waldes können diese Schäden beträchtlichen Umfang annehmen. Auch kommt es häufig zu einer mechanischen Schädigung von noch stehenden Bäumen, vor allem zu Verletzungen der Rinde durch Maschinen oder durch die beförderten Baumstämme (sogenannte Rückeschäden). Wesentlich schonender war der früher übliche Transport mit Pferden. Die „Wirtschaftlichkeit“ des schweren Gerätes ergibt sich manchmal erst aus dem Umstand, daß die öffentliche Hand die Kosten für die dafür erforderlichen, oft überbreiten Anfahrtswege zumindest teilweise übernimmt. Namentlich die Bringung des bei der Durchforstung des Waldes anfallenden Schwachholzes könnte auch heute mit pfleglichen und wirtschaftlichen Vorteilen durch das Pferd erfolgen.
Dagegen ist die weitgehende Auflassung der früher üblichen Holzriesen zu begrüßen, weil diese häufig Auslöser für Erosionen, neue Wasserläufe, Murabgänge und Lawinen waren.
Das Forstgesetz bestimmt, daß die Bringung so zu erfolgen hat, daß der Waldboden möglichst wenig beschädigt wird, Wasserläufe nicht neu entstehen bzw. bestehende Wasserläufe nicht beeinträchtigt werden, der Bewuchs möglichst wenig Schaden erleidet und der Hochwasserabfluß nicht behindert wird (§ 58 Abs. 3).
Schädigungen sind nur zulässig, soweit sie unvermeidbar und behebbar sind. Die Behebung hat unverzüglich durch den Bringungsunternehmer und den Waldeigentümer zu erfolgen (§ 58 Abs. 4 und 5).
Die Forstgesetznovelle 1987 brachte eine Neuregelung, wonach unter Umständen Bringungsanlagen auch auf

fremdem Grund errichtet werden können, wenn anders die zweckmäßige Bewirtschaftung nicht möglich wäre (§ 66a).

Das Forstgesetz kennt folgende Bringungsanlagen:
- Materialseilbahnen (mit Tragseil)
- Waldbahnen (Schienenbahnen)
- Forststraßen

Die Materialseilbahnen können im wesentlichen die gleichen Probleme mit sich bringen wie Stromleitungen und Lifttrassen (siehe Abb. 28, 79).
Die früher verbreiteten Waldbahnen (meist Schmalspurbahnen) haben ihre Bedeutung verloren. Sie waren keine nennenswerte Belastung der Landschaft, da sie nur eine schmale Trasse beanspruchten und dem Gelände sehr gut angepaßt werden mußten (wegen der geringen Steigfähigkeit der Schienenfahrzeuge und weil weniger Maschinenkraft für ihre Errichtung zur Verfügung stand), im Gegenteil, viele fügten sich sehr reizvoll in die Landschaft ein. Dort, wo sie durch Forststraßen ersetzt wurden, ihre ursprüngliche Trasse aber noch erkennbar ist, wie etwa im Reichraminger Hintergebirge, sieht man deutlich, wieviel nachhaltiger die heutigen Forststraßen in das Landschaftsbild eingreifen. Allerdings bedingten Waldbahnen aus Rentabilitätsgründen eine großflächige Kahlschlagwirtschaft, während Forststraßen schonendere Bewirtschaftungsformen ermöglichen (Einzelstammentnahme, Plenterwirtschaft etc.) und man durch diese auch näher an höher gelegene Schlagflächen in steilen Hanglagen herankommt.
Forststraßen, oft in Verbindung mit mobilen Seilanlagen, sind heute die am weitesten verbreitete Form der Bringungsanlagen, es ist daher näher auf sie einzugehen.
Wer durch Österreich fährt, gewinnt oft den Eindruck, daß die weithin sichtbaren Forststraßen mit besonderer Gefühllosigkeit ins steile Gelände geschlagen wurden. Jedenfalls sind die Eingriffe in den Hang darüber (durch Abtragungen) ebenso wie in den Hang darunter (durch Ablagerung von abgeschobenem und abgesprengtem Material) schon von weitem zu sehen. Von Journalisten wurden Forststraßen deshalb sogar als „heimliche Autobahnen" bezeichnet, vor allem wegen ihrer Breite und geringen Steigung.
Von der Forstwirtschaft wird gerne argumentiert, daß ein naturnaher Waldbau nur durch Vermehrung der Forststraßen möglich sei, nur so könnten Durchforstungsrückstände aufgeholt und umweltschonende Bringungsverfahren eingesetzt werden. Dem steht aber gegenüber, daß im Wirtschaftswald pro Hektar bereits über 40 Laufmeter Forststraße vorhanden sind, eine Zahl, die vielfach als ausreichend erachtet wird.
Fest steht jedenfalls, daß jede Forststraße einen beträchtlichen Eingriff darstellt, der sowohl das Mikroklima des Waldes verändert als auch Konsequenzen für den Bodenwasserhaushalt nach sich zieht. Der Forststraßenbau ist aber über die Holzgewinnung hinaus eine Erschließung für die Allgemeinheit oder Privilegierte. Diese „Nebennutzung" läßt sich schwer verhindern, oft ist sie von vornherein miteingeplant. So ist es kein Wunder, wenn schließlich der motorisierte Tourismus bis in die letzten noch natürlichen Ecken Österreichs vordringt, obwohl von 90 Prozent der Besucher der Autoverkehr auf solchen Wegen und Straßen abgelehnt wird, auch dann, wenn man selbst durch eine solche Beschränkung betroffen wäre.
Folgende Schädigungen des Waldes können durch Forststraßen verursacht werden:
- Der geschlossene Wald wird durch Forststraßen „aufgerissen". Die dabei auftretenden Probleme sind im wesentlichen mit jenen identisch, die bei Seilbahn- und Lifttrassen sowie Stromleitungen zu beobachten sind.
- Wasserläufe können verändert, Erosionen, Mur- und Lawinenabgänge gefördert werden.
- Bei der Errichtung von Forststraßen wird häufig durch das weggeräumte Material der darunter liegende Wald beschädigt.
- Durch Drainageeffekte kann die Wasserversorgung von Teilen des Waldes nachteilig beeinflußt werden.
- Überdimensionierte Forststraßen können zu übergroßen Kahlschlägen verleiten.
- Auch der private Autoverkehr mit all seinen nachteiligen Folgen kann durch Forststraßen bis in entlegenste Waldgebiete gelockt werden.
- Die freie Begehbarkeit des Waldes kann erschwert werden (Unterbrechung der markierten Steige durch übersteile, oft kaum überwindbare Böschungen ober- und unterhalb der Straße, wobei das Auffinden der Wegfortsetzungen namentlich bei schlechter Sicht sehr erschwert werden kann).
- Forststraßen bewirken häufig eine erhebliche Beeinträchtigung des Landschaftsbildes, vor allem im Gebirge, und hier insbesondere im Kalkgestein, wo eine Begrünung der Gesteinsaufschlüsse oft nicht möglich ist.

Neben den unmittelbaren Schäden bewirken Forststraßen durch die immer umfassendere Erschließung der Forste eine rasante Zunahme der sogenannten „Rückeschäden", also jener Schäden an der Lebensgemeinschaft Wald, die durch die Ernte der Bäume und das Abschleppen der Stämme bis zur Forststraße verursacht werden. Durch breite Forststraßen werden auch moderne Erntemethoden, Rationalisierungsmaßnahmen und dem damit verbundenen Maschineneinsatz möglich. Allerdings unterscheidet die österreichische Forstinventur nicht zwischen durch Steinschlag oder Bringung verursachte Schäden, sodaß aus der betreffenden Statistik kein differenziertes Bild abgeleitet werden kann.
Die hier angeführten Nachteile dürfen aber nicht als Argumente gegen Forststraßen schlechthin aufgefaßt werden. Vielmehr sind Forststraßen für die Waldwirtschaft (auch und gerade für eine naturnahe) unentbehrlich. Es kommt im wesentlichen darauf an, Schäden durch den Forststraßenbau soweit wie möglich zu vermeiden.
Vom Standpunkt der Landschaftsgestaltung und Landschaftspflege sollten Forststraßen so angelegt werden, daß sie im Gelände praktisch „unsichtbar" werden. Dies setzt voraus, daß die Anlage der Straßen die natürlichen Gegebenheiten berücksichtigt. Im Steilgelände sollte ihr Gefälle nicht zu gering sein, um übermäßige Länge und zu viele Kehren zu vermeiden. Auch die Fahrbahnbreite sollte sich auf das unbedingt nötige Maß beschränken, das heißt, Forststraßen sollten grundsätzlich einspurig (allenfalls mit Ausweichen) angelegt werden. Überbreiten sind oft nur das Ergebnis öffentlicher Förderung und nicht immer eine betriebswirtschaftliche Notwendigkeit. Grundsätzlich sollten die Forststraßen nicht den Nutzfahrzeugen und Holzerntemaschinen angepaßt werden, sondern vielmehr das Gerät der Straße. Viele der gegenwärtig zum Einsatz kommenden Maschinen sind nicht für Bergwälder in Fremdenverkehrsgebieten entwickelt worden.

In ökologisch und landschaftlich sensiblen Bereichen ist beim Forststraßenbau der Löffelbagger unbedingt der Schubraupe vorzuziehen. Der Löffelbagger ermöglicht den schonenden und geordneten Abtransport von Gestein, während mit der Schubraupe der Abraum in den

Abb. 75: Das Anlauftal bei Gastein (S)

Vergleiche Abb. 7! Im idyllischen Anlauftal wird der untere Teil der Forststraße als Schiabfahrt benutzt. Diese Forststraße scheint aus diesem Grund in Überbreite angelegt worden zu sein. (Foto: W. Katzmann, 1983)

Abb. 76: Folgeschaden eines Straßenbaus

Durch den Ausbau einer Verbindungsstraße in der Nähe des Ossiacher Sees rutschte ein breiter Teil des untenliegenden Hanges ab. (Luftbild: L. Beckel, 1975) (Freigabe: BMfBT GZ 46 222/288-IV/6/76) darunter liegenden Wald befördert wird, was beträchtliche Waldschäden verursachen kann. Die Befürchtung, daß durch die Verwendung von Löffelbaggern höhere Kosten entstehen könnten, hat sich weitgehend als unbegründet erwiesen. Grundsätzlich wäre ja beim Forststraßenbau eine Langzeitkostenrechnung anzustellen, bei der z. B. auch Stammschäden durch Abraummaterial der momentanen Kostenersparnis bei der Errichtung gegenüberzustellen sind.

Entscheidend sind dabei die richtige Größenauslegung, eine entsprechende Trassenführung, eine schonende Bauweise, zweckmäßige Hangbefestigungen und Rücksichtnahmen auf die örtlichen Verhältnisse (Koordination mit anderen Forststraßen bzw. überhaupt anderen Verkehrswegen, Beachtung des Wasserhaushaltes, der Boden- und Geländestruktur im Hinblick auf Lawinen, Murbrüche, Erosionen, instabiles Gelände etc.). Nach Fertigstellung der Forststraße ist eine entsprechende Betreuung vom landschaftspflegerischen Standpunkt erforderlich. Namentlich der private Autoverkehr muß durch rigorose Abschrankungen der Forststraßen ferngehalten werden – ein Gebot, das heute auch vom Standpunkt des Fremdenverkehrs immer mehr anerkannt wird.

Die Errichtung von Forststraßen, aber auch anderer Bringungsanlagen, ist durch das Forstgesetz näher geregelt (§§ 58–79). So sind Waldbahnen und ortsfeste forstliche Materialseilbahnen stets genehmigungspflichtig, nicht ortsfeste nur dann, wenn sie ortsfeste forstliche Materialseilbahnen kreuzen oder fremde Gebäude gefährden könnten. Aus Sicherheitsgründen werden bei mobiler Seilbringung oft die Stämme hangaufwärts aus dem Wald befördert.

Forststraßen sind bewilligungspflichtig, wenn sie durch ein Arbeitsfeld der Wildbach- und Lawinenverbauung, durch Landschaftsschutzgebiete oder durch Schutz- oder Bannwald führen. Liegen keine der angeführten Voraussetzungen vor, sind die Forststraßen nur anmeldungspflichtig.

Bewilligungspflichtig sind weiters sämtliche Bringungsanlagen, wenn durch das Bauvorhaben „öffentliche Interessen der Landesverteidigung, der Eisenbahnverwaltungen, des Luftverkehrs, des Bergbaues, der Post- und Telegraphenverwaltung, der öffentlichen Straßen und der Elektrizitätsunternehmungen berührt werden" (§ 62 Abs. 1).

Die Bewilligung ist zu erteilen, wenn die Bringungsanlage so geplant ist, daß sie den allgemeinen Vorschriften der Bringungsanlagen entspricht.

Diese Vorschriften sehen insbesondere vor, daß in den Wald nur so weit eingegriffen wird, als es dessen Erschließung erfordert.

Auf keinen Fall darf durch die Errichtung einer Bringungsanlage

- ein Erosionsherd geschaffen,
- der Hochwasserabfluß von Wildbächen behindert,
- die Entstehung von Lawinen begünstigt oder deren Schadenswirkung erhöht,
- die Gleichgewichtslage von Rutschgelände gestört oder
- der Abfluß von Niederschlagswässern so ungünstig beeinflußt werden, daß Gefahren oder Schäden landeskultureller Art heraufbeschworen oder die Walderhaltung gefährdet oder unmöglich gemacht werden.

Im besprochenen Zusammenhang sind aber die umschriebenen Eingriffe insofern zulässig, als sie unvermeidbar sind, möglichst gering und kurzfristig gehalten werden und durch sie verursachte Gefährdungen jederzeit behoben werden können. Diese Eingriffe müssen jedoch raschestmöglich wieder beseitigt oder abgesichert werden. Bringungsanlagen müssen auch den Bestimmungen über die Behandlung und Nutzung des Schutzwaldes (siehe Seiten 42f. und 46ff.) entsprechen, andernfalls dürfen sie nicht bewilligt werden.

Weiters ist bei der Planung auf die besonderen Verhältnisse im Wald Bedacht zu nehmen, das heißt, Bringungsanlagen müssen nach forstfachlichen Erkenntnissen unbedenklich sein, sie dürfen die Interessen der Wildbach- und Lawinenverbauung nicht beeinträchtigen und müssen schließlich betriebssicher sein. Im Bewilligungsbescheid können entsprechende Auflagen enthalten sein, um die hier angeführten Interessen zu wahren.

Die Planung und Errichtung von forstlichen Bringungsanlagen hat unter der Aufsicht befugter Fachkräfte (Forstwirte, Ziviltechniker) zu erfolgen.

Einem Antrag auf Bewilligung ist ein technischer Bericht und eine maßstabgerechte Lageskizze anzuschließen. Waldbesitzer, deren Wald durch Bringungsanlagen beeinträchtigt werden könnte, haben im Bewilligungsverfahren Parteistellung.

Nach Erteilung einer Errichtungsbewilligung oder nach der Anmeldung der Bringungsanlage können ohne weiteres die erforderlichen Rodungen durchgeführt werden. Allerdings besteht eine Verpflichtung zur Wiederaufforstung, wenn die Errichtung nicht fristgerecht erfolgt. Die Frist ist bei bewilligungspflichtigen Anlagen bescheidmäßig vorzuschreiben, ansonsten beträgt sie drei Jahre.

Die Fertigstellung einer bewilligungspflichtigen Forststraße ist der Forstbehörde anzuzeigen. Diese hat die Einhaltung der in der Errichtungsbewilligung enthaltenen Vorschreibungen zu überprüfen und hierüber einen Bescheid zu erlassen.

Unter gewissen Voraussetzungen (z. B. Feuchtbiotopschutz), nach manchen Landesgesetzen auch generell (z. B. Vorarlberger Landschaftsschutzgesetz, LGBl. Nr. 1/1982), sind Forststraßen auch naturschutzbehördlich zu bewilligen. Entsprechend der Bedeutung der Forststraßen für das Landschaftsbild wäre zumindest bei ihrer Anlage im Gebirge eine generelle naturschutzbehördliche Genehmigung zu fordern.

Auch das geplante Umweltverträglichkeitsprüfungs- bzw. Bürgerbeteiligungsverfahren sollte den Forststraßenbau im Gebirge miteinbeziehen. Nach den derzeit geplanten Entwürfen sind wohl Rodungen, nicht jedoch die Errichtung von Bringungsanlagen (die ja nicht stets mit Rodungen verbunden sein müssen) vom Bürgerbeteiligungsverfahren bzw. Umweltverträglichkeitsprüfungsverfahren erfaßt. Wenigstens in landschaftlich besonders reizvollen oder gefährdeten Gebieten sollte für Forststraßen eine Umweltverträglichkeitsprüfung eingeführt werden. Dies würde den Betreiber zwingen, verschiedene Varianten bezüglich der Umweltwirkungen zu untersuchen, wobei auch Varianten der Bauart, Bagger und/oder Raupe, berücksichtigt werden sollten.

Die Regelung der Bringungsanlagen im Forstgesetz enthält Bestimmungen wie etwa: „Die Bringung hat so zu erfolgen, daß Waldboden möglichst wenig beschädigt wird", oder: „Bringungsanlagen sind so zu planen, zu errichten und zu erhalten, daß unter Berücksichtigung technischer und wirtschaftlicher Gesichtspunkte Waldboden und Bewuchs möglichst wenig Schaden erleiden. . .". Gerade bei solchen, in vielen Gesetzen notwendigerweise enthaltenen unbestimmten Begriffen und Rechtsgüterabwägungen empfiehlt sich die Durchführung einer Umweltverträglichkeitsprüfung. (Gegen eine solche Umweltverträglichkeitsprüfung wird eingewendet, daß sie zu ver-

Abb. 77: Bringungsschäden

Der immer umfassenderen Erschließung der Forste in den letzten zwei Jahrzehnten folgte eine rasante Zunahme der sogenannten „Bringungsschäden", also jener Schäden an der Lebensgemeinschaft Wald, die durch das Fällen der Bäume und den Abtransport der Stämme verursacht werden. Diese Zunahme ist auch auf moderne Erntemethoden, Rationalisierungsmaßnahmen und den Maschineneinsatz zurückzuführen. (Foto: W. Katzmann, 1979)

mehrter Bürokratie führt, vielleicht könnte man mit einer Umweltverträglichkeitserklärung im Rahmen der derzeitigen Gesetzeslage, wenn diese ausgeschöpft würde, auskommen.)

4.7 Tourismus und Fremdenverkehr

Österreich hat es in einem kaum zu unterschätzendem Maß seinen Wäldern zu danken, daß dem Fremdenverkehr solche Bedeutung zukommt.
Allerdings bringt die Erholungsnutzung des Waldes naturgemäß eine beträchtliche Belastung mit sich. Dennoch ist diese Wohlfahrtsleistung des Waldes für unsere Bevölkerung, die in ihrem Wohnumfeld sonst oft kaum eine Beziehung zur Natur entwickeln kann, unverzichtbar. Auch läßt sich eine Beziehung zu einer Sache nur durch Beobachtung und Kennenlernen entwickeln. In einem weiteren Sinn kommt somit die freie Begehbarkeit des Waldes dem Wald zugute, denn wie könnte sich eine öffentliche Meinung „pro Wald" entwickeln, wenn den meisten Menschen seine Schönheit unbekannt wäre (tatsächlich fehlt ja diese „Waldgesinnung" häufig in Gebieten, in denen der Wald schon im Altertum vernichtet wurde).
Die möglichen Schäden durch die freie Begehbarkeit, die gelegentlich auch aus jagdlichen Interessen sehr hochgespielt werden, sollen dennoch nicht verkannt werden. So soll die Nutzung des Waldes zur Erholung weder zu einer „Möblierung" des Waldes, noch zu seiner gezielten Ausplünderung (Beeren, Pilze) führen. Bekannte Belastungen des Waldes durch seine Besucher sind auch die Beunruhigung des Wildes (Lärm, Transistorradios, Hunde), Verschmutzungen (Abfälle, Ölwechsel und Autowäsche durch besonders unverantwortliche Personen) und schließlich die Feuergefahr (die durch Zuschüsse der öffentlichen Hand zur Brandversicherung abgegolten wird).

Diesen Gefährdungen des Waldes steht seine bedeutende Erholungswirkung auf den Menschen gegenüber. Die staubarme Luft (um 90 Prozent weniger lungengängige Feinstäube als in der Stadtluft), oft feuchter und kühler als im Umland, wird als angenehm empfunden. Durch den Wald werden Straßengeräusche gedämpft. So vermag ein 100 Meter breiter Waldstreifen den Lärm zu halbieren. In dem Maß wie der Lärm unserer technischen Zivilisation mehr und mehr zurücktritt, werden Vogelstimmen, das Summen von Insekten oder das Rauschen des Windes wahrnehmbar. Wohltuend, vor allem im Sommer, ist auch das gedämpfte Licht. Der Gehrhythmus muß sich nicht mehr dem Diktat der Verkehrsampeln unterordnen. Eßbare Beeren und Pilze machen den Waldbesucher beinahe wieder zum Sammler wie seine Vorfahren in grauen Vorzeiten. Diese Beobachtungen und Erlebnisse, das angenehm gedämpfte Licht, die Möglichkeit, wenigstens vorübergehend einer oft wenig anregenden Umwelt ausweichen zu können, tragen wohl noch mehr zum Wohlbefinden des Waldbesuchers bei, als die rein physischen Wirkungen.
Ähnlich wie die Waldschäden durch Besucher, werden auch die im Wald drohenden Gefahren gelegentlich übertrieben. Die soziale Akzeptanz von Gefahren steht häufig in einem auffallenden Mißverhältnis zu deren tatsächlicher Größe. Schlägt sich beispielsweise ein Schulkind am Betonsitzbankerl im asphaltierten Schulhof ein Loch in den Kopf oder wird vom Verkehr verletzt oder gar getötet, so zählt dies zu den zwar bedauerlichen, aber hingenommenen Risken einer technisierten Welt. Drohen hingegen Zekken oder Tollwut, so wird gleich jeder Ausflug in den Wald abgeblasen. Die Nachricht über ein in Bayern durch einen herabstürzenden Ast getötetes Kind ging 1985 durch die gesamte europäische Presse. Ohne die Naturgefahren leugnen zu wollen, läßt sich doch feststellen, daß ein Spaziergang im Wald weit weniger gefährlich ist als in der Stadt.

Abb. 78:
Picknickplatz im Wald

In den letzten Jahren gingen viele Forstverwaltungen dazu über, Erholungseinrichtungen im Wald zu schaffen, um auf diese Weise eine bessere Lenkung der Besucherströme zu bewirken. Besonders hervorzuheben ist hier der Tiroler Landschaftsdienst, der seit über zehn Jahren die Gestaltung solcher Plätze vorantreibt. (Foto: W. Katzmann, 1979)

Auf altem Herkommen beruht die Vorstellung, man könne den Wald beliebig betreten und sich dort erholen. Allerdings gab es lange Zeit keine diesbezüglichen Regelungen, was in einem Land, in dem sowohl die Forstwirtschaft als auch der Fremdenverkehr eine bedeutende wirtschaftliche Rolle spielen, zu Interessengegensätzen führen mußte. Das Fehlen gesetzlicher Grundlagen wurde zunehmend als Lücke empfunden. Die Bundesländer erließen daher Gesetze über die Wegefreiheit im Bergland, die unter anderem auch den Zugang zu den Bergen durch den Wald vorsehen (Kärnten, Oberösterreich, Salzburg, Steiermark).

Seit 1975 regelt das Forstgesetz selbst die Waldbenützung zu Erholungszwecken (III. Abschnitt C, Benützung des Waldes zu Erholungszwecken, §§ 33–36 Forstgesetz). Demnach darf jedermann grundsätzlich Wald zu Erholungszwecken betreten und sich dort aufhalten. Dies bringt die eingangs erwähnten Schäden und Gefährdungen mit sich.

Ein eigenes Kapitel stellen die zahlreichen Schipisten und Aufstiegshilfen im und durch den Wald dar. Namentlich der „Dichtestreß" auf der Schipiste und die verordnete Langeweile durch die Beseitigung aller geländebedingten Schwierigkeiten (das Gelände wird mittels Schubraupe dem Schifahrer angepaßt, statt daß sich dieser auf das Gelände einstellt) führen dazu, daß immer mehr Schifahrer ins Gelände abseits der Piste ausweichen. Tourenläufer, vor allem aber sogenannte Variantenfahrer (Beförderung mittels mechanischer Aufstiegshilfe, aber Abfahrt abseits der Piste) verursachen eine beträchtliche Belastung des Waldes:

- Der durch Seilbahntrassen, Straßen und Pisten ohnehin eingeengte Lebensraum des Wildes wird weiter beschnitten bzw. das Wild in der härtesten Zeit des Jahres beunruhigt. Das kann zum regionalen Verschwinden einzelner Arten führen, was bei an sich gefährdeten Arten die Gefahr des gänzlichen Aussterbens erhöht (z. B. der Auer- und Birkhühner). Die Einengung des Lebensraumes kann auch zur örtlichen Verschärfung des Verbißproblems führen.
- Vor allem die Spitzen junger Bäume, die gerade noch aus dem Schnee ragen, werden durch Stahlkanten „abrasiert" - das erfolgt naturgemäß häufig in der empfindlichen Kampfzone des Waldes.
- Weitere Schäden – wenn auch in geringerem Ausmaß – entsprechen denen, die auch auf Schipisten entstehen können. Vom Institut für Waldbau der Universität für Bodenkultur wurde 1987 eine Umweltverträglichkeitsprüfung (Öko-Checkliste) von Schisport-Anlagen entwickelt. Dort finden sich umfassende Angaben, unter welchen Rahmenbedingungen Schipisten noch errichtet werden können und worauf dabei Rücksicht genommen werden muß. Derzeit gibt es in unserem Land rund 4000 sogenannte Aufstiegshilfen und wenigstens 17.000 Hektar Schipisten.
- Auch Schilangläufer bewirken eine Belastung des Waldes, die allerdings unvergleichlich geringer als die des alpinen Schilaufs ist, solange sich der Langläufer an die gespurten Loipen hält.

In einer Novelle zum Forstgesetz wurde 1987 der Variantenschilauf untersagt. Im Ausschußbericht zu diesem Gesetz wurde ein Sperrbereich festgelegt, der sich eine halbe Wegstunde, mindestens aber 500 m links und rechts der mechanischen Aufstiegshilfe erstreckt, in dem nicht neben der Piste abgefahren werden darf. Ein generell geplantes Verbot des Tourenschilaufs abseits markierter Routen wurde nach Interventionen der alpinen Vereine wieder fallengelassen, es wäre wohl auch kaum vollziehbar gewesen. Dies legt dem Tourenläufer eine besondere Verantwortung gegenüber dem von ihm durchfahrenen Wald auf. Vor allem ist darauf zu achten, daß bei der Abfahrt Jungbäumen ausgewichen wird. In Jungwaldungen (Baumhöhe unter drei Meter) ist der Schilauf wie überhaupt das Betreten grundsätzlich verboten.

Abb. 79: Lifttrasse

Durch ihre Anlage in der Fallinie sind gerade Schlepplifttrassen von starker Bodenerosion betroffen. In Fällen wie dem hier gezeigten können sie bei heftigen Regenfällen geradezu zu Wildbachrinnen werden.
(Foto: W. Katzmann, 1979)

4.8 Forstliche Raumplanung

Die Erhaltung des Waldes setzt – vor allen anderen Bedingungen – die Sicherung und allenfalls Ausweitung der dafür notwendigen Flächen voraus. Aus ökologischer Sicht könnte unter unseren Klimabedingungen und Geländeverhältnissen von einer Mindestbewaldungsfläche ausgegangen werden, die je nach Charakter des Gebietes im östlichen Flachland wenigstens 25 Prozent, im Bergland 50 Prozent ausmachen sollte. Bei solchen Zahlen handelt es sich um Faustregeln, die letztendlich nicht die Qualität und den Aufbau der die Flächen bedeckenden Wälder berücksichtigen. Die nachlassende Vitalität des Waldes müßte eigentlich durch Ausweitung seiner Flächen kompensiert werden, da der geschädigte Wald – wie ausgeführt – seine Sozialfunktionen (z. B. Wasserspeicherung) nur noch bedingt erfüllen kann. Dies zeigt sich bei den immer häufiger werdenden Murbrüchen nach Starkregenfällen. Die schwindende Vitalität des Waldes müßte auch in den Gefährdungskategorien der Gefahrenzonenpläne der Talschaften ihren Niederschlag finden! Wie gefährlich die Situation geworden ist, zeigt in den letzten Jahren der vermehrte Abgang von Schadlawinen in besiedeltem Gebiet. Aus dieser Sicht ist einmal mehr eine stärkere Trennung von Wald und Weide und das Aufforsten bestimmter Almflächen zu fordern. Das rechtliche Mittel zur Erreichung dieser Ziele ist die Raumplanung. Sie ist als sogenannte „Querschnittsmaterie" eine zwischen Bund und Ländern geteilte Aufgabe. Im Rahmen der Landesgesetzgebung bestehen Landesraumordnungsgesetze, die unter anderem auch auf Probleme der Walderhaltung Bezug nehmen. Im Bereich der Bundesgesetzgebung regelt das Forstgesetz Fragen der forstlichen Raumplanung.

Der Anteil der Waldfläche an der Gesamtfläche des Bundesgebietes hat in den letzten Jahren – trotz aller Waldverluste – vor allem durch die Aufforstung von Almen und sogenannter Grenzertragsböden (das sind schlechte landwirtschaftliche Böden, die wegen geringen Ertrages zunehmend aufgegeben werden) zugenommen. Diese Tatsache wird oft als Argument gegen die Besorgnis des Bürgers wegen der Waldverluste verwendet, man denke an Siedlungen, Industriebauten, Straßen, Schipisten usw. Das Argument wird den Problemen nur sehr bedingt gerecht. Wald ist nicht gleich Wald! Es kommt – wie erwähnt – darauf an, wo er steht und wie er aufgebaut ist, damit er neben dem Holzertrag seine vielfältigen Wohlfahrtswirkungen möglichst umfassend erfüllen kann.

Der Wald bedeckt in Österreich ca. 46 Prozent der Landesfläche. Unmittelbare Verluste drohen ihm durch die Zersiedlung und durch Verkehrswege, wobei der Straßenbau (Autobahnen und Schnellstraßen, andere Bundes- und Landesstraßen, Gemeindestraßen, Forststraßen und Güterwege) die weitaus wichtigste Rolle spielt. Von geringerer Bedeutung sind der Eisenbahnbau und die Verlegung von Rohrleitungen. Starkstromleitungstrassen sowie Seilbahn- und Lifttrassen verursachen – bezogen auf die Gesamtwaldfläche – ebenfalls geringere Waldverluste, doch bringen sie mancherlei ökologische Probleme mit sich.

So werden durch diese Eingriffe die Angriffsflächen für schädliche Einflüsse wie Luftschadstoffe, Sonneneinstrahlung (Brandschäden auf der Baumrinde), Wind, Steinschlag, Lawinen etc. vergrößert.
Die Zersiedlung führt insbesondere im Naherholungsbereich zu Waldverlusten. Vor allem das Siedeln in Streulage (Verhüttelung der Landschaft) spielt im Umland größerer Städte und in Fremdenverkehrsgegenden eine Rolle. In hohem Maße werden die reizvollen Waldränder parzelliert und dadurch die Erholungsuchenden ausgegrenzt. Zu dieser Entwicklung trägt auch die wachsende Tendenz zum Zweitwohnsitz bei.
Die Raumplanung entwickelt örtliche Programme bzw. Grundsätze zur Erhaltung und Pflege des Waldes, wie wir sie in verschiedenen in der Folge zu behandelnden Bundes- und Landesgesetzen finden.
Die jüngeren Raumordnungsgesetze der Bundesländer betonen die Bedeutung des forstwirtschaftlichen Bodens. So heißt es etwa im Raumordnungsgesetz des Landes Niederösterreich, das hier beispielsweise näher behandelt werden soll, unter dem Prätext „Leitziele":
„Auf die Sicherung und Verbesserung der räumlichen Voraussetzungen für eine leistungsfähige Land- und Forstwirtschaft ist besonders Bedacht zu nehmen. Böden, die für die land- und forstwirtschaftliche Nutzung besonders gut geeignet sind, dürfen für andere Nutzungen nur herangezogen werden, wenn andere Flächen nicht zur Verfügung stehen.
Eine Siedlungstätigkeit in isolierter Lage ist zu vermeiden. Dabei ist unter Berücksichtigung der jeweiligen überörtlichen und örtlichen Raumplanungsprogramme eine optimale Wohndichte anzustreben. Die Siedlungsräume sind entsprechend aufzuschließen und dem Verkehrsnetz anzugliedern.
Auf die Sicherung oder Wiederherstellung eines ausgewogenen Haushaltes der Natur als Lebensgrundlage der gegenwärtigen und künftigen Bevölkerung ist entsprechend Bedacht zu nehmen. Insbesondere auf die Sicherung des Bodens, der Tier- und Pflanzenwelt."
Aufgrund dieser Leitziele wurden überörtliche Raumplanungsprogramme von den Landesregierungen erstellt. Die örtlichen Raumordnungsprogramme der Gemeinden (die den Flächenwidmungsplan enthalten) haben sich im Rahmen der überörtlichen Raumplanung zu halten.

Zum Flächenwidmungsplan bestimmt das Niederösterreichische Raumordnungsgesetz unter anderem:
- Die Inanspruchnahme des Bodens für bauliche Nutzungen ist auf ein unbedingt erforderliches Ausmaß zu begrenzen.
- Die für die land- und forstwirtschaftliche Produktion wertvollen Flächen sind, soweit nicht andere Ziele Vorrang haben, für die land- und forstwirtschaftliche Nutzung sicherzustellen.
- Die Wohndichte im Wohnbauland ist unter Berücksichtigung der geographischen Verhältnisse, der Siedlungsstruktur und der wirtschaftlichen Gegebenheiten festzulegen. Sie darf 30 Einwohner pro Hektar nicht unterschreiten (diese Zahl ist als eine eher zu großzügig bemessene Untergrenze anzusehen).

Neben der Zersiedlung werden Wälder – wie erwähnt – besonders durch Verkehrswege zerschnitten. Die Vorschriften des Verkehrsrechtes (Bundes- und Landesstraßenrecht, Eisenbahnrecht, Starkstromwegerecht, Rohrleitungsrecht) enthalten allerdings keine oder nur sehr allgemein gehaltene einschlägige raumordnerische Vorschriften.

Das Forstgesetz regelt die forstliche Raumplanung im zweiten Abschnitt, §§ 6–11.
Die Zielvorstellung der forstlichen Raumplanung ist es, das Vorhandensein von Wald in solchem Umfang und in solcher Beschaffenheit anzustreben, daß seine Wirkungen (Nutz-, Schutz-, Wohlfahrts- und Erholungswirkungen) bestmöglich zur Geltung kommen und sichergestellt sind. Diese Wirkungen des Waldes werden seit der Forstgesetznovelle 1987, BGBl. Nr. 576, im § 6 Forstgesetz (Aufgabe der forstlichen Raumplanung) näher dargestellt (früher im § 1 Begriffsbestimmungen).
Insbesondere in Gebieten mit Konzentration von Wohn- und Arbeitsstätten sowie von Verkehrsflächen muß die Ausgestaltung der Wälder so beschaffen sein, daß die Schutz-, Wohlfahrts- und Erholungswirkungen gewährleistet sind.
Gleiches gilt für den Wald als Hochwasser-, Lawinen- und Windschutz sowie als Wasserspeicher.
Dabei hat die forstliche Raumplanung eine Koordinierung aller in Betracht kommenden und für sie bedeutsamen öffentlichen Interessen anzustreben (§ 6).
Die forstliche Raumplanung erstreckt sich insbesondere auf die Darstellung und Planung von Waldgebieten
„1. mit überwiegender Nutzwirkung unter besonderer Berücksichtigung von Waldgebieten mit Eignung zu hoher Rohstoffproduktion,
2. mit überwiegender Schutz-, Wohlfahrts- oder Erholungswirkung, wie Schutz- oder Bannwälder oder Wälder, die vor Immissionen einschließlich Lärm schützen, sowie
3. Erholungsgebiete, die besonderer Maßnahmen zum Schutz vor Immissionen bedürfen" (§ 7).

In den forstlichen Raumplänen sind die Sachverhalte und erkennbaren Entwicklungen, die die Waldverhältnisse des Planungsgebietes bestimmen und beeinflussen,
- kartographisch und textlich darzustellen (Planerstellung) und
- diese Darstellungen der jeweiligen tatsächlichen Entwicklung im Planungsgebiet anzupassen (§ 8).

Forstliche Raumpläne sind
- der Waldentwicklungsplan,
- der Waldfachplan und
- der Gefahrenzonenplan.

Der Waldentwicklungsplan erstreckt sich auf das Bundesgebiet (Gesamtplan) und setzt sich aus Teilplänen zusammen, die die Landeshauptmänner für die einzelnen Bundesländer zu erstellen haben (§ 9).
„Der Waldfachplan ist ein vom Waldeigentümer oder von hiefür in Betracht kommenden Stellen erstellter forstlicher Plan, der Darstellungen und Planungen für den Interessenbereich des Planungsträgers enthält" (§ 10 Abs. 1).
Im Gefahrenzonenplan (§ 11) werden wildbach- und lawinengefährdete Bereiche ausgewiesen.
Aber nicht nur der Abschnitt „Forstliche Raumplanung" des Forstgesetzes enthält Bestimmungen, die dem Raumordnungsrecht zuzuordnen sind. Auch die Bestimmungen betreffend die Erhaltung des Waldes und der Nachhaltigkeit seiner Wirkungen (3. Abschnitt, §§ 12–39) sind hier anzuführen.
Zu diesen Bestimmungen gehören
1. die Festlegung von Wäldern mit Sonderbehandlung (Schutzwälder, Bannwälder und Erholungswälder);
2. verschiedene allgemeine Vorschriften zur Waldbehandlung wie die Vorschriften über die Waldteilung und das Rodungsverfahren, das Wiederaufforstungsgebot u. a.

Abb. 80:
„Sanfter" Tourismus
auf der Rax

In geologisch, topografisch und klimatisch sensiblen Gebieten können selbst Wanderer beträchtliche Zerstörungen an der Vegetationsdecke anrichten und für starke Bodenerosionen verantwortlich sein. Dies betrifft hauptsächlich Gebiete oberhalb und an der Baumgrenze. (Foto: M. Kumpfmüller, 1987)

Im folgenden wird auf diese Bestimmungen näher eingegangen.

Schutzwälder sind durch natürliche Bedingungen gefährdete Wälder. Dazu zählen:
- Wälder auf Flugsand und Flugerdeböden;
- Wälder auf zur Verkarstung neigenden oder stark erosionsgefährdeten Standorten;
- Wälder in felsigen, seichtgründigen oder schroffen Lagen, wenn ihre Wiederbewaldung nur unter schwierigen Bedingungen möglich ist;
- Wälder auf Hängen, wo gefährliche Abrutschungen zu befürchten sind;
- der Bewuchs in der Kampfzone des Waldes;
- der an die Kampfzone unmittelbar angrenzende Waldgürtel.

Bei der Behandlung und Nutzung dieser Schutzwaldarten ist besondere Rücksicht auf ihre Erhaltung zu nehmen.

Bannwälder dienen der Gefahrenabwehr oder anderer Wohlfahrtswirkungen, die gegenüber der Nutzwirkung Vorrang haben, zum Beispiel zur Sicherung von Erholungsgebieten. Ein Wald ist durch Bescheid der Forstbehörden in Bann zu legen, wenn der Bannzweck wichtiger als die Waldbewirtschaftung ist.

Bannzwecke sind:
- der Schutz vor Lawinen, Felssturz, Steinschlag, Schneeabsitzung, Erdabrutschung, Hochwasser, Wind oder ähnliche Gefährdungen;
- die Abwehr der durch Emission bedingten Gefahren;
- der Schutz von Heilquellen sowie von Fremdenverkehrsorten und Ballungsräumen vor Beeinträchtigungen sowie die Sicherung der für diese Zwecke notwendigen Bewaldung;
- die Sicherung eines Wasservorkommens;
- die Sicherung von Verkehrsanlagen und energiewirtschaftlichen Leitungsanlagen;
- die Sicherung von Anlagen der Landesverteidigung.

Die Behörde kann in Bannwäldern verschiedene Maßnahmen vorschreiben bzw. Duldungen oder Unterlassungen anordnen. Sie hat zur Erfüllung des Bannzweckes
- Maßnahmen zur Aufrechterhaltung oder Herbeiführung eines Bewuchses anzuordnen;
- bestimmte Fällungen oder Nutzungsarten vorzuschreiben, einzuschränken oder zu verbieten;
- im Bannwald bestehende Nutzungsrechte einzuschränken oder aufzuheben (z. B. Weiderechte);
- bestimmte Bringungsarten oder die Benützung bestimmter Bringungsanlagen vorzuschreiben, örtlich oder zeitlich zu beschränken oder zu verbieten;
- besondere Maßnahmen wie die Errichtung (Erhaltung) von Anlagen zum Schutz vor Steinschlag, Vermurungen und Lawinen sowie Schutzpflanzungen zu dulden;
- die Fällungen an die vorherige Anmeldung oder forstfachliche Anzeige oder an eine Bewilligung zu binden;
- die Bewirtschaftung nach einem behördlich vorgeschriebenen Wirtschaftsplan vorzuschreiben;
- den Begünstigten die Bestellung und Namhaftmachung einer für die Überwachung der Einhaltung der angeordneten Maßnahmen verantwortlichen Person vorzuschreiben;
- ein allgemeines Betretungsverbot zu erlassen.

Das Forstgesetz legt das grundsätzliche Interesse an der Walderhaltung fest. Dabei sind zur Gewährleistung der günstigen Wirkungen des Waldes folgende Grundsätze zu beachten (§ 12 Forstgesetz):
- Waldboden ist zu erhalten;
- Wald ist so zu behandeln, daß die Produktionskraft des Bodens erhalten und seine Wirkungen nachhaltig gesichert bleiben;
- die Nutzung des Waldes hat nachhaltig zu erfolgen.

Zur Verwirklichung dieser Grundsätze dienen folgende Vorschriften:
Der Waldeigentümer hat Waldgrundstücke nach Fällungen oder Katastrophen (Windwurf, Waldbrand) aufzuforsten, und zwar in der Regel innerhalb von drei Jahren.

Abb. 81: Feuerkogel (OÖ)

Pistenplanierungen wie diese sind in der Praxis kaum mehr begrünbar. Hinzu kommt, daß die hier gezeigte Piste in einem Naturschutzgebiet liegt. (Foto: M. Kumpfmüller, 1987)

Diese Frist kann aus verschiedenen Gründen (flächenhafter Windwurf, wirtschaftliche Notlage) verlängert werden. Die Aufforstung kann durch Bund und/oder Land gefördert werden. In der Forstgesetznovelle 1987, BGBl. Nr. 576, wird der Vorrang der Naturverjüngung in standortgerechten Altbeständen betont. Nach dieser Novelle ist überdies auch die Wiederbewaldung von Leitungstrassen, in denen der Wald vorzeitig genützt werden darf (siehe Seite 43), geboten.

Die Waldverwüstung ist verboten – ein Verbot, das sich gegen jedermann richtet. Eine Waldverwüstung liegt vor, wenn

- die Produktionskraft des Waldes wesentlich geschwächt oder gänzlich vernichtet,
- der Waldboden einer offenbaren Rutsch- oder Abtragungsgefahr ausgesetzt,
- die rechtzeitige Wiederbewaldung unmöglich gemacht oder
- der Bewuchs offenbar einer flächenhaften Gefährdung insbesondere durch Wind, Schnee, wildlebende Tiere (mit Ausnahme der jagdbaren –, die seit der Forstgesetznovelle 1987 durch eine eigene Regelung erfaßt sind, siehe nachfolgenden Absatz), Immissionen (mit Ausnahme von Immissionen, die von forstrechtlich genehmigten Anlagen ausgehen, siehe unten) oder durch Ablagerungen von Abfall ausgesetzt wird. Mit der Forstgesetznovelle 1987 wurde auch eine unsachgemäße Düngung und die Aufbringung von Klärschlamm als Tatbestand der Waldverwüstung in die entsprechenden Gesetzesstellen (§ 16 Forstgesetz) aufgenommen.

Die Immissionen von forstrechtlich genehmigten Anlagen sind deshalb ausgenommen, weil forstschädliche Luftverunreinigungen in einem eigenen Abschnitt des Forstgesetzes (§§ 47–57; siehe Seite 97ff.) behandelt werden. Allerdings dürften forstschädliche Luftverunreinigungen nach der Intention der Regelungen dieses Abschnittes theoretisch gar nicht zu einer Waldverwüstung im Sinne des § 16 führen. Wenn sie es dennoch tun, ist eigentlich nicht einzusehen, weshalb sie nicht als Waldverwüstung nach § 16 gelten sollten. Ihre ausdrückliche Herausnahme ist insofern nicht plausibel.

Auch die Waldverwüstung durch jagdbare Tiere war bis zur Forstgesetznovelle 1987 (BGBl. Nr. 576/1987) aus verfassungsrechtlichen Gründen durch § 16 Forstgesetz ausgenommen. Nunmehr wurde im § 16 eine auch vom Österreichischen Bundesinstitut für Gesundheitswesen angeregte Verfassungsbestimmung betreffend die Waldverwüstung durch das Wild aufgenommen. Nähere Einzelheiten zu dieser Verfassungsbestimmung finden sich auf Seite 72ff.

Im Falle einer Waldverwüstung hat die Behörde die zur Beseitigung erforderlichen Maßnahmen vorzuschreiben (z. B. Beseitigung der Gefahrenquelle, Einschränkung der Nutzung).

Eine Teilung von Grundstücken mit zumindest teilweiser Benützungsart als Wald ist verboten, wenn durch die Teilung Grundstücke entstehen, auf denen die Waldfläche das für die Walderhaltung und eine zweckmäßige Waldbewirtschaftung erforderliche Mindestausmaß unterschreitet (Ausnahmen sind möglich, § 15 Forstgesetz).

Abb. 82:
Folgen von Schipisten

Bei unsachgemäß angelegten Schipisten kann es neben dem Abtrag von Boden- und Gesteinsschichten sogar zu einer Überschotterung des angrenzenden Waldbodens kommen. (Foto: W. Katzmann, 1985)

Die Verwendung von Waldboden zu anderen Zwecken als für solche der Waldkultur ist verboten (§ 17 Forstgesetz). Eine Rodung kann allerdings insbesondere wegen folgender öffentlicher Interessen bewilligt werden: Umfassende Landesverteidigung, Eisenbahn-, Luft- und Straßenverkehr, Post- und öffentliches Fernmeldewesen, Bergbau, Wasserbau, Energiewirtschaft, Agrarstrukturverbesserung, Siedlungswesen.

Diese erwähnten oder andere öffentliche Interessen an der Rodung müssen das Interesse an der Walderhaltung überwiegen. Bei der Abwägung der öffentlichen Interessen ist insbesondere auf die Erhaltung der Waldwirkungen (regionaler Mangel oder Überfluß an Wald) und auf die Zielsetzungen der Raumordnung Bedacht zu nehmen. Naturgemäß sind derartige unbestimmt umschriebene Interessenabwägungen in der Praxis oft problematisch.

5 Ausgewählte Schutz- und Pflegemaßnahmen

5.1 Einzelbäume in der freien Landschaft

Man mag sich fragen, was denn eine Auseinandersetzung mit einzeln stehenden Bäumen oder mit dem Baumbewuchs im Siedlungsbereich mit dem Thema Wald zu tun hat. Diese Bäume außerhalb der Wälder übernehmen wesentliche ökologische Aufgaben, die so mancher Wirtschaftswald, der zur „Holzfabrik" degeneriert ist, nicht mehr erfüllen kann. Außerhalb des Wirtschaftswaldes, in Gärten, Parks und Alleen, kann die volle Artenvielfalt heimischer Bäume erhalten und gepflegt werden. Hier können Bäume über das Alter der Hiebsreife unter Umständen bis zum natürlichen Ende existieren. Da bestimmte Baumarten und verschiedene Phasen des Wachstums und des Verfalls von Bäumen Voraussetzung für das Überleben einer Reihe von Tier- und Pflanzenarten ist, erfüllen somit diese Bäume eine biogenetische Funktion, die der Wirtschaftswald selbst nicht oder nicht mehr voll erfüllen kann. Zu diesen Arten gehören z. B. zahlreiche auf Moderholz angewiesene Insekten (namentlich Käfer) und Vögel. In Parkanlagen kann sich auch ein Bodenleben entwickeln, wie es etwa in einem Fichtenforst in dieser Vielfalt nicht mehr möglich ist.

Abb. 83: Rotkiefer im Hochleitenwald (NÖ)

Diese über 200 Jahre alte Rotkiefer und andere alte Einzelbäume finden sich auf waldfrei gehaltenen Wiesenstreifen, die zur Feuerbekämpfung und zur Jagd angelegt wurden. (Foto: W. Katzmann, 1986)

Wenn es sich nicht gerade um Naturdenkmäler handelt, sind Einzelbäume völlig „rechtlos" – unabhängig von ihrer Bedeutung für die nähere Umgebung. Für städtische Gebiete wurden schon mehrere Baumschutzgesetze erlassen (z. B. das Wiener Baumschutzgesetz, LBGl. Nr. 27/1974 i. d. dz. F.), die verhindern sollen, daß der alte Baumbestand Bodenspekulationen und Bauvorhaben zum Opfer fällt; in der freien Landschaft, an Flur- und Wegrändern, an Böschungen und Hohlwegen genießen Bäume hingegen in der Regel keinen Schutz. Dabei ist ihre Wirksamkeit für das Kleinklima und ihre Funktion als Lebensraum zahlreicher Pflanzen- und Tierarten unbestritten. Es sollten also auch Einzelbäume in generelle Landschaftsschutzkonzepte einbezogen werden. Als Solitärbäume können sie ihre Krone voll entwickeln und zeigen insgesamt ein anderes Erscheinungsbild als im Bestand stehende, um Licht und Wasser konkurrierende Bäume. Manchmal ist an solchen Bäumen auch das Klima abzulesen; Schneebruch, Winddruck und andere Einflüsse prägen ihre Gestalt. Neben der unbestrittenen Wirkung im Landschaftsbild geben Einzelbäume oft Hinweise auf Kulturhistorisches: als Markierungszeichen für Wegkreuzungen, Rastplätze und Flurgrenzen, als Orientierungshilfen, als Begleiter von Bildstöcken und Kapellen, als Erinnerung an historische Ereignisse, sogar als Blitzableiter wurden Bäume gepflanzt. Geschätzt war auch ihr Schatten für Mensch und Nutztier. Alte Bäume mit ausladender Krone konnten sich zu Kommunikationszentren entwickeln („Wo wir uns finden, wohl unter Linden. . ."), unter denen zum Beispiel auch Gerichtstage abgehalten wurden (Gerichtslinde).

Viele dieser Einzelbäume verdanken ihre Existenz dem zunehmenden Landschaftsbewußtsein des ausklingenden 18. Jahrhunderts, das eine Reaktion auf die großräumigen Bodenerosionen und Naturverluste war. Mit dem Verschwinden naturnaher Landschaften und der beginnenden Verstädterung entstand eine neue Sehnsucht nach der Natur. Die Abkehr von der „Unnatur" des barokken (architektonischen) Gartens – durch den der Gedanke der Beherrschbarkeit der Natur sinnfällig gemacht werden sollte – und die Hinwendung zum möglichst naturnahen „Landschaftsgarten" sind sichtbarer Ausdruck dieser Entwicklung. Es ist kein Zufall, daß diese Bewegung von dem im 18. Jahrhundert höchstentwickelten Industrieland, also von England ausging und als „Englischer Garten" in Kontinentaleuropa übernommen wurde. Die kulturelle Ausstrahlung dieser Bewegung, die sich mit Namen wie Jean Jacques Rousseau, Herder, Lessing und Goethe verbindet, war beträchtlich. Sie ging nahtlos in eine allgemeine Bewegung zur Landschaftsverschönerung und schließlich in die Naturschutzbewegung über. Die Liste bedeutender Verfechter dieser Ideen reicht von Alexander von Humboldt bis zu Turnvater Jahn. Ihre Auswirkungen finden wir ebenso in der Kunst (Landschaftsmalerei) wie in unseren Lebensformen (man denke etwa an die Touristik).

Die neue Gesinnung hatte auch Auswirkungen in der Rechtssprechung. Wie streng dabei die Bräuche waren, sollen die nachstehenden Paragraphen der Baumpflanz-Ordnung des Königs von Schweden, Landgrafen von Hessen (1793) demonstrieren.

XII.

Aus der

Baum=pflantz=Ordnung.

1. Daß alle Jahr an die Ufer derer Bäche/ um die Anger oder wo es sonst thunlich/ Weiden angepflantzet werden.

2. Wer solches zur Ungebühr unterlässet/ muß 5. Rthl. Straffe erlegen.

3. Weilen die Frevel an denen gepflantzten Bäumen überhand genommen/ ist die deßfalls gesetzte Straffe/ nebst Bezahlung des Baums/ auf eine viertel jährige Zuchthaus-Straffe erhöhet worden. Wer aber nachhero jedennoch hierinnen fortfähret/ komt an den Pranger und wird mit Ruthen des Landes verwiesen.

4. Muß jeder Innwohner ohne die Obst-Bäume/ zum wenigsten jährlich 20. stück Weiden anziehen/ und so lange damit fortfahren/ bis alles angewiesene bepflantzt worden.

5. Wer Raum und Gelegenheit darzu hat/ muß sich eine eigene Baum-Schule anschaffen.

Die Dorffschafften aber haben annoch absonderliche wohlverzäunt- und bewahrte Gemeinde-Baum-Schulen entweder neu anzulegen oder die alten wohl zu pflegen.

6. Die keine eigene Baum-Schulen haben / müssen ein Stück von einer Ruthen groß in der Gemeinde Baum-Schule bestellen und unterhalten.

7. Diese Gemeinde-Baum-Schulen werden / so weit als eines jeden Antheil gehet / mit einem Pfad unterschieden / mit allerhand Arthen von gutem Stein- und Kern-Obst / auch Eicheln besæet / und wann solche aufgangen / der Gehör gewartet.

8. Die junge Obst-Bäume / wann sie 7. bis 8. Fuß hoch worden/ seynd in die ledige Plätze an die Felder / und die wilden Stämme in die Wälder auf die angewiesene Oerter zu verpflantzen.

12. Mit Anpflantzung wilder Bäume / als Eichen/ Büchen/ Pappeln/ Eschen/ Hainbüchen/ Aspen/ Weiden und anderer Arth Holtzes / ist gleichergestalt fortzufahren.

13. Die neue Innzöger seynd ehender nicht aufzunehmen/ bis jeder auf seinem eigenen Grund 5. Obst-Bäume/

und da er keine hätte/ in die Gemeinde-Hecken und Waldung 5. Eichen- oder andere wilde Bäume angepflantzt habe.

Diejenige aber/ welche sich verheurahten/ pflantzen auf obige Mase nur 4. Stämme/ und müssen sie von Zeit zu Zeit auf dergleichen neu gepflantzte Bäume Acht haben/ bis solche gerahten.

Ein gleiches dann auch durch die sich verheurahtete junge Eheleute also geschehen muß.

14. Welsche Nüsse und Castanien können ebenfalls gesteckt und nachhero verpflantzt werden.

15. Wo wilde Bäume im Felde an solchen Orten/ wo sie unschädlich seyn/ anwachsen/ bleiben solche stehen.

Es darff auch niemand einen tragbaren Obst-Baum im Felde abhauen/ wann er es nicht vorhero gemeldet.

16. Die gepflantzte Bäume werden an Pfähle gebunden und vor dem Vieh mit Dörnern verwahret/ auch durch die Hirten oder Feld-Hüter gewartet.

17. Die jährliche Zupflantzungen müssen an die Aemter eingeschickt werden.

Abb. 84: Baumpflanzordnung von 1793, Hessen

Der Münchner Biokybernetiker F. Vester berechnet in seinem lesenswerten Buch „Ein Baum ist mehr als ein Baum" (München 1985) den volkswirtschaftlichen Beitrag je „erwachsenem" Baum und Jahr und kommt dabei auf die stolze Summe von 1675,– DM. Den Wert hat er danach ermittelt, was die durch den Baum auf natürliche Weise erbrachten Leistungen kosten würden, wenn man sie mittels technischer Anlagen substituieren wollte – soweit dies überhaupt möglich ist.

Einzelbäume bedürfen – außer in Jugendtagen – im allgemeinen kaum einer Pflege. Im Siedlungsbereich können jedoch Pflegemaßnahmen als Ausgleich zu verschiedenen Beeinträchtigungen notwendig werden. Zu diesen zählen mechanische Schäden durch Bauarbeiten, sorgloses Einparken, Bodenverdichtung, Wasserentzug durch Bodenversiegelung, Kontamination des Bodens z. B. durch Streusalz und Sickergas. Dazu kommen noch den Baum belastende Eingriffe, die sich aus den Erfordernissen des Siedlungsraums ergeben, z. B. das Beschneiden von Kronen aus Sicherheitsgründen, wegen Leitungsführungen, wegen Bedürfnissen des öffentlichen Verkehrs, etc.

Abb. 85:
Spalierobstbaum

Um die Vegetationszeit zu verlängern, hat man vor allem im Alpenraum Obstbäume an südseitigen Hauswänden hochgezogen. So konnten selbst in klimatisch ungünstigen Gebieten bestimmte Obstsorten, die sonst nur weiter südlich vorkommen, gezogen werden. (Foto: W. Katzmann, 1987)

Im Gegensatz zur benachbarten BRD, wo Landschaftspflegedienste und Flurbereinigung sich auch um Nachpflanzungen von Hecken, Einzelbäumen und Feldgehölzen annehmen, ist dies in Österreich erst in Ansätzen der Fall (beispielsweise: Tiroler Landschaftsdienst, NÖ Agrarbezirksbehörde). Es sollte das Anliegen jeder Gemeinde sein, mögliche Baumstandorte festzustellen und den örtlichen Verhältnissen entsprechende Neu- und Nachpflanzungen vorzunehmen. Das wäre auch eine Aufgabe der überall vorhandenen Verschönerungsvereine, wenn ihre Arbeit über kurzfristige „Behübschungsmaßnahmen" hinausgehen soll.

5.2 Baumbestand im Siedlungsbereich

Der Baumbestand im Siedlungs-, insbesondere im städtischen Bereich hat neben seiner ökologischen Funktion als Waldrest auch eine besondere Wirkung auf die Bewohner. Der Baumbestand trägt einen Teil der Erlebniswerte des Waldes in den Siedlungsraum. Vogelstimmen, das Rauschen des Laubwerks, das Sichtbarwerden des Ablaufs der Jahreszeiten, verschiedenste Gerüche sind Bindeglieder zur freien Landschaft.
Die Erhaltung der Siedlungsvegetation ist daher eine gesellschaftliche Aufgabe, in der sich ökologische Interessen mit dem Bedürfnis des Menschen nach Naturnähe verbinden.

Die Siedlungsvegetation ist allerdings zunehmend Belastungen ausgesetzt, die ihren Bestand in Frage stellen. Schadensursachen für Bäume sind:

Bodenverdichtung

Wesentlichste Ursache der Bodenverdichtung ist der Kraftfahrzeugverkehr, einschließlich des ruhenden Verkehrs. Er führt durch Parken im Bereich der Baumscheiben zu einer Verringerung des Porenvolumens im Boden, das etwa bei Ackerböden bis zu 50 Prozent beträgt und sich im Siedlungsbereich auf weniger als 35 Prozent reduziert. Dadurch wird das Wasseraufnahmevermögen und der Luftgehalt des Bodens stark beeinträchtigt. Im Extremfall kann die Bodenverdichtung zum Absterben der Bäume führen.

Streusalz

Streusalz ist ein ausgesprochenes Pflanzengift, das mit dem Schmelzwasser in den Boden gelangt bzw. gelöst in Spritzwasser Schäden verursachen kann. Durch das Salz wird der pH-Wert des Bodens verändert (die pH-Werte können bis 10 ansteigen, also stark alkalisch werden), die Verfügbarkeit von Pflanzennährstoffen wird vermindert, die Bodenstruktur geschädigt und das Speichervermögen des Bodens für Wasser verringert. Streusalzschäden sind an den Blattnekrosen oft noch Jahre nach der Einstellung der Streusalzeinbringung deutlich erkennbar. In diesem Zusammenhang zu erwähnen ist das Phänomen, daß es auch bei nur geringem Salzeintrag in den Boden zu einer Akkumulation kommen kann, dann nämlich, wenn die einsickernde Wassermenge das Salz nicht auszuschwemmen vermag.

Oberflächenversiegelung, Grundwasserabsenkung

Die überbauten, betonierten und asphaltierten Oberflächen im verdichteten Siedlungsbereich verhindern das Eindringen der Niederschläge in den Boden. Statt dessen werden sie in gegen die Umwelt abgedichteten Kanälen rasch aus dem Siedlungsbereich abgeleitet. Der Wasserrückhalt im Siedlungsgebiet ist daher sehr gering. Das Absinken des Grundwasserspiegels und das sommerliche

Abb. 86a:
Brenner-Bundesstraße 1978

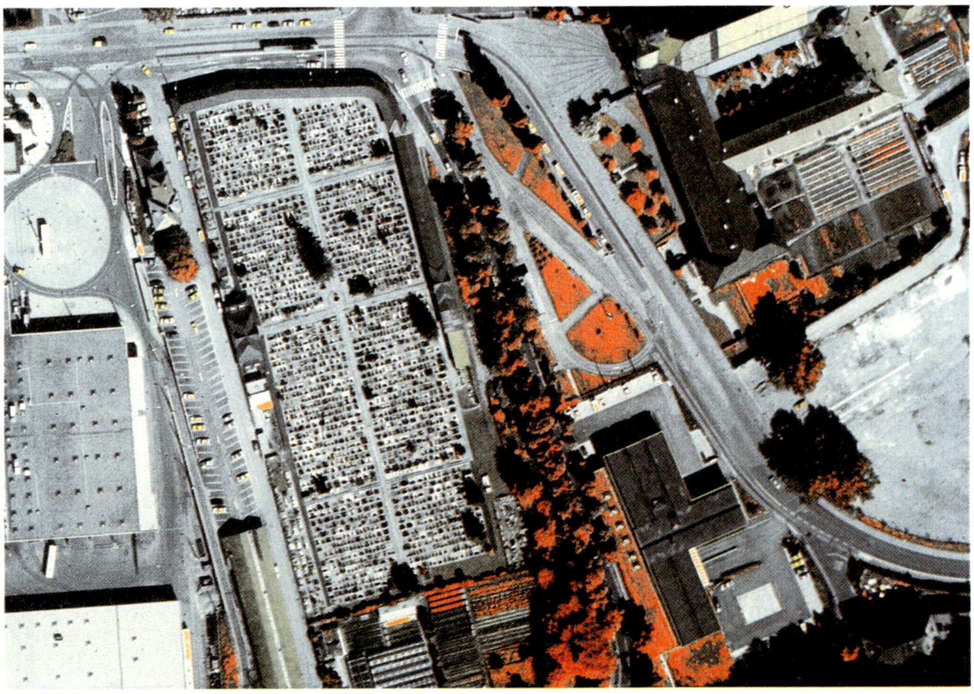

Abb. 86b:
Brenner-Bundesstraße 1985

Die Kastanienallee an der Brenner-Bundesstraße in Innsbruck zeigt deutlich die Wirkung der jährlichen Salzstreuung. War 1978 noch ein Kronenschluß der Bäume erkennbar, so lösten sich die Kronen in den Folgejahren mehr und mehr auf.
(Freigabe: BMfBT Zl. 46222/25-IV/6/86)

Backofenklima in städtischen Gebieten bedingt baumunfreundliche Verhältnisse. Hinzu treten Grundwasserabsenkungen durch Bauvorhaben, durch Wasserförderung für Industrie, Gewerbe und Kommunen. Auf diese Weise kann es passieren, daß die Wurzeln den Grundwasseranschluß verlieren, was ebenfalls zum Absterben der Bäume führt.

Wo immer möglich, sollte der Kronentraufbereich am Boden offen gehalten werden. Ist dies nicht möglich, sollte die Befestigung so gewählt werden, daß das Einsickern des Wassers gewährleistet wird. Die meisten Bäume im städtischen Raum leiden an Wassermangel, weil der Kronenraum oft bis zum Stamm hin asphaltiert ist. Besonders für weniger befahrene Nebenstraßen ist zu überlegen, wie das Niederschlagswasser durch Schaffung von Versickerungsmöglichkeiten (anstatt es mit dem Kanal abzuführen) dem Wurzelraum der Bäume wieder verfügbar gemacht werden könnte.

Bodenverseuchung durch Öle u. ä.

Nicht nur auf Baustellen, sondern auch auf Parkplätzen kommt es zum Abtropfen von Motorölen. Allerdings wird diese Gefahr auch überschätzt, ein gesunder Boden kann geringe (!) Mineralölbelastungen durchaus verkraften.
Ein Spezialfall sind Hundekot und -harn, die besonders bei jungen Bäumen Schäden bewirken können, in jedem Fall aber mit einer Nährstoffanreicherung einhergeht.

Abb. 87: Ringstraßenbäume, Wien

Die Belastung der Bäume an stark frequentierten Stadtstraßen durch Verkehrsabgase, Stäube, Salz und Übererwärmung durch Reflexion wird hier am Beispiel der Wiener Ringstraße aufgezeigt. Besonders jene Bäume, die am Beginn oder Ende einer Baumzeile stehen, sind stark betroffen. Die in der zweiten Zeile stehenden Bäume und die Bäume in der Parkanlage dahinter sind wesentlich weniger geschädigt. (Freigabe: BMfWA GZ 96 222/196-IX/6/87)

Sickergas

Undichte Gasleitungen verursachen Welkerscheinungen an Blättern, meist sind mehrere Alleebäume gleichzeitig betroffen, die innerhalb weniger Wochen absterben können. Ausströmendes Methangas ist „Nahrungsgrundlage" für Bakterien. Bei der Mineralisation des Gases verbrauchen diese Bakterien den für den Pflanzenwuchs notwendigen Sauerstoff. Der so geschädigte Boden ist im Wurzelbereich schmierig violett und muß, da er sich nur sehr schwer und langsam regeneriert, ausgetauscht werden.

Luftverschmutzung

Aufgrund der Immissionssituation können praktisch alle dichtverbauten Gebiete als „Rauchschadensgebiete" aufgefaßt werden. Der in der Stadt aufgewirbelte Staub kann darüber hinaus zu „Hitzestau" in den Nadeln und Blättern führen. Überhaupt ist das Stadtklima heißer als das Klima im Umland. Als besonders wirkungsvoll hat sich der schadstoffangereicherte Nebel, der zur Schädigung der Oberflächen der Blätter und Nadeln führt, herausgestellt.

Abb. 88: Rindenschaden durch Kfz-Verkehr

An Kreuzungen stehende Bäume werden durch vorüberfahrende Lkw und durch parkende Autos oft schwer geschädigt. Durch die großflächigen Wunden faulen Stamm und Äste innen aus, so daß diese Bäume in der Folge stark wind- und schneebruchanfällig werden.
(Foto: W. Katzmann, 1985)

Durch diesen werden die wachsartigen Schutzschichten der Nadeloberflächen angeätzt und beim Abtrocknen hohe Schadstoffkonzentrationen erreicht. Die allgegenwärtige Belastung durch das breite Spektrum von Luftschadstoffen wurde bereits andernorts dargestellt (Abschnitt 4.4).

Eingriffe in den Wurzelraum

Das Wurzelsystem eines Baumes dehnt sich ungefähr so weit aus wie sein Blätterdach. Durch Erdarbeiten aller Art (z. B. Verlegung von Kabeln und Rohrleitungen) wird das verzweigte Wurzelsystem immer wieder beschädigt. Kaum

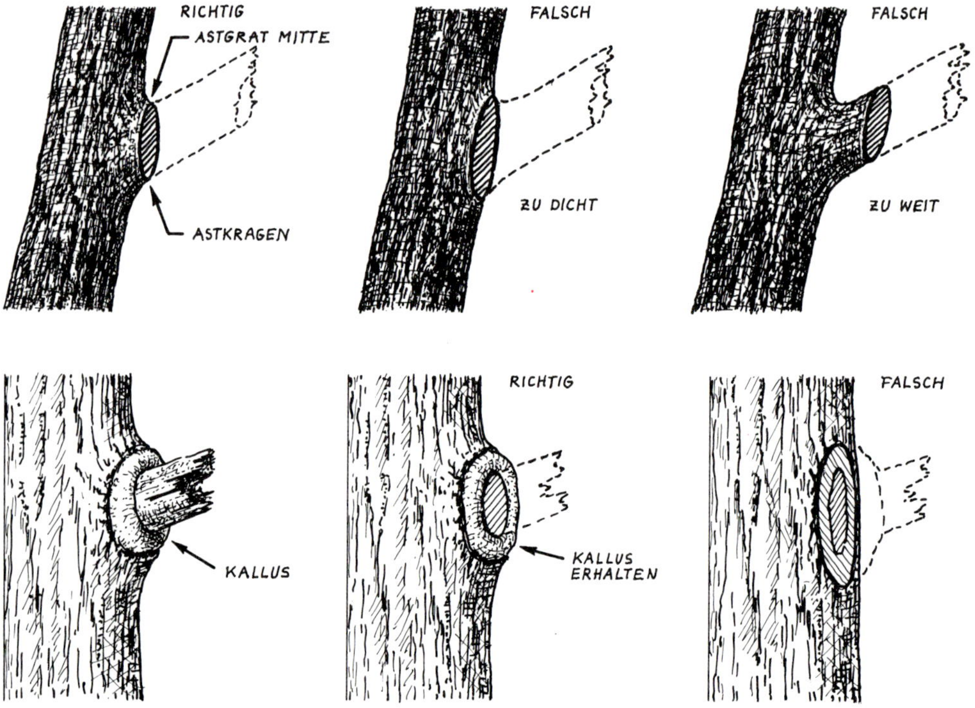

Abb. 89: Pflegeschnitt bei Stadtbäumen

(Quelle: nach Zukrigl, verändert)

Abb. 90:
Baumschäden durch Tiefbaumaßnahmen

Tiefbaumaßnahmen greifen oft gravierend in den Wurzelraum der Bäume ein, der gegen Austrocknung geschützt werden sollte. In diesem Fall wurde ausgerechnet zur Zeit des Vegetationsaustriebs ein Kabel verlegt, wodurch die frischen Blätter vertrockneten. (Foto: W. Katzmann, 1979)

ein Stadtbaum wird über Jahrzehnte hinweg von solchen Eingriffen verschont bleiben, die zu einer verschlechterten Ernährungslage und damit zu langsamem Siechtum, aber auch zu einer Verminderung der Standfestigkeit führen können.
Immer mehr setzt sich die Einsicht durch, daß Pflegemaßnahmen im Wurzelbereich noch größere Bedeutung haben als im Kronenbereich (Bewässerung, Auflockerung des Bodens, allenfalls Bodenaustausch bei zu starker Kontaminierung).

Baumschnitt

Unsachgemäße Baumschnitte, die oft beobachtet werden können, führen zu Infektionsherden, vor allem dann, wenn eine entsprechende Wundversorgung unterlassen wurde. Eingriffe in die Krone durch das „Ausschneiden von Fenstern" für Telefon- und Lichtleitungen verändern die Gesamtstatik des Baumes.
Bei Auslichtungsschnitten ist darauf zu achten, daß der Baum seine charakteristische Kronenform behält. Nur bei sehr großem Wurzelverlust ist gelegentlich ein weitgehendes Zurückstutzen der Krone gerechtfertigt, damit diese ausreichend mit Wasser versorgt werden kann, bis sich wieder genug Wurzeln nachgebildet haben.

Mechanische Schäden

Die überwiegende Zahl mechanischer Schäden wird heute von parkenden Fahrzeugen bzw. vorbeifahrenden Lastkraftwagen verursacht. Die Schäden können bis zum Absterben ganzer Kronenteile führen, sie können sich aber auch durch das Eindringen von Fäulnispilzen und Bakterien längerfristig in einer Vitalitätsverminderung bzw. geringeren Stabilität gegenüber Schneebruch und Winddruck bemerkbar machen. Durch entsprechende Schutzvorrichtungen und Einfriedungen kann diesen Beschädigungen vorgebeugt werden.

Nährstoffmangel

Da die städtischen Böden oft Schuttböden ohne entsprechendes Bodenprofil sind, kann es auch zu Nährstoffmangel kommen. Nährstoffverluste werden auch durch die jährliche Entfernung der abgefallenen Blätter und Früchte vom Standort verursacht. Dieser Nährstoffverlust müßte durch Pflegemaßnahmen wie Düngung oder – im Extremfall – durch Bodenaustausch wettgemacht werden. Meist wird schon eine ausreichende Bewässerung genügen.

Schäden durch das städtische Kleinklima

Neben der kritischen Wasserversorgung spielt auch der Tagesgang der Temperatur im städtischen Milieu eine wichtige Rolle. Asphaltbeläge und Hausmauern bewirken eine Übererwärmung der Kronen, wodurch ihr Wasserhaushalt negativ beeinflußt wird.

Alle aufgezählten Beeinträchtigungen haben das durchschnittliche Lebensalter der Stadtbäume bereits unter 60 Jahre herabgedrückt.

Kriterien für eine künftige Baumwahl

Bäume benötigen wie jedes Lebewesen einen entsprechenden Lebensraum. Je nach Art werden an diesen unterschiedliche Ansprüche gestellt. Es gibt nur wenige Baumarten, die das heutige Stadtklima ertragen können. Aus stadthygienischer Sicht ist zu fordern, daß der Baum ein möglichst großes Kronenvolumen hat. Von diesem hängt die Gesamtoberfläche aller Blätter und in weiterer Folge die Wohlfahrtswirkung des Baumes ab. Diese Gesamtoberfläche kann das 15fache der Bodenfläche im Kronentraufbereich erreichen.

Zu den angesprochenen Wohlfahrtswirkungen gehören:
- Luftbefeuchtung und Kühlung durch Verdunstung
- Staubbindung
- Beschattung
- Lärmdämpfung

Kleinblättrige Baumarten (z. B. Robinie) oder Zierbäume (veredelte Obstbaumarten) können diesen Anforderungen nur teilweise gerecht werden, sie sind daher als Straßenbegleitvegetation weniger geeignet und sollten auf Parkanlagen und Gärten beschränkt bleiben.

Ohne Salzstreuverbot (auch auf Gehwegen!) kann in Großstädten kein Baumbestand erhalten werden.

In welcher Form die Wasserversorgung der Baumstandorte gelöst werden muß, ist vom Einzelfall abhängig. Jedenfalls sollte eine Wassermenge, die etwa 700 mm Niederschlag jährlich entspricht, im gesamten Traufbereich zur Versickerung gebracht werden können. Die zugeführten Wassermengen können sowohl über bauliche Maßnahmen an Straßen und Gehsteigen (Neigung) als auch mit künstlicher Bewässerung erreicht werden. Bei salzgeschädigten Baumstandorten genügt ein Bodentausch nicht, weil erfahrungsgemäß aus dem umgebenden Erdreich wieder Salz-Ionen zuwandern, bis ein Ausgleich hergestellt ist. Solche Standorte sind nur durch reichliche Wasserzufuhr und Ausschwemmung des Salzes zu sanieren.
Im halbtrockenen pannonischen Klima Wiens beispielsweise reicht die natürliche Niederschlagsmenge nicht mehr aus, das Salz über längere Zeiträume hinweg aus dem Boden auszuschwemmen, damit sich der Baumbestand erholen könnte.

5.3 Gehölzgruppen, Hecken, Bodenschutzanlagen

Waldfreie Flächen, die an sich für eine Bewaldung geeignet sind, werden zunächst von Gräsern und Kräutern, in der Folge von mehrjährig überdauernden Gehölzen, die noch nicht Baumausmaße erreichen, besiedelt. Dieser meist strauchförmige Bewuchs ist als Vorstufe zum Wald anzusehen und entwickelt sich vom Wegbereiter (Pionierpflanze) zum Begleiter des Waldes. In Lagen, in denen das Aufkommen eines „Schlußwaldes" aus Standortgründen nicht möglich ist, übernimmt dieser „Buschwald" ersatzweise Funktionen des Waldes. Aus dem Gesagten ergibt sich der enge Zusammenhang von Sträuchern und Bäumen, der auch aus dem Umstand ersichtlich wird, daß bei einzelnen Baum- und Straucharten fließende Übergänge bestehen, also beide Wuchsformen möglich sind (z. B. Eberesche, Weide, Hartriegel, Legföhre).

In der vom Menschen geprägten agrarischen Kulturlandschaft haben Strauchgruppen und Hecken ihre Funktion als Wegbereiter des Waldes verloren, ohne jedoch ihre Ersatzfunktion aufgegeben zu haben. Hecken haben europaweit die Landschaft geprägt. Durch die „maschinengerechte" Umgestaltung der Feldflur im Rahmen der Umstrukturierung der Besitzverhältnisse (Kommassierung) kam es zu einer weitgehenden Ausräumung der Feldgehölze. Die Erhaltung noch vorhandener Heckenlandschaften ist daher eine kulturpolitische Aufgabe ersten Ranges. Hecken bilden sich erst über Jahrzehnte hinweg voll aus und können daher nicht ohne weiteres neu „geschaffen" werden.

Den durch solche Gehölze verursachten „Bewirtschaftungserschwernissen" und „Flächenverlusten" für die Landwirtschaft sind die ertragssteigernden und stabilisierenden Umweltwirkungen der Gehölze entgegenzuhalten. Dies war ursprünglich nur als „Schutzbehauptung" begeisterter Natur- und Umweltschützer abgetan worden, doch haben inzwischen zahlreiche Untersuchungen gezeigt, daß eine Mindestausstattung (!) der Landschaft von ca. 15 Prozent der Agrarfläche mit naturnahen Elementen aller Art erforderlich ist, um die vom Menschen erwünschte Produktionsleistung nachhaltig erbringen zu können. In diesem Zusammenhang soll dieses Problem und seine Bewältigung nur kurz skizziert werden.

Abb. 91:
Aufbau einer Hecke

(Quelle: nach Schreiner, 1985, verändert)

Im Prinzip können Hecken als spiegelbildlich aneinandergefügte Waldmäntel aufgefaßt werden, die normalerweise aus Bäumen, Sträuchern, ein- und mehrjährigen krautigen Pflanzen und „Spezialbiotopen" zusammengesetzt sind. Sie sind meist mehr oder weniger durchgehend linienförmig. Von Flurgehölzen oder Feldgehölzen kann man erst sprechen, wenn der Baumanteil kernstückartig erweitert, somit eine Art Miniaturwald entstanden ist, der sich eher linsenförmig als bandförmig ausbreitet und meist eine inselartige Lage aufweist.

Es sollte nicht bis unmittelbar an Hecken und Flurgehölze herangemäht oder geackert werden. Es gilt hier das gleiche wie für den Waldmantel (siehe Abschnitt 5.4). Im Sinne von Biotopverbundprogrammen sollte versucht werden, über bestehende Geländestrukturen Anschluß an verwandte Biotope zu finden. Das heißt, in der Regel sollten selbst „vereinzelte" Flurgehölze nicht weiter als 100 bis 200 m vom nächsten Waldrand oder der nächsten Hecke entfernt sein. Meist sind es ohnehin vorhandene Geländegegebenheiten, die eine lockere Verbindung von eingriffsarmen Lebensräumen gestatten. Untersuchungen haben beispielsweise gezeigt, daß 80 Laufmeter Hecke pro Hektar bereits zu einer optimalen Besiedlungsdichte mit Vogelarten führen. Ein wichtiger Artenschutzaspekt, da die meisten Vogelarten (auch bis vor kurzem durchaus häufige!) gerade in den letzten Jahren immer seltener werden. Als Bereicherung von Hecken, die wesentlichen Einfluß auf die Artenvielfalt erlangen können, sind noch folgende Strukturelemente zu nennen: Steinhaufen, Trockenmauern, Findlinge, Tümpel, alte Holzzäune, Reisighaufen, Wurzelstöcke, Gräben.

Abb. 92: Hecke

Eine Hecke ist mit einem spiegelbildlich aneinandergefügten Waldmantel vergleichbar und auf Grund ihrer mikroklimatisch reichen Strukturierung Rückzugs- und Lebensraum zahlreicher Tier- und Pflanzenarten. (Foto: J. Wirth)

Zusammenfassend ist also festzuhalten:

- Gehölzflächen außerhalb des Waldes lassen sich grob in zwei Gruppen unterschiedlicher ökologischer Charakteristik einteilen: 1. Hecken, Feldgehölze und Gebüsche, 2. Einzelbäume und Baumbestände.
- Ökologisch wertvolle *Hecken* sind mindestens fünf Meter breit.
- Ökologisch wertvolle *Feldgehölze* haben einen Mindestdurchmesser von 20 Metern.
- Bei der Anlage von Gehölzflächen verwendet man am besten möglichst viele verschiedene standortheimische Arten.
- Bei Hecken soll die Altersspanne der einzelnen Gehölze von unter sechs Jahren bis über 20 Jahren reichen.
- Hecken, Feldgehölze oder Gebüsche sollen zumindest an einer Stelle nicht weiter als 100 bis 200 Meter vom nächsten vergleichbaren Bestand entfernt sein.
- Vor allem an südexponierten Rändern von Hecken und Feldgehölzen soll sich ein Staudensaum entwickeln können. Die Ränder sollen unregelmäßig gestaltet werden.

Abb. 93: Auswirkungen einer Hecke auf den landwirtschaftlichen Ertrag

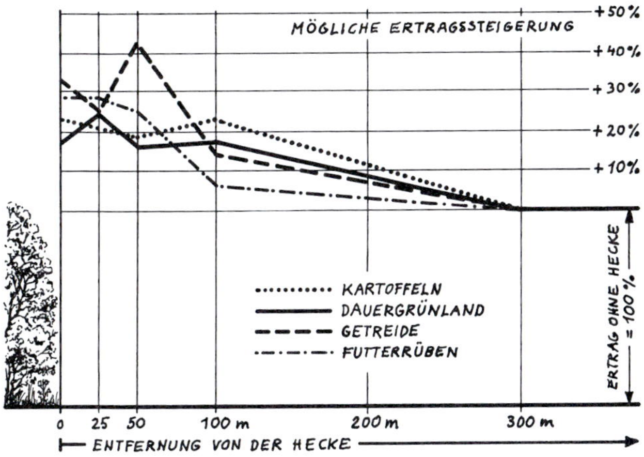

Auf der Leeseite einer quer zur Hauptwindrichtung stockenden Hecke lassen sich Ertragssteigerungen verschiedener Feldfrüchte nachweisen. (Quelle: nach ANL)

1976

1985

Abb. 94: Heckenlandschaft bei Lienz

Das Lienzer Becken in Osttirol ist wie die anderen inneralpinen Beckenlandschaften uraltes Kulturland und war immer von Weg- und Feldrain begleitenden Hecken und Gehölzen gegliedert. Der Zeitvergleich zwischen 1976 und 1988 zeigt, daß auch hier eine beträchtliche Intensivierung der Landwirtschaft und eine steigende Inanspruchnahme durch Siedlungsbau stattgefunden hat. (Fotos: H. Schacht)

- Zusatzstrukturen können Gehölzflächen ökologisch bereichern. Beispiele: Steinhaufen, Trockenmauer, größere Einzelsteine, Tümpel, Totholz (ungespritzt), Reisighaufen, Wurzelstöcke, begleitende Gräben.
- Besonders wertvolle Einzelbäume und Baumbestände sind Kopfweiden und Streuobstbestände.
- Alte Bäume, auch mit abgestorbenem Holz, sind unter allen Umständen erhaltungswürdig (Naturschutz: Fledermäuse, Höhlenbrüter!).
- In der unmittelbaren Nachbarschaft alter Bäume soll ein reiches Blütenangebot (vor allem Doldenblütler) bereitgestellt werden.
- Der Boden unter Bäumen soll nicht befestigt werden.

(Zitiert nach Unterlagen der Akademie für Naturschutz und Landschaftspflege in Laufen/BRD.)

Abb. 95: Bodenschutzpflanzungen

Diese Fotomontage der Agrarbezirksbehörde von Niederösterreich macht deutlich, wie im Sinne des Natur- und Bodenschutzes eine Neugliederung der Landschaft vorstellbar ist (vgl. Seite 25, Tafel 1, Foto rechts unten). Im gezeigten Beispiel wurde die Anlage des Marchfeldkanals zum Anlaß eines Kommassierungsverfahrens genommen und die Landschaft wieder für Naturschutz- und Erholungszwecke nutzbar gemacht. Solche Vorhaben dienen nicht nur dem direkten Bodenschutz, sondern sind auch für ein Biotopverbundsystem unerläßlich. (Fotomontage: NÖ Agrarbezirksbehörde)

Bodenschutzpflanzungen

Ein Spezialfall zur nachträglichen Gliederung der ausgeräumten Kulturlandschaft sind Bodenschutzpflanzungen (Windschutzpflanzungen). Diese können nur bedingt biologische oder biogenetische Hilfe bringen. Insbesondere abtriftende Pflanzenschutzmittel, der noch immer betriebene Abbrand der Felder nach der Ernte (der oftmals die Pflanzungen arg in Mitleidenschaft zieht), vom Wind abgelagerte Bodenteilchen und Düngemittel und die Wahl der Gehölzarten schränken die biologischen Wirkungen ein.

Unverzichtbar sind jedoch andere ökologische Wirkungen der Bodenschutzpflanzungen, die auch ökonomisch von erheblicher Bedeutung sind:

- Erhöhung der Niederschläge (Regen, Schnee)
- Erhöhung der Luftfeuchtigkeit
- erhöhte Taubildung
- Erhöhung der Bodenfeuchte
- Verringerung der Verdunstung (Boden und Vegetation)
- Verbesserung des Wärmehaushaltes durch Herabsetzung der Abkühlungsgröße im bodennahen Bereich
- Verbesserung von Assimilationsleistung und Wachstum der Kulturpflanzen, erhöhter CO_2-Gehalt in Bodennähe, etc.
- Verminderung der Bodenerosion durch Wind und Wasser und ihre Folgeschäden, Nährstoffeintrag in Oberflächengewässer, etc.
- Verminderung des Wasseraufwandes bei Feldberegnung und Verbesserung der Beregnungswirkung
- eine bedingte Verbesserung der Ausgangssituation für eine Selbstregulation von Nützlings-/Schädlingspopulation

Diese in erster Linie physikalischen, weniger die biologischen Wirkungen der Bodenschutzpflanzungen ermöglichen auch Ertragssteigerungen landwirtschaftlicher Kulturen bis 20 Prozent. Voraussetzung ist allerdings ein lückenlos stufiger Aufbau. Bei einem fünfreihigen, zwölf Meter hohen Windschutzstreifen sind in seinem Lee bis 200 Meter Entfernung die angeführten Verbesserungen des Kleinklimas zu erwarten.

Über diese Wirkungen hinaus lassen sich aber auch die biologischen Wirkungen verstärken, wenn dem Bodenschutzstreifen vor- und nachgelagerte, der Bewirtschaftung entzogene, zwei bis drei Meter breite Säume angelegt werden. Diese bringen, für sich optisch an der Landschaftsstruktur orientierende Vögel (z. B. Rebhuhn) und Säugetiere (z. B. Hase, Reh) zusätzliche Schutz- und Futtergelegenheiten. Sie verbessern auch die Nutzbarkeit der Bodenschutzstreifen selbst.

Die Mittelreihe der Pflanzung wird von höherwüchsigen Laubbäumen gebildet (vgl. Anhang Artenlisten), denen jeweils zwei Reihen von Sträuchern und kleineren Bäumen vorgelagert sind. Im Idealfall wird eine solche Pflanzung sich dem Bild eines doppelten Waldsaums annähern. Die Pflanzung wird ihren Zweck umso besser erfüllen, je mehr sie zur Hauptwindrichtung hin orientiert ist; der Idealfall ist dabei, wenn der Wind im rechten Winkel auftrifft.

Nähere Ausführungen zum Problem der Bodenschutzstreifen finden sich in den Bänden „Naturschutz“ und „Kulturlandschaft“.

Abb. 96:
Naturnahes Bachufer

(Foto: W. Katzmann, 1983)

Uferbepflanzung

Einen Spezialfall von Saumgehölzen stellen Ufergehölze dar. Um sie möglichst wirksam zu gestalten, ist eine Breite von etwa zwölf Metern zu fordern, wobei folgende Gliederung eingehalten werden sollte:
- landseitig ein Saum aus ein- und mehrjährigen Kräutern und Gräsern, der, wenn er mindestens drei Meter breit angelegt ist, auch als gelegentlicher Fahrstreifen genützt werden kann;
- daran anschließend ein Strauchbereich aus Holzgewächsen bis fünf Meter Höhe, der drei bis fünf Meter breit sein soll und in einen
- Gehölzkern mit Bäumen über fünf Meter mit entsprechendem Unterwuchs übergeht; daran schließt die
- eigentliche Uferzone an.

Solche Uferbepflanzungen
- beschatten den Bach, unterdrücken dadurch die massenhafte Algenentwicklung;
- verbessern den Sauerstoffgehalt und können so bei extremem Niederwasser Fischsterben verhindern;
- ihr Gras- und Krautsaum hält von Äckern abgeschwemmte oder abgewehte Bodenteilchen zurück;
- der Laubfall aus den Begleithölzern belastet allerdings den Bach (zu diesem Zeitpunkt sind aber keine Sauerstoffdefizite im Wasser zu erwarten);
- der Eintrag von Chemikalien und Düngestoffen aus der intensiven Landwirtschaft wird verringert;
- die Ufergehölze wirken als Erosionsschutz;
- sie haben positive Auswirkungen auf die benachbarten Talflächen durch Einflußnahme auf Windgeschwindigkeit, Taubildung, Bodenfeuchte, Verdunstung;
- sie dienen als biologischer Ausgleichsraum und Artenreservoir.

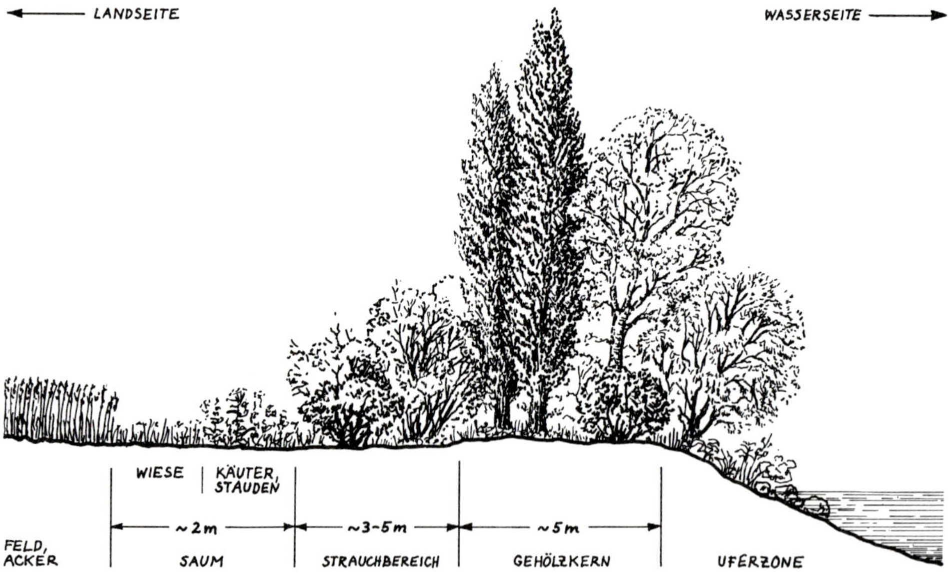

Abb. 97:
Ufergehölz (Aufbau)

(Quelle: nach Kraus, 1984)

5.4 Waldränder

Wie alle ökologischen Grenz- und Übergangsbereiche sind Waldränder gekennzeichnet von einer besonderen Artenfülle. Bestimmte Bäume und Sträucher, die im Bestandesinneren nicht aufkommen, können hier wachsen. Sich rasch ändernde Lichtverhältnisse und starke Schwankungen in der Luftfeuchte kennzeichnen den Waldrand. Zum Schutz der randständigen Waldbäume sollte am Waldrand stets ein sogenannter Waldmantel, bestehend aus Sträuchern und kleinwüchsigen Baumarten, angelegt werden. Er stellt einen wichtigen, vorgelagerten Schutz gegenüber dem Angriff des Windes dar und schützt die Stämme des Altbestandes vor Sonnenbrand. Er mildert und kämmt schädliche Immissionen aus; sogar Eis- und Reifanhang können durch den Waldmantel gemildert werden, er ist somit auch Frostschutz. Die Äsungsverhältnisse für das Wild werden durch ihn verbessert.

Die Pollen windblütiger Arten sind schon zeitig im Frühjahr als „Bienenweide" von großer Bedeutung für Insekten. Im Herbst sind es wiederum die verschiedenen Waldfrüchte und Samen, die für die Vögel wichtig sind. Nicht zuletzt sind Waldränder durch Form, Höhe und Farbe (z. B. auch Laubverfärbung) an der Landschaftsgliederung wesentlich beteiligt. Insbesondere in intensiv bewirtschafteten Kulturlandschaften ist ein gut gegliederter Waldrand unverzichtbar, weil er ein biologisches Stabilisierungselement von großer Längsausdehnung darstellt. Der Waldrand sollte ein natürlicher und naturbelassener Übergang zwischen freier Landschaft und dem Wald sein! Damit ist er auch im Rahmen des biologischen Gleichgewichts ein Gegengewicht zur raschen Vermehrung sowohl forstlicher als auch landwirtschaftlicher Schädlinge.

Von wesentlicher Bedeutung ist daher der Aufbau des Waldmantels. Er muß gestuft von vorgelagerten Hecken und Hölzern ausgehend bis zur Bestandeshöhe reichen, da er sonst seine Aufgaben als Wind- und Frostschutz, aber auch als Immissionsschutz nicht erfüllen kann. Er sollte immer von Verbauung und Gärten freigehalten werden! In der benachbarten Schweiz ist bei der Bebauung ein Mindestabstand von zehn Metern zu den Waldrändern einzuhalten. Bei der Flächenwidmung ist darauf zu achten, daß entlang der Waldränder ein hinreichend breiter Streifen als Grünland ausgewiesen wird. Im Gegensatz zu dieser Forderung ist es in Österreich durchaus üblich, gerade diese Waldränder zu verbauen. Wege sollten – wenn überhaupt – so weit vorgelagert sein, daß der Aufbau des Waldmantels samt Kräuter- und Gräsersaum unberührt bleibt. Als Mindesttiefe für einen gut gestaffelten Waldmantel werden 15 Meter angegeben. Dabei wird einem

Abb. 98a: Waldmantel

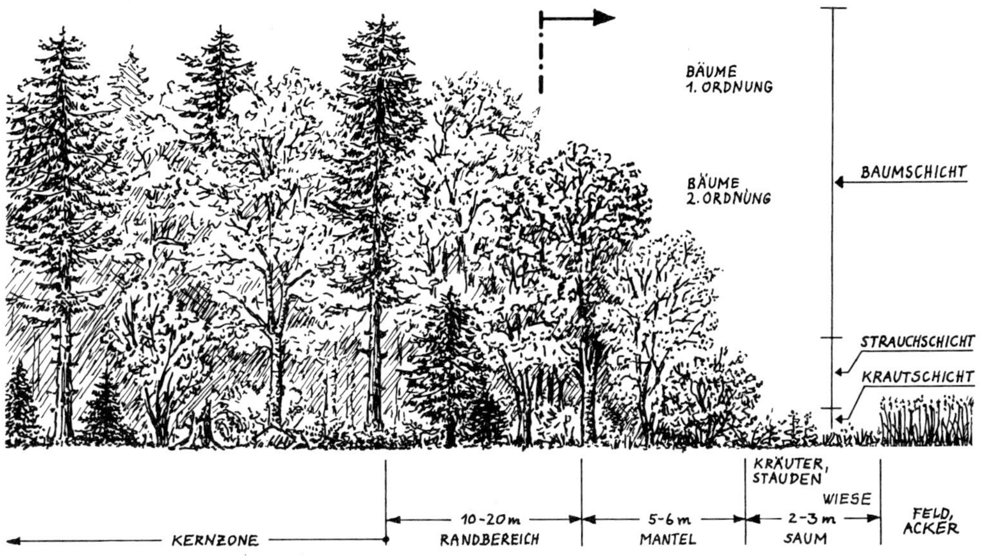

Abb. 98b: Feldgehölz

Feldgehölze sind Baum- und Strauchbestände geringer Fläche. Im Idealfall ist ein Feldgehölz ein von einem Waldmantel umschlossener Miniaturwald, der allerdings kein Bestandsklima wie im Waldesinneren entwickeln kann. Langgestreckte Feldgehölze quer zur Hauptwindrichtung sind ideale Bodenschutzstreifen. Sie können auch als „Trittsteine" innerhalb der Agrarlandschaft Waldbiotope aufrechterhalten bzw. wiederherstellen. (Quelle: nach Unterlagen der Akademie für Naturschutz und Landschaftspflege ANL)

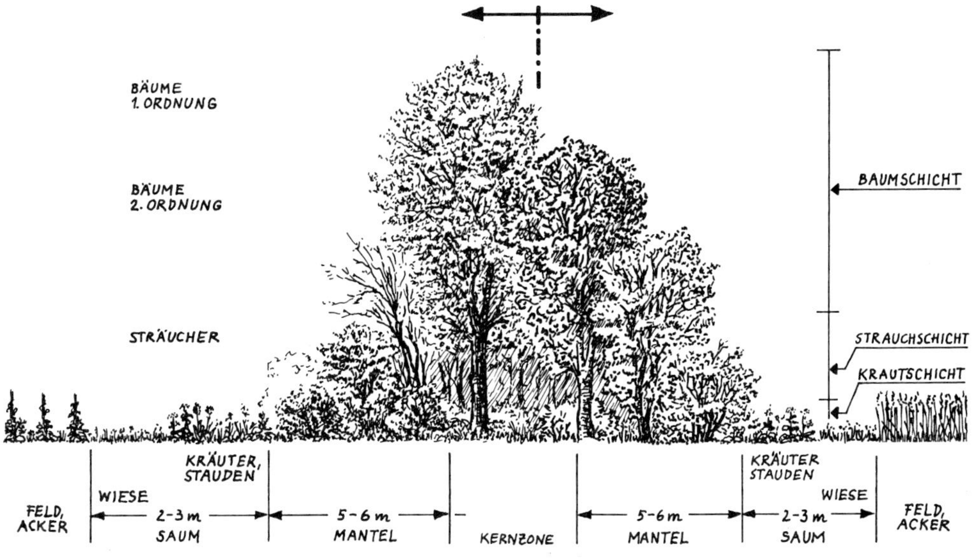

etwa zwei Meter breiten Saum zur Freifläche hin besondere Bedeutung beigemessen. Dieser sollte aus ein- und mehrjährigen Kräutern und Gräsern bestehen. Erst daran anschließend sollte ein abwechslungsreicher, allmählich bis zum Kronendach des nachgelagerten Waldes ansteigender Hecken- und Gehölzsaum anschließen.

Abb. 99:
Durch Spritzmittel geschädigter Waldrand

Durch das Abbrennen der abgeernteten Stoppelfelder, aber auch durch die Ausbringung von „Pflanzenschutzmitteln" werden Waldränder und Bodenschutzpflanzungen gefährdet. Die Schäden entstehen durch abtriftende Spritzmittel sowie durch Hitze und Rauch. (Foto: W. Katzmann, 1988)

5.5 Naturwaldzellen, Naturwaldreservate, Nationalparks

Österreich besitzt eine außerordentliche Vielfalt an Waldtypen. Wie erwähnt, lassen sich wenigstens 70 Waldtypen und 200 Untertypen unterscheiden. Es ist deshalb auch ein Anliegen des Naturschutzes, der Wissenschaft und Kultur, diese Vielfalt zu erhalten, sozusagen als „Ensembleschutz". Diese Vielfalt rührt daher, daß Österreich einerseits Anteil an unterschiedlichen Klimazonen hat und andererseits die Orografie (Reliefformen) und Geologie des Landes vielgestaltig sind.
Im Bestreben, Erträge zu erwirtschaften, sieht sich die Forstwirtschaft gezwungen, vom natürlichen Waldaufbau abzugehen. Es ist deshalb notwendig, von der Forstwirtschaft „unbehelligte" Waldstücke unter Schutz zu stellen und wieder ihrer natürlichen Entwicklung zu überlassen. Da solche Waldflächen nicht allzu groß sein müssen, stellt ihre Außerertragstellung – im Wirtschaftswald – keine unüberwindliche Hürde dar, zumal viele naturnahe Waldgebiete in schwer oder gar nicht nutzbaren Lagen wachsen (weshalb sich ja ihr naturnaher Zustand erhalten hat). Österreich – mit einer Waldfläche von über 46 Prozent – muß sich solche Schutzgebiete aber auch an den ertragreichen Wirtschaftswaldstandorten leisten können.
Dabei lassen sich, je nach Größe, verschiedene Kategorien von Schutzgebieten aufzählen. Naturwaldzellen, Naturwaldreservate und Nationalparks (wobei ein Nationalpark allerdings nicht notwendigerweise ein Waldgebiet sein muß). Ziel ist es, den jeweiligen standortgemäßen, natürlichen Waldtyp zu erhalten oder wieder herbeizuführen und die menschliche Nutzung, insbesondere die Entnahme von Holz, die Waldweide, die Jagd, das Sammeln von Pilzen und Beeren usw., hintanzuhalten oder einzuschränken.
Je größer die Schutzgebiete sind und je stärker die bisherige Nutzung bzw. der Nutzungsdruck auch des Umlandes ist, umso schwieriger gestalten sich solche Schutzmaßnahmen. Es leuchtet ein, daß die bisherigen Nutzer eines Gebietes, wie Jäger, Fischer, Land- und Forstwirte, aber auch Touristen, nur ungern auf ihre Hobbys verzichten bzw. sich in ihrer wirtschaftlichen Tätigkeit einschränken lassen wollen.
Wie bei anderen Schutzgebieten auch müssen die Gebiete selbst gegenüber dem intensiv genutzten Umland durch Pufferzonen abgeschirmt werden. Einflüsse über den sauren Regen bzw. den Eintrag von Luftschadstoffen lassen sich ohnehin nicht verhindern und liegen nicht im Einflußbereich der Forstwirtschaft.
Bezieht man den Eintrag von Luftschadstoffen in die Betrachtung ein, gibt es „Urwälder" im Sinne einer noch nie dagewesenen Beeinflussung von Waldgebieten in ganz Europa nicht mehr, denn auch die Deponierung von anthropogen freigesetzten Luftschadstoffen ist eine Nutzungsform. Sie hat auch in unseren Urwäldern bereits erkennbare Spuren hinterlassen.
Sieht man von dieser Einschränkung ab, so kann man Urwald als jenen Wald definieren, der keine gegenwärtigen menschlichen Eingriffe erkennen läßt, wobei solche aber in ferner Vergangenheit durchaus stattgefunden haben können. „Urwald" umfaßt also die ganze Dynamik vom Menschen unbeeinflußter Wälder, also die natürliche Waldgesellschaft von ihren Pionierstadien bis zu ihrem

Abb. 100: Urwald

In Österreich finden sich kaum noch Urwälder, weshalb es wichtig ist, von diesen alle vermeidbaren Beeinträchtigungen durch Weidevieh, Forstwirtschaft und Tourismus fernzuhalten. Dies kann nur durch entsprechend breite und naturnah bewirtschaftete Waldgürtel gelingen. (Vgl. Grafik Abb. 101)

Endzustand als sogenannte Schlußwaldgesellschaft. (Solche Schlußwälder können über lange Zeit stabil bleiben, aber auch durch Windwurf, Brände etc. vernichtet werden, so daß der Kreislauf wieder von vorne beginnt.) In der Literatur werden in Österreich meist nur drei Urwälder genannt: der Rotwald, der Neuwald und der Dobra-Wald. Allesamt stehen sie unter Naturschutz. Allerdings sollte man dabei nicht verkennen, daß manche in unwegsamem Gelände stockende Wälder durchaus Urwaldcharakter haben. Auch Latschenfelder können als Krüppelurwald angesprochen werden.
Dem Erscheinungsbild eines Urwaldes nahe kommen die Naturwälder. Darunter versteht man Wälder, die nicht künstlich begründet wurden und in ihrer Artenzusammensetzung und ihrem Aufbau den natürlichen Standortbedingungen weitgehend entsprechen.

In der Folge soll auch auf die verschiedenen Arten von Waldschutzgebieten kurz eingegangen werden. Die kleinste Einheit ist dabei die Naturwaldzelle. Im Gegensatz zum Naturwaldreservat oder einem aus Wald aufgebauten Nationalpark können und sollen Naturwaldzellen auch im Wirtschaftswald durch die Wiederherstellung möglichst ursprünglicher Zustände kleinräumig geschaffen werden. Naturwaldzellen können also auch im intensiv bewirtschafteten Forst liegen, müssen dann jedoch gegen Außeneinflüsse, beispielsweise gegen Wild, durch Einzäunung geschützt werden. Insbesondere das Land Tirol ist dabei beispielhaft vorangegangen und hat durch die Vergabe von Urkunden die von den Waldbesitzern sich selbst auferlegten Nutzungsbeschränkungen honoriert.

Nachstehend die Anforderungen, die an Naturwaldzellen gestellt werden:

Es gilt das Prinzip des naturnahen Bestockungsaufbaus, das heißt, standortgemäße Baumarten bilden den Bestand, wobei Mengenverschiebungen in der Baumartenzusammensetzung nur insoweit zulässig sind, als sie nicht zu deutlichen Umstellungen in der gesamten Waldgesellschaft führen (Bergmischwälder vertragen eine gewisse Erhöhung des Nadelbaumanteils, ohne daß sich die Gesellschaft insgesamt wesentlich verändert, vor allem, wenn Buche auch im Nebenbestand vorhanden ist). Ein höheres Bestandsalter ist anzustreben.

Als Mindestfläche einer solchen Naturwaldzelle für forstwissenschaftliche Zwecke sind fünf Hektar Gesamtfläche zu fordern, wobei als absolut ungestörter Kernbereich zwei Hektar auszuweisen sind. Die übrigen drei Hektar dürfen also höchstens so genutzt werden, daß keine Einwirkungen auf die Kernfläche zu befürchten sind. (In der derzeitigen Praxis hinkt man dieser Forderung noch etwas nach und beschränkt sich nolens volens auf einen Hektar ungestörte Kernfläche, die von einem Schutzstreifen in der Breite einer Altbaumlänge umgeben ist.)

Außer den für die Forschung unbedingt notwendigen sind keinerlei Eingriffe zulässig, auch die Aufarbeitung des „Schadholzes" unterbleibt. Lediglich bei waldbedrohenden Schädlingsvermehrungen wäre an eine Bekämpfung zu denken. Dann wird in der Regel das Reservat aufgegeben werden müssen. Die Jagd auf Haarwild muß weiter ausgeübt werden und sollte auf die Herstellung tragbarer Schalenwildbestände hinarbeiten. Fütterungen dürfen nicht im Reservat oder seiner unmittelbaren Nachbarschaft liegen. Wo immer möglich, sollten wenigstens Teilflächen gezäunt werden. Holztransport soll nicht durch die Fläche stattfinden, höchstens mit Seil. Straßen sollen die Kernfläche nicht berühren oder gar hindurchführen. Besucherverkehr ist nur auf Wegen mit entsprechenden Hinweisen auf die Naturschutz- und Forschungsziele zu gestatten. Empfindliche Biotope und Standorte seltener Pflanzen sollen möglichst ganz vom Besucherverkehr abgeschirmt werden.

Die Ausweisung von Naturwaldreservaten hingegen hat das Ziel, schon bisher naturnah bewirtschaftete Waldflächen größeren Ausmaßes zu erhalten und diese von weiteren menschlichen Eingriffen freizuhalten.

Zweck dieser Reservate ist es, die vom wirtschaftenden Menschen unbeeinflußte Entwicklung bestimmter Waldtypen beobachten zu können. Solche Dauerflächen sind die einzige Möglichkeit, „hypothesenfreie Aussagen über von der Natur selbst gesteuerte Abläufe zu machen" (K. Zukrigl, 1983). Von nicht zu unterschätzender Bedeutung sind die Naturwaldreservate schließlich auch für die Erhaltung unseres Naturerbes, wozu sich Österreich international mehrfach verpflichtet hat. Naturwaldreservate sollen also wissenschaftlichen und biogenetischen Zwecken dienen und Regenerationszellen in der Landschaft sein. Im Sinne der Ermittlung und Erhaltung eines biogenetischen Netzwerkes ist eine planmäßige Vorgangsweise erforderlich, die alle wichtigen Waldgesellschaften erfaßt. Naturwaldreservate sollten in ihrer Ausdehnung Naturwaldzellen möglichst übertreffen, aber ebenfalls einen zumindest zwei Hektar umfassenden, ungestörten Kernbereich aufweisen. Aus dem Gesagten ergibt sich, daß Waldreservate als Vollnaturschutzgebiete auszuweisen sind.

Besonders in den letzten beiden Dezennien wurden in der BRD und in der Schweiz Hunderte Naturwaldreservate begründet, die nicht zuletzt auch die mit vielen Vorurteilen befrachteten Debatten über waldbauliche Fragen versachlichen sollen. So beispielsweise über den gefürchteten flächigen Zusammenbruch von Hochlagenwäldern, der die Gefährdung inneralpiner Siedlungsgebiete wesentlich verschärft. Tatsächlich scheint diese Tendenz zum flächigen Zusammenbruch nur bei anthropogen gestörter Verjüngungsdynamik gegeben. Insofern nämlich, als Beweidung und Überhege des Wildes die Verjüngung unterbunden haben und zusätzlich die umgebrochenen Bäume als wichtiges Keimbett verlorengegangen sind (vgl. Abb. 72). Diese Erkenntnisse konnten anhand der wenigen in Österreich noch erhaltenen „Urwald"-Reste gewonnen werden.

Als Waldschutzgebiete kommen schließlich auch Nationalparks als international höchstrangige Schutzgebiete in Frage. Die Kriterien für Nationalparks sind in den IUCN-Richtlinien (IUCN = International Union for Conservation of Nature and Natural Resources) festgelegt, die im Anhang enthalten sind.

Die derzeit bestehenden Nationalparks in Österreich (Nationalpark Hohe Tauern, Salzburger und Kärntner Anteil, Nationalpark Nockberge in Kärnten) haben zwar alle auch Waldanteile, sind jedoch international nicht anerkannt, weil die von den IUCN-Richtlinien geforderte Außerertragstellung der Wälder und die Aufgabe der Trophäenjagd politisch derzeit nicht durchsetzbar sind.

Im Nationalpark Hohe Tauern gibt es allerdings Schutzgebiete im Waldbereich, die Waldreservaten gleichzusetzen sind. Aber auch wenn derartige Waldreservate die Mindestgröße eines Kerngebietes nach den IUCN-Richtlinien erreichen (1000 ha), ist deshalb die internationale Anerkennung des Gesamtschutzgebietes nicht gewährleistet. Vielmehr muß in einem Nationalpark – unabhängig von seiner Größe – der überwiegende Flächenanteil Kernzone sein. (Bei einem so großen Gebiet wie dem Nationalpark Hohe Tauern wird dies auch in Zukunft nicht leicht erreichbar sein.)

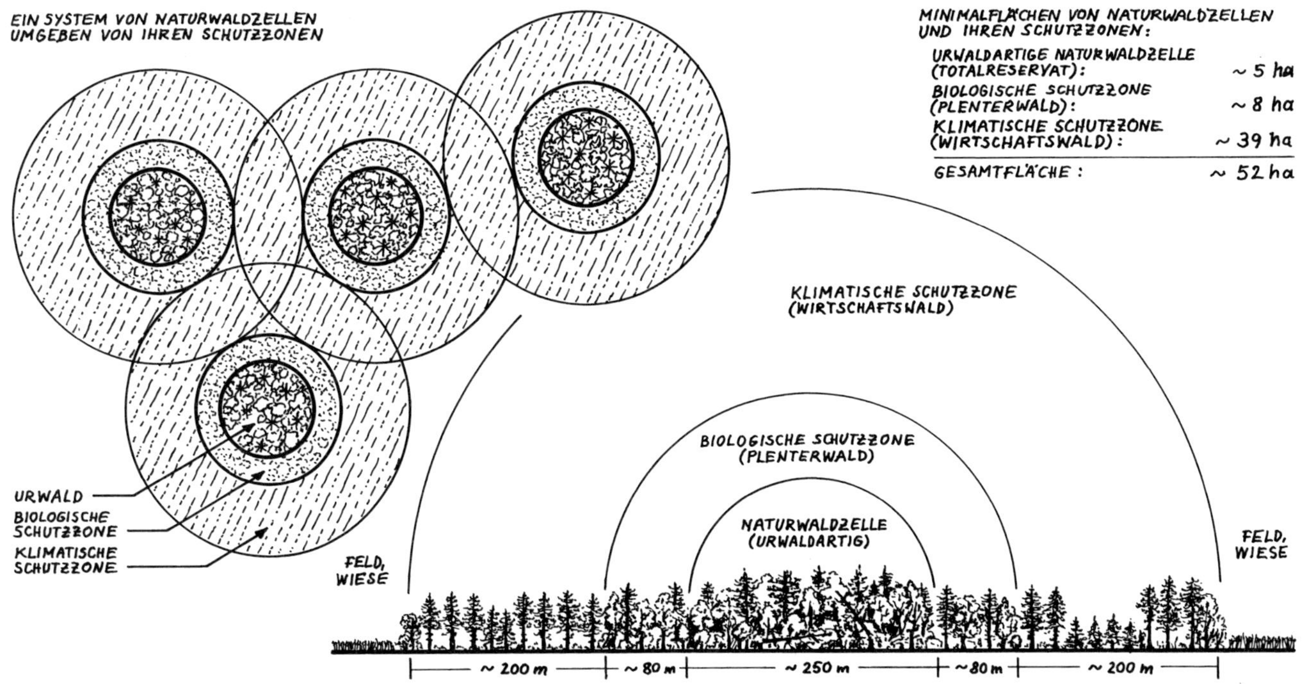

Abb. 101: Aufbau von Naturwaldzellen

Der idealtypische Aufbau einer Naturwaldzelle von urwaldartigem Charakter verlangt vorgelagerte Schutzzonen, die abhängig von der Entfernung zur eigentlichen Naturwaldzelle unterschiedlich bewirtschaftet werden sollten. Die Vernetzung solcher Zellen ermöglicht eine Verringerung des Flächenbedarfs. (Quelle: nach Schretzenmayr, 1979)

Naturwälder

Nationalparks mit überwiegender Waldkomponente sind in Österreich derzeit geplant. Es sind dies insbesondere der Nationalpark Donauauen und der Nationalpark Reichraminger Hintergebirge einschließlich Sengsengebirge und Totes Gebirge. Durch den großen Besitzanteil der Österreichischen Bundesforste sollte in diesen Gebieten ein wirklich nationalparkkonformes „Waldmanagement" möglich sein – der entsprechende politische Wille aller Beteiligten vorausgesetzt.

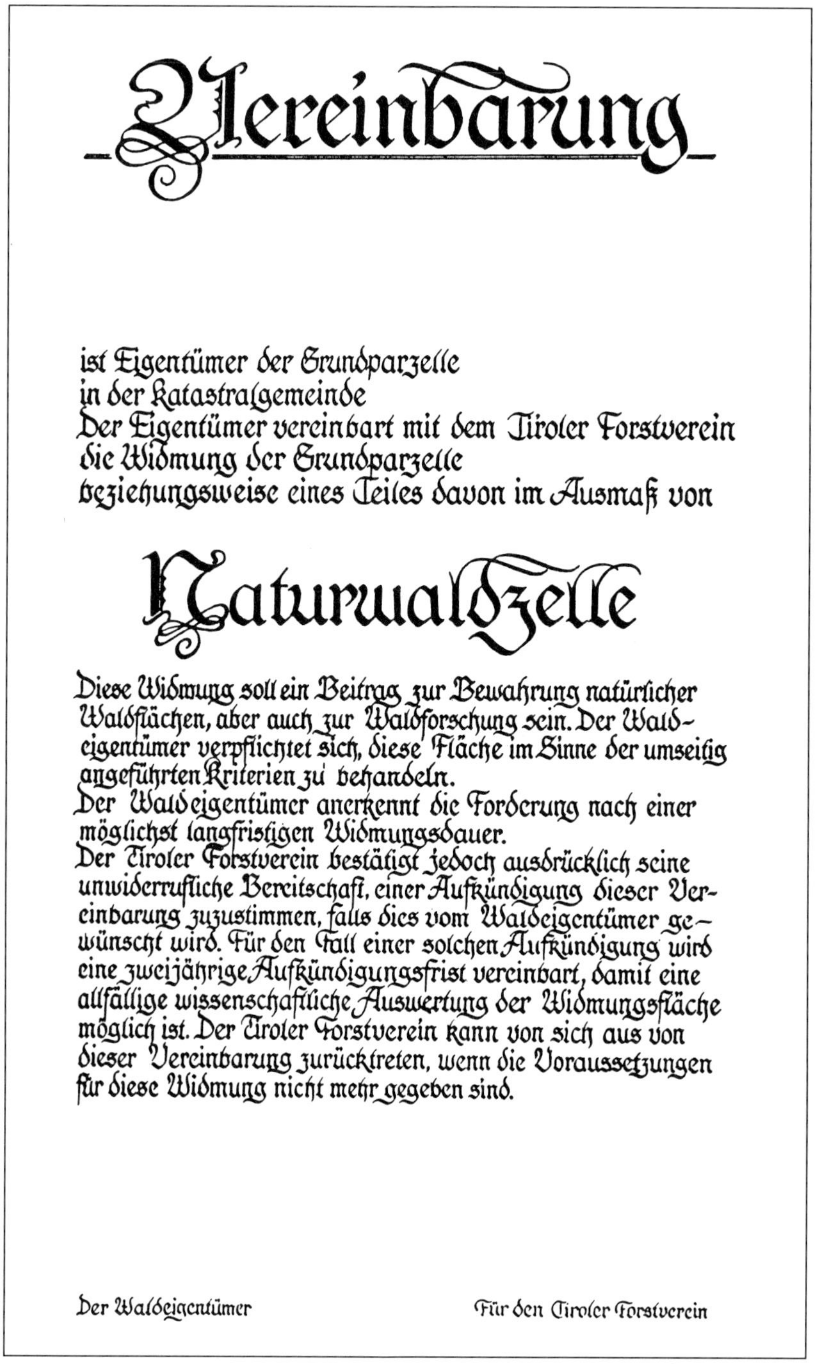

Vereinbarung

ist Eigentümer der Grundparzelle
in der Katastralgemeinde
Der Eigentümer vereinbart mit dem Tiroler Forstverein
die Widmung der Grundparzelle
beziehungsweise eines Teiles davon im Ausmaß von

Naturwaldzelle

Diese Widmung soll ein Beitrag zur Bewahrung natürlicher Waldflächen, aber auch zur Waldforschung sein. Der Waldeigentümer verpflichtet sich, diese Fläche im Sinne der umseitig angeführten Kriterien zu behandeln.
Der Waldeigentümer anerkennt die Forderung nach einer möglichst langfristigen Widmungsdauer.
Der Tiroler Forstverein bestätigt jedoch ausdrücklich seine unwiderrufliche Bereitschaft, einer Aufkündigung dieser Vereinbarung zuzustimmen, falls dies vom Waldeigentümer gewünscht wird. Für den Fall einer solchen Aufkündigung wird eine zweijährige Aufkündigungsfrist vereinbart, damit eine allfällige wissenschaftliche Auswertung der Widmungsfläche möglich ist. Der Tiroler Forstverein kann von sich aus von dieser Vereinbarung zurücktreten, wenn die Voraussetzungen für diese Widmung nicht mehr gegeben sind.

Der Waldeigentümer

Für den Tiroler Forstverein

6 Energiewälder

Als alternative Form der landwirtschaftlichen Nutzung wird in jüngster Zeit neben der Anlage von Energiegraskulturen auch der Anbau von Energieholz diskutiert. Die nachstehenden Überlegungen stützen sich auf das Arbeitspapier „Grundsätze für Energieholz- und Energiegraskulturen aus der Sicht des Umweltschutzes", das vom Forum Österreichischer Wissenschaftler für Umweltschutz 1989 herausgegeben wurde.
Für den Energiepflanzenanbau können vor allem folgende drei Gründe angeführt werden:

- Der besorgniserregende Anstieg des CO_2-Gehaltes der Atmosphäre ist vorwiegend auf die Verbrennung fossiler Energieträger zurückzuführen. Die Verfeuerung von aus Energiepflanzen gewonnener Biomasse „würde die Situation insofern entlasten, als der in der Biomasse gebundene Kohlenstoff ja zunächst durch die Photosynthese aus dem CO_2-Vorrat der Atmosphäre entzogen wird, ehe er durch Verbrennung wieder dorthin entlassen wird". – Diese Entlastung ist allerdings, bezogen auf die Gesamtbilanz des CO_2-Kreislaufes der Erde, als minimal anzusehen.
- Im Hinblick auf die niedrigen Rohölpreise ist der Anbau von Energiepflanzen zur Zeit nicht rentabel. Eine Verknappung der Ölvorräte und damit ein Preisanstieg ist aber absehbar und könnte sehr wohl eine Renaissance der Biomasse als Energieträger nach sich ziehen (abgesehen davon, daß Holz ohnedies ein wichtiger Brennstoff auf dem heimischen Wärmemarkt ist, immerhin werden ca. 15 Prozent der österreichischen Haushalte mit Holz beheizt). Die Zeit sollte also genutzt werden, um mittels kleinflächigem Versuchsanbau Erfahrungen zu sammeln. Die einseitige Förderung von Energiewäldern würde allerdings die konventionelle Forstwirtschaft benachteiligen, weil zu befürchten ist, daß dadurch „die Absatzchancen für Durchforstungsholz sinken: Waldbaulich wichtige Pflegeeingriffe würden dadurch erschwert oder verhindert".
- „Flächen, die für die Kultur von Energiepflanzen in Frage kommen, tragen heute häufig Getreidekulturen, in vielen Fällen Mais: Langjährige enge Fruchtfolgen mit hohem Maisanteil führen auf lange Sicht zu einer starken Verschlechterung des Bodenzustandes. Hier hätte eine Unterbrechung der Maiskultur durch eine Energiepflanzenkultur für einige Jahre voraussichtlich auch einen günstigen Effekt auf den Zustand des Bodens und brächte somit langfristig auch ökonomische Vorteile." Auch die Entlastung der Böden und des Grundwassers von Agrochemikalien bzw. deren Umwandlungsprodukten (Nitrate, Atrazin) wäre hier als Vorteil zu beachten.

Diese positive Beurteilung von Energiepflanzenkulturen verbindet sich aber mit einer Reihe von Kriterien, deren Beachtung unerläßlich ist. Bezüglich der Anlage von Energieholzkulturen (Kurzumtriebswälder) ist in diesem Zusammenhang insbesondere anzuführen (Auszüge aus dem Arbeitspapier):

1. Nachhaltigkeit der Landnutzung:

Energieholzanbau ist auf durch intensive Nutzung ausgelaugte Ackerböden zu beschränken.
Dieser Intention kommen die einschlägigen Förderungsrichtlinien entgegen, die eine besonders hohe Förderung bei Pflanzungen vorsehen, die auf intensiv genutzten Ackerflächen vorgenommen werden. Dabei spielt hier sicherlich neben ökologischen Erwägungen auch der Gedanke der dadurch bewirkten Kostenersparnis bei der Vermarktung der landwirtschaftlichen Überproduktion eine Rolle.
Schwerpunktmäßig sind Regionen mit geringer Wald- und Flurgehölzausstattung für den Anbau zu bevorzugen. Besonders erhaltenswerte Landschaftsteile (insbesondere Feuchtwiesen, Moore, Heiden, Trocken- und Magerrasen) sind keinesfalls in den Energiepflanzenanbau miteinzubeziehen.

2. Berücksichtigung der Standortverhältnisse bei der Gehölzartenwahl:

Die Wahl der Gehölzarten und -sorten ist den Standortbedingungen anzupassen. Heimischen Gehölzen und Wildformen ist ein wichtiger Stellenwert einzuräumen . . . Standortangepaßte Kulturen zeigen höhere Zuwachsraten sowie geringere Krankheitsanfälligkeit. Heimische Gehölze geben mehr Tierarten einen Lebensraum als ausländische. Bei ausländischen Gehölzen kann es zu einer unerwünschten, schwer kontrollierbaren Ausbreitung und damit zur Verdrängung heimischer Pflanzen kommen, wie an den Beispielen Robinie (Robinia pseudacacia) und Götterbaum (Ailanthus altissima) zu belegen ist.

3. Vorrang für Mischkulturen:

Der Mischung verschiedener Gehölzarten, aber auch verschiedener Sorten und Ökotypen ist gegenüber Monokulturen der Vorzug zu geben . . . Wo Einzelbaummischungen aufgrund der Unterdrückung schwächerwüchsiger Baumsorten nicht realisierbar sind, ist auf kleinflächige, gruppen- oder streifenweise Mischung auszuweichen . . . Mischkulturen weisen in jeder Hinsicht eine größere Vielfalt auf, soweit es sich um Nährstoffausnutzung, Artenvielfalt der Krautschicht oder der Fauna handelt. Dies ist einerseits aus Artenschutzgründen positiv zu beurteilen, andererseits wird dadurch die Stabilität gegenüber Schädlingen erhöht und die Notwendigkeit des Pestizideinsatzes minimiert.

4. Beschränkung der Flächengröße:

Zusammenhängende Energieholzflächen sollten eine Größe von fünf Hektar nicht überschreiten. Grundsätzlich ist linearen Anlagen entlang von Gewässern und Verkehrswegen in Form von heckenartigen Strukturen der Vorzug gegenüber flächigen Anlagen zu geben. In diesem Zusammenhang ist auch die Umwandlung von Bodenschutzanlagen zu erwägen. Geschlossene Gehölzbestände entlang von Fließgewässern sind aus der Sicht der Gewässerökologie zu befürworten (Beschattung – Selbstreinigung, Rückhalt von Oberflächenabfluß und somit von Nährstoffen, Uferschutz) . . . Lineare Anlagen dagegen leisten einen gewissen Beitrag zur Vernetzung von Wäldern, Feldgehölzen und bestehenden Hecken.

5. Eingliederung in die Landschaft – naturnahe Umfassungsstreifen:

Die räumliche Anlage von Energieholzkulturen sollte auf die naturräumlichen Voraussetzungen und die jeweilige Landschaftsstruktur abgestimmt sein. Dabei ist anzustreben, daß die Kulturen gleichzeitig Funktionen der Klimaverbesserung (vor allem Windschutz), des Gewässerschutzes und des Erosionsschutzes erfüllen. Überdies sollte eine Eingliederung in bestehende oder geplante Biotopverbundsysteme angestrebt werden. Auf zehn Prozent der Gesamtfläche von flächenhaft angelegten Energieholzkulturen sollten Umfassungsstreifen aus einheimischen Gehölzen mit hohem Futter- und Einstandswert mit einer abschnittweisen, niederwaldartigen Nutzung angelegt werden ... Ein dauerhafter Umfassungsstreifen bietet einerseits einen Rückzugsraum für Tiere nach Aberntung der Energieholzkulturen, andererseits gewährt er Sichtschutz und läßt die starken periodischen Veränderungen des Landschaftsbildes weniger problematisch erscheinen.

6. Lange Umtriebszeiten:
Grundsätzlich sollten möglichst lange Umtriebszeiten angestrebt werden. Als Richtwerte für Mindestumtriebszeiten werden bei Weiden fünf Jahre und bei anderen Kulturen zehn Jahre vorgeschlagen ... Bei Beständen, die größer als ein halber Hektar sind, sollte die Ernte nicht in einem Jahr, sondern zeitlich gestaffelt erfolgen ... Bei kürzeren Umtriebszeiten steigt der Nährstoffentzug durch den höheren Rindenanteil am Erntegut stark an, die Lebensdauer der Anlage geht zurück. Durch die gestaffelte Ernte bei großen Flächen bleiben immer Rückzugsräume für die Fauna erhalten.

7. Möglichst seltene Rodung:
Die Rodung sollte in möglichst langen Zeitabständen erfolgen ... Ein Zwischenfruchtanbau ist aus Gründen des Erosionsschutzes (Bodenbedeckung) und der Erhaltung der Bodenstruktur in Erwägung zu ziehen ... Im Ausschlagwald erschöpft sich nach einigen Umtrieben die Ausschlagkraft und die Wuchsleistung, weil die Wurzelstöcke durch Fäule und Alterung zugrunde gehen. Es ist dann notwendig, die Fläche zu roden und mit Material neu aufzuforsten, das gegen die vorhandenen Wurzelfäulepilze und andere Pathogene resistent ist („Fruchtwechsel"). Aus tierökologischer Sicht bieten jedoch alte Wurzelstöcke einen wertvollen Lebensraum.

8. Minimierung der Düngung:
Die Nährstoffzufuhr von außen ist – insbesondere bei Stickstoff – so gering als möglich zu halten. Voraussetzung dafür ist die Minimierung des Ernteentzuges durch einen möglichst geringen Anteil von Rinde und Blattmasse im Verhältnis zum Holz: Ernte im Winter, lange Umtriebszeiten. Wird das geerntete Holz über den Winter liegengelassen, so bleiben durch Auswaschung, Auslaugung und Wildfraß weitere Nährstoffe auf der Fläche und somit im Produktionskreislauf. Zusätzlich dazu sind die Möglichkeiten der biologischen Bindung des Luftstickstoffes durch Verwendung von Erlen und Leguminoseneinsaat bei der Bestandesbegründung auszuschöpfen.

9. Minimierung des Pestizideinsatzes:
Durch überlegte Anlage und gezielte Bewirtschaftung von Energieholzkulturen sind möglichst stabile Bestände aufzubauen, in denen Schädlingskalamitäten mit hoher Wahrscheinlichkeit vermieden werden. Besondere Bedeutung kommt dabei der Berücksichtigung der Standortverhältnisse bei der Gehölzartenwahl (siehe Pkt. 2), der räumlichen und zeitlichen Mischung der Bestände (siehe Pkte. 3 und 6) sowie der Vorbeugung gegen Stock- und Wurzelfäule durch entsprechende Umtriebszeiten zu ... Der Herbizideinsatz bei der Bestandesbegründung soll durch mechanische Bekämpfung ersetzt werden.

10. Begleitende Untersuchungen:
In den derzeit laufenden Forschungs- und Versuchsprogrammen werden ökologische Fragestellungen nur unzureichend dokumentiert und untersucht. Folgende Untersuchungen sollten zumindest bei einigen Programmen durchgeführt werden, um eine fundierte Beurteilung der Umweltauswirkungen zu ermöglichen:

- Bodeneigenschaften:
  Humusgehalt und Humusform
  Nährstoffverhältnisse und -bilanzen, insbesondere Stickstoff
  Bodenmikrobiologie (Biomasse, Atmung, Enzymaktivitäten)
- Vegetationskundliche Untersuchungen
- Zoologische Untersuchungen repräsentativer Artengruppen, z. B. Vögel, Säuger, Insekten, Bodenfauna
- Nützlings-Schädlingsbeziehungen mit der angrenzenden landwirtschaftlich genutzten Fläche
- Voraussetzungen für und Auswirkungen von Mischkulturen (insbesondere in Abhängigkeit der Pflanzendichte)

Anhang

. . . auf die *Umwelt* kommt es an!

D&W PREISS & PREISS

25 %

. . . der gesamten Waldfläche in Österreich, ca. 1 Million ha, weisen heute schon sichtbare Schäden auf. Umweltschutz ist Selbstschutz! Setzen Sie jetzt Aktivitäten!
Die Raiffeisenkasse hilft nicht nur bei der Finanzierung von Umweltprojekten, sondern vermittelt auch Informationen, „know-how" und technische Lösungsmöglichkeiten.
Fragen Sie nach dem grünen Blatt in Ihrer Raiffeisenkasse!
Auf die Umwelt kommt es an!
Kommen Sie zur Umwelt-Bank!

Raiffeisen. **Die *Umwelt* Bank**

Anhang – Inhaltsübersicht

Seite

Taxationshilfe für Kronenzustandserhebungen 140

IUCN – Kriterien für Nationalparke 152

Die wichtigsten Waldgesellschaften Österreichs, ihre Verbreitung und Standortansprüche 153

Die wichtigsten Bäume unserer Wälder und Hecken – Vorkommen, Standortansprüche und Nutzanwendung ... 159

Fundstellen umweltrelevanter Rechtsvorschriften 165

Behörden – Institute – Organisationen 185

Literaturübersicht 193

Register 199

Taxationshilfe für Kronenzustandserhebungen

Seite

A Allgemeines ... 142
B Fichte (Picea abies) ... 144
C Tanne (Abies alba) ... 146
D Weißkiefer (Pinus silvestris) ... 147
E Schwarzkiefer (Pinus nigra) ... 148
F Buche (Fagus silvatica) ... 149
G Eiche (Quecus sp.) ... 150

MARKUS NEUMANN,
JOSEF POLLANSCHÜTZ

Taxationshilfe für Kronenzustandserhebungen

Die erste Klassifizierungshilfe für die Einstufung des Nadel/Blattverlustes wurde in der BRD („Zur Diagnose und Klassifizierung der neuartigen Waldschäden 1984", Farbbildheft der Allgemeinen Forstzeitschrift) publiziert. Ein hervorragend gestaltetes Bildheft („Kronenbilder mit Nadel- und Blattverlusten") wurde von der Eidgenössischen Anstalt für das forstliche Versuchswesen Birmensdorf/Schweiz 1986 im Rahmen des „Sanasilva"-Programms herausgegeben. Die vorliegende Taxationshilfe soll einerseits die bei der österreichischen Waldzustandsinventur (WZI) angewandte Praxis der Kronenansprache dokumentieren und andererseits einem weiteren Anwenderkreis Grundlagen für die Einschätzung der Verlichtungsstufen vermitteln.

Daß Verlichtungserscheinungen in der Krone sowohl bei Laub- wie auch bei Nadelbäumen sehr verschiedene biotische und abiotische Ursachen haben können und keinesfalls ausschließlich auf Luftschadstoffe zurückzuführen sind, wurde bereits mehrfach beschrieben und soll daher hier nicht weiter diskutiert werden.

Fehlen von Blattorganen als Kriterium

Der Kronenzustand ergibt sich aus dem Verhältnis von fehlender Laub- bzw. Nadelmasse zur überhaupt möglichen Belaubung bzw. Benadelung oder, anders betrachtet, aus dem Verhältnis von aktueller zur potentiellen Masse an Blattorganen. Die Schwierigkeit bei der Einschätzung besteht einerseits in der Bewertung des aufgetretenen Verlustes und andererseits in der Beurteilung der potentiell möglichen Benadelung bzw. Belaubung. Für die Nadelbaumarten kann dafür die Zahl der Nadeljahrgänge zu Hilfe genommen werden. Weitere Anhaltspunkte kann der Anteil von dürrem Feinreisig geben.
Die Zahl der Nadeljahrgänge wird in der Regel an den Leit- bzw. Haupttrieben (Triebe erster Ordnung = Äste) bestimmt. Bei Fichte und Kiefer (mit Einschränkungen bei Tanne) wird primär das Fehlen von Nadeln bzw. Nadeljahrgängen beurteilt. Da die Entnadelung jedoch nicht stets nadeljahrgangsweise erfolgt, sondern speziell bei Fichte verschiedene Entnadelungstypen auftreten können, ist eine exakte Umlegung von Nadelverlust auf die Anzahl fehlender Nadeljahrgänge und umgekehrt leider nicht möglich.

Nadelverluste nicht nur durch Schadstoffe

Insbesondere kann der Nadelverlust durch mechanische Seitentriebverluste (durch Hagel, Schnee- oder Eisanhang), der dementsprechend relativ gleichmäßig oder unregelmäßig über die Krone verteilt ist, durch die Bestimmung der Nadeljahrgangszahlen nicht erfaßt werden. Bei einseitiger meist mechanisch bedingter Verlichtung sind davon nicht betroffene Kronenteile für die Beurteilung heranzuziehen, da davon ausgegangen werden kann, daß etwa durch Luftverunreinigungen „geschädigte" Bäume nur in Ausnahmefällen ausschließlich einseitig Symptome aufweisen. In der folgenden Beschreibung wird dennoch versucht, gewisse „Faustzahlen" als Anhaltspunkte anzugeben.

Einstufung der Bäume

Bei der Bewertung ist auch die Bedeutung der einzelnen Nadeljahrgänge für die Assimilationsleistung (siehe CLARK 1956) entscheidend. Das Fehlen jüngerer Nadeljahrgänge muß demzufolge schwerer gewichtet werden.
Bei den Laubbaumarten kann davon ausgegangen werden, daß im Normalfall die Lichtkrone vollständig mit Seitentrieben und Blättern ausgefüllt ist. Bei Buche, Eiche und den anderen zur Beurteilung anstehenden Laubbaumarten wird also vom Gesamtaspekt (oder negativ betrachtet von der Kronentransparenz) ausgegangen, dies ist wie oben dargelegt für Nadelbaumarten nicht anwendbar.

Die Skala der Verlichtungsstufen

reicht von 1 bis 5.
Für die Stufen 1 bis 4 (keine, schwache, mittlere und starke Verlichtung) sind Texte, Bilder und Zeichnungen auf den nachfolgenden Blättern wiedergegeben.
Für die Verlichtungsstufe 5 = abgestorbener Baum erübrigt sich eine bildliche Darstellung.

Ziel: Anhaltspunkte liefern

Die vorliegende Schätzhilfe kann nur eine grundlegende Information sein, die Beschreibungen können wegen unterschiedlicher, subjektiver Interpretation nur Anhaltspunkte liefern. Die Fotografien und Zeichnungen stellen jeweils einen typischen Fall der betreffenden Verlichtungsstufe dar, wobei die Lage der Grenze zwischen den Stufen nicht dokumentiert wird, deshalb soll eine Serie von Fichtenkronen (siehe Seite 29) zumindest ansatzweise die mögliche Variationsbreite innerhalb der Stufen aufzeigen. Bei Kronenansprachen für Waldzustandserfassungen handelt es sich um Okulartaxen, die naturgemäß mit subjektiven Fehlern behaftet sind. „Ein Vergleich mit den Genauigkeitsanforderungen an klassische Holzvorratsinventuren ist daher völlig unangepaßt" (SCHÖPFER 1985).

Literaturverzeichnis

BURGER, H., 1953: Holz, Blattmenge und Zuwachs — Fichte im gleichaltrigen Hochwald. Mitt. d. Schw. Anstalt f. d. Forstl. Versuchswesen, Zürich.
CLARK, J., 1956: Photosynthesis of White-Spruce and Balsam-Fir. Canad. Dept. Agr. Biomonthly Prog. Rep 12 (5) 1—2.
FRAUDE, H.-J., 1987: Zur Anzahl der Nadeljahrgänge der Waldkiefer. Der Forst- und Holzwirt, 42. Jg., S. 415—417
POLLANSCHÜTZ, J. et al., 1985. Instruktion für die Feldarbeit der Waldzustandsinventur nach bundeseinheitlichen Richtlinien 1984—1988. Herausgeber: Forstliche Bundesversuchsanstalt Wien.
ROLOFF, A., 1985: Schadstufen bei der Buche. Der Forst- und Holzwirt, 40. Jg., Heft Nr. 5, S. 131—134.
SCHÖPFER, W., 1985: Das Schulungs- und Kontrollsystem der terrestrischen Waldschadensinventuren. Allgem. Forstzeitschrift Nr. 50/1985, S. 1353—1357.

Oxf.: 425.1 : 48

Anschrift der Verfasser: Dr. Markus NEUMANN und HR Univ.-Prof. Dipl.-Ing. Dr. Josef POLLANSCHÜTZ, Forstliche Bundesversuchsanstalt, Schönbrunn/Tirolergarten, 1131 Wien.

Äste und Nadeljahrgänge bei Fichten der tieferen Lage

Verlichtungsstufe 1: 7 Nadeljahrgänge sind als normal anzusehen

Verlichtungsstufe 2: nur mehr 5 Nadeljahrgänge vorhanden

Verlichtungsstufe 3: nur mehr 3—4 Nadeljahrgänge vorhanden

Verlichtungsstufe 4: weniger als 3 Nadeljahrgänge vorhanden
(Die Fotos stammen von Fichten aus etwa 600 m Seehöhe, es sind daher 7 Nadeljahrgänge als normal anzusehen. Die Fotografien der Äste stammen zum Teil aufnahmetechnisch bedingt aus tieferen Kronenregionen, können jedoch trotzdem den typischen Aspekt eines Astes für die jeweilige Verlichtungsstufe wiedergeben.)

Darstellung der Übergänge zwischen den Verlichtungsstufen

Ohne deutliche Verringerung der Nadelmasse (alle drei Bäume sind der Verlichtungsstufe 1 zuzuordnen)

Mit deutlicher Verringerung der Nadelmasse (die beiden links abgebildeten Bäume Stufe 2, rechts Stufe 3+)

Mit entscheidender Verringerung der Nadelmasse (Baum links Stufe 3, die anderen Stufe 4)

FICHTE (Picea abies) der tieferen Lagen bis 1000 m (Kamm- und Bürstentypus)

Verlichtungsstufe 1:
Der Seehöhe entsprechende Anzahl von Nadeljahrgängen (7—9) ist vorhanden, ein Verlust von einem Nadeljahrgang (weniger als ein Sechstel der Nadelmasse) wird, solange er nicht außen an der Lichtkrone auftritt, noch toleriert. Bei Fichten mit hängenden Seitenzweigen (Kammtypus) ist es als normal anzusehen, daß unbenadelte Stellen sichtbar werden, die Kammunterseiten weisen aber eine geschlossene Silhouette auf.

Verlichtungsstufe 2:
Es fehlen maximal 2—3 Nadeljahrgänge (weniger als ein Drittel der Nadelmasse). Da der Verlust jedoch im Kroneninneren liegt, erscheint die Krone als Ganzes noch geschlossen. Die einzelnen Äste bekommen ein „struppiges bzw. ausgefranstes“ Aussehen. Bei Kammfichten ist die Kammunterseite unregelmäßig gezackt.

Verlichtungsstufe 3:
Es fehlen maximal 3—4 Nadeljahrgänge (der Verlust ist also kleiner als die Hälfte), dadurch aber bereits deutlich sichtbare Fehlstellen im Kroneninneren, die jüngsten Nadeljahrgänge sind komplett. Die Hauptäste sind in ihrem Verlauf zu erkennen, an der Peripherie der Lichtkrone jedoch kein dürres Feinreisig.

Verlichtungsstufe 4:
Es fehlen 4—5 oder mehr Nadeljahrgänge. Damit sind weniger als 3—4 Nadeljahrgänge vorhanden (es fehlt also mehr als die Hälfte der Nadelmasse). Auch die jüngsten Nadeljahrgänge sind nicht mehr komplett, im Bereich der äußeren Lichtkrone an vielen Stellen nur 2 Nadeljahrgänge, dadurch dürres Feinreisig im peripheren Kronenbereich.

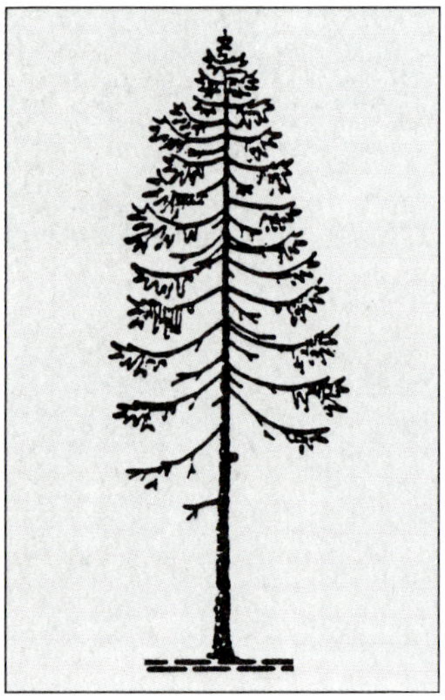
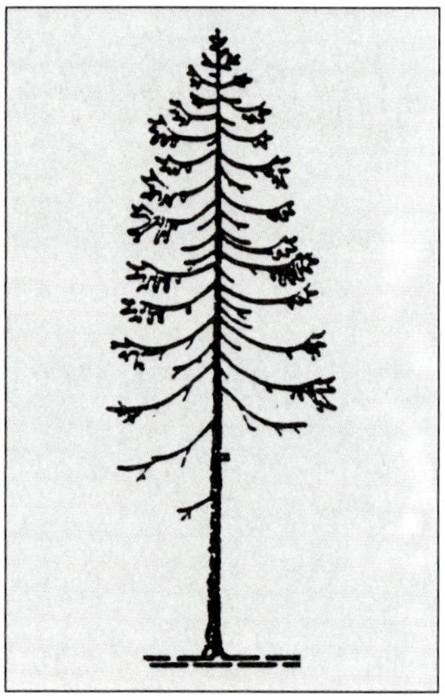

Spezielle Hinweise:
Die Zahl der Nadeljahrgänge ist eng mit der Seehöhe korreliert, wobei mit zunehmender Seehöhe auch die Jahrgangszahlen zunehmen. Nach BURGER (1953) sind bis 600 m an den Ästen etwa 7, bis 1000 m 8 bis 9 Nadeljahrgänge zu erwarten. Das Zählen der Nadeljahrgänge ist nicht bei allen zu beurteilenden Bäumen notwendig und auch manchmal gar nicht möglich. Es gibt jedoch zu Beginn der Ansprache wertvolle, weil exakte Informationen, insbesondere dadurch, daß damit die Tiefe des potentiell benadelten Kronenmantels abgeschätzt werden kann. Die Größe des unbenadelten Kroneninneren ist also stets im Vergleich zur maximal möglichen Benadelung zu sehen.

FICHTE der höheren Lagen über 1000 m (im allgemeinen Bürsten- und Plattentypus)

Verlichtungsstufe 1:
Der Seehöhe entsprechende Anzahl von Nadeljahrgängen (10—12) ist vorhanden, ein Verlust von 1—2 Nadeljahrgängen wird im Kroneninneren toleriert.

Verlichtungsstufe 2:
Es fehlen maximal 3—4 Nadeljahrgänge (also weniger als ein Drittel der Nadelmasse).

Verlichtungsstufe 3:
Es fehlen maximal 4—6 Nadeljahrgänge (also weniger als die Hälfte der Nadelmasse).

Verlichtungsstufe 4:
Es fehlen 5—6 oder mehr Nadeljahrgänge (also mehr als die Hälfte der Nadelmasse), zahlreiches dürres Feinreisig und dürre Äste im Lichtkronenbereich.

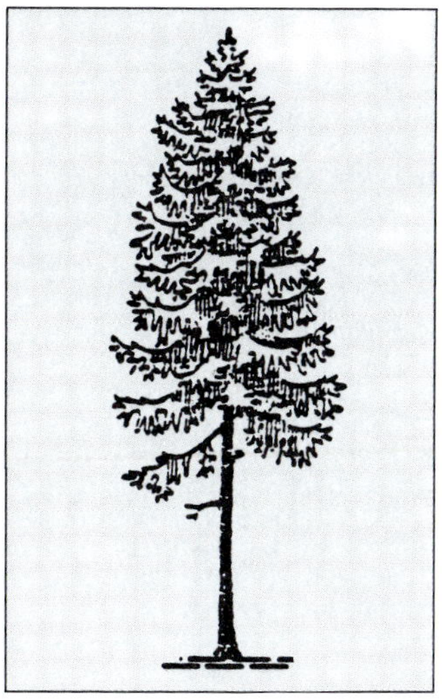

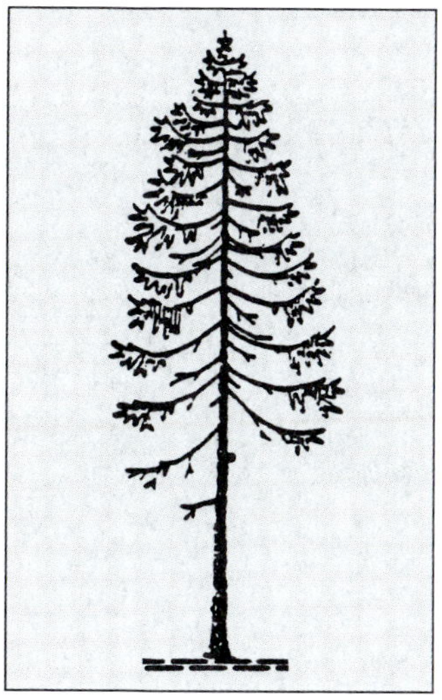

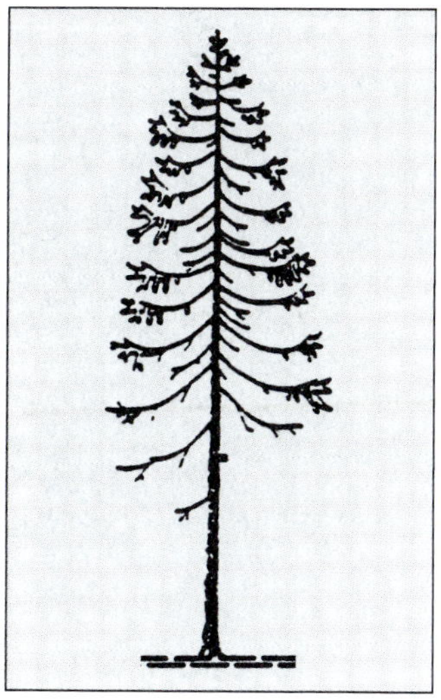

Spezielle Hinweise:
Bis 1600 m sind 10—11 und über 1600 m 11—12 Nadeljahrgänge als normal anzusehen. Obwohl die Normalanzahl der Nadeljahrgänge höher ist als in tieferen Lagen, kann durch die deutlich geringere Länge der einzelnen Jahrestriebe der unbenadelte Kroneninnenraum im Vergleich zum benadelten Kronenmantel sehr groß sein.
Wegen extremerer klimatischer Einflüsse kann ein gewisser Anteil an dürrem Feinreisig bei allen Stufen toleriert werden. In extremen Lagen kann auch bei äußerst geringem Nadelverlust ein schütterer Gesamteindruck entstehen, die Einstufung sollte daher an der windabgewandten Seite und unbedingt mit einem Fernglas vorgenommen werden.
Neben der unregelmäßigen (diffusen) Entnadelung = „Entnadelungstyp 4" der WZI, der mit etwas mehr als 10 % bei den Fichtenprobebäumen auf den WZI-Dauerbeobachtungsflächen vertreten ist, überwiegt wie in den tieferen Lagen auch in den höheren Lagen bei weitem mit mehr als 85 % der Probestämme der „Entnadelungstyp 2", also die Entnadelung von innen nach außen und von unten nach oben. Dies ist der Grund dafür, daß für die Fichten der tieferen und der höheren Lagen die gleichen graphischen Darstellungen in dieser Taxationshilfe verwendet wurden.

TANNE (Abies alba)

Verlichtungsstufe 1:
10 oder mehr Nadeljahrgänge vorhanden, dadurch ist der Stamm im Kronenbereich verdeckt. Im Kroneninneren wird ein geringer Nadelverlust und vereinzelt dürres Feinreisig toleriert.

Verlichtungsstufe 2:
Es fehlen bis zu 3 Nadeljahrgänge, dadurch entstehen durchsichtige Fehlstellen. Das meist noch vollständig benadelte oberste Kronendrittel beginnt sich vom bereits verlichteten unteren Kronenteil abzuheben.

Verlichtungsstufe 3:
Es fehlen maximal 5—6 Nadeljahrgänge, das auf wenige Astquirl beschränkte Storchennest ist weniger verlichtet und hebt sich dadurch deutlich von der Restkrone ab. Die Äste sind sichtbar, etliche dürre Seitenzweige vorhanden.

Verlichtungsstufe 4:
Es fehlen mehr als 5—6 Nadeljahrgänge, zusätzlich zu zahlreichen dürren Seitenzweigen auch dürre Hauptäste im Kronenbereich vorhanden.

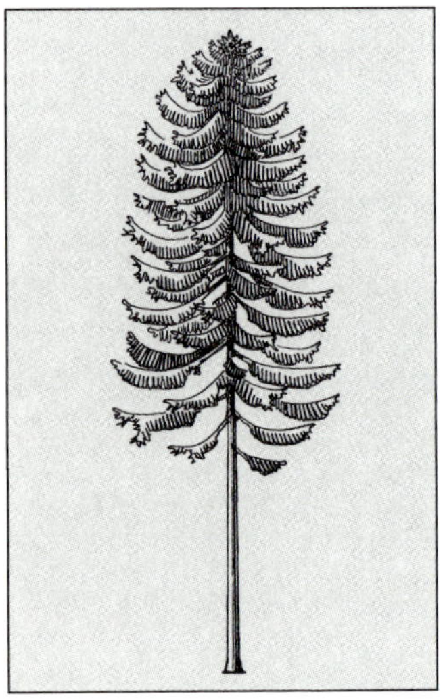

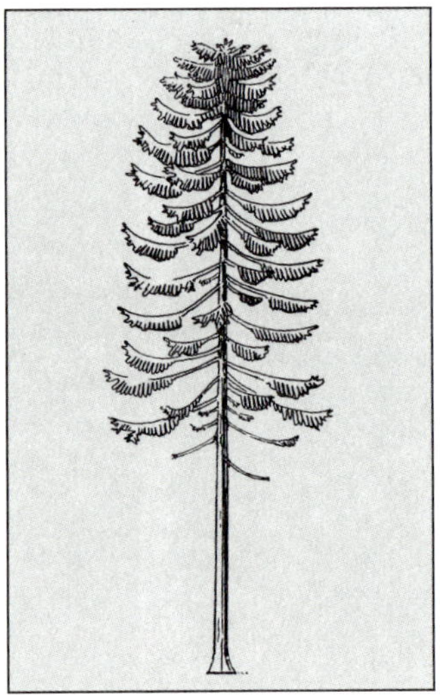

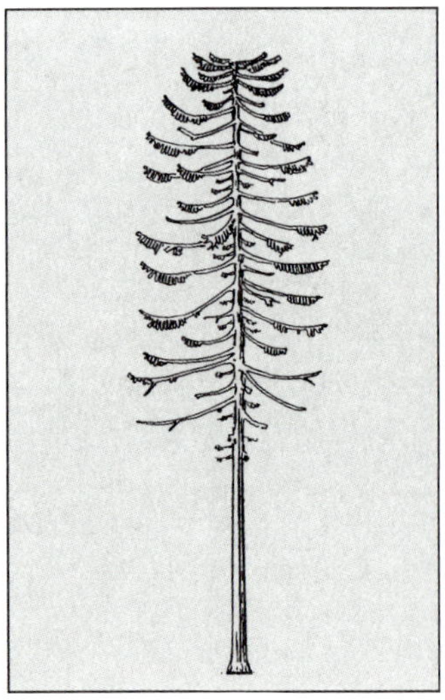

Spezielle Hinweise:
Bei Tanne als schattenertragende Baumart ist auch der mittlere Kronenbereich in die Beurteilung einzubeziehen. Wasserreiser sind bei der Ermittlung der Verlichtungsstufe außer Acht zu lassen, jedoch ist eine Tanne mit dürrer Primärkrone, aber noch lebenden Wasserreisern nicht als tot einzustufen. Eventuell auftretender Mistelbefall kann getrennt erhoben werden. Das Zurückbleiben des Höhenwachstums am Haupttrieb geht manchmal mit zunehmender Kronenverlichtung parallel, diese Storchennestbildung kann aber nicht als ausschlaggebendes Einstufungskriterium verwendet werden.

WEISSKIEFER (Pinus silvestris)

Verlichtungsstufe 1:
Das Vorhandensein von 3—4 Nadeljahrgängen läßt die einzelnen Zweige in sich geschlossen erscheinen. Die Triebbüschel erscheinen nicht voneinander getrennt, sondern bilden ein geschlossenes Ganzes.

Verlichtungsstufe 2:
Die Triebbüschel mit 2(—3) Nadeljahrgängen erscheinen durch das Fehlen von 1(—2) älteren Nadeljahrgängen voneinander getrennt, dadurch ergibt sich ein bürstenförmiges Aussehen der Triebe.

Verlichtungsstufe 3:
Nur mehr 1(—2) Nadeljahrgänge vorhanden, dadurch sind die benadelten, kugelförmig erscheinenden Triebstükke voneinander auffällig distanziert, deutlicher Anteil an dürren Zweigen.

Verlichtungsstufe 4:
Auch der jüngste Nadeljahrgang ist nicht komplett, daher nur mehr pinselartige Benadelung, Nadellänge erheblich verkürzt, meist sind die Triebbüschel kürzer als die Nadeln lang sind; hoher Anteil an dürren Zweigen und Ästen.

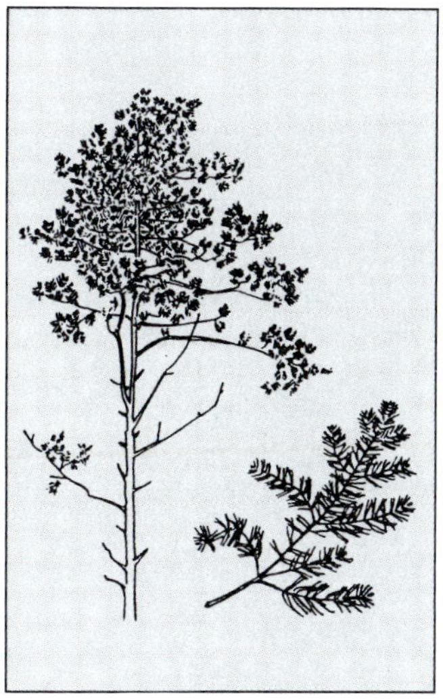

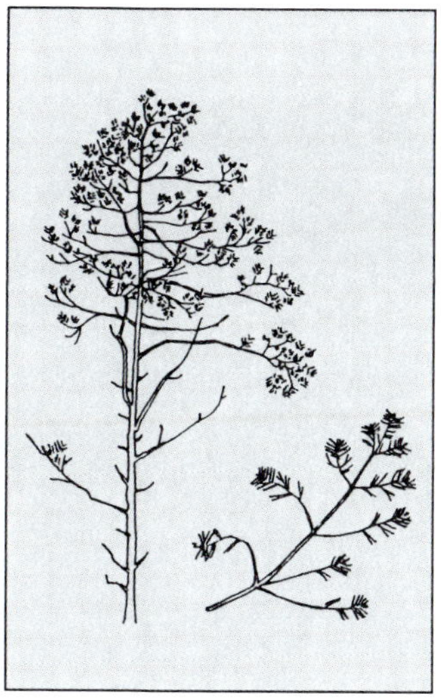

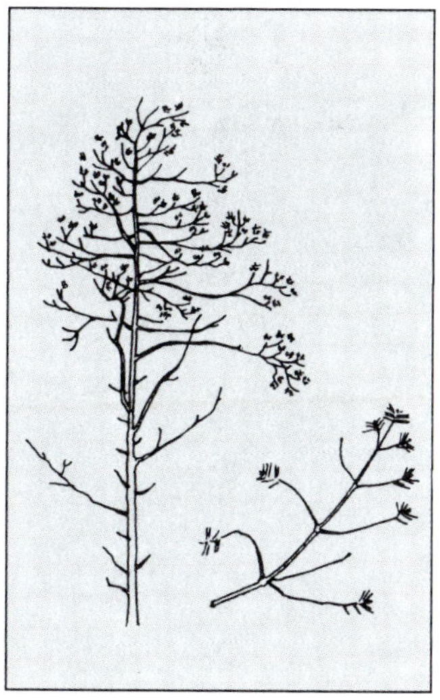

Spezielle Hinweise:
Die beste Einstufungshilfe geben die Detailzeichnungen einzelner Äste. Die verbleibende Schwierigkeit ist die Entscheidung, welche Einzeläste als repräsentativ für die Gesamtkrone betrachtet werden sollen. Vor allem bei der Kiefer als Lichtbaumart ist es entscheidend, nur (vor-)herrschende Bäume zur Einstufung heranzuziehen und sich bei der Ansprache am oberen Lichtkronenbereich zu orientieren.
Blühbedingter Nadelverlust ist am Fehlen der Nadeln an den basalen Triebstücken erkennbar. Bei mehrjährigem Auftreten wechseln dadurch benadelte mit unbenadelten Stellen etagenförmig ab. Das blühbedingte Fehlen ist nicht als Nadelverlust zu werten, in diesen Fällen führt nur das Zählen der Nadeljahrgänge zu richtigen Ergebnissen. Der allgemeine Kronenaspekt (oder die Kronentransparenz) würde hier zu Fehleinschätzungen führen.
Im Normalfall schreitet die Verlichtung bei der Kiefer nadeljahrgangsweise fort. Örtlich tritt jedoch auch die Verlichtung diffus über alle Nadeljahrgänge hinweg auf, für diese Ausnahmefälle ist der dargestellte Aufnahmeschlüssel zu modifizieren (z. B. durch Anschätzung des Verhältnisses von vorhandener zu fehlender Nadelmasse).

SCHWARZKIEFER (Pinus nigra)

Verlichtungsstufe 1:
Das Vorhandensein von 4(—5) Nadeljahrgängen läßt die einzelnen Zweige in sich geschlossen erscheinen. Die Triebbüschel erscheinen nicht voneinander getrennt, sondern bilden ein geschlossenes Ganzes.

Verlichtungsstufe 2:
Die Triebbüschel mit 3(—4) Nadeljahrgängen erscheinen durch das Fehlen von 1(—2) älteren Nadeljahrgängen voneinander getrennt, dadurch ergibt sich ein bürstenförmiges Aussehen der Triebe.

Verlichtungsstufe 3:
Nur mehr 1—2 Nadeljahrgänge vorhanden, dadurch sind die benadelten, kugelförmig erscheinenden Triebstücke voneinander auffällig distanziert, deutlicher Anteil an dürren Zweigen.

Verlichtungsstufe 4:
Benadelte Zweige tragen meist nur mehr 1 Nadeljahrgang, gelegentlich ist auch der jüngste Nadeljahrgang nicht komplett, daher nur mehr pinselartige Benadelung, Nadellänge erheblich verkürzt, die Triebbüschel sind meist kürzer als die Nadeln lang sind; hoher Anteil an dürren Zweigen und Ästen.

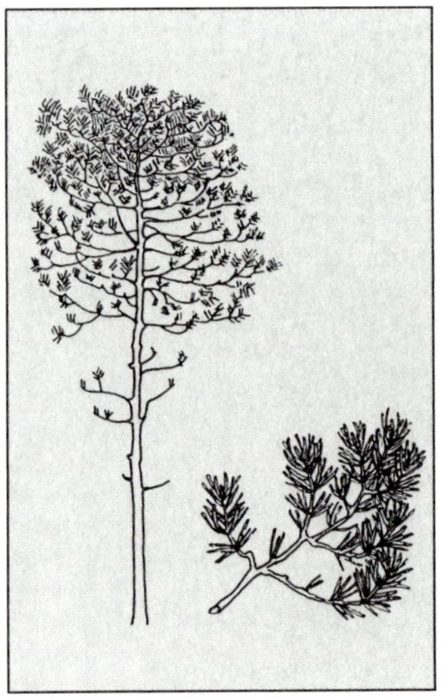

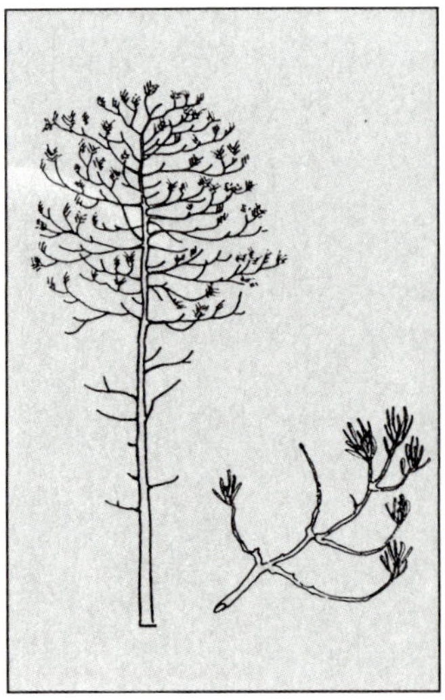

Spezielle Hinweise:
Prinzipiell gelten die gleichen Kriterien wie bei Weißkiefer, der Gesamthabitus und auch die einzelnen Äste erscheinen aber massiger. Die Anzahl an Nadeljahrgängen ist jeweils um einen höher anzusetzen, jedoch ist die Abgrenzung der Nadeljahrgänge untereinander weniger deutlich und daher viel schwieriger. Die Zahl der tatsächlich vorhandenen Nadeljahrgänge wird deswegen meist unterschätzt.

BUCHE (Fagus silvatica)

Verlichtungsstufe 1:
Keine oder nur sehr geringe Verlichtung, aus nahezu allen Terminal- und Seitenknospen in der Wipfelregion entwickeln sich Langtriebe, der Kronenraum ist vollständig ausgefüllt und es entsteht ein abgerundetes Kronenbild.

Verlichtungsstufe 2:
Es fehlt zum vollen Kronenbild bis zu einem Drittel der Blattmasse, aus den Terminalknospen in der Wipfelregion entwickeln sich noch Langtriebe, aus den Seitenknospen aber nur mehr Kurztriebe, es entstehen hervortretende Spieße, und die Krone wirkt ausgefranst.

Verlichtungsstufe 3:
Bis zur Hälfte der Blattmasse fehlend, Kronenaspekt deutlich löchrig; es entstehen fast ausschließlich nur mehr Kurztriebe, das Wachstum stagniert. Mehrere dürre Zweige und Äste im oberen Kronenbereich.

Verlichtungsstufe 4:
Mehr als die Hälfte der Blattmasse fehlt, überall im Kronenbereich dürre Zweige und Äste, stellenweise vollkommen abgestorbene Kronenpartien; noch vorhandene Triebe haben ausschließlich krallenförmige Kurztriebketten.

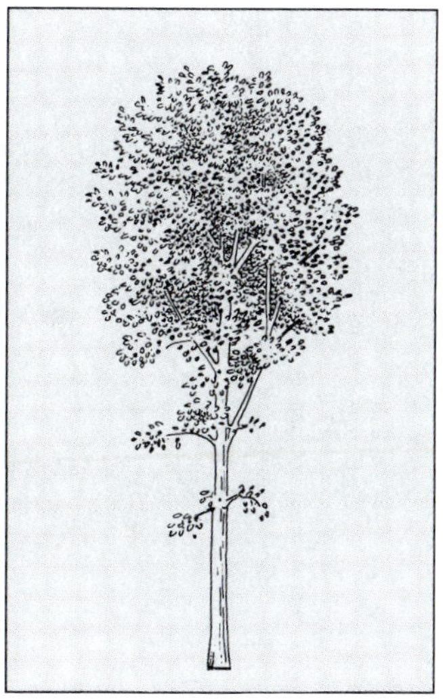
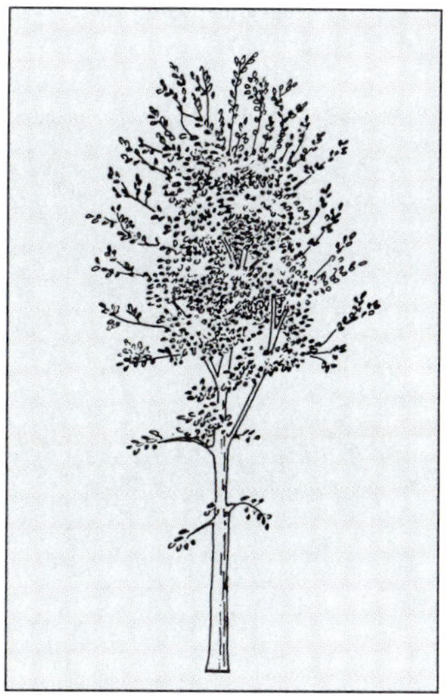
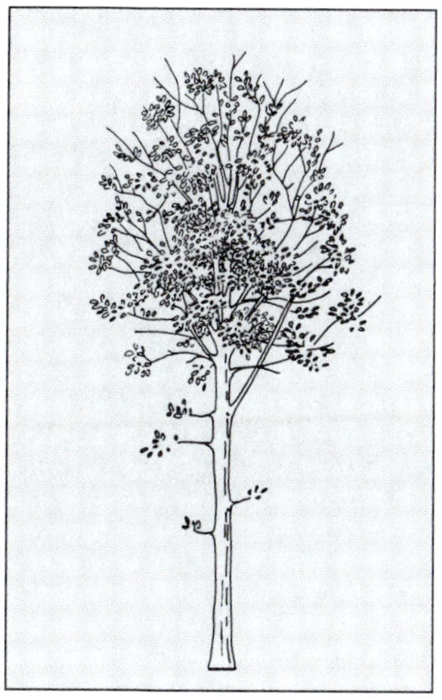
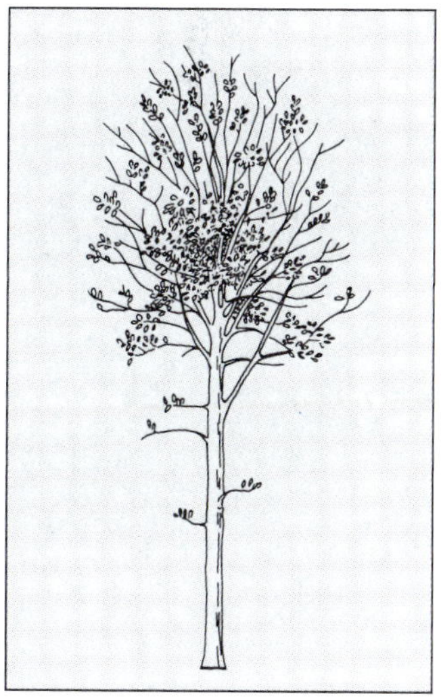

Spezielle Hinweise:
Die beschriebenen Reaktionen in der Triebmorphologie nach ROLOFF (1985) treten nur durch länger einwirkende Schädigungsfaktoren auf und sind zumindest im „Spießstadium" auch für überalterte Bäume ohne spezielle Streßeinwirkungen charakteristisch. In geschlossenen Beständen ist das an sich sehr praktikable Kriterium der Triebmorphologie leider kaum anwendbar.

EICHE (Quercus sp.)

Verlichtungsstufe 1:
Volles Kronenbild durch dichte Belaubung in allen Kronenbereichen.

Verlichtungsstufe 2:
Leichte Verlichtung meist in der Oberkrone beginnend. Der Kronenraum ist nicht mehr vollständig ausgefüllt.

Verlichtungsstufe 3:
Deutliche Verlichtung im gesamten Kronenbereich, die Äste werden in ihrem Verlauf deutlich erkennbar, mehrere dürre Zweige im oberen Kronenbereich, aber keine dürren Äste.

Verlichtungsstufe 4:
Starke Verlichtung, dürre Zweige und abgestorbene Äste, verbleibende Äste sind zum Teil mit kurzen Trieben wasserreiserartig ummantelt.

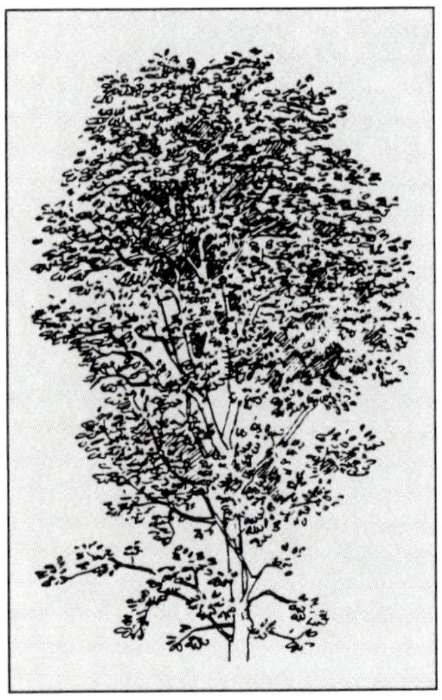

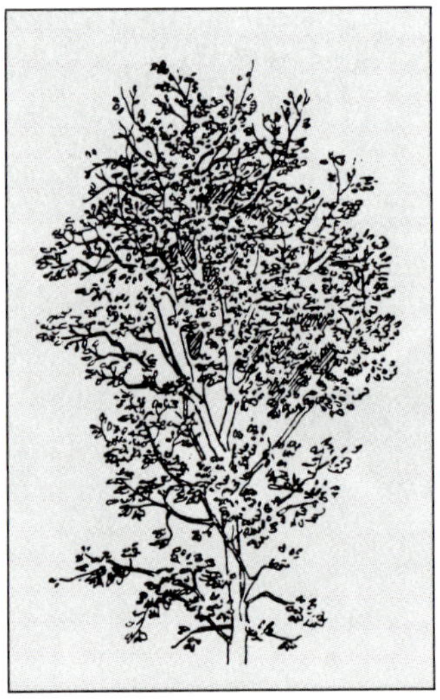

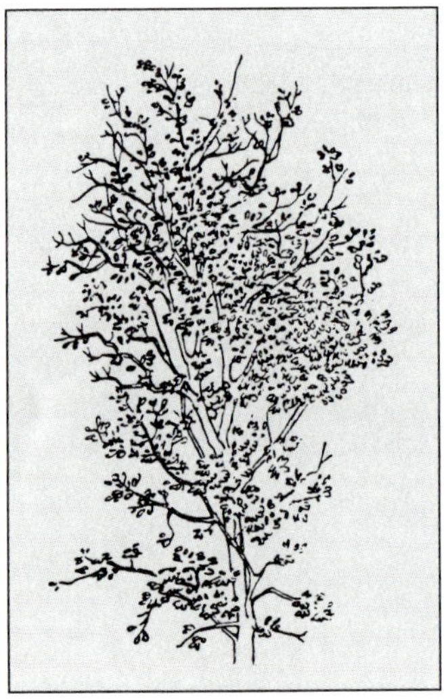

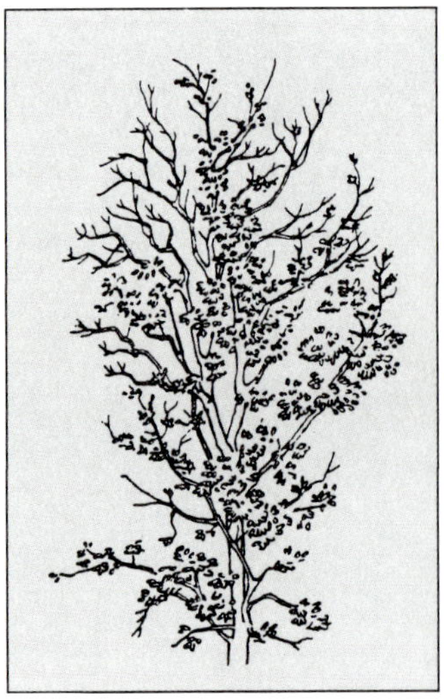

Spezielle Hinweise:
Die Abbildungen und Fotografien gelten in gleicher Weise für Stiel-, Trauben- und Zerreiche. Wenn Zerreichen gemischt (bzw. bastardiert) mit Stieleichen auftreten, ist darauf zu achten, daß Zerreichen durch die andere Blattform einen etwas schütteren Eindruck als Stieleichen vermitteln.

International Union for Conservation of Nature and Natural Resources (IUCN)
Kriterien für Nationalparke

IUCN-Kriterien für Nationalparke
(Zusammenfassung)

○ Die Nationalparkdefinition

Die zehnte Generalversammlung der IUCN billigte in New Delhi im November 1969 die derzeit gültige Definition von Nationalparken. Sie wurde 1972 von der 2. Weltkonferenz über Nationalparke in Yellowstone und Grand Teton übernommen und ist in der neuesten Ausgabe der United Nations List of National Parks and Protected Areas von 1982 abgedruckt. Gemäß dieser Definition der IUCN ist ein Nationalpark ein relativ großes Gebiet, wo

– eines oder mehrere Ökosysteme durch menschliche Nutzung oder Inanspruchnahme nicht wesentlich verändert werden, wo Pflanzen- und Tierarten, geomorphologische Standorte und Lebensräume von besonderem wissenschaftlichen, Bildungs- und Erholungsinteresse vorkommen oder Gebiete, die Naturlandschaften von großer Schönheit umfassen,

– die oberste zuständige Behörde des Landes Maßnahmen getroffen hat, um im gesamten Gebiet möglichst bald Nutzungen oder Inanspruchnahmen auszuschließen oder abzustellen und in wirksamer Weise den Schutz derjenigen ökologischen, geomorphologischen oder ästhetischen Besonderheiten durchzusetzen, wegen derer das Gebiet unter Schutz gestellt wurde,

– Besucher unter bestimmten Bedingungen zur Anregung, Bildung, aus kulturellen Gründen oder zur Erholung Zutritt haben.

Regierungen werden gebeten, den Begriff „Nationalparke" für folgende Gebiete nicht zu verwenden:

– wissenschaftliche Reservate, die nur mit besonderer Erlaubnis betreten werden dürfen,

– Schutzgebiete, die durch private Einrichtungen oder untergeordnete Behörden verwaltet werden,

– Spezialschutzgebiete, wie sie 1968 in der Afrikanischen Konvention zum Schutz der Natur und der natürlichen Hilfsquellen beschrieben wurden, wie etwa Schutzgebiete für Tiere oder Pflanzen, Wildschutzgebiete, Vogelschutzgebiete etc.,

besiedelte oder genutzte Gebiete, wo etwa Landschaftsplanung und Förderung des Fremdenverkehrs zur Entwicklung von Erholungsgebieten geführt haben, wo Industrialisierung oder Städtebau unter kontrollierten Bedingungen ablaufen oder wo die Erholung in der freien Landschaft Vorrang vor dem Schutz von Ökosystemen hat (Naturparke). Nationalparke mit diesen Merkmalen sollten schnellstmöglich umbenannt werden.

○ Nutzungen in Nationalparken

Unzulässige Nutzungen in Nationalparken im Sinne der oben vorgestellten Definition sind Inanspruchnahme des Naturpotentials, wie die Entnahme von Mineralien, Holz und anderen Pflanzenteilen, von Tieren oder aber auch der Bau von Dämmen oder anderen Bauten zur Ent- oder Bewässerung oder zur Gewinnung von Energie. Das Verbot erstreckt sich auch auf landwirtschaftliche Nutzung, Weidennutzung, Jagd, Fischerei und auf Erschließungseinrichtungen. Unter Nutzungen werden auch Siedlungen verstanden oder die Nutzung durch kommerzielle oder industrielle Einrichtungen. Einige Ausnahmen sind möglich, vgl. S. 17–19, UN List of National Parks.

○ Maßnahmen zur Pflege der Nationalparke, zum Unterhalt von Einrichtungen und Verwaltung des Parks

Nicht zu Nutzungen gerechnet werden Maßnahmen, die zur Verwaltung und zur Pflege des Schutzgebietes oder zur Entwicklung des Nationalparks für die Erholung in der freien Natur notwendig sind, sofern der Schutzzweck es erlaubt.

Beispiele für nicht zur Nutzung zählende Maßnahmen:

– Der Bau und die Erhaltung eines Wegenetzes für die Nutzung durch die Öffentlichkeit, Bau von Erholungseinrichtungen, soweit sie sich auf ein Minimum beschränken. Sie sollten nach Möglichkeit in einer Zone angelegt werden, die für diesen Zweck ausgeschieden wird oder außerhalb des Schutzgebietes liegt.

– Die Einrichtungen, die für die Verwaltung und die Pflege des Parks notwendig sind, inklusive Häuser für das Personal, Büros, Zugangsstraßen, Gärten usw., wenn sie sich auf ein Minimum beschränken.

– Pflegemaßnahmen mit dem Ziel, eine erwünschte Flora oder Fauna zu erhalten, können wesentlicher Bestandteil von Schutzmaßnahmen für bestimmte Zonen des Parks sein. Diese Pflegemaßnahmen können Abschuß oder Fang von Tieren zur Erhaltung von Beständen oder die Entfernung von unerwünschter Vegetation umfassen, aber auch die Anwendung kontrollierter Brände oder Weide, um besondere Pflanzengesellschaften zu erhalten (siehe auch Zonierung).

○ Zonierung

Bei der 11. Generalversammlung der IUCN in Banff wurde beschlossen, daß Nationalparke auch folgende Zonen umfassen können:

– verschiedene Formen von Naturschutzgebieten,

– geschützte Kulturlandschaften,

– geschützte Gebiete von historischem oder archäologischem Interesse,

– Erschließungszonen; Zonen, die für Unterhalt und Pflege des Parkes und den Fremdenverkehr notwendig sind.

Diese Zonen müssen für Besucher offenstehen. Unabhängig von der Zonierung bleibt die primäre Funktion des Parkes, der Schutz natürlicher Vorgänge in dem Ökosystem, bestehen. Zonen, in denen das Naturpotential beeinträchtigt wird, sind also nur insoweit zulässig, als das in ihnen verfolgte Schutzziel Teil des gesamten Schutzvorhabens ist. Sämtliche Zonen, die nicht dem primären Schutzzweck dienen, dürfen nur einen untergeordneten Teil des Parks in Anspruch nehmen, sie dürfen den eigentlichen Schutzzweck nicht beeinträchtigen und nicht auf Dauer oder auf größerer Fläche die Aufrechterhaltung bisheriger wirtschaftlicher Nutzungen zum Ziele haben. Die strengen Schutzzonen müssen stets flächenmäßig überwiegen.

○ Nutzungen auf Zeit

Um unter diesen strengen Bedingungen überhaupt Nationalparke in dicht besiedelten Ländern einrichten zu können, läßt die IUCN Nutzungen aus früheren Zeiten vor der Erklärung zum Nationalpark für einen befristeten Zeitraum zu. Jede Form der Nutzung des Naturpotentials sollte jedoch nach einem Übergangszeitraum eingestellt werden. Durch diese auf Zeit befristete Bereitstellung von natürlichen Ressourcen für die anwohnende Bevölkerung wird ihr die Anpassung an die geänderten Verhältnisse ermöglicht.

Die wichtigsten Waldgesellschaften Österreichs, ihre Verbreitung und Standortansprüche

Seite

A Lärchen-Zirben-Wälder ... 154
B Subalpine Fichtenwälder ... 154
C Montane Fichtenwälder ... 154
D Fichten-Tannen-Wälder ... 154
E Fichten-Tannen-Buchen-Wälder ... 155
F Buchenwälder ... 155
G Eichen-(Misch-)Wälder ... 156
H Laubmischwälder ... 156
J Kiefernwälder des Alpenraumes ... 156
K Auwälder ... 157

Zeichenerklärung:

● zutreffend
●–● für mehrere Kriterien zutreffend
←●→ schwerpunktmäßig zutreffend
(●) bedingt zutreffend

Zusammengestellt von H. Schacht

WALDGESELLSCHAFT	HÖHENSTUFE (in m)	AREAL DER WALDGESELLSCHAFT IN ÖSTERREICH	BEMERKUNGEN
A) LÄRCHEN-ZIRBEN-WÄLDER	hoch-, subalpin (natürliche Waldgrenze)		
1. Silikat-Lärchen-Zirben-Wald	1800–2500	Innen- und Zwischenalpen – östlich bis Triebener Tauern/Zirbitzkogel heute vielfach durch Almen (Rodung) ersetzt.	
2. Karbonat-Lärchen-Zirben-Wald	1800–2100	(wie A 1)	
3. Lärchenwald	1600–1800	(wie A 1)	
B) SUBALPINE FICHTENWÄLDER	1400–1800 subalpin	gesamter Alpenraum	
1. Subalpiner Silikat-Alpenlattich-Fichtenwald	1400–1800	Zwischen- und Randalpen	
2. Subalpiner Hochstauden-Fichtenwald	1500–1800	niederschlagsreichere Zwischenalpengebiete	
3. Subalpiner Karbonat-Alpendost-Fichtenwald	1500–1800	Rand- und Zwischenalpen	liebt skelettreiche Böden!
C) MONTANE FICHTENWÄLDER	600–1600 montan	inneralpiner Waldtyp	
1. Montaner Silikat-Hainsimsen-Fichtenwald	800–1500	Inneralpen	
2. Montaner Sauerklee-Fichtenwald	600–1500	inneralpine Trockentäler	
3. Montaner Karbonat-Alpendost-Fichtenwald	800–1000	Inneralpen	
D) FICHTEN-TANNEN-WÄLDER	montan Nordalpen 400–1400 Südalpen 650–1650		
1. Silikat-Hainsimsen-Fichten-Tannen-Wald	montan 900–1600	nördliche und östliche Zwischenalpen	
2. Mäß. Bodensaurer Sauerklee-Fichten-Tannen-Wald	hochmontan 1000–1650		
3. Karbonat-Alpendost-Fichten-Tannen-Wald	montan 400–1600		

STANDORTANSPRÜCHE – 1. Boden-

Waldgesellschaft	-chemismus: sehr sauer	sauer	mäßig sauer	neutral	mäßig basisch	basisch	sehr basisch	-feuchte: feucht / naß	mäßig feucht	frisch	mäßig frisch	mäßig trocken	trocken	sehr trocken
A 1	●	●	●						●	●				
A 2				●	●	●			●	●	●	●	●	
A 3			●	●	●							●	●	
B 1		←●→								●	●			
B 2				←●→					●					
B 3						←●→				●				
C 1	●	●								●	●	●		
C 2			●	●							●	●	●	
C 3						←●→				●	●	●		
D 1			●	●							●	●		
D 2			●	●						●	●			
D 3				●	●	●					●	●		

Waldgesellschaft	-durchlüftung: sehr gut durchlüftet	gut durchlüftet	normal durchlüftet	wenig durchlüftet	nicht durchlüftet	-gründigkeit u. -nährstoffr.: tiefgründig	mittelgründig	seichtgründig	nährstoffreich	nährstoffarm
A 1	●					●	●		●	
A 2	●					●	●		●	
A 3	●	●	●			●	●		●	
B 1			●				●			←●→
B 2			●			●	●		●	
B 3		●	●				●		●	
C 1			●				●	●		
C 2			●			●	●			●
C 3			●				●			●
D 1	●	●				●	●		●	
D 2	●	●				●			●	
D 3	●	●				●	●		●	

Waldgesellschaft	2. Relief/Exposition: eben	geneigt	steil	sehr steil	Sonnenhang	Schattenhang	seltene Waldgesellschaft	Schutz- und Bannwald	artenreich	artenarm
A 1	●	—	—	—	—	●	●		●	
A 2	●	—	—	—	—	●	●		●	
A 3	●	—	—	—	—	●	●		●	
B 1			●	●	●	●			●	
B 2			●	●	●	●			●	
B 3			●	●	●	●			●	
C 1	●	—	—	—	—	●				●
C 2		●	●		●	●			●	
C 3		●	●	●	●	●				●
D 1		●	●	●			●		●	
D 2		●	●				●		●	
D 3			●	●		●	●		●	

WALDGESELLSCHAFT	HÖHENSTUFE (in m)	AREAL DER WALDGESELLSCHAFT IN ÖSTERREICH	STANDORTANSPRÜCHE 1. Boden--chemismus: sehr sauer	sauer	mäßig sauer	neutral	mäßig basisch	basisch	sehr basisch	-feuchte: feucht / naß	mäßig feucht	frisch	mäßig frisch	mäßig trocken	trocken	sehr trocken	-durchlüftung: sehr gut durchlüftet	gut durchlüftet	normal durchlüftet	wenig durchlüftet	nicht durchlüftet	-gründigkeit u. -nährstoffr.: tiefgründig	mittelgründig	seichtgründig	nährstoffreich	nährstoffarm	2. Relief/Exposition: eben	geneigt	steil	sehr steil	Sonnenhang	Schattenhang	seltene Waldgesellschaft	Schutz- und Bannwald	artenreich	artenarm	BEMERKUNGEN
E) FICHTEN-TANNEN-BUCHEN-WÄLDER	montan 600–1400																																				
1. Karbonat-Fichten-Tannen-Buchen-Wald	montan 700–1300	Randalpen, auf Kalk auch Zwischenalpen						●	●			●					●	●				●	●					●	●	●		●			●		
2. Braunerde-Fichten-Tannen-Buchen-Wald	montan 600–1400				●	●	●				●	●					●	●				●					●	●			(●)	●			●		
3. Silikat-Fichten-Tannen-Buchen-Wald	montan 600–1400			●	●							●					●	●				●					●	●								●	
F) BUCHENWÄLDER																																					
1. Mesophiler Karbonat-Buchenwald	sub- bis tiefmontan 500–900 m	nördl. und südl. Kalk-, Randalpen und Alpenvorland					●	●			●	●							●			●			●		●	●	●		●	●			●		
2. Thermophiler Karbonat-Buchenwald	submontan, tiefmontan 400–600 (900)	Voralpen, außeralpine Bereiche						●					●	●	●							●	●		●			●			●				●		
3. Sonstige Kalk-Buchenwälder	400–1000	–						●				●—	—	—	—	—●							●		●		●—	—	—●		●	●	●		●		Umfaßt eine Reihe von Sonderstandorten, meist kleinräumige Verbreitung. Naturschutz
4. Braunerde-Buchenwald	submontan 250–600	weit verbreitet				●					●	●							●				●		●		●	●	●						●		
5. Silikat-Buchenwald	tiefmontan 500–800	weit verbreitet		●	●								●	●					●			●	●					●	●		●				●		
6. Bergahorn-Buchenwald	subalpin 1300–1600	in den nördl. Westalpen nur fragmentarisch ausgebildet						●	●		●								●				●		●				●	●		●	●		●		Reliktstandorte – aus Naturschutzgründen zu erhalten

Fortsetzung nächste Seite

WALDGESELLSCHAFT	HÖHENSTUFE (in m)	AREAL DER WALDGESELLSCHAFT IN ÖSTERREICH	STANDORTANSPRÜCHE 1. Boden- -chemismus							-feuchte							-durchlüftung					-gründigkeit u. -nährstoffr.					2. Relief/ Exposition										BEMERKUNGEN
			sehr sauer	sauer	mäßig sauer	neutral	mäßig basisch	basisch	sehr basisch	feucht / naß	mäßig feucht	frisch	mäßig frisch	mäßig trocken	trocken	sehr trocken	sehr gut durchlüftet	gut durchlüftet	normal durchlüftet	wenig durchlüftet	nicht durchlüftet	tiefgründig	mittelgründig	seichtgründig	nährstoffreich	nährstoffarm	eben	geneigt	steil	sehr steil	Sonnenhang	Schattenhang	seltene Waldgesellschaft	Schutz- und Bannwald	artenreich	artenarm	
G) EICHEN-(MISCH-)WÄLDER	kollin–montan																																				
1. Eichen-Hainbuchen-Wald	kollin–montan	weit verbreitet			●	—	—	—	●		●	●							●			●			●										●		
2. Bodensaurer Trauben-eichenwald	kollin–montan	weit verbreitet		●	●									●	●				●				●													●	
3. Bodensaurer Kiefern-Stiel-Eichen-Wald	kollin–montan	weit verbreitet		●											●				●				●													●	
4. Subkontinentaler Eichenwald	kollin 200–300	Ostösterreich				●							●												●			●	●						●		
5. Flaumeichenwald	kollin 150–300	Ostalpen-Rand Vorfeld der Ostalpen					●	●							●								●								●		●				aus Naturschutz-gründen zu erhalten
6. Schmuckeschen-Hopfenbuchen-Wald	kollin 100–500	Südabfall des Ostalpenraumes				●							●										●						●		●		●		●		reliktische Vorkommen aus Naturschutz-gründen zu erhalten
H) LAUBMISCH-WÄLDER																																					
1. Lindenmischwälder	kollin–submontan 300–600	reliktische Vorkommen				●	—	●					●				●						●	●	●				●		●				●		postglaziale Relikte Naturschutz
2. Bergahornwälder	submontan–montan 600–1300	lokal begrenzte Gesellschaft im gesamten Areal						●			●	●					●					●			●				●	●		●	●		●		luftfeuchtebedürftig Naturschutz
3. Bergahorn-Eschen-Wald	400–700	begrenzt, aber im gesamten montanen Areal						●		●	●	●					●								●		●	●					●		●		auf alluvialen Fluß- und Bachschotterflächen, aber **nicht** überschwemmt!
4. Bacheschen-Schwarzerlen-Wald	sub- bis tiefmontan 500–800	Alpenvorland			●	●				●	●								●			●	●		●		●						●	●			sickernasse, nicht staunasse, zeitweise überschwemmte Standorte, Naturschutz
5. Schwarzerlen-Bruchwald	planar–kollin	Alpenvorland, Ebenen						●		●										●		●				●							●		●		auf staunassen Böden (Verlandungsbereiche). Naturschutz
6. Grauerlenwald																																					siehe Auwälder K/2 b
7. Grünerlen-Buschwald	subalpin–hochmontan 1400–2000	in Zentralalpen selten, Zwischen- und Randalpen					●	●		●											●				●				●			●					wasserzügige Böden

WALDGESELLSCHAFT	HÖHENSTUFE (in m)	AREAL DER WALDGESELLSCHAFT IN ÖSTERREICH	STANDORTANSPRÜCHE 1. Boden- -chemismus							-feuchte							-durchlüftung					-gründigkeit u. -nährstoffr.					2. Relief/ Exposition										BEMERKUNGEN
			sehr sauer	sauer	mäßig sauer	neutral	mäßig basisch	basisch	sehr basisch	feucht / naß	mäßig feucht	frisch	mäßig frisch	mäßig trocken	trocken	sehr trocken	sehr gut durchlüftet	gut durchlüftet	normal durchlüftet	wenig durchlüftet	nicht durchlüftet	tiefgründig	mittelgründig	seichtgründig	nährstoffreich	nährstoffarm	eben	geneigt	steil	sehr steil	Sonnenhang	Schattenhang	seltene Waldgesellschaft	Schutz- und Bannwald	artenreich	artenarm	
J) KIEFERNWÄLDER DES ALPENRAUMES																																					
1. Bergkiefernwald	subalpin 1600–2350	im gesamten Areal						●	●				●	●			●							●					●	●	●				●		
2. Latschengebüsch	subalpin	Ostalpen, Zwischen- und Randalpen				←●→						●												●			●	●	●		●					●	
3. Karbonat-Schneeheide-kiefernwald u. ä. Gesellschaft	tiefmontan–montan–submontan 400–1500	gesamter alpiner Bereich (Trockenbereiche)					●	●	●					●	●		●						●	●	●											●	auch als „montaner Auwald" auf Bachalluvionen z. T. Naturschutz
4. Bodensaurer Silikat-Schnee-heidekiefernwald	tiefmontan–montan 400–1600	gesamter alpiner Bereich (Trockenbereiche)			●	●								●	●		●					●	●			●										●	
5. Waldkiefern-Moorwald und Latschen-Moorwald	planar–montan 500–1000		●							●										●				●		●	●	●					●		●		Naturschutz
6. Schwarzkiefernwald	kollin–tiefmontan–montan 300–1000	Bereich zw. Kalksburg (Wien) – Rax und Traisental (NÖ) Südalpen (Karawanken)						●						●	●		●						●				●	●	●			●	●		●		Naturschutz

Fortsetzung nächste Seite

WALDGESELLSCHAFT	HÖHENSTUFE (in m) bzw. FLUSSABSCHNITT	AREAL DER WALDGESELLSCHAFT IN ÖSTERREICH	STANDORTANSPRÜCHE 1. Boden- -chemismus							-feuchte							-durchlüftung					-gründigkeit u. -nährstoffr.					2. Relief/ Exposition										BEMERKUNGEN
			sehr sauer	sauer	mäßig sauer	neutral	mäßig basisch	basisch	sehr basisch	feucht / naß	mäßig feucht	frisch	mäßig frisch	mäßig trocken	trocken	sehr trocken	sehr gut durchlüftet	gut durchlüftet	normal durchlüftet	wenig durchlüftet	nicht durchlüftet	tiefgründig	mittelgründig	seichtgründig	nährstoffreich	nährstoffarm	eben	geneigt	steil	sehr steil	Sonnenhang	Schattenhang	seltene Waldgesellschaft	Schutz- und Bannwald	artenreich	artenarm	
K) AUWÄLDER																																					
1. Weidengebüsche (div. standortspezifische Ausbildungen)	planar bis submontan	entlang Bächen, Flüssen und Strömen/im Überschwemmungsbereich		←		●		→		●	●						←	●	→								●							●		●	Rohbodenbesiedler, Pioniervegetation, häufig überschwemmt (Bodenfestiger)
2. Weichholzau		Im Überschwemmungsbereich von Fließgewässern																																			Hochwasserschutzwald
a) Silberweidenau	bis ca. 800 m	Flüsse der Voralpen und Ebenen (Mittel- und Unterlauf)						●		●	●	●					●					●			●		●							●		●	häufige Überschwemmung
b) Grauerlenau	Ober- und Mittellauf	Flüsse der Alpen und Voralpen (Ober- und Mittellauf)						●		●	●	●	●	●			●						●		●		●							●		●	häufige Überschwemmung
c) Schwarzerlenau	Mittel- und Unterlauf	Mittel- und Unterlauf d. Flüsse, Neben- u. Altarme			●	●					●							●				●			●		●							●		●	geringe Überschwemmungshäufigkeit
d) Schwarzerlenbruchwald	planar–kollin																																				siehe Laubmischwälder, H/5
e) Silberpappelau	Mittel- und Unterlauf	Mittel- und Unterlauf					●	●			●	●					●					●			●		●		●					●	●		periodische Überschwemmung
f) Schwarzpappelau	Mittel- und Oberlauf	Mittel- und Unterlauf					●	●				●	●	●	●		●					●			●		●	●	●					●	●		seltenere Überschwemmung
3. Hartholzau		Im Bereich von Fließgewässern – nur mehr periodische Überschwemmungen																																			Hochwasserschutzwald
a) Eschen-Ulmen-Au	Ober-, Mittel- und Unterlauf							●					●				●					●			●		●							●	●		selten Überschwemmung
b) Ulmen-Eichen-Wald	Mittel- und Unterlauf							●					●	●			●					●			●		●							●	●		selten Überschwemmung
c) Eichen-Linden-Wald	Mittel- und Unterlauf				←	●	→						●					●				●			●		●								●		fast keine Überschwemmung
4. Sonstige Auwaldgesellschaften																																					
a) Sanddorn-, Sauerdornbusch	tief–submontan				←	●	→							●	●		●							●			●									●	außerhalb Hochwasser
b) Auentrockenwald	submontan–kollin				←	●	→							●	●		●							●			●								●		außerhalb Hochwasser

Die wichtigsten Bäume unserer Wälder und Hecken, Vorkommen, Standortansprüche und Nutzanwendung

in alphabetischer Reihenfolge, geordnet nach botanischen Namen

Zusammengestellt von H. Schacht

PFLANZENART (GEHÖLZART) Botanischer und deutscher Name		BAUM	STRAUCH	Kommt infolg. Waldgesellschaften (lt. Tab. 1) vor: nur wichtige Baum- u. Straucharten mit häufigem bis mäßig reichlichem Vorkommen in der Einheit	EIGENSCHAFT: raschwüchsig	langsamwüchsig	Flach-Wurzler	Tief-Wurzler	Herz-Wurzler	schnittverträglich	ausschlagfähig	verbißgefährdet
ABIES alba	Weißtanne	●		D, E, F/1, 3, 5	●			●				●
ACER												
campestre	Feldahorn	●	●	G/1, 2, 3		●			●	●	●	
platanoides	Spitzahorn	●		H/1	●				●	●	●	●
pseudoplatanus	Bergahorn	●		E/3, F/4, 5, 6, H/1, 2, 3		●			●	●	●	
tataricum	Tataren-Ahorn	●	●			●			●	●	●	
ALNUS												
glutinosa	Schwarzerle	●		H/3, 4, 5, K/2c, d	●				●	●	●	
incana	Grauerle	●		H/2, 3, 6, K/2b	●				●	●	●	
viridis	Grünerle		●	H/7	●			●	●	●	●	
AMELANCHIER ovalis	Felsbirne		●	G/5, J/6		●	●					
BERBERIS vulgaris	Berberitze		●	K/4a	●				●			
BETULA												
nana	Zwergbirke		●	J/5		●						
pendula	Warzenbirke	●		G/1, 3	●					●	●	
pubescens	Moorbirke	●		J/5	●					●	●	
BUXUS sempervirens	Buchsbaum	(●)	●			●		●		●		
CARPINUS betulus	Hainbuche	●		G/1, 2, K/3c		●			●	●	●	
CASTANEA sativa	Edelkastanie	●		G/4, H/1		●		●		●	●	
COLUTEA arborescens	Blasenstrauch		●		●		●					
CORNUS												
mas	Kornelkirsche	(●)	●			●			●	●	●	●
sanguinea	Roter Hartriegel		●		●			●		●	●	●
CORONILLA emerus	Strauchwicke		●			●		●				

Botanischer und deutscher Name		HÖHENSTUFE: hochalpin	alpin	alpine Täler	montan	kollin	Ebenen, Becken	LOKALKLIMA: warm – trocken – sonnig	mäßig warm – halbschattig	kühl – schattig – feucht	BODENWASSERHAUSHALT: trocken	frisch	feucht	naß	überschwemmt	staunaß
ABIES alba	Weißtanne				●	●				●		●				
ACER																
campestre	Feldahorn			●	●	●	●	●	●		●	●				
platanoides	Spitzahorn			●	●	●	●		●		●	●	●	●		
pseudoplatanus	Bergahorn		●	●	●	●			●	●		●	●	●		
tataricum	Tataren-Ahorn						●		●			●	●	●		
ALNUS																
glutinosa	Schwarzerle			●	●	●	●		●			●	●	●		●
incana	Grauerle		●	●	●	●	(●)		●			●	●	●		
viridis	Grünerle	●	●		●				●	●		●	●	●		
AMELANCHIER ovalis	Felsbirne		●	●	●	●	●	●			●	●				
BERBERIS vulgaris	Berberitze		●	●	●	●	●	●			●	●				
BETULA																
nana	Zwergbirke		●	●	●				●	●			●	●		●
pendula	Warzenbirke		●	●	●	●	●	●	●		●	●	●			
pubescens	Moorbirke		●	●	●				●				●	●		●
BUXUS sempervirens	Buchsbaum					●	●	●				●				
CARPINUS betulus	Hainbuche			●	●	●	●	(●)	●			●	●			
CASTANEA sativa	Edelkastanie			●	●	●		●			●	●				
COLUTEA arborescens	Blasenstrauch					●	●	●			●					
CORNUS																
mas	Kornelkirsche				●	●	●	●			●	●				
sanguinea	Roter Hartriegel			●	●	●	●	●	●		●	●				
CORONILLA emerus	Strauchwicke					●	●	●			●	●				

Botanischer und deutscher Name		BODEN: Rohboden	seichtgründig	mittelgründig	tiefgründig	nährstoffarm	nährstoffreich	alkalisch	neutral	sauer	ANWENDUNG: Gewässerbeschattung	Ufersicherung	Hangsicherung/Hangschutz	Bodenschutzpflanze	Pionierpflanze, Vorholz	Nährpflanze	Biotopgestaltung	Steckling-Ausplanzung	Heckenpflanze	seltene Art (Schutz!)	Nutzholz	Heilpflanze/Gewürzpflanze
ABIES alba	Weißtanne			●			●	●	●				●								●	
ACER																						
campestre	Feldahorn	●	●	●	●		●	●			●		●	●			●		●			
platanoides	Spitzahorn						●	●			●	●	●	●							●	
pseudoplatanus	Bergahorn						●	●			●	●	●								●	
tataricum	Tataren-Ahorn						●	●				●								●		
ALNUS																						
glutinosa	Schwarzerle	●	●	●	●	●	●	●			●	●			●		●	●				
incana	Grauerle	●	●	●	●	●	●	●			●	●			●		●	●				
viridis	Grünerle	●	●	●	●						●	●	●	●	●		●	●				
AMELANCHIER ovalis	Felsbirne	●	●				●	●					●		●		●			●		●
BERBERIS vulgaris	Berberitze	●	●	●			●	●						●	●	●	●		●			
BETULA																						
nana	Zwergbirke			●	●	●	●	●	●	●							●			●		
pendula	Warzenbirke									●		●					●					●
pubescens	Moorbirke								●	●							●					
BUXUS sempervirens	Buchsbaum		●	●			●	●											●	●		●
CARPINUS betulus	Hainbuche		●	●	●	●	●	●	●	●		●		●				●	●		●	
CASTANEA sativa	Edelkastanie			●					●							●	●			●		
COLUTEA arborescens	Blasenstrauch	●	●				●	●						●		●	●			●		
CORNUS																						
mas	Kornelkirsche		●	●			●	●								●	●		●			●
sanguinea	Roter Hartriegel		●				●	●			●	●	●		●		●	●	●			
CORONILLA emerus	Strauchwicke	●	●	●		●	●	●	●							●	●			●		

PFLANZENART (GEHÖLZART) Botanischer Name	Deutscher Name	BAUM	STRAUCH	Kommt infolg. Waldgesellschaften (lt. Tab. 1) vor: nur wichtige Baum- u. Straucharten mit häufigem bis mäßig reichlichem Vorkommen in der Einheit	EIGENSCHAFT: raschwüchsig	langsamwüchsig	Flach-Wurzler	Tief-Wurzler	Herz-Wurzler	schnittverträglich	ausschlagfähig	verbißgefährdet
CORYLUS avellana	Haselstrauch		●		●				●	●	●	
COTINUS coggygria	Perückenstrauch		●			●			●			
COTONEASTER integerrimus	Gemeine Zwergmispel		●			●		●				
COTONEASTER tomentosus	Filzige Zwergmispel		●			●		●				
CRATAEGUS laerigata	Zweigriffeliger Weißdorn	(●)	●			●		●				
CRATAEGUS monogyna	Eingriffeliger Weißdorn	(●)	●			●		●				
EVONYMUS europaea	Pfaffenkäppchen		●			●			●		●	
EVONYMUS latifolia	Breitblättriges Pfaffenk.		●			●			●		●	
EVONYMUS verrucosa	Warziger Spindelstrauch		●				●				●	
FAGUS sylvatica	Rotbuche	●		D/1, 2, 3, E, F, G/1, H/2, 3		●		●	●			
FRANGULA alnus	Faulbaum		●		●			●		●	●	
FRAXINUS excelsior	Gewöhnliche Esche	●		F/3, G/4, H/1, 3, 4, K/2 G/6	●				●	●	●	●
FRAXINUS ornus	Mannaesche	●	●				●		●		●	
FRAXINUS parvifolia	Quirlesche	●			●				●		●	●
HIPPOPHAE rhamnoides	Sanddorn		●			●			●	●	●	
ILEX aquifolium	Stechpalme	●	●			●		●	●	●	●	●
JUGLANS regia	Walnuß	●				●		●	●			
JUNIPERUS communis	Wacholder	(●)	●			●		●				
JUNIPERUS nana	Zwergwacholder		●			●		●				
JUNIPERUS sabina	Sadebaum		●			●		●				

PFLANZENART (GEHÖLZART)	HÖHENSTUFE: hochalpin	alpin	alpine Täler	montan	kollin	Ebenen, Becken	LOKALKLIMA: warm – trocken – sonnig	mäßig warm – halbschattig	kühl – schattig – feucht	BODENWASSERHAUSHALT: trocken	frisch	feucht	naß	überschwemmt	staunaß
CORYLUS avellana		●	●	●	●	●	●	●			●				
COTINUS coggygria					●	●	●			●					
COTONEASTER integerrimus		●	●	●	●		●			●	●				
COTONEASTER tomentosus		●	●	●	●		●			●	●				
CRATAEGUS laerigata			●	●	●	●	●	●		●	●				
CRATAEGUS monogyna			●	●	●	●	●	●		●	●				
EVONYMUS europaea		●	●	●	●	●	●	●			●				
EVONYMUS latifolia		●	●	●				●			●	●			
EVONYMUS verrucosa				●	●	●	●			●	●				
FAGUS sylvatica		●	●	●	●			●	●		●				
FRANGULA alnus			●	●	●	●		●			●			●	●
FRAXINUS excelsior		●	●	●	●	●		●	●		●	●	●	●	
FRAXINUS ornus				●	●	●	●	●		●					
FRAXINUS parvifolia						●		●	●		●	●	●	●	
HIPPOPHAE rhamnoides			●	●	●	●	●			●	●				
ILEX aquifolium			●	●	●				●		●				
JUGLANS regia			●	●	●	●		●			●	●			
JUNIPERUS communis		●	●	●	●	●	●			●					
JUNIPERUS nana		●					●			●					
JUNIPERUS sabina		●	●				●			●					

PFLANZENART (GEHÖLZART)	BODEN: Rohboden	seichtgründig	mittelgründig	tiefgründig	nährstoffarm	nährstoffreich	alkalisch	neutral	sauer	ANWENDUNG: Gewässerbeschattung	Ufersicherung	Hangsicherung/Hangschutz	Bodenschutzpflanze	Pionierpflanze, Vorholz	Nährpflanze	Biotopgestaltung	Steckling-Ausplanzung	Heckenpflanze	seltene Art (Schutz!)	Nutzholz	Heilpflanze/Gewürzpflanze
CORYLUS avellana			●		●			●		●	●	●	●		●	●		●			
COTINUS coggygria		●				●	●												●		
COTONEASTER integerrimus	●	●				●	●								●	●			●		
COTONEASTER tomentosus	●	●				●	●								●	●			●		
CRATAEGUS laerigata		●	●			●	●	●			●				●	●		●			●
CRATAEGUS monogyna		●	●			●	●	●			●				●	●		●			●
EVONYMUS europaea		●	●			●	●	●		●	●	●			●	●		●			
EVONYMUS latifolia			●			●	●	●			●	●	●		●	●					
EVONYMUS verrucosa		●				●	●	●			●				●	●					
FAGUS sylvatica			●		●	●	●	●	●						●					●	
FRANGULA alnus		●	●	●	●	●				●	●	●									
FRAXINUS excelsior			●	●		●	●	●	●	●	●	●		●		●				●	
FRAXINUS ornus		●	●			●	●	●								●			●		
FRAXINUS parvifolia			●	●		●	●	●	●	●	●					●				●	
HIPPOPHAE rhamnoides	●	●	●		●	●	●			●	●			●	●	●		●	●		●
ILEX aquifolium			●		●				●						●	●			●		
JUGLANS regia				●	●		●	●							●	●				●	
JUNIPERUS communis	●	●	●	●	●	●	●							●	●	●				●	●
JUNIPERUS nana		●			●	●	●	●							●	●			●	●	●
JUNIPERUS sabina		●					●													●	●

Fortsetzung nächste Seite

PFLANZENART (GEHÖLZART)

Botanischer Name	Deutscher Name	BAUM	STRAUCH	Kommt infolg. Waldgesellschaften (lt. Tab. 1) vor: nur wichtige Baum- u. Straucharten mit häufigem bis mäßig reichlichem Vorkommen in der Einheit
LABURNUM alpinum	Alpen-Goldregen		●	
LABURNUM anagyroides	Goldregen	(●)	●	
LARIX decidua	Europäische Lärche	●		A/B/C/D/1, J/1
LIGUSTRUM vulgare	Liguster		●	
LONICERA alpigena	Alpen-Heckenkirsche		●	
LONICERA coerulea	Blaue Heckenkirsche		●	
LONICERA nigra	Schwarze Heckenkirsche		●	
LONICERA xylosteum	Rote Heckenkirsche		●	
MALUS sylvestris	Holzapfel	●		
OSTRYA carpinifolia	Hopfenbuche	●	●	G/6, H/1
PICEA abies	Fichte	●		B/C/D/E/F1, J/1
PINUS cembra	Zirbe, Arve	●		A
PINUS mugo	Bergkiefer, Latsche	●	●	J/1, 2
PINUS nigra	Schwarzkiefer, Föhre	●		F/3, J/6
PINUS sylvestris	Waldkiefer	●		F/2, 3, 5, G/3, J/3, 4, 5
POPULUS alba	Silberpappel	●		K/2e, f, 3a
POPULUS nigra	Schwarzpappel	●		K/2e, f
POPULUS tremula	Zitterpappel	●		
POPULUS canescens	Graupappel	●		K/2e, f

EIGENSCHAFT

Botanischer Name	raschwüchsig	langsamwüchsig	Flach-Wurzler	Tief-Wurzler	Herz-Wurzler	schnittverträglich	ausschlagfähig	verbißgefährdet
LABURNUM alpinum	●				●	●	●	
LABURNUM anagyroides	●				●	●	●	
LARIX decidua		●		●	●			
LIGUSTRUM vulgare	●				●		●	
LONICERA alpigena		●			●	●	●	●
LONICERA coerulea		●			●	●	●	●
LONICERA nigra		●			●	●	●	●
LONICERA xylosteum		●			●	●	●	●
MALUS sylvestris		●			●			
OSTRYA carpinifolia		●			●	●	●	
PICEA abies	●		● →					
PINUS cembra		●			●			
PINUS mugo	●				●			
PINUS nigra	●		●					
PINUS sylvestris	●		●					
POPULUS alba	●			●	●	●	●	
POPULUS nigra	●			●	●	●	●	
POPULUS tremula	●			●	●	●	●	
POPULUS canescens	●			●	●	●	●	

HÖHENSTUFE / LOKALKLIMA

Botanischer Name	hochalpin	alpin	alpine Täler	montan	kollin	Ebenen, Becken	warm – trocken – sonnig	mäßig warm – halbschattig	kühl – schattig – feucht
LABURNUM alpinum		●	●	●	●	●	●	●	
LABURNUM anagyroides		●	●	●				●	●
LARIX decidua	●	●	●	●	(●)		(●)	●	
LIGUSTRUM vulgare			●	●	●	●	●		
LONICERA alpigena		●							●
LONICERA coerulea		●		●					●
LONICERA nigra		●		●					●
LONICERA xylosteum		●	●	●	●	●			●
MALUS sylvestris				●	●	●	●	●	
OSTRYA carpinifolia				●	●		●		
PICEA abies		●	●	●				●	●
PINUS cembra	●	●					●	●	
PINUS mugo	●	●		●				●	●
PINUS nigra					●	●	●		
PINUS sylvestris		●	●	●	●	●	●		
POPULUS alba			●	●	●	●		●	●
POPULUS nigra					●	●	●	●	
POPULUS tremula		●	●	●	●	●		●	●
POPULUS canescens			●	●	●	●		●	●

BODENWASSERHAUSHALT / BODEN

Botanischer Name	trocken	frisch	feucht	naß	überschwemmt	staunaß	Rohboden	seichtgründig	mittelgründig	tiefgründig	nährstoffarm	nährstoffreich	alkalisch	neutral	sauer
LABURNUM alpinum	●	●					●	●	●	●			●		
LABURNUM anagyroides		●					●	●	●				●		
LARIX decidua		●							●		●			●	
LIGUSTRUM vulgare	●	●					●	●			●		●	●	
LONICERA alpigena		●	●						●				●	●	
LONICERA coerulea		●	●						●				●	●	
LONICERA nigra		●	●						●				●		●
LONICERA xylosteum		●	●						●	●			●		●
MALUS sylvestris	●	●							●	●		●	●	●	
OSTRYA carpinifolia	●	●							●			●	●		
PICEA abies		●	●					●	●		●	●	●	●	●
PINUS cembra	●	●						●	●		●				●
PINUS mugo		●	●	●		●	●	●	●		●			●	●
PINUS nigra	●						●	●	●			●	●	●	●
PINUS sylvestris	●							●	●			●	●		
POPULUS alba		●	●		●			●	●		●	●		●	
POPULUS nigra	●	●	●					●	●		●	●		●	
POPULUS tremula		●	●				●	●	●		●	●		●	
POPULUS canescens		●	●		●			●	●		●	●		●	●

ANWENDUNG

Botanischer Name	Gewässerbeschattung	Ufersicherung	Hangsicherung/Hangschutz	Bodenschutzpflanze	Pionierpflanze, Vorholz	Nährpflanze	Biotopgestaltung	Steckling-Auspflanzung	Heckenpflanze	seltene Art (Schutz!)	Nutzholz	Heilpflanze/Gewürzpflanze
LABURNUM alpinum		●	●		●				●	●		
LABURNUM anagyroides					●					●		
LARIX decidua			●								●	
LIGUSTRUM vulgare				●	●		●		●			
LONICERA alpigena		●	●				●					
LONICERA coerulea		●	●				●					
LONICERA nigra		●	●				●					
LONICERA xylosteum							●					
MALUS sylvestris						●	●				●	
OSTRYA carpinifolia										●		
PICEA abies			●	●							●	
PINUS cembra						●	●			●	●	●
PINUS mugo			●	●			●					●
PINUS nigra											●	
PINUS sylvestris										●	●	
POPULUS alba	●	●					●	●			●	
POPULUS nigra	●	●					●	●			●	
POPULUS tremula	●	●									●	
POPULUS canescens	●	●	●	●	●		●					

PFLANZENART (GEHÖLZART) Botanischer Name	Deutscher Name	BAUM	STRAUCH	Kommt infolg. Waldgesellschaften (lt. Tab. 1) vor: nur wichtige Baum- u. Straucharten mit häufigem bis mäßig reichlichem Vorkommen in der Einheit	EIGENSCHAFT: raschwüchsig	langsamwüchsig	Flach-Wurzler	Tief-Wurzler	Herz-Wurzler	schnittverträglich	ausschlagfähig	verbißgefährdet
PRUNUS												
avium	Süßkirsche	●			●				●		●	
fruticosa	Zwergweichsel		●			●		●	●		●	●
mahaleb	Weichselkirsche	(●)	●			●		●	●		●	
padus	Traubenkirsche	●		K/2	●			●	●		●	
spinosa	Schlehdorn		●			●		●	●	●	●	
tenella	Zwergmandel		●		●			●	●		●	
PYRUS												
pyraster	Wild-Birnbaum	●				●		●	●			
QUERCUS												
cerris	Zerreiche	●		G/4		●			●		●	
petraea	Traubeneiche	●		F/1, G/1, 4		●			●		●	
pubescens	Flaumeiche	●	(●)	G/5, 6, J/6		●		●			●	
robur	Stieleiche	●		F/1, G/3, K/3		●			●		●	
RHAMNUS												
cathartica	Kreuzdorn		●		●			●	●	●	●	
saxatilis	Fels-Kreuzdorn		●		●			●	●		●	
RIBES												
nigrum	Schwarze Johannisbeere		●		●				●		●	
petraeum	Fels-Johannisbeere		●		●				●		●	
uva-crispa	Stachelbeere		●		●				●		●	
ROSA												
canina	Heckenrose		●		●		●			●		
arvensis	Feldrose		●		●		●			●		
montana	Bergrose		●		●		●		●	●		
pendulina	Alpenrose		●		●		●		●	●		
pimpinellifolia	Bibernell-Rose		●		●		●			●		
RUBUS												
caesius	Aubrombeere		●		●			●			●	
fruticosus	Echte Brombeere		●		●			●			●	
idaeus	Himbeere		●		●		●				●	

Botanischer Name	HÖHENSTUFE: hochalpin	alpin	alpine Täler	montan	kollin	Ebenen, Becken	LOKALKLIMA: warm – trocken – sonnig	mäßig warm – halbschattig	kühl – schattig – feucht	BODENWASSERHAUSHALT: trocken	frisch	feucht	naß	überschwemmt	staunaß
PRUNUS															
avium			●	●	●	●		●		●	●	●			
fruticosa					●	●	●			●					
mahaleb					●	●	●			●					
padus				●	●	●		●	●		●	●	●	●	
spinosa				●	●	●	●			●					
tenella						●	●			●	●				
PYRUS															
pyraster				●	●	●	●	●		●	●				
QUERCUS															
cerris					●	●	●			●	●				
petraea			●	●	●	●	●	●		●	●				
pubescens					●	●	●			●	●				
robur			●	●	●	●	●	●			●				
RHAMNUS															
cathartica				●	●	●		●		●	●				
saxatilis					●	●	●			●					
RIBES															
nigrum			●	●				●	●		●	●		●	
petraeum				●				●	●		●	●			
uva-crispa			●	●	●	●		●	●		●	●			
ROSA															
canina			●	●	●	●	●			●	●				
arvensis			●	●	●	●	●			●	●				
montana		●	●	●			●	●		●	●	●			
pendulina		●	●	●			●	●		●	●	●			
pimpinellifolia					●	●	●			●					
RUBUS															
caesius		●	●	●	●	●		●			●	●		●	
fruticosus			●	●	●	●	●	●		●	●				
idaeus		●	●	●	●		●	●			●				

Botanischer Name	BODEN: Rohboden	seichtgründig	mittelgründig	tiefgründig	nährstoffarm	nährstoffreich	alkalisch	neutral	sauer
PRUNUS									
avium			●	●		●			
fruticosa		●				●			
mahaleb		●	●			●			
padus			●	●		●			
spinosa	●	●				●			
tenella		●				●			
PYRUS									
pyraster		●	●	●		●	●		
QUERCUS									
cerris			●	●		●	●		
petraea					●	●	●	●	
pubescens		●	●			●	●		
robur					●	●	●	●	●
RHAMNUS									
cathartica	●	●	●	●	●	●	●		
saxatilis		●			●		●		
RIBES									
nigrum		●	●		●		●		
petraeum		●	●		●			●	●
uva-crispa		●	●		●		●		
ROSA									
canina			●		●		●		
arvensis		●	●		●		●		
montana			●		●		●		
pendulina			●		●		●		
pimpinellifolia		●	●		●		●		
RUBUS									
caesius	●	●			●		●		
fruticosus		●	●	●	●				●
idaeus	●	●	●		●		●	●	●

Botanischer Name	ANWENDUNG: Gewässerbeschattung	Ufersicherung	Hangsicherung/Hangschutz	Bodenschutzpflanze	Pionierpflanze, Vorholz	Nährpflanze	Biotopgestaltung	Steckling-Ausplanzung	Heckenpflanze	seltene Art (Schutz!)	Nutzholz	Heilpflanze/Gewürzpflanze
PRUNUS												
avium						●					●	
fruticosa						●	●					
mahaleb						●	●					
padus	●	●									●	
spinosa						●	●					●
tenella						●				●		
PYRUS												
pyraster						●	●			●		
QUERCUS												
cerris						●	●				●	
petraea	●	●				●	●				●	
pubescens			●			●	●			●		
robur	●	●				●	●				●	
RHAMNUS												
cathartica	●	●				●	●					
saxatilis							●			●		
RIBES												
nigrum		●				●	●					
petraeum		●				●	●					
uva-crispa		●				●	●					
ROSA												
canina		●	●			●	●		●			
arvensis				●		●	●					
montana			●			●	●					
pendulina			●			●	●					
pimpinellifolia						●	●					
RUBUS												
caesius		●			●	●	●					
fruticosus			●	●	●	●	●					
idaeus		●	●		●	●	●					

Fortsetzung nächste Seite

PFLANZENART (GEHÖLZART) Botanischer und deutscher Name		BAUM	STRAUCH	Kommt infolg. Waldgesellschaften (lt. Tab. 1) vor: nur wichtige Baum- u. Straucharten mit häufigem bis mäßig reichlichem Vorkommen in der Einheit	EIGENSCHAFT: raschwüchsig	langsamwüchsig	Flach-Wurzler	Tief-Wurzler	Herz-Wurzler	schnittverträglich	ausschlagfähig	verbißgefährdet	HÖHENSTUFE: hochalpin	alpin	alpine Täler	montan	kollin	Ebenen, Becken	LOKALKLIMA: warm – trocken – sonnig	mäßig warm – halbschattig	kühl – schattig – feucht
SALIX																					
alba	Silberweide	●	(●)	K/2a, b, c	●			(●)	●	●	●				●	●	●	●		●	
aurita	Ohrweide		●	K/1	●				●	●	●			●	●	●	●	●		●	
capraea	Salweide		●		●				●	●	●				●	●	●	●		●	
cinerea	Grauweide		●		●			(●)	●	●	●						●	●		●	
eleagnos	Lavendelweide		●	K/1	●			(●)	●	●	●					●	●	●		●	
fragilis	Bruchweide	(●)	●		●				●	●	●				●	●	●	●		●	
purpurea	Purpurweide		●	K/1, 2a	●			(●)	●	●	●			●	●	●	●	●		●	
triandra	Mandelweide	●	●		●				●	●	●				●	●	●	●		●	
viminalis	Korbweide	(●)	●		●				●	●	●						●	●		●	
SAMBUCUS																					
nigra	Holler		●		●				●		●				●	●	●	●	●	●	
racemosa	Traubenholler		●		●				●		●				●	●	●			●	
SORBUS																					
aria	Mehlbeere	●	(●)	C/3, G/5, 6, H/1	●			●							●	●	●	●	●		
aucuparia	Vogelbeere	●	(●)	A/1, B/3, E/3	●			●			●	●		●	●	●	(●)		●	●	
domestica	Speierling	●	(●)			●		●			●					(●)	●	●	●		
torminalis	Elsbeere	●	(●)	G/4		●					●						●	(●)	●	(●)	
STAPHYLEA																					
pinnata	Pimpernuß		●			●			●		●					(●)	●	●	●	(●)	
TAXUS																					
baccata	Eibe	●	(●)	H/1		●			●	●	●					●				●	
TILIA																					
cordata	Winterlinde	●		G/1, H/1, K/3c		●			●	(●)	●	●				(●)	●	●	●	●	
platyphyllos	Sommerlinde	●		H/1		●			●	(●)	●	●			●	●	●	●		●	
ULMUS																					
alabra	Bergulme	●		E/2, H/1, 2		●		●	●		●				●	●	●	●		●	●
laevis	Flatterulme	●		K/3b		●		●	●		●						●	●		●	●
minor	Feldulme	●	●	G/2, K/3a, b		●			●		●					(●)	●	●	●	●	
VIBURNUM																					
lantana	Wolliger Schneeball		●		●				●	●	●				●	●	●	●	●		
opulus	Gemeiner Schneeball		●		●				●	●	●	●			●	●	●	●		●	(●)

PFLANZENART (GEHÖLZART)	BODENWASSERHAUSHALT: trocken	frisch	feucht	naß	überschwemmt	staunaß	BODEN: Rohboden	seichtgründig	mittelgründig	tiefgründig	nährstoffarm	nährstoffreich	alkalisch	neutral	sauer	ANWENDUNG: Gewässerbeschattung	Ufersicherung	Hangsicherung/Hangschutz	Bodenschutzpflanze	Pionierpflanze, Vorholz	Nährpflanze	Biotopgestaltung	Steckling-Auspflanzung	Heckenpflanze	seltene Art (Schutz!)	Nutzholz	Heilpflanze/Gewürzpflanze
SALIX																											
alba		●	●	●	●	●	●		●		●		●	●		●	●			●	●	●	●			●	
aurita			●	●		●	●		●		●		●				●			●	●	●	●				
capraea			●	●	●	●	●		●		●			●			●			●	●	●	●				
cinerea		●	●			●	●						●				●			●	●	●	●				
eleagnos		●	●						●		●	●	●	●		●	●			●	●	●	●				
fragilis		●	●		●	●			●		●	●	●	●		●	●			●	●	●	●				
purpurea		●	●	●	●	●	●	●			●	●	●				●	●	●	●	●	●	●				
triandra		●	●	●	●	●	●	●	●			●	●			●	●	●	●	●	●	●	●				
viminalis		●	●	●	●	●	●	●	●			●	●	●		●	●	●	●	●	●	●	●			●	
SAMBUCUS																											
nigra		●	●					●	●			●		●						●	●						●
racemosa			●	●				●	●			●		●						●	●						●
SORBUS																											
aria	●	●						●	●			●		●	●				●		●	●			●		
aucuparia		●						●	●			●			●		●	●	●	●	●	●					●
domestica	●								●			●		●			●	●			●	●		●	●		●
torminalis	(●)	●							●			●	●									●		●			●
STAPHYLEA																											
pinnata		●						●	●			●	●				●	●				●			●		
TAXUS																											
baccata		●							●			●		(●)	●									●	●	●	
TILIA																											
cordata		●								●		●	●			●							●	●		●	●
platyphyllos		●								●		●	●			●							●	●		●	●
ULMUS																											
alabra		●	●						●	●		●	●			●	●									●	
laevis		●	●		●				●	●		●	●	●	(●)	●	●									●	
minor	●	●	●					●	●			●	●	(●)	(●)		●	●									
VIBURNUM																											
lantana		●						●	●			●	●								●	●		●			
opulus		●	●						●			●	(●)	●	(●)		●	●			●	●		●			

Fundstellen umweltrelevanter Rechtsvorschriften

in alphabetischer Reihenfolge

Fundstellen umweltrelevanter Rechtsvorschriften

In der vorliegenden Zusammenstellung wurde der Versuch unternommen, die wesentlichsten umweltrelevanten Rechtsvorschriften aufzulisten. Dies deshalb, weil alle diese Bestimmungen Rückwirkungen auf die Landschaft haben - sei es auf deren ökologische Qualität - sei es auf das Landschaftsbild und dessen unbeeinträchtigte Wirkung auf den Menschen.

Die Zusammenstellung kann also als Klammer über alle vier Bände der Reihe "Umweltgestaltung und Umweltpflege" (Kulturlandschaft, Naturschutz, Wasser und Wald) verstanden werden.

Die verschiedenen Sammlungen von Rechtsvorschriften sind in der Bearbeitung häufig um Jahre zurück. Deshalb wurde bei einigen wichtigen Gesetzen die letzte Novellierung angeführt, über die auch andere Novellen, die allenfalls in Sammlungen noch nicht eingearbeitet sind, zugänglich werden.

Abfallbeseitigung - Abfallwirtschaft

Bundesrecht

siehe auch Bundesverfassungsrecht
Tierkörperbeseitigung

- Altölgesetz BGBl 138/1979 (weitestgehend außer Kraft gesetzt durch das Altölgesetz 1986)
- Altölgesetz 1986 BGBl 373/1986 i.d.dzt.F. zuletzt geändert durch BGBl 367/1989
- Altölverordnung BGBl 383/1987
- Sonderabfallgesetz BGBl 186/1983 i.d.dzt.F. zuletzt geändert durch BGBl 256/1989
- Sonderabfallverordnung BGBl 52/1984
- Sonderabfallnachweisverordnung BGBl 53/1984
- Altlastensanierungsgesetz BGBl 299/1989
- Abfallwirtschaftsgesetz (derzeit in Vorbereitung)
- Gewerbeordnung 1973 BGBl 50/1974 i.d.dzt.F. zuletzt maßgeblich geändert durch BGBl 399/1988
  - § 79 Abs 2 (i.d.F. BGBl 399/1988) Zur Vermeidung einer über die unmittelbare Nachbarschaft hinausgehenden Beeinträchtigung durch Sonderabfälle können Auflagen erteilt werden, wenn sie verhältnismäßig sind
- Strahlenschutzgesetz BGBl 676/1978 (regelt u.a. Beseitigung radioaktiver Abfälle)
- Chemikaliengesetz BGBl 326/1987 i.d.F. BGBl 300/1989
  - § 14 Abs 2: Herstellungs- und Verwendungsbeschränkungen durch Verordnung, wenn die Beseitigung von Stoffen umweltgefährdend ist
- Art 15 a B-VG Vertrag zwischen Bund und Niederösterreich u.a. betreffend Abfallwirtschaft BGBl 156/1989

Abfallbeseitigung - Abfallwirtschaft

Landesrecht

siehe auch Tierkörperbeseitigung

Burgenland:

- Müllgesetz LGBl 15/1980

Kärnten:

- Abfallordnung LGBl 77/1988

Niederösterreich:

- Abfallwirtschaftsgesetz (NÖ AWG) LGBl 8240
- Sonderabfallaufzeichnungsverordnung LGBl 8240/1

Oberösterreich:

- Abfallgesetz LGBl 1/1975

Salzburg:

- Müllabfuhrgesetz 1974 LGBl 99/1974 i.d.dzt.F.

Steiermark:

- Müllwirtschaftsgesetz LGBl 7/1988

Tirol:

- Abfallbeseitigungsgesetz LGBl 50/1972 i.d.dzt.F.

Vorarlberg:

- Abfallgesetz LGBl 30/1988
- Abfallabfuhrverordnung LGBl 45/1988
- Verordnung zur Sicherung von Standorten für Abfallbeseitigungsanlagen LGBl 46/1988
- Abfallbeseitigungsplan LGBl 47/1988

Wien:

- Müllabfuhrgesetz 1965 LGBl 19/1965 i.d.dzt.F. (ein neues Abfallwirtschaftsgesetz ist in Begutachtung)

Abwasserbeseitigung - Abwasserwirtschaft

Bundesrecht

siehe auch Förderung des Umweltschutzes

- Gewerbeordnung 1973 BGBl 50/1974 i.d.dzt.F. zuletzt maßgeblich geändert durch BGBl 399/1988
  - § 69: Verordnungsermächtigung zur Durchsetzung von Maßnahmen des Gewerbetreibenden zum Schutz der Umwelt
  - § 69a: Umschreibung der Umweltbelastungen, die durch Verordnungen hintanzuhalten sind
  - §§ 74-84: Gewerbliches Betriebsanlagenrecht (Schutz der Nachbarn vor Belästigungen und Gefährdungen; anzuwenden, sofern keine eigene wasserrechtliche Genehmigung vorgeschrieben ist)
  - §§ 353-359a: Verfahren betreffend Betriebsanlagen
  - § 360: Möglichkeit von Betriebsschließungen bzw. der Unterbindung der Gewerbeausübung aus Umweltschutzgründen
  - §§ 366-373: Strafbestimmungen
- Wasserrechtsgesetz 1959 BGBl 215/1959 i.d.dzt.F. zuletzt geändert durch BGBl 693/1988 III. Abschnitt: Reinhaltung und Schutz der Gewässer §§ 30-37

- Wasserbautenförderungsgesetz 1985 (WBFG) BGBl 148/1985 i.d.dzt.F. (wiederverlautbart) zuletzt geändert durch BGBl 299/1989
  § 11: Förderung der Abwasserverwertung
  § 12: Förderung von Abwasserbeseitigungsanlagen
- Umwelt- und Wasserwirtschaftsfondsgesetz (UWFG) BGBl 79/1987 i.d.F. BGBl 607/1987 und BGBl 299/1989

Abwasserbeseitigung – Abwasserwirtschaft

Landesrecht

siehe auch Förderung des Umweltschutzes

Burgenland:

- Kanalanschlußgesetz LGBl 8/1967 i.d.dzt.F.

Kärnten:

- Gemeindekanalisationsgesetz LGBl 18/1978 i.d.dzt.F.

Niederösterreich:

- Kanalgesetz 1977 LGBl 8230

Oberösterreich:

- Bauordnung LGBl 35/1976 i.d.dzt.F. §§ 35-40
- Interessentenbeiträgegesetz 1958 LGBl 28/1958 i.d.dzt.F.

Salzburg:

- Bautechnikgesetz LGBl 75/1976 § 34
- Benützungsgebührengesetz LGBl 31/1963 i.d.dzt.F. für gemeindeeigene Trinkwasserversorgungs- u. Abwasseranlagen
- Interessentenbeiträgegesetz LGBl 161/1962 i.d.dzt.F. (gilt nicht für die Landeshauptstadt Salzburg)
- Bewertungspunkteverordnung LGBl 2/1978
- Hauptkanälegesetz LGBl 22/1889 i.d.dzt.F.
- Hauptkanäledurchführungsverordnung LGBl 22/1889

Steiermark:

- Kanalgesetz 1988 LGBl 79/1988 i.d.dzt.F.

Tirol:

- Kanalisationsgesetz LGBl 40/1985
- Kanalisationsverordnung LGBl 85/1985 i.d.dzt.F.

Vorarlberg:

- Kanalisationsgesetz LGBl 5/1989

Wien:

- Kanalräumungs- und Kanalgebührengesetz 1978 LGBl 2/1978 i.d.dzt.F.
- Kanalanlagen- und Einmündungsgebührengesetz LGBl 22/1955 i.d.dzt.F.
- Kanalgrenzwerteverordnung LGBl 18/1978

Almschutz – Weidewirtschaft

Burgenland:

- Gesetz über gemeinschaftliche Weide auf Stoppelfeldern, Brachen, Wiesen und Hutweiden LGBl 53/1933

Kärnten:

- Almschutzgesetz LGBl 38/1923 i.d.dzt.F.

Niederösterreich:

- Gesetz über die Erhaltung der Weidewirtschaft LGBl 6630

Oberösterreich:

- Almschutzgesetz LGBl 65/1921

Salzburg:

- Alpschutzgesetz LGBl 34/1920 i.d.dzt.F.

Steiermark:

- Almschutzgesetz 1984 LGBl 68/1984

Tirol:

- Almschutzgesetz LGBl 49/1987

Altöl

siehe Abfallbeseitigung - Abfallwirtschaft: Bundesrecht

Bäderhygiene

siehe Naturräumliche Ausstattung

Baulärm

- Bauordnungen der Bundesländer enthalten vereinzelt Bestimmungen über Baulärm, siehe Baurecht

Kärnten:

- Baulärmgesetz LGBl 26/1973
- Emissionswertverordnung LGBl 85/1973

Steiermark:

- Baulärmgesetz 1974 LGBl 129/1974
- Emissionsgrenzwertverordnung LGBl 194/1975

Tirol:

- Baulärmverordnung LGBl 44/1976

Wien:

- Baulärmgesetz LGBl 16/1973 i.d.dzt.F.
- Emissionswertverordnung LGBl 20/1973

Baurecht

siehe auch Abwasserbeseitigung - Abwasserwirtschaft: Landesrecht
Baulärm
Ölfeuerungs- und Öllagerungsgesetze
Raumordnung: Landesrecht

- Vereinbarung gemäß Art. 15a B-VG über die Einsparung von Energie BGBl 351/1980: betrifft u.a. den Wärmeschutz in Gebäuden, energiesparende Maßnahmen bei der Beheizung von Gebäuden, Begünstigung der Energieeinsparung in Miethausbauten, individuelle Heizkostenabrechnung

Burgenland:

- Bauordnung LGBl 13/1979 i.d.dzt.F.

Kärnten:

- Bauordnung LGBl 48/1969 i.d.dzt.F.
- Bauvorschriftengesetz LGBl 56/1985 i.d.dzt.F.

Niederösterreich:

- Bauordnung 1976 LGBl 8200

Oberösterreich:

- Bauordnung LGBl 35/1976 i.d.dzt.F.

Salzburg:

- Bauordnung LGBl 117/1973 i.d.dzt.F.
- Bautechnikgesetz LGBl 75/1976 i.d.dzt.F.
- Bebauungsgrundlagengesetz LGBl 69/1968 i.d.dzt.F.
- Baupolizeigesetz LGBl 117/1973 i.d.dzt.F.

Steiermark:

- Bauordnung 1968 LGBl 149/1968 i.d.dzt.F.

Tirol:

- Bauordnung LGBl 33/1989

Vorarlberg:

- Bauordnung LGBl 39/1972 i.d.dzt.F.

Wien:

- Bauordnung LGBl 11/1930 i.d.dzt.F.

Bergrecht

siehe auch Boden: Bundesrecht
Heilquellen: Bundesrecht
Luftreinhaltung: Bundesrecht

- Berggesetz 1975
  BGBl 259/1975 i.d.dzt.F.

Boden
Bundesrecht

siehe auch Bundesverfassungsrecht
Förderung des Umweltschutzes
Landwirtschaftsrecht
Stoffe - wassergefährdende

- Anerbengesetz BGBl 106/1958 i.d.dzt.F.
- Allgemeines bürgerliches Gesetzbuch
- Bodenschätzungsgesetz 1970 BGBl 233/1970
- Flurverfassungsgrundsatzgesetz (FGG) BGBl 103/1951 i.d.dzt.F. (zugehörige Ausführungsgesetze der Länder siehe Boden: Landesrecht)
- Grundbuchsgesetz BGBl 39/1955
- Grunderwerbsteuergesetz 1955 BGBl 140/1955 i.d.dzt.F.
- Grundsatzgesetz über die Behandlung der Wald- und Weidenutzungsrechte BGBl 103/1951
- Güter- und Seilwegegrundsatzgesetz 1967 BGBl 198/1967 i.d.dzt.F.
- Liegenschaftsteilungsgesetz BGBl 3/1930
- Forstgesetz 1975
  BGBl 440/1975 i.d.dzt.F.
  zuletzt maßgeblich geändert durch BGBl 576/1987
  enthält zahlreiche Bestimmungen zur Erhaltung von Böden, namentlich Waldböden, wie insbesonders
  § 2: Kampfzone des Waldes, Windschutzanlagen
  §§ 6-11: Forstliche Raumplanung
  §§ 12-39: Erhaltung des Waldes und der Nachhaltigkeit seiner Wirkungen
  §§ 40-57: Forstschutz
  §§ 60-64: Vorschriften bei der Errichtung von Bringungsanlagen
  §§ 80-84: Nutzungsbeschränkungen von Wäldern
  §§ 85-94: Behördliche Überwachung von Fällungen
- Gewerbeordnung 1973
  BGBl 50/1974 i.d.dzt.F. zuletzt maßgeblich geändert durch BGBl 399/1988
  § 69: Verordnungsermächtigung zur Durchführung von Maßnahmen des Gewerbetreibenden zum Schutz des Bodens
  § 69a: Umschreibung der Umweltbelastungen, die durch Verordnungen hintanzuhalten sind, darunter auch Belastungen des Bodens
  §§ 76 Abs 1 und 82 Abs 1: weitere Verordnungsermächtigungen für Maßnahmen zum Schutz des Bodens
- Luftreinhaltegesetz für Kesselanlagen (LRG-K) BGBl 380/1988
  § 2: Dampfkesselanlagen sind so zu betreiben, daß eine Belastung der Umwelt - namentlich auch des Bodens - nach Maßgabe diesbezüglicher Durchführungsverordnungen vermieden wird
- Berggesetz 1975 BGBl 259/1975 i.d.dzt.F.
  § 182: Rekultivierung der Oberfläche nach Beendigung der Bergbautätigkeit
  §§ 12, 25, 79: Arbeitsprogramme zur Sicherung der Oberfläche nach Beendigung verschiedener bergbaulicher Tätigkeiten
- Natur- und Landschaftsschutzgesetze der Bundesländer sehen verschiedentlich Rekultivierungsmaßnahmen bei Bodenabbauunternehmungen vor
- Chemikaliengesetz BGBl 326/1987 sieht verschiedene Maßnahmen zum Schutz des Bodens vor (einschließlich von Herstellungs- und Verwendungsverboten im Verordnungsweg)

Boden
Landesrecht

siehe auch
Almschutz - Weidewirtschaft
Baurecht
Feldschutz - Kulturwachen
Forstrecht: Bundesrecht
Forstrecht: Landesrecht
Grundverkehr - Ausländergrundverkehr
Güter- und Seilwegegesetze
Höfegesetze
Klärschlammgesetze
Landwirtschaftsrecht
Mindestabstände bei landwirtschaftlichen Pflanzungen
Pflanzenschutz: Bundesrecht
Pflanzenschutz: Landesrecht
Raumordnung: Landesrecht
Teilung landwirtschaftlicher Flächen
Wald- und Weidenutzungsrechte

Burgenland:
- Flurverfassungsgesetz LGBl 40/1970 i.d.dzt.F.
- Grundstücke-Teilungsgesetz LGBl 56/1933 i.d.dzt.F.

Kärnten:
- Flurverfassungsgesetz 1979 LGBl 64/1979 i.d.dzt.F.

Niederösterreich:
- Flurverfassungsgesetz 1975 LGBl 6650

Oberösterreich:
- Flurverfassungsgesetz LGBl 73/1979

Salzburg:
- Flurverfassungsgesetz 1973 LGBl 1/1973 i.d.dzt.F.

Steiermark:
- Agrargemeinschaftsgesetz 1985 LGBl 8/1986
- Gesetz über die Zusammenlegung land- und forstwirtschaftlicher Grundstücke LGBl 82/1982

Tirol:
- Flurverfassungsgesetz 1978 LGBl 54/1978 i.d.dzt.F.

Vorarlberg:
- Flurverfassungsgesetz LGBl 2/1979 i.d.dzt.F.

Bundesverfassungsrecht

- Bundes-Verfassungsgesetz (B-VG) BGBl 1/1930 i.d.dzt.F.
  zuletzt geändert durch BGBl 685/1988
  Art 10, Abs 1: Die Gesetzgebung und Vollziehung ist u.a. in folgenden Angelegenheiten Bundessache: Gewerbe- und Industrie (Z 8); Verkehrswesen bezüglich der Eisenbahn, der Luftfahrt und - weitgehend - der Schiffahrt, Kraftfahrwesen (Z 9); Bergwesen, Forstwesen, Dampfkessel- und Kraftmaschinenwesen und - weitgehend - Starkstromwegerecht, Wasserrecht, Gewässerregulierung, Wildbachverbauung, Bau und Instandhaltung von Wasserstraßen (Z 10); Denkmalschutz (Z 13)
  Art 12, Abs 1: Bundessache ist die Gesetzgebung über die Grundsätze, Landessache ist die Erlassung von Ausführungsgesetzen und die Vollziehung u.a. in folgenden Angelegenheiten: Natürliche Heilvorkommen (Z 1); Bodenreform (Z 2); Pflanzenschutz (Z 4)
  Art 15: Landessache in Gesetzgebung und Vollziehung sind u.a. Naturschutz, Fischerei, Jagd, Bauwesen. "Querschnittsmaterie" sind u.a. Raumordnung und Umweltschutz (generell)
  Art 118: Angelegenheiten des sogenannten "eigenen Wirkungsbereiches" der Gemeinden (den diese weisungsfrei besorgen können) sind u.a. die folgenden landschaftsrelevanten Materien:
  Verwaltung der Verkehrsflächen der Gemeinde,
  örtliche Straßenpolizei,

Flurschutzpolizei,
örtliche Baupolizei,
örtliche Raumplanung (wichtig!)

- Bundesverfassungsgesetznovelle BGBl 175/1983: Bundessache in Gesetzgebung und Vollziehung sind Maßnahmen zur Abwehr von gefährlichen Belastungen der Umwelt, die durch Überschreitung von Immissionsgrenzwerten entstehen (Art 10, Abs 1, Z 12); Erfordernis einer Art-15a B-VG-Vereinbarung für entsprechendes Bundesgesetz
- V 11/73 (VfSlg 7169), G 81, 82/84: Wichtige Grundsatzentscheidungen des Verfassungsgerichtshofes zur Abgrenzung von Bundes- und Landeskompetenzen (Gesichtspunkteregel, gegenseitige Rücksichtnahmeverpflichtung)
- Bundesverfassungsgesetznovelle 1988 BGBl 685/1988 Zuständigkeit des Bundes in Gesetzgebung und Vollziehung hinsichtlich gefährlicher Abfälle, hinsichtlich anderer Abfälle nur, soweit ein Bedürfnis nach Erlassung einheitlicher Vorschriften vorhanden ist (Art 10, Abs 1, Z 12). Zuständigkeit des Bundes in Gesetzgebung und Vollziehung zur Luftreinhaltung, unbeschadet der Zuständigkeit der Länder für Heizungsanlagen (Art 10, Abs 1, Z 12). Bedarfsgesetzgebungskompetenz des Bundes zur Festlegung einheitlicher Emissionsgrenzwerte (Art 11, Abs 5)
- Bundesverfassungsgesetz über den umfassenden Umweltschutz BGBl 491/1984
- Bundesverfassungsgesetz BGBl 285/1987 Neuformulierung des Art 20 B-VG: Liberalisierung der Amtsverschwiegenheit. Wichtige Voraussetzung für die Einführung einer Umweltverträglichkeitsprüfung
- Realisierung dieser Verfassungsbestimmung durch das Bundesgrundsatzgesetz BGBl 286/1987 und das Auskunftspflichtgesetz BGBl 287/1987

Campingplatzgesetze

Burgenland:

- Campingplatz- und Mobilheimplatzgesetz LGBl 44/1982

Kärnten:

- Campingplatzgesetz LGBl 143/1970

Niederösterreich:

- Camping- und Jugendlagerplatzgesetz LGBl 5750

Oberösterreich:

- Campingplatzgesetz LGBl 49/1967 i.d.dzt.F.

Salzburg:

- Campingplatzgesetz LGBl 66/1966

Tirol:

- Campingplatzgesetz LGBl 69/1980

Vorarlberg:

- Campingplatzgesetz LGBl 34/1981

Chemikalien

siehe auch Abfallbeseitigung - Abfallwirtschaft: Bundesrecht
Abfallbeseitigung - Abfallwirtschaft: Landesrecht
Landwirtschaftsrecht
Pflanzenschutz: Bundesrecht
Pflanzenschutz: Landesrecht
Stoffe - wassergefährdende

- Chemikaliengesetz BGBl 326/1987
- Verordnung über die Nachmeldung von Altstoffen BGBl 39/1989
- Anmeldungs- und Prüfnachweisverordnung BGBl 40/1989
- Chemikalien-Prüfstellenverordnung BGBl 41/1989
- Verordnung über das Verbot vollhalogenierter Fluorchlorkohlenwasserstoffe als Treibgas in Druckpackungen BGBl 55/1989
- Verordnung über die Meldung von neuen Stoffen, die in Mengen von weniger als einer Tonne jährlich im Bundesgebiet in Verkehr gesetzt werden BGBl 157/1989
- Chemikalienverordnung BGBl 208/1989
- Vorläufige Giftliste-Verordnung BGBl 209/1989
- Giftliste-Nachmeldeverordnung BGBl 210/1989
- Verordnung über die Meldung von mindergiftigen Zubereitungen BGBl 211/1989
- Giftverordnung 1989 BGBl 212/1989

Denkmalschutz

- Denkmalschutzgesetz BGBl 533/1923 i.d.dzt.F.

Erbrecht (bäuerliches)

siehe Boden: Bundesrecht
Höfegesetze

Feldschutz - Kulturwachen

siehe auch Umweltschutzorganisation - Katastrophenhilfe: Landesrecht

Burgenland:

- Feldschutzgesetz LGBl 15/1988

Kärnten:

- Feldschutzgesetz LGBl 62/1969

Niederösterreich:

- Feldschutzgesetz LGBl 6120

Oberösterreich:

- Feldschutzgesetz LGBl 38/1973

Salzburg:

- Landes-Wacheorganegesetz LBGl 66/1977

Steiermark:

- Feldschutzgesetz LGBl 57/1904

Tirol:

- Feldschutzgesetz LGBl 8/1989

Vorarlberg:

- Feldschutzgesetz LGBl 18/1875 i.d.dzt.F.

Wien:

- Feldschutzgesetz LGBl 38/1969 i.d.dzt.F.

Fischerei

Bundesrecht

- Allgemeines Bürgerliches Gesetzbuch (ABGB)
  - §§ 382, 383: Recht des Fischfanges ist durch "politische Gesetze" zu regeln
  - § 413: Uferbefestigungen dürfen sich nicht nachteilig auf die Fischerei auswirken
  - § 477: Fischereirecht kann auch Felddienstbarkeit sein
  - § 1456: 30- bis 40jährige Ersitzungs- bzw. Verjährungsfrist für Fischereirechte
- Strafgesetzbuch (StGB) BGBl 60/1974 i.d.dzt.F.
  - §§ 137 ff: Eingriffe in fremde Fischereirechte sind strafrechtlich zu ahnden (die Verletzung fischereirechtlicher Vorschriften dagegen ist nur verwaltungsbehördlich zu ahnden). Verunreinigungen oder Beschädigungen fremder Fischbehälter sind nach den Feldschutzgesetzen der Bundesländer als Feldfrevel strafbar
- Wasserrechtsgesetz (WRG) 1959 BGBl 215/1959 i.d.dzt.F. zuletzt geändert durch BGBl 693/1988
  - § 15: Fischereiberechtigte können gegen Wasserbenutzungsrechte Einwendungen erheben
  - § 26: Regelung möglicher Schadenersatzansprüche der Fischereiberechtigten
  - § 102 Abs 1 lit b: Fischberechtigte haben volle Parteistellung im Wasserrechtsverfahren

§ 105: Fischerei ist im öffentlichen Interesse
§ 108 Abs 3: Fischereiausschüsse sind Beteiligte im Wasserrechtsverfahren

Fischerei
Landesrecht

Burgenland:
- Fischereigesetz 1949 LGBl 1/1949 i.d.dzt.F.

Kärnten:
- Fischereigesetz 1951 LGBl 43/1951 i.d.dzt.F.

Niederösterreich:
- Fischereigesetz 1988 LGBl 6550

Oberösterreich:
- Fischereigesetz LGBl 60/1983

Salzburg:
- Fischereigesetz 1969 LGBl 15/1970 i.d.dzt.F.

Steiermark:
- Fischereigesetz 1983 LGBl 33/1983

Tirol:
- Fischereigesetz 1952 LGBl 15/1952

Vorarlberg:
- Fischereigesetz LGBl 27/1891 i.d.dzt.F.
- Bodenseefischereigesetz LGBl 34/1976

Wien:
- Fischereigesetz LGBl 1/1948 i.d.dzt.F.
- Es bestehen zahlreiche Verordnungen zu diesen Gesetzen z.B. zum Schutz geschlechtsunreifer Tiere und über Schonzeiten

Flurverfassung
siehe Boden: Bundesrecht
Boden: Landesrecht

Förderung des Umweltschutzes
- Finanzausgleichsgesetz 1989 BGBl 687/1988
  § 22: Bund gewährt Zuschüsse an Länder und Gemeinden zur Förderung des Umweltschutzes, insbesondere auch zur Bekämpfung des Lärms
- Umweltfondsgesetz BGBl 567/1983 i.d.dzt.F. zuletzt geändert durch BGBl 299/1989 sieht namentlich die Förderung von Maßnahmen der Luftreinhaltung vor
- Wasserbautenförderungsgesetz 1985 (WBFG) BGBl 148/1985 i.d.dzt.F. (wiederverlautbart) zuletzt geändert durch BGBl 299/1989 sieht die Förderung von wasserbaulichen Maßnahmen vor, wie Schutz gegen Wasserverheerungen und Lawinen, Regulierungen namentlich der Donau, Bodenentwässerungen, Abwasserverwertung, Schutzmaßnahmen gegen Bodenabtrag, Versorgung mit Trink- und Nutzwasser, Ableitung und Reinigung häuslicher und gewerblicher Abwässer
- Wohnbauförderungsgesetz 1984 BGBl 482/1984 i.d.dzt.F. zuletzt geändert durch BGBl 692/1988 sieht Förderungen für Wärme und Schalldämmung, die Verminderung des Energieverbrauches bei Zentralheizungen, den Anschluß an zentrale Wärmeversorgungsanlagen oder für Investitionen zur Nutzung von Alternativenergien oder zur besonders wirtschaftlichen Nutzung von konventioneller Energie vor
- Wohnhaussanierungsgesetz BGBl 483/1984 i.d.dzt.F. zuletzt geändert durch BGBl 692/1988 sieht Förderungen für Wärme- und Schalldämmung, die Verminderung des Energieverbrauches bei Zentralheizungen, den Anschluß an zentrale Wärmeversorgungsanlagen oder für Investitionen zur Nutzung von Alternativenergien oder zur besonders wirtschaftlichen Nutzung von konventioneller Energie vor
- Wiener Wohnbauförderungs- und Wohnhaussanierungsgesetz - WWFSG 1989, LGBl 18/1989 sieht die Förderung des Wohnbaues und die Wohnhaussanierung hinsichtlich des Schall-, Wärme-, Feuchtigkeits- und Abgasschutzes und des Anschlusses an Fernwärme vor
- Umwelt- und Wasserwirtschaftsfondsgesetz (UWFG) BGBl 79/1987 i.d.F. BGBl 607/1987 und BGBl 299/1989
- Art 15 a B-VG Vereinbarung betreffend die Dotierung des Wasserwirtschaftsfonds BGBl 390/1989
- Fernwärmeförderungsgesetz BGBl 640/1982 i.d.F. BGBl 570/1985 und BGBl 744/1988
- Verordnung über die Beauftragung der Landeshauptmänner mit der Vorprüfung BGBl 180/1983

Forstrecht
Bundesrecht

siehe auch Wildbach- und Lawinenschutz

- Forstgesetz 1975 BGBl 440/1975 i.d.dzt.F. zuletzt maßgeblich geändert durch BGBl 576/1987
- Zweite Verordnung gegen forstschädliche Luftverunreinigungen BGBl 199/1984 (Novelle derzeit in Begutachtung)
- Forstsaatgutgesetz BGBl 114/1960 i.d.dzt.F.
- Forstsaatgutverordnung BGBl 627/1975 i.d.F. BGBl 184/1989
- Verordnung über die Forstfachschule und die forstlichen Ausbildungsstätten BGBl 649/1975 i.d.dzt.F.
- Forstliche Kennzeichnungsverordnung BGBl 179/1976
- Verordnung über die Gefahrenzonenpläne BGBl 436/1976
- Schutzwaldverordnung BGBl 398/1977
- Verordnung über Bezeichnung, Sitz und örtliche Zuständigkeit der Dienststellen für Wildbach- und Lawinenverbauung BGBl 72/1978
- Waldentwicklungsplanverordnung BGBl 582/1977
- Forstliche Staatsprüfungsverordnung BGBl 221/1989
- Verordnung über raschwüchsige Baumarten BGBl 105/1978
- Verordnung über die Harznutzung BGBl 126/1978
- Verordnung über den Schutz des Waldes vor Forstschädlingen BGBl 184/1978
- Holzeinfuhrgesetz BGBl 115/1962

Forstrecht
Landesrecht

Burgenland:
- Forstausführungsgesetz LGBl 56/1987
- Gesetz über die Aufforstung von Nichtwaldflächen LGBl 17/1989

Kärnten:
- Landesforstgesetz 1979 LGBl 77/1979 i.d.dzt.F.

Niederösterreich:
- Forstausführungsgesetz LGBl 6851
- Forstschutzorgangesetz LGBl 6845

Oberösterreich:
- Waldteilungsgesetz LGBl 28/1978 i.d.dzt.F.
- Waldbrandbekämpfungsgesetz LGBl 68/1980

Salzburg:
- Forstausführungsgesetz LGBl 80/1977 i.d.dzt.F.

Steiermark:
- Waldschutzgesetz LGBl 21/1982

Tirol:
- Waldordnung LGBl 29/1979

Vorarlberg:

- Landesforstgesetz
  LGBl 28/1979 i.d.dzt.F.

Wien:

- Forstausführungsgesetz
  LGBl 9/1979

Gewässerreinhaltung

siehe auch
Abfallbeseitigung - Abfallwirtschaft: Bundesrecht
Abfallbeseitigung - Abfallwirtschaft: Landesrecht
Abwasserbeseitigung - Abwasserwirtschaft: Bundesrecht
Abwasserbeseitigung - Abwasserwirtschaft: Landesrecht
Bundesverfassungsrecht
Förderung des Umweltschutzes
Grundwasserschutz- u. Schongebiete (Auswahl)
Heilquellen: Bundesrecht
Heilquellen: Landesrecht
Ölfeuerungs- und Öllagerungsgesetze
Stoffe - wassergefährdende
Strafrecht
Wasserwirtschaftliche Rahmenverfügungen (Auswahl)

- Allgemeines Bürgerliches Gesetzbuch
  §§ 364 Abs 2 und 364a: Unzulässigkeit übermäßiger Immissionen
  §§ 1293-1341: Schadenersatz für rechtswidriges Handeln
- Wasserrechtsgesetz 1959
  BGBl 215/1959 i.d.dzt.F. zuletzt geändert durch BGBl 693/1988
  III. Abschnitt: Reinhaltung und Schutz der Gewässer §§ 30-37
- Gewässeraufsichtsverordnung
  BGBl 177/1961
- Verordnung über die Verbesserung der Wassergüte der Mur
  BGBl 423/1973
- Verordnung zur Verbesserung der Wassergüte der Donau und ihrer Zubringer BGBl 210/1977
- Übereinkommen über den Schutz des Bodensees gegen Verunreinigung BGBl 289/1961
- Forstgesetz 1975
  BGBl 440/1975 i.d.dzt.F. zuletzt maßgeblich geändert durch
  BGBl 576/1987
  § 27: Bannlegung zur Sicherung von Wasservorkommen
- Chemikaliengesetz BGBl 326/1987 sieht verschiedene Maßnahmen zum Schutz des Wassers vor Chemikalien vor (einschließlich von Herstellungs- und Verwendungsverboten im Verordnungsweg)
- Berggesetz 1975 BGBl 259/1975 i.d.dzt.F.
  § 146: Bewilligungspflicht von Bergbauanlagen
  § 182: Sicherung der Vorflut und der Reinhaltung der Gewässer nach Beendigung der Bautätigkeit
- Gewerbeordnung 1973
  BGBl 50/1974 i.d.dzt.F. zuletzt maßgeblich geändert durch
  BGBl 399/1988 (gilt subsidiär neben dem Wasserrechtsgesetz 1959 BGBl 215/1959 i.d.dzt.F.)
  § 69: Verordnungsermächtigung zur Durchsetzung von Maßnahmen zum Schutze des Bodens (und damit des Grundwassers)
  §§ 74-84: Gewerbliches Betriebsanlagenrecht (Schutz der Nachbarn vor Belästigungen und Gefährdungen)
  §§ 353-359a: Verfahren betreffend Betriebsanlagen
  § 360: Möglichkeit von Betriebsschließungen bzw. der Unterbindung der Gewerbeausübung aus Umweltschutzgründen
  §§ 366-373: Strafbestimmungen
- Schiffahrtsgesetz 1990
  BGBl 87/1989 (gilt ab 1. 1. 1990) enthält Bestimmungen über die Reinhaltung der Gewässer
  § 3: Geltung der Bestimmungen über die Gewässerreinhaltung auf allen schiffbaren Gewässern
  § 6: Allgemeine Sorgfaltspflicht der Schiffsführer zur Vermeidung der Gewässerverunreinigung
  § 11: Verordnungsermächtigung betreffend denTransport gefährlicher Güter in Hinblick auf die Gewässerreinhaltung
  § 13: Verordnungsermächtigung betreffend Maßnahmen zur Reinhaltung der Gewässer
  § 15: Verordnungsermächtigung zum Schutz der Gewässer bei der Verkehrsregelung
  § 16: Möglichkeit von Verkehrsbeschränkungen im Interesse der Gewässerreinhaltung
  § 34: Verordnungsermächtigung zum Schutz der Häfen und Länden vor gefährlichen Gütern
  § 48: Berücksichtigung des Umweltschutzes und der Gewässerreinhaltung bei der Errichtung von Schiffahrtsanlagen
  § 56: Bestimmungen zum Schutz der Gewässer bei Schiffahrtsanlagen (Umschlag gefährlicher Güter, Reinigung von Tankschiffen, Maßnahmen bei leck gewordenen Tankschiffen u.a.)
  §§ 40 und 71: enthalten entsprechende Strafbestimmungen
- Übereinkommen über die Schiffahrt auf dem Bodensee
  BGBl 632/1975
- Verordnungen zur Beschränkung der Schiffahrt (insbesondere Motorbootfahrverbote):
  Burgenland: LGBl 60/1988 i.d.F. 22/1989, Kärnten: LGBl 25/1989 u. 32/1989, Oberösterreich: LGBl 33/1980 u. 34/1980, Steiermark: LGBl 80/1970
- Kraftfahrzeuggesetz 1967
  BGBl 267/1967 i.d.dzt.F.
- Kraftfahrgesetzdurchführungsverordnung 1967 (KDV)
  BGBl 399/1967 i.d.dzt.F.
- Europäisches Übereinkommen über die internationale Beförderung gefährlicher Güter auf der Straße (ADR)
  BGBl 522/1973 i.d.dzt.F.
  Es bestehen zahlreiche Zusatzabkommen zum ADR verschiedene Detailfragen betreffend
- Tankfahrzeugverordnung 1967
  BGBl 400/1967 i.d.dzt.F.
- Bundesgesetz über die Beförderung gefährlicher Güter auf der Straße BGBl 209/1979
- Verordnung über die Ausrüstung von Kraftfahrzeugen und Anhängern zur Beförderung gefährlicher Güter BGBl 200/1980 i.d.dzt.F.
- Verordnung über die Beförderung gefährlicher Güter auf bestimmten Straßenstrecken
  BGBl 140/1981 i.d.dzt.F.
- Gefahrengut-Lenkerausbildungsverordnung BGBl 506/1987
- Verordnung über den Transport gefährlicher Güter BGBl 260/1971
- Straßenverkehrsordnung 1960 (StVO) BGBl 159/1960 i.d.dzt.F.
- Luftfahrtgesetz BGBl 253/1957 i.d.dzt.F.
  § 9: Genehmigungspflicht für Außenlandungen (z.B. auf Gletschern)
- Rohrleitungsgesetz BGBl 411/1975
  Bei der Errichtung und beim Betrieb von Rohrleitungen ist Umweltschutz zu beachten
- Eisenbahngesetz 1957
  BGBl 60/1957
  Vorschriften zum Schutz vor Ölverschmutzungen

Gewerberecht

- Gewerbeordnung 1973
  BGBl 50/1974 i.d.dzt.F. zuletzt maßgeblich geändert durch die Gewerberechtsnovelle 1988,
  BGBl 399/1988
  § 69: Verordnungsermächtigung zur Durchsetzung von Maßnahmen des Gewerbetreibenden zum Schutz der Umwelt
  § 69a: Umschreibung der Umweltbelastungen, die durch Verordnungen hintanzuhalten sind
  § 71 a: Umschreibung des Begriffes "Stand der Technik"
  §§ 74-84: Gewerbliches Betriebsanlagenrecht (Schutz

der Nachbarn vor Belästigungen und Gefährdungen)

§§ 353-359a: Verfahren betreffend Betriebsanlagen

§ 360: Möglichkeit von Betriebsschließungen bzw. der Unterbindung der Gewerbeausübung aus Umweltschutzgründen

§§ 366-373: Strafbestimmungen

- Allgemeines Verwaltungsverfahrensgesetz - AVG 1950, BGBl 172/1950 i.d.dzt.F.

  § 68 Abs. 3 Möglichkeit der Aufhebung von Bescheiden zur Beseitigung von das Leben oder die Gesundheit gefährdenden Mißständen oder zur Abwehr schwerer volkswirtschaftlicher Schäden
- Verordnung über die Begrenzung der Emission von Trichloräthylen und Tetrachloräthylen aus Chemischreinigungsmaschinen BGBl 437/1975
- Verordnung über die Begrenzung von Emissionen aus Aufbereitungsanlagen für bituminöses Mischgut BGBl 378/1976
- Verordnung über die Begrenzung des Schwefelgehaltes von Heizöl BGBl 251/1982 i.d.dzt.F.
- Grenzwerte weiter herabgesetzt durch Verordnungen BGBl 73/1984, BGBl 634/1986 und BGBl 369/1989
- Vereinbarung gemäß Art 15a B-VG über den höchstzulässigen Schwefelgehalt im Heizöl, BGBl 292/1983, geändert durch BGBl 48/1985, BGBl 63/1987 und BGBl 369/1989 (Herabsetzung der Grenzwerte)
- Verordnung über die Begrenzung des Schwefelgehaltes von Kraftstoffen für nicht zum Betreiben von Kraftfahrzeugen bestimmte Dieselmotoren BGBl 549/1985
- Vereinbarung gemäß Art 15a B-VG über die Einsparung von Energie BGBl 351/1980. Einsparung von Energie im Gewerbebereich, Kennzeichnung des Energieverbrauchs bei Haushaltsgeräten
- Fernwärmeförderungsgesetz BGBl 640/1982 i.d.F. BGBl 578/1985 und BGBl 744/1988
- Verordnung über die Beauftragung der Landeshauptmänner mit der Vorprüfung BGBl 180/1983

Grundverkehr - Ausländergrundverkehr

Burgenland:

- Grundverkehrsgesetz LGBl 11/1955 i.d.dzt.F.

Kärnten:

- Ausländer-Grundverkehrsgesetz LGBl 71/1974 i.d.dzt.F.
- Grundverkehrsgesetz LGBl 70/1974 i.d.dzt.F.
- Wohnsiedlungsgesetz LGBl 59/1976

Niederösterreich:

- Grundverkehrsgesetz 1989 LGBl 6800

Oberösterreich:

- Ausländer-Grundverkehrsgesetz LGBl 30/1966
- Grundverkehrsgesetz 1975 LGBl 53/1975

Salzburg:

- Grundverkehrsgesetz 1986 LGBl 73/1986 i.d.dzt.F.

Steiermark:

- Grundverkehrsgesetz 1983 LGBl 72/1983

Tirol:

- Grundverkehrsgesetz 1983 LGBl 69/1983 i.d.dzt.F.

Vorarlberg:

- Grundverkehrsgesetz LGBl 18/1977 i.d.dzt.F.

Wien:

- Ausländer-Grundverkehrsgesetz LGBl 33/1967

Grundwasserschutz- und Schongebiete (Auswahl)

- Schutz des Grundwasserwerks Graz-Feldkirchen BGBl 41/1962
- Sicherung der Wasserversorgung von Villach BGBl 129/1963
- Schutz des Wientalwasserwerks in Untertullnerbach BGBl 220/1964
- Schutz des Wasservorkommens im Schneeberg-, Rax- und Schneealpengebiet BGBl 353/1965
- Schutz des Grundwasservorkommens in der Mitterndorfer Senke BGBl 126/1969
- Schutz des Wasservorkommens im Hochschwabgebiet BGBl 345/1973
- Schutz des Wasservorkommens im Gebiet des Sarstein, Sandling und Loser BGBl 736/1974 i.d.dzt.F.
- Schutz des Wasservorkommens im Toten Gebirge BGBl 79/1984
- Grundwasserschongebiet zum Schutz der Wasserversorgungsanlage des Wasserverbandes Ehrenhausen stmk. LGBl 61/1988
- Grundwasserschongebiet zum Schutz der Wasserversorgungsanlagen Leibnitzerfeld-Wasserversorgungs-Ges.m.b.H. stmk. LGBl 62/1988
- Grundwasserschongebiet zum Schutz der Leibnitzerfeld-Wasserversorgungs- Ges.m.b.H. stmk. LGBl 63/1988 (die drei genannten Verordnungen enthalten auch Wirtschaftsbeschränkungen für Landwirte betreffend den Maisanbau zum Schutz des Wassers vor Atrazin)
- Schongebietsverordnung Leoganger Steinberge sbg. LGBl 75/1989
- Verordnung zum Schutz des Karstwassergebietes Schöckl stmk. LGBl 12/1989
- Verordnung zum Schutz der Wasserversorgungsanlage der NÖSI-WAG in Bisamberg und Langenzersdorf nö. LGBl 6900/54
- Verordnung über das Grundwasserschongebiet "Triesting-Piesting-Platte" LGBl 6900/56
- Verordnung zum Schutz der "Thermalschwefelquelle Oberlaa" nö. LGBl 6950/24
- Schongebietsverordnung für die Wasserversorgungsanlage St. Pölten nö. LGBl 6950/20
- Schongebietsverordnung für Teile des Marchfeldes nö. LGBl 6950/22
- Verordnung zum Schutz des Trinkwassers für Teile der Gemeinden Wr. Neustadt, Bad Fischau-Brunn u.a. nö. LGBl 6950/23

Güter- und Seilwegegesetze

- Güter- und Seilwegegrundsatzgesetz 1967 BGBl 198/1967

Burgenland:

- Gesetz über das landwirtschaftliche Bringungsrecht LGBl 4/1949

Kärnten:

- Güter- und Seilwegegesetz 1969 LGBl 46/1969 i.d.dzt.F.

Niederösterreich:

- Güter- und Seilwegegesetz 1973 LGBl 6620

Oberösterreich:

- Bringungsrechtegesetz LGBl 19/1962

Salzburg:

- Güter- und Seilwegegesetz 1970 LGBl 41/1970 i.d.dzt.F.

Steiermark:

- Güter- und Seilwegegesetz LGBl 21/1970 i.d.dzt.F.

Tirol:

- Güter- und Seilwegegesetz LGBl 40/1970

Vorarlberg:

- Güter- und Seilwegegesetz LGBl 25/1963 i.d.dzt.F.

Heilquellen
Bundesrecht

- Bundesgesetz über natürliche Heilvorkommen und Kurorte BGBl 272/1958
- Berggesetz 1975 BGBl 259/1975 i.d.dzt.F.
  § 254: Schutzgebiete für Heilquellen
- Forstgesetz 1975 BGBl 440/1975 i.d.dzt.F.
  § 27: Bannlegung von Wäldern zum Schutz von Heilquellen
- Wasserrechtsgesetz 1959 (WRG) BGBl 215/1959 i.d.dzt.F. zuletzt geändert durch BGBl 693/1988
  §§ 34, 37: Schutz von Heilquellen und Heilmooren
- Pflanzenschutzgesetz BGBl 124/1948 i.d.dzt.F. Einschränkungen bei der Schädlingsbekämpfung zugunsten von Heilquellen

Heilquellen
Landesrecht

Burgenland:
- Heilvorkommen- und Kurortegesetz 1963 LGBl 15/1963 i.d.dzt.F.

Kärnten:
- Heilvorkommen- und Kurortegesetz LGBl 157/1962 i.d.dzt.F.

Niederösterreich:
- Heilvorkommen- und Kurortegesetz 1978 LGBl 7600

Oberösterreich:
- Heilvorkommen- und Kurortegesetz LGBl 47/1961 i.d.dzt.F.

Salzburg:
- Heilvorkommen- und Kurortegesetz LGBl 39/1960 i.d.dzt.F.

Steiermark:
- Heilvorkommen- und Kurortegesetz LGBl 161/1962 i.d.dzt.F.

Tirol:
- Heilvorkommen- und Kurortegesetz LGBl 55/1961 i.d.dzt.F.

Vorarlberg:
- Kein Ausführungsgesetz ergangen

Wien:
- Heilvorkommen- und Kurortegesetz LGBl 7/1961 i.d.dzt.F.

Hochwasserschutz

siehe auch Wildbach- und Lawinenschutz
Förderung des Umweltschutzes

- Wasserrechtsgesetz 1959 BGBl 215/1959 i.d.dzt.F. zuletzt geändert durch BGBl 693/1988 insbesondere der IV. Abschnitt: Abwehr und Pflege der Gewässer (§§ 38–49)

Höfegesetze

Tirol:
- Höferechtsgesetz LGBl 47/1900 i.d.dzt.F.

Höhlenschutz

- Naturhöhlengesetz BGBl 169/1928 i.d.dzt.F. Gilt in einigen Bundesländern als Landesgesetz weiter – daneben bestehen Landesnaturhöhlengesetze oder der Höhlenschutz ist in den Naturschutzgesetzen enthalten

Niederösterreich:
- Höhlenschutzgesetz LGBl 5510

Salzburg:
- Höhlengesetz LGBl 63/1985

Vorarlberg:
- Naturhöhlengesetz LGBl 38/1976

Hydrographie

siehe Umweltforschung – Umweltkontrolle – Umweltkunde

Jagdrecht

Burgenland:
- Jagdgesetz 1988 LGBl 11/1989

Kärnten:
- Jagdgesetz 1978 LGBl 76/1978

Niederösterreich:
- Jagdgesetz 1974 LGBl 6500

Oberösterreich:
- Jagdgesetz LGBl 32/1964 i.d.dzt.F.

Salzburg:
- Jagdgesetz 1977 LGBl 94/1977 i.d.dzt.F.

Steiermark:
- Jagdgesetz 1986 LGBl 23/1986

Tirol:
- Jagdgesetz 1983 LGBl 60/1983

Vorarlberg:
- Jagdgesetz LGBl 32/1988

Wien:
- Jagdgesetz LGBl 6/1948 i.d.dzt.F.
- aufgrund der Landesjagdgesetze sind zahlreiche Verordnungen erlassen worden, z.B. über Schonzeiten
- Forstgesetz 1975 BGBl 440/1975 i.d.dzt.F. zuletzt geändert durch BGBl 576/1987
  § 16 Abs 5 (Verfassungsbestimmung): Maßnahmen bei Waldverwüstung durch das Wild
  § 16 Abs 6: Berichtspflicht des Landwirtschaftsministers an den Nationalrat über Waldschäden durch das Wild

Kanalisation

siehe Abwasserbeseitigung – Abwasserwirtschaft: Landesrecht

Klärschlammgesetze

Niederösterreich:
- Gesetz über die Aufbringung von Klärschlamm und Müllkompost auf landwirtschaftliche Böden LGBl 6160
- Klärschlamm- und Müllkompostverordnung LGBl 6160/1

Oberösterreich:
- Klärschlammgesetz LGBl 62/1989

Steiermark:
- Bodenschutzgesetz LGBl 66/1987
- Bodenschutzprogrammverordnung LGBl 87/1987
- Gülleverordnung LGBl 88/1987
- Klärschlammverordnung LGBl 89/1987

Vorarlberg:
- Klärschlammgesetz LGBl 41/1985
- Klärschlammverordnung LGBl 31/1987

Kulturflächenschutz

Niederösterreich:
- Kulturflächenschutzgesetz LGBl 6145

Oberösterreich:
- Kulturflächenschutzgesetz LGBl 31/1958

Steiermark:
- Kulturflächenschutzgesetz LGBl 27/1932

Kulturpflanzenschutz

siehe
Pflanzenschutz: Bundesrecht
Pflanzenschutz: Landesrecht

Länderverträge und Vereinbarungen zwischen Bund und Ländern über landschafts- und raumrelevante Fragen

- Abkommen der Länder Kärnten, Salzburg und Tirol über die Schaf-

fung eines Nationalparks Hohe Tauern, LGBl Ktn. 72/1971 i.d.dzt.F., LGBl Sbg. 108/1971
- Vereinbarung der Länder Kärnten, Salzburg und Steiermark zur Zusammenarbeit in Angelegenheiten der Raumordnung im Lungau-Murau-Nockgebiet LGBl Ktn. 52/1978, LGBl Sbg. 44/1978, LGBl Stmk. 30/1978
- Vereinbarung über die Einrichtung einer gemeinsamen Planungsgemeinschaft zwischen den Ländern Burgenland, Niederösterreich und Wien LGBl Bgld. 20/1978, LGBl NÖ. 0800
- Vereinbarung der Länder Oberösterreich und Salzburg über die Zusammenarbeit in Angelegenheiten der Raumordnung im gemeinsamen Grenzgebiet LGBl OÖ. 59/1978, LGBl Sbg 86/1978
- Vereinbarung der Länder Niederösterreich und Oberösterreich über die Zusammenarbeit in Angelegenheiten der Raumordnung im gemeinsamen Grenzgebiet LGBl NÖ 8010, LGBl OÖ 87/1979
- Vereinbarung der Länder Oberösterreich und Steiermark über die Zusammenarbeit in Angelegenheiten der Raumordnung im gemeinsamen Grenzgebiet LGBl OÖ 88/1979, LGBl Stmk. 87/1979
- Vereinbarung über Vorhaben in der Bundeshauptstadt Wien, an welchen der Bund und das Land Wien interessiert sind LGBl Wien 21/1979, BGBl 18/1980
- Vereinbarung über Vorhaben im Land Kärnten, an welchem der Bund und das Land Kärnten interessiert sind LGBl Ktn. 82/1979, BGBl 38/1980
- Vereinbarung zwischen dem Bund und dem Land Kärnten über gemeinsame Maßnahmen zur Sicherung eines ausgewogenen Verhältnisses von Wald und Wild LGBl Ktn. 83/1980, BGBl 444/1980

Landesstraßengesetze

Burgenland:

- Landes-Straßenverwaltungsgesetz LGBl 43/1927

Kärnten:

- Straßengesetz 1978 LGBl 33/1978 i.d.dzt.F.
- Gesetz über die Wegefreiheit im Bergland LGBl 18/1923

Niederösterreich:

- Landesstraßengesetz LGBl 8500

Oberösterreich:

- Landes-Straßenverwaltungsgesetz LGBl 22/1975
- Gesetz betreffend die Wegefreiheit im Bergland LGBl 93/1921

Salzburg:

- Landesstraßengesetz LGBl 119/1972 i.d.dzt.F.
- Gesetz über die Wegefreiheit im Bergland LGBl 31/1970 i.d.dzt.F.

Steiermark:

- Landes-Straßenverwaltungsgesetz LGBl 154/1964 i.d.dzt.F.
- Gesetz über die Wegefreiheit im Bergland LGBl 107/1922

Tirol:

- Straßengesetz LGBl 13/1989

Vorarlberg:

- Straßengesetz LGBl 8/1969

Wien:

- Bauordnung LGBl 11/1930 i.d.dzt.F.

Landesverfassungsrecht

siehe auch Umweltschutzorganisation – Katastrophenhilfe: Landesrecht

Kärnten:

- Umwelt-Verfassungsgesetz LGBl 42/1986

Oberösterreich:

- Oberösterreichische Landesverfassung LGBl 57/1985
  Art 7a: Schutz der Umwelt

Tirol:

- Tiroler Landesordnung 1989 LGBl 61/1988
  Art 7: Das Land Tirol hat für den Schutz der Umwelt, besonders die Bewahrung der Natur und der Landschaft vor nachteiligen Veränderungen, zu sorgen

Vorarlberg:

- Vorarlberger Landesverfassung LGBl 24/1984
  Art 7: Maßnahmen zum Schutz der Umwelt, insbesondere zum Schutz der Natur, der Landschaft und des Ortsbildes sowie der Luft, des Bodens und des Wassers
- Erkenntnis des Verfassungsgerichtshofes vom 1. März 1989, V 25/88: Die in den Landesverfassungen enthaltenen Staatszielbestimmungen betreffend den Umweltschutz werden in diesem Judikat als verfassungsrechtliche Prüfmaßstäbe anerkannt

Landschaftsschutz

siehe Natur- und Landschaftsschutz

Landwirtschaftsrecht

siehe auch
Boden: Bundesrecht
Boden: Landesrecht

- Viehwirtschaftsgesetz 1983 BGBl 621/1983 i.d.dzt.F. zuletzt geändert durch BGBl 358/1989
- Geflügelwirtschaftsgesetz 1988 BGBl 579/1987
- Marktordnungsgesetz 1985 (MOG) BGBl 210/1985 i.d.dzt.F. zuletzt geändert durch BGBl 357/1989
- Lebensmittelbewirtschaftungsgesetz 1952 BGBl 183/1952 i.d.dzt.F.
- Pflanzenzuchtgesetz BGBl 34/1947
- Saatgutgesetz 1937 BGBl 236/1937 i.d.dzt.F.
- Rebenverkehrsgesetz BGBl 108/1948
- Futtermittelgesetz BGBl 97/1952 i.d.dzt.F. zuletzt geändert durch BGBl 58/1989
- Futtermittelverordnung BGBl 32/1986 i.d.dzt.F.
- Qualitätsklassengesetz BGBl 161/1967
- Weingesetz 1985 BGBl 444/1985 i.d.dzt.F.
- Bienenseuchengesetz BGBl 290/1988
- Wasserrechtsgesetz 1959 (WRG) BGBl 215/1959 i.d.dzt.F. zuletzt geändert durch BGBl 693/1988
  - § 8: Gemeingebrauch des Wassers
  - § 9: Besondere Wasserbenutzung
  - § 10: Benutzung des Grundwassers
  - § 66 Abs 3: Verbot der Feldberegnung untertags
- Düngemittelgesetz (DMG) BGBl 488/1985 I.d.F. BGBl 360/1989
- Düngemittel-Typenverordnung BGBl 63/1986 i.d.dzt.F.
- Düngemittel-Kennzeichnungs- und Verpackungsverordnung BGBl 64/1986
- Düngemittel-Probenahmeverordnung BGBl 121/1987
- Düngelmittel-Registergebührenverordnung BGBl 208/1987
- Düngemittel-Toleranzverordnung BGBl 499/1987
- Marchfeldkanalgesetz BGBl 507/1985 (Marchfeldkanalgesetz nö. LGBl 6961)
- Syndikatsvertrag zwischen der Republik Österreich und dem Land Niederösterreich betreffend Errichtung und Betrieb eines Marchfeldkanalsystems BGBl 508/1985
- Verordnung über die Erhebung des Anbaues auf dem Ackerland BGBl 124/1989
- Natur- und Landschaftsschutzgesetze der Bundesländer: Sehen

teilweise Anzeigepflicht oder Bewilligungspflicht für größere Entwässerungsmaßnahmen vor; siehe Natur- und Landschaftsschutz: Landesrecht

Lärmschutz
Bundesrecht

siehe auch Förderung des Umweltschutzes
Verkehrslärm
Wohnbereichslärm

- Bundes-Verfassungsgesetz Art 15 Abs 2 (Aufsichtsrecht des Bundes bei Abwehr ungebührlicherweise hervorgerufenen, störenden Lärms)
- Allgemeines Bürgerliches Gesetzbuch
  §§ 364 Abs 2 und 364a: Unzulässigkeit übermäßiger Immissionen
  §§ 1293-1341: Schadenersatz für rechtswidriges Handeln
- Art VIII EGVG 1950 (Einführungsgesetz zu den Verwaltungsverfahrensgesetzen) BGBl 172/1950 i.d.dzt.F. (gilt derzeit noch in Wien als Landesgesetz weiter, betrifft ungebührliche, störende Lärmerregung, siehe: Polizeigesetze)
- Berggesetz 1975 BGBl 259/1975 i.d.dzt.F. Schutz der öffentlichen Interessen (u.a. Raumordnung, Umweltschutz) bei Maßnahmen des Bergbaus
- Bundesgesetz über natürliche Heilvorkommen und Kurorte und Ausführungsgesetze der Länder. Sie schreiben Maßnahmen zum Lärmschutz für Kur- u. Erholungsorte vor, siehe Heilquellen: Bundesrecht, Heilquellen: Landesrecht
- Forstgesetz 1975 BGBl 440/1975 i.d.dzt.F. zuletzt maßgeblich geändert durch BGBl 576/1987
  § 6: Aufgaben der forstlichen Raumplanung - u.a. Lärmschutz
  § 7: Umfang der forstlichen Raumplanung - Lärmschutz
  § 27: Bannlegung von Wäldern im Interesse des Lärmschutzes
- Gewerbeordnung 1973 BGBl 50/1974 i.d.dzt.F. zuletzt maßgeblich geändert durch BGBl 399/1988 insbesondere
  § 69: Verordnungsermächtigung zur Durchsetzung von Maßnahmen des Gewerbetreibenden zum Schutz der Umwelt
  §§ 74-84: Gewerbliches Betriebsanlagenrecht (Schutz der Nachbarn vor Belästigungen und Gefährdungen)
  §§ 353-359a: Verfahren betreffend Betriebsanlagen
  § 360: Möglichkeit von Betriebsschließungen bzw. der Unterbindung der Gewerbeausübung aus Umweltschutzgründen
  §§ 366-373: Strafbestimmungen
- Pyrotechnikgesetz 1974 BGBl 282/1974 Regelt Umgang mit pyrotechnischen Gegenständen, u.a. unter dem Aspekt des Lärmschutzes
- Rohrleitungsgesetz BGBl 411/1975 Bei der Errichtung und beim Betrieb von Rohrleitungen ist Umweltschutz zu beachten
- Sonderabfallgesetz BGBl 186/1983 i.d.dzt.F. zuletzt geändert durch BGBl 256/1989
  § 5 Abs 1 Zi 5: Lärmschutz bei Sonderabfallbeseitigung

Lärmschutz
Landesrecht

siehe auch Baulärm

- Abfallbeseitigungsgesetze der Bundesländer enthalten Bestimmungen betreffend den Lärmschutz bei der Müllbeseitigung, siehe Abfallbeseitigung - Abfallwirtschaft: Landesrecht
- Bauordnungen der Bundesländer enthalten Vorschriften zur Lärmdämmung sowie - vereinzelt - Vorschriften zur Eindämmung des Baulärms, siehe Baurecht
- Bundes(-grundsatz)gesetz und Ausführungsgesetze der Bundesländer über natürliche Heilvorkommen und Kurorte enthalten Bestimmungen über Umweltschutz einschließlich des Lärmschutzes in Kur- und Erholungsorten, siehe Heilquellen: Bundesrecht und Heilquellen: Landesrecht
- Campingplatzgesetze sehen Berücksichtigung des Lärmschutzes bei Anlage von Campingplätzen vor, siehe Campingplatzgesetze
- Motorschlittengesetze sehen generelles Fahrverbot von Motorschlitten und Geländewagen abseits der öffentlichen Verkehrswege vor, siehe Motorschlittengesetze
- Natur- und Landschaftsschutzgesetze der Bundesländer verbieten Lärmerregung in Natur-und Landschaftsschutzgebieten, siehe Natur- und Landschaftsschutz: Landesrecht
- Polizeigesetze
  Die Erregung ungebührlichen störenden Lärms ist strafbar, siehe Polizeigesetze
- Raumordnungsgesetze der Bundesländer, Lärmschutz ist eines der Ziele der Raumordnung, siehe Raumordnung: Landesrecht
- Veranstaltungsgesetze sehen Maßnahmen zum Lärmschutz bei Veranstaltungen vor, siehe Veranstaltungsgesetze

Luftreinhaltung
Bundesrecht

siehe auch Bundesverfassungsrecht
Chemikalien
Förderung des Umweltschutzes
Strafrecht

- Allgemeines Bürgerliches Gesetzbuch
  §§ 364 Abs 2 und 364a: Unzulässigkeit übermäßiger Immissionen
  §§ 1293-1341: Schadenersatzrecht für rechtswidriges Handeln
- Berggesetz 1975 BGBl 259/1975 i.d.dzt.F.
  § 146: betrifft Anlagengenehmigung, unzumutbare Umweltbeeinträchtigungen (insbesondere Luftverunreinigungen) sind zu vermeiden
- Chemikaliengesetz BGBl 326/1987
  sieht verschiedene Maßnahmen zum Schutz der Luft vor Chemikalien vor (einschließlich von Herstellungs- und Verwendungsverboten im Verordnungsweg)
- Verordnung über das Verbot vollhalogenierter Fluorchlorkohlenwasserstoffe als Treibgas in Druckpackungen BGBl 55/1989
- Bundesgesetz über natürliche Heilvorkommen und Kurorte und Ausführungsgesetze der Länder schreiben Maßnahmen zur Staubbekämpfung und Luftreinhaltung für Kur- und Erholungsorte vor, siehe Heilquellen: Bundesrecht, Heilquellen: Landesrecht
- Bundesstraßengesetz 1971 BGBl 286/1971 i.d.dzt.F.
  § 4 Abs 1: auf Umweltverträglichkeit und auf das Ergebnis der Anhörung ist bei Bestimmung des Straßenverlaufs zu achten
  § 4 Abs 5: Pflicht zur Auflage der Plangrundlagen, Recht der Äußerung für jedermann
  § 6: Straßenforschung auch im Interesse der Umweltverträglichkeit
  § 7: Beim Straßenbau ist auf Umweltverträglichkeit Bedacht zu nehmen
  § 7a: Bei Straßenplanung u. -bau ist für den Schutz der Nachbarn vorzusorgen; 1% der Straßenbaumittel sind gegen Beeinträchtigungen der Nachbarn aufzuwenden
- Luftreinhaltegesetz für Kesselanlagen (LRG-K) BGBl 380/1988
- Luftreinhalteverordnung für Kesselanlagen 1989 (LRV-K 1989), BGBl 19/1989
  (eine Novellierung dieser Verordnung ist derzeit in Begutachtung)

- Forstgesetz 1975 BGBl 440/1975 i.d.dzt.F. zuletzt geändert durch BGBl 576/1987 insbesondere
  - § 27: Bannlegung zur Abwehr der durch Emissionen bedingten Gefahren
  - §§ 47-57: Forstschädliche Luftverunreinigungen
- Zweite Verordnung gegen forstschädliche Luftverunreinigungen BGBl 199/1984 (Novelle derzeit in Begutachtung)
- Gewerbeordnung 1973 BGBl 50/1974 i.d.dzt.F. zuletzt maßgeblich geändert durch BGBl 399/1988
  - § 69: Verordnungsermächtigung zur Durchsetzung von Maßnahmen des Gewerbetreibenden zum Schutz der Umwelt
  - § 69a: Umschreibung der Umweltbelastungen, die durch Verordnung hintanzuhalten sind (z.B. pflanzengefährdende Luftverunreinigungen)
  - § 71a: Umschreibung des Begriffes "Stand der Technik" (Emissionen von Luftschadstoffen sind gemäß § 77 Abs 3 nach dem Stand der Technik zu begrenzen)
  - §§ 74-84: Gewerbliches Betriebsanlagenrecht (Schutz der Nachbarn vor Belästigungen und Gefährdungen)
  - §§ 353-359a: Verfahren betreffend Betriebsanlagen
  - § 360: Möglichkeit von Betriebsschließungen bzw. der Unterbindung der Gewerbeausübung aus Umweltschutzgründen
  - §§ 366-373: Strafbestimmungen
- Verordnung über die Begrenzung der Emission von Trichloräthylen und Tetrachloräthylen aus Chemischreinigungsmaschinen BGBl 437/1975
- Verordnung zur Begrenzung von Emissionen aus Aufbereitungsanlagen für bituminöses Mischgut BGBl 378/1976
- Verordnung über die Begrenzung des Schwefelgehaltes von Heizöl BGBl 94/1989
- Vereinbarung gemäß Art 15a B-VG über den höchstzulässigen Schwefelgehalt im Heizöl BGBl 292/1983, geändert durch BGBl 48/1985, BGBl 63/1987 und durch BGBl 369/1989 (Herabsetzung der Grenzwerte)
- Verordnung über die Begrenzung des Schwefelgehaltes von Kraftstoffen für nicht zum Betreiben von Kraftfahrzeugen bestimmte Dieselmotoren BGBl 549/1985
- Altölgesetz 1986 BGBl 373/1986 i.d.dzt.F. zuletzt geändert durch BGBl 367/1989
- Altölverordnung BGBl 383/1987 regelt die Verbrennung von Altöl
- Sonderabfallgesetz BGBl 186/1983 i.d.dzt.F. zuletzt geändert durch BGBl 256/1989, Vermeidung von Gefährdungen und Belästigungen, von Umwelt-, Brand- und Explosionsgefahren bei Sonderabfallbeseitigung, Vermeidung des Austritts von Gasen aus geologischen Strukturen bei Sonderabfallablagerung
- Übereinkommen über die Annahme einheitlicher Bedingungen für die Genehmigung der Ausrüstungsgegenstände und Teile von Kraftfahrzeugen und über die gesetzliche Anordnung der Genehmigung BGBl 177/1971
  Damit wurden ECE-Normen zur Schadstoffbegrenzung bei Kraftfahrzeugen in Österreich eingeführt, in der Folge weiterentwickelt, teilweise aber auch durch die strengen US-Vorschriften ersetzt
- Kraftfahrgesetz 1967 BGBl 267/1967 i.d.dzt.F., insbesondere die
  - §§ 11, 55, 56, 57, 57a, 58 und 102 über die Ausstattung von Kraftfahrzeugen, über Qualitätsanforderungen an Kraftstoffe und über die wiederkehrende Begutachtung
- Kraftfahrgesetz - Durchführungsverordnung 1967 (KDV 1967) BGBl 399/1967 i.d.dzt.F., zuletzt geändert durch BGBl 451/1989, zahlreiche Novellen, darunter:
- 17. KDV-Novelle BGBl 161/1985: Einführung der grünen Begutachtungsplakette
- 18. KDV-Novelle BGBl 395/1985 Begrenzung des Ausstoßes von Stickoxiden, Kohlenwasserstoffen und Kohlenmonoxid beim Betrieb von Kraftfahrzeugen
- 21. KDV-Novelle BGBl 711/1986 Begrenzung von Kohlenmonoxid, Kohlenwasserstoff, Stickoxid und Rauchemissionen bei schweren Kraftfahrzeugen nach ECE-Standard
- 22. KDV-Novelle BGBl 362/1987: Einführung der strengen US-Vorschriften für leichte Kraftfahrzeuge, Begrenzung auch der Rußemissionen nach US-Vorschriften, Verbot von Asbestbremsbelägen bei neutypisierten Fahrzeugen ab 1. 4. 1988 (PKW bis 3,5 Tonnen) bzw. ab 1990 bei Fahrzeugen über 3,5 Tonnen
- 24. KDV-Novelle BGBl 455/1988 Begrenzung der Emission von Luftschadstoffen bei Krafträdern
- Verordnung über den höchsten zulässigen Gehalt an Bleiverbindungen, Benzol und Schwefel in Kraftstoffen BGBl 111/1985, geändert durch die Verordnung BGBl 548/1985 über die Begrenzung des Schwefelgehaltes im Dieselöl
- Luftfahrtgesetz BGBl 253/1957 i.d.dzt.F.
  - § 71 Abs 1 lit d: Bei Zivilflugplatzbewilligungen ist die Luftreinhaltung zu berücksichtigen
- Schiffahrtsgesetz 1990 BGBl 87/1989 (gilt ab 1. 1. 1990)
  - § 3: Geltung der Bestimmungen über die Luftreinhaltung auf allen schiffbaren Gewässern
  - § 11: Verordnungsermächtigung zum Schutz der Luft beim Transport gefährlicher Güter
  - § 15: Verordnungsermächtigung betreffend die Reinhaltung der Luft bei der Verkehrsregelung
  - § 16: Möglichkeit der Beschränkung der Schiffahrt im Interesse der Luftreinhaltung
  - § 34: Verordnungsermächtigung zum Schutz der Häfen und Länden vor gefährlichen Gütern
  - § 48: Berücksichtigung der Luftreinhaltung bei Errichtung von Schiffahrtsanlagen
  - §§ 40 und 71: enthalten entsprechende Strafbestimmungen
- Straßenverkehrsordnung 1960 BGBl 159/1960 i.d.dzt.F. zuletzt geändert durch BGBl 86/1989
  - § 42: Fahrverbote für Lastkraftfahrzeuge
  - § 43: Verordnungsermächtigung für Fahrverbote
  - § 60: Zustand der Fahrzeuge
  - § 99: Strafbestimmungen
- Protokoll betreffend das Verbot der Anwendung von erstickenden, giftigen oder ähnlichen Gasen und von bakteriologischen Mitteln im Krieg BGBl 202/1928 letzte Kundmachung des Geltungsbereiches BGBl 412/1989
- Übereinkommen über weiträumige grenzüberschreitende Luftverunreinigung BGBl 158/1983
- Protokoll zum Übereinkommen über weiträumige grenzüberschreitende Luftverunreinigung BGBl 525/1987
- Protokoll zum Übereinkommen über weiträumige grenzüberschreitende Luftverunreinigung BGBl 40/1988
- Vereinbarung über die Festlegung von Immissionsgrenzwerten für Luftschadstoffe und über Maßnahmen zur Verringerung der Belastung der Umwelt BGBl 443/1987
- Wiener Übereinkommen zum Schutz der Ozonschicht BGBl 596/1988
- Montrealer Protokoll über Stoffe, die zu einem Abbau der Ozonschicht führen BGBl 283/1989
- Smogalarmgesetz BGBl 38/1989

Luftreinhaltung
Landesrecht

- Landesrechtliche Vorschriften über die Luftreinhaltung, soweit sie sich

nicht auf Heizungsanlagen beziehen, sind seit der Bundesverfassungsgesetznovelle 1988, BGBl 685/1988, bundesrechtliche Vorschriften für das Land, in dem sie erlassen worden sind (Art VIII B-VG Novelle 1988)
- Vereinbarungen gemäß Art 15 a B-VG über den höchstzulässigen Schwefelgehalt im Heizöl (die Landesgesetzblätter enthalten die gleichen Grenzwerte wie die entsprechenden Bundesgesetzblätter BGBl 292/1983, 48/1985, 63/1987 und 369/1989

Burgenland:

- Luftreinhaltegesetz: wurde keines erlassen
- Kehrordnung LGBl 29/1981
- Feuerpolizeiordnung LGBl 46/1935
- Feuerwehrgesetz LGBl 47/1935
- Gasgesetz LGBl 22/1974

Kärnten:

- Luftreinhaltegesetz LGBl 42/1979 i.d.dzt.F.
- Verordnung zum Luftreinhaltegesetz LGBl 26/1981 i.d.dzt.F.
- Immissionsgrenzwerteverordnung LGBl 62/1987
- Durchführungsbestimmungen zum Luftreinhaltegesetz LGBl 31/1988
- Gefahrenpolizei- und Feuerpolizeiordnung LGBl 32/1988
- Feuerwehrgesetz LGBl 38/1971 i.d.dzt.F.

Niederösterreich:

- Umweltschutzgesetz LGBl 8051
- Umweltschutzorganisationsgesetz LGBl 8050
- Luftreinhaltegesetz LGBl 8100
- Immissionsgrenzwerteverordnung für Luftschadstoffe LGBl 0804
- Mineralölordnung LGBl 8270
- Feuerungsanlagenüberprüfungsverordnung LGBl 8100/1
- Feuerpolizei-, Gefahrenpolizei- und Feuerwehrgesetz LGBl 4400
- Gasgesetz LGBl 8280

Oberösterreich:

- Umweltschutzgesetz 1988 LGBl 53/1988
- Luftreinhaltegesetz LGBl 34/1976 i.d.dzt.F.
- Luftreinhalteverordnung LGBl 78/1976 i.d.dzt.F.
- Immissionsgrenzwerteverordnung LGBl 17/1985
- Vereinbarung über Immissionsgrenzwerte für Luftschadstoffe LGBl 58/1987
- Gesetz über die Lagerung und Verfeuerung von brennbaren Flüssigkeiten LGBl 33/1976 i.d.dzt.F.
- Feuerpolizeiordnung LGBl 8/1953 i.d.dzt.F.
- Gasgesetz LGBl 47/1958

Salzburg:

- Luftreinhaltegesetz LGBl 88/1974 i.d.dzt.F.
- Luftreinhalteverordnung LGBl 92/1986
- Immissionsgrenzwerteverordnung LGBl 90/1987
- Brennstoff-, Rauch- und Abgasverordnung LGBl 90/1984 i.d.dzt.F.
- Feuerpolizeiordnung LGBl 118/1973 i.d.dzt.F.
- Feuerwehrgesetz LGBl 59/1978
- Gasgesetz LGBl 4/1979 i.d.dzt.F.

Steiermark:

- Luftreinhaltegesetz LGBl 128/1974
- Luftreinhalteverordnung LGBl 182/1975
- Verordnung zur Begrenzung des Schwefelgehaltes in festen Brennstoffen LGBl 58/1989
- Immissionsgrenzwerteverordnung LGBl 5/1987
- Immissionsgrenzwerte für Luftschadstoffe (Vereinbarung) LGBl 73/1987
- Ölfeuerungsgesetz LGBl 53/1973 i.d.dzt.F.
- Kehrordnung 1955 LGBl 79/1955
- Verordnung über Feuerstättenbeschränkungen und Verbrennungsverbote LGBl 26/1985
- Feuerpolizeigesetz 1985 LGBl 49/1985
- Feuerpolizeiordnung LGBl 29/1986 i.d.dzt.F.
- Feuerwehrgesetz LGBl 73/1979
- Gasgesetz LGBl 54/1973

Tirol:

- Luftreinhaltegesetz LGBl 68/1973
- Luftreinhalteverordnung LGBl 5/1978
- Immissionsgrenzwerteverordnung für Luftschadstoffe LGBl 52/1987
- Ölfeuerungsgesetz LGBl 43/1977 i.d.dzt.F.
- Feuerpolizeiordnung LGBl 47/1978 i.d.dzt.F.
- Feuerwehrgesetz LGBl 27/1970
- Gasgesetz LGBl 4/1975

Vorarlberg:

- Luftreinhaltegesetz LGBl 35/1984 i.d.dzt.F.
- Immissionsgrenzwerteverordnung LGBl 47/1987
- Öltankverordnung LGBl 34/1983 i.d.dzt.F. (aufgrund Vbg. Baugesetz LGBl 39/1972)
- Feuerpolizeiordnung LGBl 16/1949
- Gasgesetz LGBl 30/1965

Wien:

- Feuerpolizei- und Luftreinhaltegesetz LGBl 17/1957 i.d.dzt.F.
- Feuerpolizei- und Luftreinhalte-Überprüfungsorgane LGBl 33/1986
- Verbot des Verbrennens von Abfällen LGBl 55/1985
- Immissionsgrenzwerteverordnung LGBl 25/1987
- Ölfeuerungsgesetz LGBl 19/1974
- Feuerwehrgesetz LGBl 16/1957 i.d.dzt.F.
- Feuerpolizeiordnung LGBl 17/1957 i.d.dzt.F.
- Gasgesetz LGBl 17/1954
- Abfallbeseitigungsgesetze der Bundesländer enthalten Bestimmungen zur Vermeidung von Gestank und Luftverunreinigungen bei der Müllbeseitigung, siehe Abfallbeseitigung - Abfallwirtschaft: Landesrecht
- Bauordnungen der Bundesländer enthalten Vorschriften über Brandschutz- und Wärmedämmung, Einsparung von schadstoffemitierenden Brennstoffen, siehe Baurecht
- Bundes(-grundsatz)gesetz und Ausführungsgesetze der Bundesländer über natürliche Heilvorkommen und Kurorte enthalten Bestimmungen über Umweltschutz einschließlich der Luftreinhaltung in Kur und Erholungsorten, siehe Heilquellen: Bundesrecht und Heilquellen: Landesrecht
- Campingplatzgesetze sehen Berücksichtigung von Umweltbeeinträchtigungen wie die Luftverschmutzung bei der Anlage von Campingplätzen vor, siehe Campingplatzgesetze
- Feldschutzgesetze sehen Maßnahmen gegen die Luftverunreinigung vor, siehe Feldschutz
- Motorschlittengesetze sehen generelles Fahrverbot von Motorschlitten und Geländewagen abseits der öffentlichen Verkehrswege vor, siehe Motorschlittengesetze
- Natur- und Landschaftsschutzgesetze der Bundesländer sehen Maßnahmen gegen Umweltbeeinträchtigungen vor (z.B. Feuermachen), siehe Natur- und Landschaftsschutz: Landesrecht
- Ölfeuerungs- und Öllagerungsgesetze sehen Maßnahmen zur Luftreinhaltung bei der Ölverbrennung vor, siehe Ölfeuerungs- und Öllagerungsgesetze
- Raumordnungsgesetze der Bundesländer Die Vermeidung von Umweltbeeinträchtigungen, z.B. durch die Luftverschmutzung in Wohn- und Siedlungsgebieten, ist eines der Ziele der Raumordnung, siehe Raumordnung: Landesrecht

- Veranstaltungsgesetze sehen Maßnahmen gegen die Feuergefahr vor, siehe Veranstaltungsgesetze

Mindestabstände bei landwirtschaftlichen Pflanzungen

Burgenland:

Mindestabständegesetz LGBl 16/1988

Niederösterreich:

- Mindestpflanzabständegesetz LGBl 6140

Steiermark:

- Mindestpflanzabständegesetz LGBl 150/1921

Tirol:

- Mindestpflanzabständegesetz LGBl 41/1969

Wien:

- Mindestpflanzabständegesetz LGBl 19/1976

Motorschlittengesetze

Kärnten:

- Naturschutzgesetz LGBl 54/1986 i.d.F. LGBl 4/1988 § 14

Oberösterreich:

- Motorschlittengesetz LGBl 59/1973

Salzburg:

- Motorschlittengesetz LGBl 90/1972 i.d.dzt.F.
- Motorschlittenverordnung LGBl 109/1972

Steiermark:

- Geländefahrzeuggesetz LGBl 139/1973

Tirol:

- Geländefahrzeugegesetz LGBl 54/1972
- Geländefahrzeugeverordnung LGBl 76/1972

Vorarlberg:

- Sportgesetz LGBl 15/1972

Müllabfuhr

siehe Abfallbeseitigung - Abfallwirtschaft: Landesrecht

Natur- und Landschaftsschutz

Bundesrecht

siehe auch Naturräumliche Ausstattung

- Übereinkommen zum Schutze der für die Landwirtschaft nützlichen Vögel, Anhang VI zum StGBl 304/1920
- Abkommen zur Regelung des Walfischfanges BGBl 55/1936
- Washingtoner Abkommen (Artenschutz Durchführungsgesetz) BGBl 188/1982 i.d.dzt.F. zuletzt geändert durch BGBl 366/1989 Übereinkommen über den internationalen Handel mit gefährdeten Arten freilebender Tiere und Pflanzen
- Bundesgesetz zur Durchführung des Washingtoner Abkommens BGBl 189/1982 i.d.F. BGBl 97/1988
- Bundesverfassungsgesetz, mit dem einzelne Bestimmungen des Washingtoner Abkommens zu Verfassungsbestimmungen erklärt werden BGBl 255/1987
- Verordnung über Teile oder Erzeugnisse von Exemplaren geschützter Arten freilebender Tiere und Pflanzen BGBl 195/1982 i.d.F. BGBl 668/1987
- Berner Konvention (Artenschutzabkommen) BGBl 372/1983
- Ramsar-Konvention (Feuchtbiotopschutz) BGBl 225/1983
- Wasserrechtsgesetz 1959 BGBl 215/1959
  - § 105: Öffentliches Interesse: Erhaltung der "Naturschönheit" und Erhaltung der ökologischen Funktionsfähigkeit der Gewässer im öffentlichen Interesse
- Forstgesetz 1975 BGBl 440/1975 i.d.dzt.F. zuletzt geändert durch BGBl 576/1987
  - § 27: Bannlegung aus Hygiene- und Erholungszwecken
  - § 36: Erholungswald
- Gewerbeordnung 1973 BGBl 50/1974 i.d.dzt.F. zuletzt geändert durch BGBl 399/1988
  - § 69: Verordnungsermächtigung zur Durchsetzung von Maßnahmen des Gewerbetreibenden zum Schutz der Tier- und Pflanzenwelt
  - § 69a: Umschreibung der Umweltbelastungen, die durch Verordnung hintanzuhalten sind, darunter auch die Gefährdung des Tier- und Pflanzenbestandes
  - §§ 76 Abs 1 und 82 Abs 1: Weitere Verordnungsermächtigungen für Maßnahmen zum Schutz des Tier- und Pflanzenbestandes
- Sonderabfallgesetz BGBl 186/1983 i.d.dzt.F. zuletzt geändert durch BGBl 256/1989
  - § 5 Abs 1: Vermeidung von Gefahren für natürliche Lebensbedingungen von Tieren und Pflanzen
- Luftreinhaltegesetz für Kesselanlagen (LRG-K) BGBl 380/1988
  - § 2: Dampfkesselanlagen sind so zu betreiben, daß eine Belastung der Umwelt - namentlich des Pflanzen- und Tierbestandes - nach Maßgabe diesbezüglicher Durchführungsverordnungen vermieden wird
- Chemikaliengesetz BGBl 326/1987
  - § 2: Nimmt bei der Definition des Begriffes "umweltgefährlich" auf den Tier- und Pflanzenschutz Bezug
- Schiffahrtsgesetz 1990 LGBl 87/1990
  - § 15: Verkehrsregelungen zum Schutz der Ufer
  - § 16: Verkehrsbeschränkungen zum Schutz der Ufer und deren Wasserpflanzen
  - § 48: Berücksichtigung des Umweltschutzes bei der Errichtung von Schiffahrtsanlagen

Natur- und Landschaftsschutz

Landesrecht

siehe auch Campingplatzgesetze
Fischerei: Bundesrecht
Fischerei: Landesrecht
Höhlenschutz
Jagdrecht
Motorschlittengesetze
Naturräumliche Ausstattung

Burgenland:

- Naturschutzgesetz LGBl 23/1961 i.d.dzt.F.

Kärnten:

- Naturschutzgesetz LGBl 54/1986 i.d.F. LGBl 4/1988
- Nationalparkgesetz LGBl 55/1983 i.d.dzt.F.

Niederösterreich:

- Naturschutzgesetz LGBl 5500

Oberösterreich:

- Natur- und Landschaftsschutzgesetz 1982 (O.ö.NSchG. 1982) LGBl 80/1982 i.d.F. LGBl 72/1988

Salzburg:

- Naturschutzgesetz 1977 LGBl 86/1977 i.d.dzt.F.
- Nationalparkgesetz LGBl 106/1983
- Gesetz über den internationalen Handel mit gefährdeten Tieren LGBl 1/1984

Steiermark:

- Naturschutzgesetz 1976 (NSchG 1976) LGBl 65/1976 i.d.dzt.F.
- Gesetz über den internationalen Handel mit gefährdeten Arten LGBl 81/1986

Tirol:

- Naturschutzgesetz LGBl 15/1975

Vorarlberg:

- Naturschutzgesetz LGBl 36/1969 i.d.dzt.F.
- Landschaftsschutzgesetz LGBl 1/1982 i.d.dzt.F.
- Gesetz über den internationalen Handel mit gefährdeten Arten von Tieren und Pflanzen LGBl 24/1985

Wien:

- Naturschutzgesetz 1984 LGBl 6/1985
- Gesetz über den internationalen Handel mit gefährdeten Arten LGBl 20/1983
- Bauordnung LGBl 11/1930 (Grüngürtel)
- Baumschutzgesetz LGBl 27/1974 i.d.dzt.F.
- auf Grund der Landesgesetze besteht eine sehr große Zahl von Verordnungen vor allem betreffend die Ausweisung von Schutzgebieten, eine Übersicht über diese Verordnungen - wenn auch nicht auf dem letzten Stand - bietet der Band "Naturschutz" dieser Reihe, weiters der Umweltbericht Landschaft, herausgegeben vom Österreichischen Bundesinstitut für Gesundheitswesen, Wien 1989

Naturräumliche Ausstattung

siehe auch
Campingplatzgesetze
Denkmalschutz
Fischerei: Bundesrecht
Fischerei: Landesrecht
Förderung des Umweltschutzes
Forstrecht
Höhlenschutz
Jagdrecht
Natur- und Landschaftsschutz: Bundesrecht
Natur- und Landschaftsschutz: Landesrecht
Ortsbildschutz
Umweltschutz (allgemein) - Umweltschutzorganisation: Bundesrecht
Umweltschutzorganisation - Katastrophenhilfe: Landesrecht

- Abfallbeseitigungsgesetze der Bundesländer sehen Berücksichtigung des Landschaftsschutzes bei Müllbeseitigung vor, siehe Abfallbeseitigung - Abfallwirtschaft: Landesrecht
- Bäderhygienegesetz BGBl 254/1976
- Bauordnungen der Bundesländer sehen Rücksichtnahme auf Landschaft vor, siehe Baurecht
- Berggesetz 1975 BGBl 259/1975 i.d.dzt.F. Schutz öffentlicher Interessen beim Bergbau wie Umweltschutz und Raumordnung, Rekultivierung
  - § 182: Rekultivierung der Oberfläche nach Beendigung der Bergbautätigkeit
  - §§ 12, 25, 79: Arbeitsprogramme zur Sicherung der Oberfläche nach Beendigung verschiedener bergbaulicher Tätigkeiten
- Bundesstraßengesetz 1971 BGBl 286/1971 i.d.dzt.F.
  - § 4 Abs 1: Auf Umweltverträglichkeit und auf das Ergebnis der Anhörung ist bei Bestimmung des Straßenverlaufs zu achten
  - § 4 Abs 2: Rekultivierungspflicht bei Auflassung von Straßenteilen
  - § 4 Abs 5: Pflicht zur Auflage der Plangrundlagen, Recht der Äußerung für jedermann
  - § 6: Straßenforschung auch im Interesse der Umweltverträglichkeit
  - § 7: Beim Straßenbau ist auf Umweltverträglichkeit Bedacht zu nehmen
  - § 7a: Bei Straßenplanung u. -bau ist für den Schutz der Nachbarn vorzusorgen, 1% der Straßenbaumittel sind gegen Beeinträchtigungen der Nachbarn aufzuwenden
- Campingplatzgesetze sehen Berücksichtigung des Landschaftsschutzes bei Anlage von Campingplätzen vor, siehe Campingplatzgesetze
- Marchfeldkanalgesetz BGBl 507/1985 (Marchfeldkanalgesetz nö. LGBl 6961)
- Forstgesetz 1975 BGBl 440/1975 i.d.dzt.F. zuletzt maßgeblich geändert durch BGBl 576/1987
  - § 27: Bannwald
  - §§ 33-36: Benützung des Waldes
  - § 36: Erholungswald
  - §§ 47-57: Forstschädliche Luftverunreinigungen
- Landesstraßengesetze enthalten Bestimmungen zur Rekultivierung aufgelassener Straßenteile, siehe Landesstraßengesetze
- Motorschlittengesetze sehen generelles Fahrverbot von Motorschlitten und Geländewagen abseits der öffentlichen Verkehrswege vor, siehe Motorschlittengesetze
- Raumordnungsgesetze Erhaltung unverbauten Landes bzw. Maßnahmen gegen Zersiedlung sind ein Hauptanliegen der Raumordung, siehe Raumordnung: Landesrecht
- Vertrag über die internationale Anerkennung der Hinterlegung von Mikroorganismen für die Zwecke von Patentverfahren BGBl 104/1984 letzte Kundmachung des Geltungsbereiches BGBl 260/1989
- Rohrleitungsgesetz BGBl 411/1975 Bei der Errichtung und beim Betrieb von Rohrleitungen ist Umweltschutz zu beachten
- Wasserrechtsgesetz 1959 BGBl 215/1959 i.d.dzt.F. zuletzt geändert durch BGBl 693/1988
  - § 105: Sieht Berücksichtigung des Natur- und Denkmalschutzes und die Erhaltung der ökologischen Funktionsfähigkeit der Gewässer als öffentliche Interessen vor

Ölfeuerungs- und Öllagerungsgesetze

Burgenland:

- Wärmeschutz- und Heizungsverordnung LGBl 56/1982
- Wärmeschutz- und Heizungsverordnung für bundeseigene Gebäude LGBl 60/1982

Kärnten:

- Bauvorschriftengesetz LGBl 56/1985 i.d.dzt.F.

Niederösterreich:

- Mineralölordnung LGBl 8270

Oberösterreich:

- Gesetz über die Lagerung und Verfeuerung von brennbaren Flüssigkeiten LGBl 33/1976 i.d.dzt.F.

Salzburg:

- Bautechnikgesetz LGBl 75/1976 i.d.dzt.F.

Steiermark:

- Ölfeuerungsgesetz 1973 LGBl 53/1973

Tirol:

- Ölfeuerungsgesetz LGBl 43/1977 i.d.dzt.F.

Vorarlberg:

- Öltankverordnung LGBl 34/1983 i.d.dzt.F.

Wien:

- Ölfeuerungsgesetz LGBl 19/1974

Ortsbildschutz

Kärnten:

- Ortsbildpflegegesetz LGBl 81/1979 i.d.dzt.F.

Salzburg:

- Altstadterhaltungsgesetz 1980 LGBl 50/1980 i.d.dzt.F.
- Altstadterhaltungsverordnung 1982 LGBl 60/1982
- Ortsbildschutzgesetz LGBl 1/1975 i.d.dzt.F.

Steiermark:

- Grazer Altstadterhaltungsgesetz 1980 LGBl 17/1980
- Ortsbildgesetz 1977 LGBl 54/1977

Tirol:

- Stadtkern- und Ortsbildschutzgesetz LGBl 61/1976 i.d.dzt.F.

Wien:

- Gesetz, mit dem Vorschriften über die Schaffung von Schutzzonen in Altstadtgebieten in die Bauordnung für Wien aufgenommen wurden LGBl 16/1972 i.d.dzt.F.

Pflanzenschutz

Bundesrecht

- Pflanzenschutzgesetz BGBl 124/1948 i.d.dzt.F. zuletzt geändert durch BGBl 165/1987
- Pflanzenschutzmittelgesetz (in Vorbereitung)
- Pflanzenschutzmittelverordnung BGBl 147/1949
- Pflanzeneinfuhrverordnung BGBl 236/1954 i.d.dzt.F. zuletzt geändert durch BGBl 177/1989
- Forstgesetz 1975 BGBl 440/1975 zuletzt maßgeblich geändert durch BGBl 576/1987
  §§ 43-46 u.a.
  § 45 Verbot von Handlungen und Unterlassungen, die die Vermehrung von Forstschädlingen begünstigen; Verordnungsermächtigung zur Verhinderung der Vermehrung von Forstschädlingen
- Verordnung über den Schutz des Waldes vor Forstschädlingen BGBl 184/1978
- Holzeinfuhrgesetz BGBl 115/1962: Sieht Maßnahmen zur Verhinderung der Einschleppung von Forstschädlingen vor
- Lebensmittelgesetz 1975 BGBl 86/1975
  § 16: Besondere Vorschriften über die Behandlung von Pflanzen bei der Gewinnung von Lebensmitteln pflanzlicher Herkunft, Verordnungsermächtigung betreffend Rückstände von Agrochemikalien in Lebensmitteln
- Schädlingsbekämpfungsmittel-Höchstwerteverordnung BGBl 649/1988 (aufgrund des § 16 Lebensmittelgesetz)
- Erlässe des Bundesministers für Gesundheit und Umweltschutz Zl. III-50.966/11-6/84 und Zl. III-30.966/1-6/86 betreffend Regelungen für Trinkwasser (enthalten u.a. Grenzwerte für Nitrate und Pestizide)
- Grundwassernitratverordnung (derzeit geplant)
- Chemikaliengesetz BGBl 326/1987 enthält Vorschriften über den Umgang mit Giften
  § 36: Enthält eine Grundsatzbestimmung über Gifte in der Landwirtschaft, betreffend Maßnahmen oder Beschränkungen von Giften in der Landwirtschaft zum Schutz des Menschen und der Umwelt, sowie verschiedene Informationspflichten
- Internationale Pflanzenschutzkonvention BGBl 86/1982
- Abkommen zwischen der österreichischen Bundesregierung und der tschechoslowakischen Regierung über die Zusammenarbeit auf dem Gebiete des Pflanzenschutzes BGBl 108/1950
- Übereinkommen zur Errichtung der Pflanzenschutz-Organisation für Europa und den Mittelmeerraum BGBl 45/1957
- Abkommen zwischen der Bundesregierung der Republik Österreich und der Regierung der Föderativen Volksrepublik Jugoslawien über die Zusammenarbeit auf dem Gebiete des Pflanzenschutzes BGBl 265/1960
- Abkommen zwischen der Republik Österreich und der Volksrepublik Ungarn über die Zusammenarbeit auf dem Gebiete des Pflanzenschutzes BGBl 225/1963
- Abkommen zwischen der österreichischen Bundesregierung und der Regierung der Republik Tunesien, betreffend technische Zusammenarbeit auf dem Gebiet des Pflanzenschutzes BGBl 51/1966
- Notenwechsel zwischen der Republik Österreich und der Bundesrepublik Deutschland über den Verzicht auf gewisse administrative und phytosanitäre Behinderungen bei der Einfuhr von Pflanzen und Erde BGBl 340/1970
- Abkommen zwischen der Republik Österreich und der Volksrepublik Ungarn über die Zusammenarbeit auf dem Gebiet des Pflanzenschutzes BGBl 41/1978

Pflanzenschutz

Landesrecht

Burgenland:

- Kulturpflanzenschutzgesetz LGBl 11/1949 i.d.dzt.F.

Kärnten:

- Kulturpflanzenschutzgesetz 1983 LGBl 81/1983

Niederösterreich:

- Kulturpflanzenschutzgesetz 1978 LGBl 6130
- Verordnung über Maßnahmen zur Abwehr von Forstschädlingen LGBl 6850/6

Oberösterreich:

- Kulturpflanzenschutzgesetz LGBl 37/1951 i.d.dzt.F.

Salzburg:

- Kulturpflanzenschutzgesetz LGBl 43/1949 i.d.dzt.F.

Steiermark:

- Pflanzenschutzgesetz LGBl 1/1951 i.d.dzt.F.
- Landwirtschaftliches Chemikaliengesetz LGBl 47/1989

Tirol:

- Pflanzenschutzgesetz LGBl 18/1949 i.d.dzt.F.

Vorarlberg:

- Kulturpflanzenschutzgesetz LGBl 32/1949

Wien:

- Kulturpflanzenschutzgesetz LGBl 21/1949 i.d.dzt.F.

Polizeigesetze

Burgenland:

- Landespolizeistrafgesetz LGBl 35/1986

Kärnten:

- Gesetz über Anstandsverletzung und Lärmerregung LGBl 74/1977 i.d.dzt.F.

Niederösterreich:

- Polizeistrafgesetz LGBl 4000

Oberösterreich:

- Polizeistrafgesetz LGBl 36/1979 i.d.dzt.F.

Salzburg:

- Landespolizeistrafgesetz LGBl 58/1975 i.d.dzt.F.

Steiermark:

- Gesetz über Anstandsverletzung, Lärmerregung und Ehrenkränkung LGBl 158/1975

Tirol:

- Landespolizeigesetz LGBl 60/1976 i.d.dzt.F.

Vorarlberg:

- Sicherheitsgesetz, Lärmstörungen und Halten von Tieren LGBl 1/1987

Wien:

- Art VIII Einführungsgesetz zu den Verwaltungsverfahrensgesetzen (EGVG 1950) BGBl 172/1950 i.d.dzt.F. (Gilt in Wien als Landesgesetz weiter.)

Raumordnung
Bundesrecht

siehe auch Länderverträge und Vereinbarungen zwischen Bund und Ländern über landschafts- und raumrelevante Fragen

- Abkommen mit der Bundesrepublik Deutschland über die Zusammenarbeit auf dem Gebiete der Raumordnung BGBl 87/1974
- Kompetenzfeststellung des Verfassungsgerichtshofes zur Landesplanung bzw. Landesraumordnung BGBl 162/1954
- Vereinbarung über Vorhaben im Land Kärnten gemäß Art 15a B-VG BGBl 38/1980
- Vereinbarung über Vorhaben in der Bundeshauptstadt Wien gemäß Art 15a B-VG BGBl 18/1980
- Vertrag mit der Bundesrepublik Deutschland über die Auswirkungen des Flughafens Salzburg BGBl 559/1974
- Forstgesetz 1975 BGBl 440/1975 i.d.dzt.F. zuletzt maßgeblich geändert durch BGBl 576/1987, enthält Bestimmungen über die forstliche Raumplanung, siehe auch unter Boden: Bundesrecht

Raumordnung
Landesrecht

siehe auch
Baurecht
Länderverträge und Vereinbarungen zwischen Bund und Ländern über landschafts- und raumrelevante Fragen

Burgenland:

- Raumplanungsgesetz LGBl 18/1969 i.d.dzt.F.

Kärnten:

- Raumordnungsgesetz LGBl 76/1969
- Gemeindeplanungsgesetz 1982 LGBl 51/1982

Niederösterreich:

- Raumordnungsgesetz 1976 LGBl 8000

Oberösterreich:

- Raumplanungsgesetz LGBl 18/1972 i.d.dzt.F.

Salzburg:

- Raumplanungsgesetz 1977 LGBl 26/1977 i.d.dzt.F.

Steiermark:

- Raumplanungsgesetz 1974 LGBl 127/1974 i.d.dzt.F.

Tirol:

- Raumplanungsgesetz 1984 LGBl 4/1984 i.d.dzt.F.

Vorarlberg:

- Raumplanungsgesetz LGBl 15/1973 i.d.dzt.F.

Wien:

- Bauordnung 1930 LGBl 11/1930 i.d.dzt.F.
- Aufgrund der Raumordnungsgesetze ergehen die für die Raumnutzung und Grünlanderhaltung sehr wichtigen Entwicklungsprogramme und Flächenwidmungspläne

Sonderabfall

siehe Abfallbeseitigung - Abfallwirtschaft: Bundesrecht

Stoffe - wassergefährdende

siehe auch Chemikalien
Klärschlammgesetze

- Wasserrechtsgesetz 1959 BGBl 215/1959 zuletzt geändert durch BGBl 693/1988
  - § 31 a: Verordnungsermächtigung zur Vorsorge vor wassergefährdenden Stoffen
- Altölgesetz BGBl 138/1979 (weitestgehend außer Kraft gesetzt durch das Altölgesetz 1986)
- Altölgesetz 1986 BGBl 373/1986 i.d.dzt.F. zuletzt geändert durch BGBl 367/1989
- Altölverordnung BGBl 383/1987
- Pflanzenschutzgesetz BGBl 124/1948 i.d.dzt.F.: die Bundesländer haben dazu Ausführungsgesetze erlassen, siehe Pflanzenschutz: Landesrecht
- Verordnung über bewilligungspflichtige wassergefährdende Stoffe BGBl 275/1969
- (Neue) Verordnung über bewilligungspflichtige wassergefährdende Stoffe (bei Redaktionsschluß in Vorbereitung)
- Verordnung über die Führung eines Verzeichnisses über die Anlagen und Maßnahmen nach § 31 a Abs. 1, 2 und 6 Wasserrechtsgesetz 1959, nö. LGBl 6950/2
- Verordnung über das Verbot der Ablagerung von Abfallstoffen in der Donau nö LGBl 6950/10
- Waschmittelgesetz BGBl 300/1984
- Waschmittelkennzeichnungsverordnung BGBl 692/1974 i.d.dzt.F.
- Verordnung über die Kennzeichnung flüssiger Waschmittel BGBl 129/1979 i.d.F. BGBl 322/1989
- Verordnung über die Abbaubarkeit bestimmter Waschmittelinhaltsstoffe und über die Bestimmbarkeit des Phosphatgehaltes BGBl 239/1987
- Chemikaliengesetz (ChemG) BGBl 326/1987
- Düngemittelgesetz (DMG) BGBl 488/1985 i.d.F. BGBl 360/1989, Verordnungen zum DMG - siehe unter Landwirtschaftsrecht

Strafrecht

- Strafgesetzbuch (StGB) BGBl 60/1974 i.d.dzt.F. zuletzt namentlich im Umweltbereich geändert durch die Novelle BGBl 605/1987
  - §§ 180, 181: Vorsätzliche bzw. fahrlässige Gefährdung durch Verunreinigung der Gewässer, der Luft oder des Bodens
  - § 181a: Schwere Beeinträchtigung durch Lärm
  - § 181b: Umweltgefährdendes Beseitigen von Abfällen und Betreiben von Anlagen
  - § 182: Andere Gefährdungen des Tier- oder Pflanzenbestandes

Strahlenschutz

- Strahlenschutzgesetz BGBl 227/1969 i.d.dzt. F.
- Strahlenschutzverordnung BGBl 47/1972
- Lebensmittelgesetz 1975 BGBl 86/1975 i.d.dzt.F.
  - § 14: Grundsätzliches Verbot der Strahlenbehandlung von Lebensmitteln
- Atomsperrgesetz BGBl 676/1978
- Vertrag über die Nichtverbreitung von Atomwaffen (Durchführungsgesetz) BGBl 258/1970 letzte Kundmachung des Geltungsbereiches BGBl 295/1989
- Übereinkommen über den physischen Schutz von Kernmaterial (Durchführungsgesetz) BGBl 53/1989
- Abkommen zwischen der Republik Österreich und der Tschechoslo-

wakischen Sozialistischen Republik betreffend Kernanlagen
BGBl 208/1984

- Abkommen zwischen der Republik Österreich und Ungarn betreffend Kernanlagen BGBl 454/1987
- Abkommen zwischen der Republik Österreich und der Deutschen Demokratischen Republik über Informations- und Erfahrungsaustausch auf dem Gebiet des Strahlenschutzes BGBl 128/1989
- Übereinkommen über die frühe Benachrichtigung bei nuklearen Unfällen
  BGBl 186/1988 letzte Kundmachung des Geltungsbereiches BGBl 446/1989

Teilung landwirtschaftlicher Flächen

Burgenland:

- Teilungsgesetz
  LGBl 56/1933 i.d.dzt.F.

Vorarlberg:

- Teilungsgesetz LGBl 46/1968

Tierkörperbeseitigung

- Tierseuchengesetz
  RGBl 177/1909 i.d.dzt.F.
- Vollzugsanweisung betreffend Tierkörperverwertung StGBl 141/1919

Burgenland:

- Verordnung betreffend Tierkörperverwertungsanstalten LGBl 3/1976 i.d.dzt.F.

Kärnten:

- Tierkörperverwertungsverordnung LGBl 90/1986

Niederösterreich:

- Verordnung über die Ablieferungspflicht von Tierkörpern
  LGBl 6440-1

Oberösterreich:

- Tierkörperverwertungsverordnung 1965 LGBl 68/1964 i.d.dzt.F.

Salzburg:

- Verordnung betreffend Tierkörperverwertung LGBl 90/1978 i.d.dzt.F.

Steiermark:

- Tierkörperverwertungsverordnung 1987 LGBl 38/1987

Tirol:

- Verordnung über Einsammlung, Abfuhr und Beseitigung von Gegenständen tierischer Herkunft LGBl 8/1987

Vorarlberg:

- Verordnung über die Beseitigung tierischer Abfälle LGBl 28/1981

Wien:

- Verordnung über Tierkörperverwertung LGBl 1/1953

Umweltanwalt – Naturschutzanwalt

Kärnten:

- Naturschutzgesetz
  LGBl 54/1986 i.d.F. LGBl 4/1988 (Naturschutzbeirat mit vergleichbarer Funktion)

Niederösterreich:

- Umweltschutzgesetz 1984
  LGBl 8051

Oberösterreich:

- Umweltschutzgesetz 1988
  LGBl 53/1988

Salzburg:

- Umweltanwaltschaftsgesetz
  LGBl 25/1987

Steiermark:

- Gesetz über Einrichtungen zum Schutze der Umwelt LGBl 78/1988

Vorarlberg:

- Landschaftsschutzgesetz
  LGBl 1/1982 i.d.dzt.F.

Wien:

- Naturschutzgesetz 1984 LGBl 6/1985

Umweltforschung – Umweltkontrolle – Umweltkunde

- Bundesgesetz über die Umweltkontrolle BGBl 127/1985 i.d.F. BGBl 299/1989
- Bundesgesetz über die Errichtung eines Fonds Österreichisches Bundesinstitut für Gesundheitswesen BGBl 63/1973 i.d.F. BGBl 315/1987
- Bundesgesetz über wasserwirtschaftliche Bundesanstalten BGBl 786/1974 i.d.dzt.F.
- Hydrographiegesetz
  BGBl 58/1979 i.d.dzt.F.
- Wasserbuchverordnung BGBl 201/1948 i.d.F. BGBl 228/1956
- Wasserwirtschaftskatasterverordnung BGBl 34/1969
- Bundesgesetz über die landwirtschaftlichen Bundesanstalten BGBl 230/1982 i.d.F. BGBl 360/1989
- Forstgesetz 1975
  BGBl 440/1975 i.d.dzt.F. zuletzt maßgeblich geändert durch BGBl 576/1988
  IX. Abschnitt (§§ 135-140) Forstliche Bundesversuchsanstalt
- Europäische Vereinbarung über Forschungsarbeiten über Schwefeldioxid in der Atmosphäre
  BGBl 462/1972
- Allgemeines Verwaltungsverfahrensgesetz - AVG 1950
  BGBl 172/1950 i.d.dzt.F.
  § 68 Abs 3 Möglichkeit der Abänderung rechtskräftiger Bescheide zur Abwehr von Lebens- und Gesundheitsgefahren oder zur Vermeidung schwerer volkswirtschaftlicher Schädigungen
- Amtshaftungsgesetz BGBl 20/1949 i.d.dzt.F. Haftung staatlicher Hoheitsträger für Schäden, die durch rechtswidrige und schuldhafte Handlungen ihrer Organe eintreten

Umweltschutz (allgemein) – Umweltschutzorganisation

Bundesrecht

siehe auch Bundesverfassungsrecht
Förderung des Umweltschutzes

- Bundesministeriengesetz 1973
  BGBl 389/1973 i.d.dzt.F.
  enthält Zuordnung der Umweltschutzaufgaben zu den verschiedenen Ministerien
- Bundes-Verfassungsgesetz 1929 (B-VG) BGBl 1/1930: enthält Zuordnung der Kompetenzen auf dem Gebiete des Umweltschutzes, siehe Bundesverfassungsrecht
- Bundesverfassungsgesetz vom 27. November 1984 über den umfassenden Umweltschutz
  BGBl 491/1984
- Vertrag zwischen der Republik Österreich und der ungarischen Volksrepublik über die Zusammenarbeit auf dem Gebiet des Umweltschutzes BGBl 415/1985
- Vertrag zwischen der Republik Österreich und der Deutschen Demokratischen Republik über die Zusammenarbeit auf dem Gebiet des Umweltschutzes
  BGBl 253/1988
- Vertrag zwischen der Republik Österreich und der Tschechoslowakischen Sozialistischen Republik über die Zusammenarbeit auf dem Gebiet des Umweltschutzes
  BGBl 112/1989

Umweltschutzorganisation – Katastrophenhilfe

Landesrecht

siehe auch Landesverfassungsrecht

Burgenland:

- Katastrophenhilfegesetz LGBl 5/1986

Kärnten:

- Umwelt-Verfassungsgesetz LGBl 42/1986
- Bergwachtgesetz LGBl 25/1973 i.d.dzt.F.
- Katastrophenhilfegesetz LGBl 66/1980

Niederösterreich:

- Umweltschutzorganisationsgesetz LGBl 8050
- Umweltschutzgesetz LGBl 8051
- Katastrophenhilfegesetz LGBl 4450
- Forstschutzorganisationsgesetz LGBl 6845
- Gesetz über Jagd- und Fischereiaufseher LGBl 6560
- Gesetz über die Beeidigung und äußere Kennzeichnung der öffentlichen Landeskulturwachen LGBl 6125

Oberösterreich:

- Umweltschutzgesetz 1988 LGBl 53/1988
- Katastrophenhilfegesetz LGBl 88/1955

Steiermark:

- Gesetz über Einrichtungen zum Schutz der Umwelt LGBl 78/1988
- Berg- und Naturwachtgesetz 1977 LGBl 49/1977
- Gesetz über die äußere Kennzeichnung der zum Schutz der Landeskultur bestellten und beeideten Wachorgane LGBl 58/1950

Tirol:

- Bergwachtgesetz 1977 LGBl 6/1978
- Katastrophenhilfegesetz LGBl 51/1974

Vorarlberg:

- Katastrophenhilfegesetz LGBl 47/1979
- Gesetz über die Umweltschutzanstalt LGBl 32/1985

Wien:

- Katastrophenhilfegesetz LGBl 8/1978
- Gesetz über die Betrauung von Personen mit der Funktion eines Forstschutzorgans LGBl 23/1976

Veranstaltungsgesetze

Burgenland:

- Veranstaltungsbetriebegesetz StGBl 101/1945 (gilt als Landesgesetz weiter)

Kärnten:

- Veranstaltungsgesetz 1977 LGBl 42/1977 i.d.dzt.F.

Niederösterreich:

- Veranstaltungsgesetz LGBl 7070
- Veranstaltungsbetriebsstättengesetz LGBl 8260

Oberösterreich:

- Veranstaltungsgesetz LGBl 7/1955 i.d.dzt.F.

Salzburg:

- Veranstaltungsgesetz 1987 LGBl 71/1987
- Theaterverordnung LGBl 89/1958 i.d.dzt.F.

Steiermark:

- Veranstaltungsgesetz LGBl 192/1969 i.d.dzt.F.

Tirol:

- Veranstaltungsgesetz 1982 LGBl 59/1982 i.d.dzt.F.
- Theaterverordnung LGBl 62/1979

Vorarlberg:

- Veranstaltungsbetriebegesetz StGBl 101/1945 (gilt als Landesgesetz weiter)

Wien:

- Veranstaltungsgesetz LGBl 12/1971 i.d.dzt.F.
- Veranstaltungsbetriebsstättengesetz LGBl 4/1978

Verfassungsrecht

siehe Bundesverfassungsrecht
Landesverfassungsrecht

Verkehr

siehe
Gewässerreinhaltung
Güter- und Seilwegegesetze
Landesstraßengesetze
Luftreinhaltung: Bundesrecht
Motorschlittengesetze
Verkehrslärm

Verkehrslärm

- Bundesstraßengesetz BGBl 286/1971 i.d.dzt.F.
  - § 4 Abs 1: Auf Umweltverträglichkeit und auf das Ergebnis der Anhörung ist bei Bestimmung des Straßenverlaufs zu achten
  - § 4 Abs 5: Pflicht zur Auflage der Plangrundlagen; Recht der Äußerung für jedermann
  - § 6: Straßenforschung auch im Interesse der Umweltverträglichkeit
  - § 7: Beim Straßenbau ist auf Umweltverträglichkeit Bedacht zu nehmen
  - § 7a: Bei Straßenplanung und -bau ist für den Schutz der Nachbarn vorzusorgen, 1% der Straßenbaumittel sind gegen Beeinträchtigungen der Nachbarn aufzuwenden
- Kraftfahrgesetz 1967 BGBl 267/1967 i.d.dzt.F.
  - § 4 Abs 2: Verbot übermäßigen Lärms
  - § 11, § 55: wiederkehrende Überprüfung
  - § 56: Besondere Überprüfung
  - § 57a: Wiederkehrende Begutachtung
  - § 58: Messung des Nahfeldpegels
- Kraftfahrgesetz-Durchführungsverordnung BGBl 399/1967 i.d.dzt.F.
  - § 8 Abs 1, Abs 1a: Emissionsgrenzwerte, Nahfeldmessung, zuletzt modifiziert durch die 24. KDV-Novelle BGBl 455/1988
  - § 8b: Lärmarme Kraftfahrzeuge (28. KDV-Novelle, BGBl 451/1989)
- Straßenverkehrsordnung 1960 BGBl 159/1960
  - § 22: Hupverbote
  - § 42: Fahrverbote für Lastkraftfahrzeuge
  - § 43: Verordnungsermächtigung für Fahr- und Hupverbote
  - § 60: Zustand der Fahrzeuge
  - § 61: Lärmschutz bei der Ladung
  - § 62: Ladetätigkeit-Lärmschutz
  - § 69: Motorfahrräder-Lärmschutz
  - § 99: Strafbestimmungen
- Straßenbahnverordnung 1957 BGBl 214/1957
  - § 13: Lautstärke der Warnvorrichtungen
  - § 28: Warnsignale nur wenn erforderlich
- Luftfahrtgesetz BGBl 253/1957 i.d.dzt.F.
  - §§ 5ff: Luftraumbeschränkungen
  - § 9: Außenlandungen - Außenabflüge
  - § 14: Betriebsgeräusch von Zivilluftfahrzeugen ist nach dem Stand der Technik zu begrenzen
- Zivilflugplatzverordnung BGBl 313/1972
  - § 3: Bei Standortwahl von Zivilflugplätzen ist Lärmimmission zu berücksichtigen
- Zivilluftfahrzeuge-Lärmzulässigkeitsverordnung BGBl 429/1982
- Luftverkehrsregeln BGBl 56/1967
  - § 7: Mindestflughöhen u.a. aus Gründen des Lärmschutzes

- Schiffahrtsgesetz 1990 BGBl 87/1989 i.d.dzt.F. (gilt ab 1. 1. 1990)
  - § 3: Geltung der Bestimmungen über den Lärmschutz auf allen schiffbaren Gewässern
  - § 15: Verordnungsermächtigung betreffend den Lärmschutz bei der Regelung des Schiffsverkehrs
  - § 16: Möglichkeit von Verkehrsbeschränkungen im Interesse des Lärmschutzes
  - §§ 40 und 71: enthalten entsprechende Strafbestimmungen
- Bodensee-Schiffahrtsordnung BGBl 93/1976 i.d.dzt.F.
  - § 110: Allgemeine Emissionsklausel Abschnitt IV-Schallzeichen
- Verordnungen zur Beschränkung der Schiffahrt (insbesondere Motorbootfahrverbote)
  Burgenland:
  LGBl 60/1988 i.d.F. LGBl 22/1989
  Kärnten:
  LGBl 25/1989 und 32/1989
  Oberösterreich:
  LGBl 33/1980 und 34/1980
  Steiermark:
  LGBl 80/1970

Wald- und Weidenutzungsrechte

- Flurverfassungsgrundsatzgesetz BGBl 103/1951 i.d.dzt.F.

Kärnten:

- Gesetz über die Ablösung von Wald- und Weidenutzungsrechten LGBl 41/1920

Niederösterreich:

- Wald- und Weideservituten-Landesgesetz 1980 LGBl 6610

Oberösterreich:

- Gesetz über die Ablösung von Wald- und Weidenutzungsrechten LGBl 2/1953

Salzburg:

- Einforstungsrechtegesetz LGBl 74/1986

Steiermark:

- Einforstungs-Landesgesetz 1983 LGBl 1/1983

Tirol:

- Gesetz über die Ablösung von Wald- und Weidenutzungsrechten LGBl 21/1952

Vorarlberg:

- Gesetz über die Ablösung von Wald- und Weidenutzungsrechten LGBl 120/1921

Waschmittel

siehe Stoffe - wassergefährdende

Wasser

siehe Gewässerreinhaltung Hochwasserschutz

Wasserwirtschaftliche Rahmenverfügungen (Auswahl)

- Wasserkraftnutzung der mittleren Enns BGBl 34/1960
- Schutz des Grundwasserwerkes Graz-Feldkirchen BGBl 41/1962
- Rahmenverfügung für die Gail im Lesachtal BGBl 239/1962
- Schutz des Grundwassers im Raum Friesach bei Graz BGBl 58/1963
- Rahmenverfügung zur Sicherung der Wasserversorgung der Stadtgemeinde Villach BGBl 129/1963
- Rahmenverfügung für das Marchfeld BGBl 32/1964
- Wasserkraftnutzung der Traun unterhalb des Traunsees BGBl 144/1964
- Schutz des Wientalwasserwerkes in Untertullnerbach BGBl 220/1964
- Schutz des Wasservorkommens im Schneeberg-, Rax- und Schneealpengebiet BGBl 353/1965
- Schutz des Grundwasservorkommens in der Mitterndorfer Senke BGBl 126/1969
- Wasserwirtschaftliche Rahmenverfügung für die Wasserkraftnutzung der Drau BGBl 66/1970
- Wasserwirtschaftliche Rahmenverfügung über die Wassernutzung im Einzugsgebiet des Steyrflusses BGBl 114/1971
- Wasserwirtschaftliche Rahmenverfügung für das Einzugsgebiet des Hainbaches BGBl 299/1971
- Schutz des Wasservorkommens im Hochschwabgebiet BGBl 345/1973
- Wasserwirtschaftliche Rahmenverfügung zum Schutze des Mondsees, des Fuschlsees und des Zeller Sees und deren Einzugsgebiete BGBl 252/1974
- Schutz des Wasservorkommens im Gebiet des Sarsteins, Sandling und Loser BGBl 736/1974 i.d.dzt.F.
- Verordnung über die Verbesserung der Wassergüte der Donau und ihrer Zubringer BGBl 210/1977
- Wasserwirtschaftliche Rahmenverfügung für die Wassernutzung an der Oberen Drau BGBl 376/1978
- Schutz des Grundwasservorkommens im südlichen Salzburger Becken und im mittleren Lammertal sowie der Karstwasservorräte des Tennengebirges, Hagengebirges und Hohen Göll BGBl 315/1980
- Verordnung über die Widmung des oberen Inn für die Wasserkraftnutzung BGBl 261/1981
- Rahmenverfügung zum Schutz des Trinkwasservorkommens im Almtal BGBl 78/1984

Wildbach- und Lawinenschutz

- Forstgesetz 1975 BGBl 440/1975 i.d.dzt.F. zuletzt maßgeblich geändert durch BGBl 576/1987
  - §§ 6-11: Forstliche Raumplanung, insbesondere § 11 Gefahrenzonenpläne
  - § 16: Verbot der Waldverwüstung
  - §§ 21-32: Wälder mit Sonderbehandlung, insbesondere Schutz- und Bannwälder
  - §§ 98-103: Schutz vor Wildbächen und Lawinen
- Wildbachverbauungsgesetz RGBl 117/1884 i.d.dzt.F. gilt subsidiär, soweit die §§ 98-103 Forstgesetz nichts anderes bestimmen
- Verordnung über Gefahrenzonenpläne BGBl 436/1976
- Schutzwaldverordnung BGBl 398/1977
- Verordnung über Bezeichnung, Sitz und örtliche Zuständigkeit der Dienststellen für Wildbach- und Lawinenverbauung BGBl 72/1978
- Waldentwicklungsplanverordnung BGBl 582/1977
- Verordnung über den Aufgabenbereich der Dienststellen des BMLF in Angelegenheiten der Wildbach- und Lawinenverbauung BGBl 507/1979
- Verordnung über die Einrichtung und Vorlage der Generalprojekte BGBl 2/1986

Wohnbereichslärm

siehe auch Förderung des Umweltschutzes

- Mietengesetz BGBl 520/1981 i.d.dzt.F.
  - § 30: Kündigungsrecht bei rücksichtslosem Verhalten
- Wohnungseigentumsgesetz 1975 BGBl 417/1975 i.d.dzt.F.
  - § 22: Ausschließung von Miteigentümern bei rücksichtslosem Verhalten

Behörden – Institute – Organisationen

Seite

A Bund ... 186
B Bundesländer ... 186
C Österreichische Akademie der Wissenschaften ... 191
D Universitätsinstitute ... 191
E Sonstige ... 192

A BUND

Bundesministerium für Land- und Forstwirtschaft
1011 Wien, Stubenring 1, Tel. 0 22 2/711-00

Sektion I: Rechtssektion
– Abteilung I A 2: Forstrecht

Sektion II: Landwirtschaftssektion

Sektion V: Forstwesen, 1012 Wien, Stubenring 12, Tel. 0 22 2/515 10

Oberster Agrarsenat, 1010 Wien, Riemergasse 14, Tel. 0 22 2/512 56 41

Österreichische Bundesforste, 1030 Wien, Marxergasse 2, Tel. 0 22 2/711 45

Forsttechnischer Dienst der Wildbach- und Lawinenverbauung (siehe unter den Bundesländern Kärnten, Oberösterreich, Salzburg, Steiermark, Tirol, Vorarlberg und Wien)

Forstliche Bundesversuchsanstalt, 1131 Wien, Schönbrunn, Tiroler Garten, Tel. 0 22 2/82 36 38, 82 34 46
– Außenstelle für subalpine Waldforschung, 6020 Innsbruck, Rennweg 1, Tel. 0 52 22/38 1 10

Bundesanstalt für Agrarwirtschaft, 1130 Wien, Schweizertalstraße 36, Tel. 0 22 2/82 36 51

Bundesanstalt für Bergbauernfragen, 1190 Wien, Grinzinger Allee 74, Tel. 0 22 2/32 57 42, 32 13 82

Bundesanstalt für Bodenwirtschaft, 1200 Wien, Denisgasse 31, Tel. 0 22 2/33 46 31

Bundesanstalt für Pflanzenbau, 1020 Wien, Alliiertenstraße 1, Tel. 0 22 2/211 13 11

Bundesanstalt für Pflanzenschutz, 1020 Wien, Trunnerstraße 3, Tel. 0 22 2/211 13 11

Bundesholzwirtschaftsrat, 1030 Wien, Schweizertalstraße 36, Tel. 0 22 2/72 56 81

Landwirtschaftlich-chemische Bundesanstalt, 1020 Wien, Trunnerstraße 1–3, Tel. 0 22 2/211 13

Bundesministerium für Umwelt, Jugend und Familie
1030 Wien, Radetzkystraße 2, Tel. 0 22 2/711 58-0

Sektion I: Umweltangelegenheiten und Konsumentenschutz

Umweltbundesamt
1030 Wien, Radetzkystraße 2, Tel. 0 22 2/711 58
– Zweigstelle Süd, 9020 Klagenfurt, Karfreitstraße 6, Tel. 0 42 22/51 55 40
– Zweigstelle West, 5020 Salzburg, Franz-Josef-Kai 1, Tel. 0 66 2/51 0 27

Bundesministerium für Wissenschaft und Forschung
1014 Wien, Minoritenplatz 5, Tel. 0 22 2/531 20

Sektion II: Forschung und Technologie, 1014 Wien, Freyung 1

Bundesversuchs- und Forschungsanstalt Arsenal, 1031 Wien, Franz-Grill-Straße 3, Tel. 0 22 2/78 25 31

Geologische Bundesanstalt, 1030 Wien, Rasumofskygasse 23, Tel. 0 22 2/712 56 74

Österreichisches Forschungszentrum Seibersdorf Ges.m.b. H.
1010 Wien, Kramergasse 1, Tel. 0 22 2/63 96 28
2444 Seibersdorf, Tel. 0 22 54/80-0

B BUNDESLÄNDER

Burgenland

Amt der Burgenländischen Landesregierung
7000 Eisenstadt, Landhaus, Tel. 0 26 82/600

IV: Landesagrarsenat

V/1: Landwirtschaftsangelegenheiten

XI: Forstangelegenheiten (Landesforstinspektion)

Forstverwaltung Oberwart der Österreichischen Bundesforste, 7400 Oberwart, Molkereistraße 4, Tel. 0 33 52/23 86

Der zuständige Forsttechnische Dienst der Wildbach- und Lawinenverbauung befindet sich in Wien (1010 Wien, Dr.-Karl-Lueger-Ring 14, Tel. 0 22 2/63 91 47)

Landwirtschaftlich-chemische Bundesanstalt, 7000 Eisenstadt, Neusiedler Straße 55, Tel. 0 26 82/59 05

Burgenländische Landwirtschaftskammer, 7001 Eisenstadt, Esterházystraße 15, Tel. 0 26 82/25 36

Burgenländischer Forstverein, 7001 Eisenstadt, Freiheitsplatz 1, Tel. 0 26 82/600

Burgenländischer Landesjagdverband, 7000 Eisenstadt, Bahnstraße 23, Tel. 0 26 82/29 23

Landesholzwirtschaftsrat, 7000 Eisenstadt, Ing.-Julius-Raab-Straße 1, Tel. 0 26 82/25 86

Verband land- und forstwirtschaftlicher Gutsbetriebe, 7000 Eisenstadt, Esterházyplatz 5, Tel. 0 26 82/26 13

Bezirksforstinspektionen:
– Burgenland Nord, 7000 Eisenstadt, Tel. 0 26 82/25 11
– Burgenland Süd, 7400 Oberwart, Tel. 0 33 52/26 91

Kärnten

Amt der Kärntner Landesregierung
9020 Klagenfurt, Arnulfplatz 1, Tel. 0 46 3/536

Abteilung 10 F: Forstwesen (Landesforstdirektion), 9010 Klagenfurt, Mießtaler Straße 3

Abteilung 10 L: Landwirtschaft

Abteilung 10 R: Landwirtschafts- und Forstrecht

Abteilung 11: Agrarwesen (Landesagrarsenat)

Abteilung 15 U: Umweltschutz, 9020 Klagenfurt, Flatschacher Straße 70, Tel. 0 46 3/33 1 90

Agrarbezirksbehörde Klagenfurt, 9020 Klagenfurt, Völkermarkter Ring 19, Tel. 0 46 3/536

Agrarbezirksbehörde Villach, 9500 Villach, Hauptplatz 7, Tel. 0 42 42/26 0 93

Forstverwaltungen der Österreichischen Bundesforste:
– 9872 Millstatt, Stiftgasse 1, Tel. 0 47 66/20 14
– 9500 Villach, Völkendorfer Straße 1, Tel. 0 42 42/24 5 50

Forsttechnischer Dienst der Wildbach- und Lawinenverbauung, 9500 Villach, Meister-Friedrich-Straße 2, Tel. 0 42 42/23 3 55

Kammer für Land- und Forstwirtschaft in Kärnten, 9010 Klagenfurt, Museumgasse 5, Tel. 0 46 3/57 6 60

Kärntner Jägerschaft, 9020 Klagenfurt, Bahnhofstraße Nr. 38 b/I, Tel. 0 46 3/51 14 69

Landesholzwirtschaftsrat, 9021 Klagenfurt, Bahnhofstraße 40, Tel. 0 46 3/57 5 55

Verband der Forstbetriebe Kärntens, 9020 Klagenfurt, Adlergasse 1/II, Tel. 0 46 3//55 5 96

Forstliche Ausbildungsstätte Ossiach (Kärntnerischer Forstverein), 9570 Ossiach, Tel. 0 42 43/245

Bezirksforstinspektionen:
- 9560 Feldkirchen, Millesistraße 10, Tel. 0 42 76/25 81
- 9360 Friesach, Engelsdorfer Straße 31, Tel. 0 42 68/22 56
- 9620 Hermagor 122, Tel. 0 42 82/24 01
- 9010 Klagenfurt, Völkermarkter Ring 19/II, Tel. 0 46 3/536/41 1 32
- 9300 St. Veit/Glan, Marktstraße 15, Tel. 0 42 12/50 40
- 9800 Spittal/Drau, Tiroler Straße 13, Tel. 0 47 62/53 01
- 9500 Villach, Gerbergasse 6, Tel. 0 42 42/26 0 50
- 9100 Völkermarkt, Sponheimer Straße 1, Tel. 0 42 32/26 50
- 9400 Wolfsberg, Weiherplatz 153, Tel. 0 43 52/51 5 10/261

Niederösterreich

Amt der Niederösterreichischen Landesregierung
1014 Wien, Herrengasse 9, Tel. 0 22 2/53 1 10

Abteilung VI/3: Administrative Angelegenheiten des Landesagrarsenates, Amtssachverständigentätigkeit

Abteilung VI/4: Agrarrechtliche Angelegenheiten

Abteilung VI/10: Land- und Forstwirtschaftsinspektion (Landesagrarsenat), 1014 Wien, Teinfaltstraße 8, Tel. 0 22 2/53 1 10

Abteilung VI/11: Landesforstdirektion, 1014 Wien, Teinfaltstraße 8, Tel. 0 22 2/53 1 10/29 63

Gruppe GR: Raumordnung, Umweltschutz, 1041 Wien, Operngasse 21, Tel. 0 22 2/588 88

Niederösterreichische Agrarbezirksbehörde, 1037 Wien, Lothringerstraße 14, Tel. 0 22 2/72 46 11

Forstverwaltungen der Österreichischen Bundesforste:
- 2534 Alland 13, Tel. 0 22 58/243
- 2384 Breitenfurt, Königsbühelstraße 33, Tel. 0 22 39/22 66
- 2305 Eckartsau, Tel. 0 22 14/22 40
- 3292 Gaming, Ötscherlandstraße 36, Tel. 0 74 85/306
- 3345 Göstling/Ybbs 46, Tel. 0 74 84/22 24
- 2533 Klausen-Leopoldsdorf, Lammerau 138, Tel. 0 22 57/212
- 3500 Krems, Langenloiser Straße 117, Tel. 0 27 32/53 05
- 3650 Pöggstall, Hauptplatz 93, Tel. 0 27 58/22 62
- 3021 Preßbaum, Hauptstraße 46, Tel. 0 22 33/22 62
- 3002 Purkersdorf, Hauptplatz 6, Tel. 0 22 31/33 41
- 3340 Waidhofen/Ybbs, Ederstraße 7, Tel. 0 74 42/24 02
- 2700 Wr. Neustadt, Maria-Theresien-Ring 3, Tel. 0 26 22/31 26
- Waldbauhof, 3250 Wieselburg, Manker Straße 12, Tel. 0 74 16/23 05

Der zuständige Forsttechnische Dienst der Wildbach- und Lawinenverbauung befindet sich in Wien (1010 Wien, Dr.-Karl-Lueger-Ring 14, Tel. 0 22 2/63 91 47)

Bundesanstalt für Kulturtechnik und Bodenwasserhaushalt, 3252 Petzenkirchen, Tel. 0 74 16/21 08

Bundesanstalt für Landtechnik, 3250 Wieselburg, Rottenhauser Straße 1, Tel. 0 74 16/21 75

Bundesversuchswirtschaft Fohlenhof, 2700 Wr. Neustadt, Katzelsdorfer Straße 11, Tel. 0 26 22/22 1 57

Bundesversuchswirtschaft Könighof in Bruck/Leitha, 2462 Wilfleinsdorf, Tel. 0 21 62/25 40

Bundesversuchswirtschaft Fuchsenbigl, 2286 Haringsee, Tel. 0 22 14/83 30

Bundesversuchswirtschaft Wieselburg, 3250 Wieselburg, Rottenhauser Straße 32, Tel. 0 74 16/22 41

Forstverein für Niederösterreich und Wien, 1010 Wien, Teinfaltstraße 8, Tel. 0 22 2/53 1 10

Landesholzwirtschaftsrat, 1014 Wien, Herrengasse 10, Tel. 0 22 2/53 4 66/331

Niederösterreichische Landes-Landwirtschaftskammer, 1014 Wien, Löwelstraße 12–16, Tel. 0 22 2/53 4 41

Niederösterreichische Umweltschutzanstalt, 2344 Maria Enzersdorf, Südstadtzentrum 4, Tel. 0 22 36/84 5 41

Niederösterreichischer Landesjagdverband, 1080 Wien, Wickenburggasse 3, Tel. 0 22 2/42 16 36

Verband niederösterreichischer Forstbetriebe, 1010 Wien, Schauflergasse 6/V, Tel. 0 22 2/533 22 05

Höhere Lehranstalt für Forstwirtschaft Gainfarn, 2540 Bad Vöslau, Petzgasse 36, Tel. 0 22 52/72 87

Forstfachschule Waidhofen/Ybbs, 3340 Waidhofen/Ybbs, Schloßweg 2, Tel. 0 74 42/22 23

Bezirksforstinspektionen:
- 3300 Amstetten, Preinsbacherstraße 11, Tel. 0 74 72/24 01
- 2500 Baden, Vöslauer Straße 9, Tel. 0 22 52/80 7 11
- 2230 Gänserndorf, Schönkirchnerstraße 1, Tel. 0 22 82/561
- 3580 Horn, Stadtgraben 1, Tel. 0 29 82/26 51
- 2100 Korneuburg, Bankmannring 19, Tel. 0 22 62/25 66
- 3500 Krems, Körnermarkt 1, Tel. 0 27 32/25 51
- 3180 Lilienfeld 54, Tel. 0 27 62/21 51
- 3390 Melk, Abt-Karl-Straße 23, Tel. 0 27 52/23 81
- 2620 Neunkirchen, Peischingstraße 17, Tel. 0 26 35/25 21
- 3270 Scheibbs, Hauptplatz 1, Tel. 0 74 82/21 01
- 3100 St. Pölten, Am Bischofsteich 1, Tel. 0 27 42/25 51
- 3830 Waidhofen/Thaya, Aignerstraße 1, Tel. 0 28 42/25 01
- Wien-Umgebung, 1090 Wien, Alserbachstraße 41, Tel. 0 22 2/34 46 00
- 2700 Wr. Neustadt, Neuklosterplatz 1, Tel. 0 26 22/22 5 11
- 3910 Zwettl, Am Statzenberg 1, Tel. 0 28 22/24 61

Oberösterreich

Amt der Oberösterreichischen Landesregierung
4020 Linz, Klosterstraße 7, Tel. 0 73 2/27 20

Agrar- und Forstrechts-Abteilung, 4020 Linz, Promenade 31, Tel. 0 73 2/27 20

Land- und Forstwirtschaftsinspektion, 4020 Linz, Anzengruberstraße 21, Tel. 0 73 2/584

Abteilung Umweltschutz, 4020 Linz, Stockhofstraße 40, Tel. 0 73 2/584

Landesagrarsenat, 4021 Linz, Bahnhofstraße 16, Tel. 0 73 2/58 40

Agrarbezirksbehörde Gmunden, 4810 Gmunden, Stelzhamer Straße 15, Tel. 0 76 12/66 3 31

Agrarbezirksbehörde Linz, 4020 Linz, Kärntner Straße 16, Tel. 0 73 2/584

Forstverwaltungen der Österreichischen Bundesforste:
- Attergau, 4854 Weißenbach am Attersee 14, Tel. 0 76 63/282
- 4820 Bad Ischl, Wirerstraße 6, Tel. 0 61 32/34 67
- 4802 Ebensee, Hauptstraße 32, Tel. 0 61 33/403
- 4822 Bad Goisern 1, Tel. 0 61 35/83 03
- 4824 Gosau 155, Tel. 0 61 36/202
- 4463 Großraming, Tel. 0 72 54/218
- 4591 Molln 177, Tel. 0 75 84/32 03
- 5310 Mondsee, Rainerstraße 36, Tel. 0 62 32/22 09
- 4810 Ort in Gmunden, 4810 Gmunden, Johann-Orth-Allee 15, Tel. 0 76 12/43 29
- 4462 Reichraming 25, Tel. 0 72 55/81 17
- 4400 Steyr, Berggasse 2, Tel. 0 72 52/32 53
- Traunstein, 4810 Gmunden, Klosterplatz 1, Tel. 0 76 12/45 29
- 4580 Windischgarsten 74, Tel. 0 75 62/315

Forsttechnischer Dienst der Wildbach- und Lawinenverbauung, 4020 Linz, Schmidtorstraße 2, Tel. 0 73 2/27 13 48

Landwirtschaftlich-chemische Bundesanstalt, 4025 Linz, Wieninger Straße 8, Tel. 0 73 2/81 2 61

Forstverein für Oberösterreich und Salzburg, 4021 Linz, Auf der Gugl 3, Tel. 0 73 2/57 4 21

Landesholzwirtschaftsrat, 4010 Linz, Hessenplatz 1, Tel. 0 73 2/28 00/277

Landwirtschaftskammer für Oberösterreich, 4021 Linz, Auf der Gugl 3, Tel. 0 73 2/57 4 21

Oberösterreichischer Landesjagdverband, 4020 Linz, Humboldtstraße 49, Tel. 0 73 2/66 34 45

Wald- und Grundbesitzerverband, 4021 Linz, Auf der Gugl 3, Tel. 0 73 2/57 4 21/418

Forstliche Ausbildungsstätte Ort, 4815 Ort bei Gmunden, Johann-Orth-Allee 16, Tel. 0 76 12/44 1 90

Bezirksforstinspektionen:
- 5280 Braunau/Inn, Hammersteinplatz 1, Tel. 0 77 22/23 11
- 4240 Freistadt, Promenade 5, Tel. 0 79 42/27 71
- 4810 Gmunden, Esplanade 10, Tel. 0 76 12/33 35
- 4560 Kirchdorf, Garnisonstraße 1, Tel. 0 75 82/22 71
- 4020 Linz, Anzengruberstraße 21, Tel. 0 73 2/584
- 4320 Perg, Dirnbergerstraße 11, Tel. 0 72 62/324
- 4910 Ried i. I., Parkgasse 1, Tel. 0 77 52/23 41
- 4150 Rohrbach, Bahnhofstraße 7 – 9, Tel. 0 72 89/281
- 4780 Schärding, Ludwig-Pfliegl-Gasse 13, Tel. 0 77 12/31 05
- 4400 Steyr, Spitalskystraße 10 a, Tel. 0 72 52/22 3 61
- Urfahr-Umgebung, 4020 Linz, Knabenseminarstraße 2, Tel. 0 73 2/23 13 01
- 4840 Vöcklabruck, Sportplatzstraße 1 – 3, Tel. 0 76 72/25 41
- 4600 Wels, Herrengasse 8, Tel. 0 72 42/69 11

Salzburg

Amt der Salzburger Landesregierung
5010 Salzburg, Chiemseehof, Tel. 0 66 2/80 42

Abteilung 4: Land- und Forstwirtschaft (Landesagrarsenat)
- Referat 4/01: Allgemeine Rechtsangelegenheiten
- Referat 4/02: Landwirtschaftliches Schulwesen
- Referat 4/03: Agrarpolitik
- Referat 4/05: Land- und Forstwirtschaftsinspektion
- Unterabteilung 4/1: Agrarbehörde I. Instanz
- Unterabteilung 4/2: Landwirtschaftliches Bau- und Wirtschaftswesen
- Unterabteilung 4/3: Landesforstdirektion

Abteilung 16: Umwelt- und Naturschutz, 5010 Salzburg, Michael-Pacher-Straße 36, Tel. 0 66 2/80 42

Forstverwaltungen der Österreichischen Bundesforste:
- 5441 Abtenau 14, Tel. 0 62 43/23 35
- 5500 Bischofshofen, Alte Bundesstraße 45, Tel. 0 64 62/22 33
- Blühnbach in Tenneck, 5451 Tenneck 61, Tel. 0 64 68/206
- 5531 Eben, Tel. 0 64 64/81 10
- Gastein, 5630 Bad Hofgastein, Salzburger Straße 22, Tel. 0 64 32/62 05
- 5611 Großarl, Tel. 0 64 14/205
- 5400 Hallein, Karl-Dorrek-Straße 2, Tel. 0 62 45/24 12
- 5324 Hintersee, Vordersee 56, Tel. 0 62 28/203
- Kobernaußerwald, 5211 Friedburg 4, Tel. 0 62 18/207
- 5570 Mauterndorf 163, Tel. 0 64 72/72 10
- 5730 Mittersill, Tel. 0 65 62/206
- 5732 Mühlbach i. Oberpinzgau, Tel. 0 65 66/203
- 5550 Radstadt 51, Tel. 0 64 52/349
- 5760 Saalfelden, Dorfheim 133, Tel. 0 65 82/22 27
- 5620 Schwarzach, Forststraße 20, Tel. 0 64 15/62 46
- 5522 St. Martin, Lammertal 31, Tel. 0 64 63/72 24
- 5350 Strobl, Weißenbach 1, Tel. 0 61 37/217
- 5580 Tamsweg 98, Tel. 0 64 75/203
- 5700 Zell am See, Forststraße 8, Tel. 0 65 42/33 24

Forsttechnischer Dienst der Wildbach- und Lawinenverbauung, 5020 Salzburg, Paracelsusstraße 4, Tel. 0 66 2/78 1 53

Forstverein für Oberösterreich und Salzburg, 4021 Linz, Auf der Gugl 3, Tel. 0 73 2/57 4 21

Kammer für Land- und Forstwirtschaft, 5024 Salzburg, Schwarzstraße 19, Tel. 0 66 2/70 5 71

Landesholzwirtschaftsrat, 5027 Salzburg, Julius-Raab-Platz 1, Tel. 0 66 2/71 5 71

Salzburger Jägerschaft, 5020 Salzburg, Vogelweiderstraße 55/2, Tel. 0 66 2/ 77 1 19

Verband land- und forstwirtschaftlicher Gutsbetriebe, 5020 Salzburg, Mirabellplatz 2, Tel. 0 66 2/78 6 42

Bezirksforstinspektionen:
- 5010 Salzburg, Kaigasse 16, Tel. 0 66 2/42 5 81
- 5400 Hallein, Tel. 0 62 45/23 05
- 5600 St. Johann i. P., Tel. 0 64 12/61 01
- 5580 Tamsweg, Tel. 0 64 74/65 41
- 5700 Zell am See, Tel. 0 65 42/36 11

Steiermark

Amt der Steiermärkischen Landesregierung
8011 Graz, Hofgasse, Tel. 0 31 6/877

Rechtsabteilung 3: Bau-, Verkehrs- und Wasserrecht, Energiewirtschaft (Umweltschutzkoordination)

Rechtsabteilung 8: Land- und Forstwirtschaft

Fachabteilung II e: Agrartechnik

Fachabteilung für das Forstwesen, 8020 Graz, Brückenkopfgasse 6, Tel. 0 31 6/91 13 60

Landesagrarsenat, 8011 Graz, Herrengasse 16, Tel. 0 31 6/877/22 89

Agrarbezirksbehörde Graz, 8011 Graz, Opernring 7, Tel. 0 31 6/831

Agrarbezirksbehörde Leoben, 8700 Leoben, Max-Tendler-Straße 14, Tel. 0 38 42/27 56

Agrarbezirksbehörde Stainach, 8950 Stainach, Tel. 0 36 82/22 38

Steiermärkische Landesforste:
- Forstdirektion Admont, 8911 Admont, Tel. 0 36 13/24 03
- Forstverwaltung St. Gallen, 8933 St. Gallen, Tel. 0 36 32/201
- Forstverwaltung Gstatterboden, 8913 Gstatterboden, Tel. 0 36 11/22 1 17

Forstverwaltungen der Österreichischen Bundesforste:
- 8990 Bad Aussee, Tel. 0 61 52/25 51
- 8913 Großreifling 35, Tel. 0 36 33/207
- 8632 Gußwerk 55, Tel. 0 38 82/22 51
- 8591 Maria Lankowitz, Tel. 0 31 44/34 18
- 8630 Mariazell, Tel. 0 38 82/26 06
- Mitterndorf, 8983 Bad Mitterndorf, Tel. 0 61 53/23 03
- 8680 Mürzzuschlag, Pretulstraße 1, Tel. 0 38 52/22 01
- 8692 Neuberg/Mürz, Tel. 0 38 57/82 03

Forsttechnischer Dienst der Wildbach- und Lawinenverbauung, 8010 Graz, Keesgasse 5/3, Tel. 0 31 6/81 7 56

Landwirtschaftlich-chemische Landesversuchs- und Untersuchungsanstalt, 8010 Graz, Burggasse 2, Tel. 0 31 6/70 31/24 33

Landesholzwirtschaftsrat, 8021 Graz, Körblergasse 111 bis 113, Tel. 0 31 6/601-530

Landeskammer für Land- und Forstwirtschaft, 8010 Graz, Hamerlinggasse 3, Tel. 0 31 6/77 5 04

Landesversuchsanlage für Obst- und Weinbau Haidegg, 8047 Graz, Ragnitzstraße 193, Tel. 0 31 6/30 15 07

Landesversuchsanlage für Spezialkulturen, 8551 Wies 88, Tel. 0 34 65/24 23

Steiermärkischer Forstverein, 8010 Graz, Herrengasse 13/I, Tel. 0 31 6/75 3 25

Steirische Landesjägerschaft, 8010 Graz, Bürgergasse 2, Tel. 0 31 6/82 90 84

Verband Steirischer Waldbesitzer, 8010 Graz, Herrengasse 13/I, Tel. 0 31 6/82 53 25

Höhere Lehranstalt für Forstwirtschaft, 8600 Bruck a. d. Mur, Dr.-Theodor-Körner-Straße 44, Tel. 0 38 62/51 7 70

Bezirksforstinspektionen:
- 8600 Bruck a. d. Mur, Tel. 0 38 62/51 5 41
- 8530 Deutschlandsberg, Tel. 0 34 62/22 06
- 8330 Feldbach, Tel. 0 31 52/25 11
- 8010 Graz, Humboldtstraße 9, Tel. 0 31 6/63 5 14
- 8230 Hartberg, Tel. 0 33 32/22 92
- 8750 Judenburg, Tel. 0 35 72/32 01
- 8720 Knittelfeld, Tel. 0 35 12/31 41
- 8430 Leibnitz, Tel. 0 34 52/29 11
- 8700 Leoben, Tel. 0 38 42/43 1 80
- 8950 Liezen, Tel. 0 36 12/22 3 80
- 8680 Mürzzuschlag, Tel. 0 38 52/21 04
- 8850 Murau, Tel. 0 35 32/21 01
- 8950 Stainach, Tel. 0 36 82/23 54
- 8570 Voitsberg, Tel. 0 31 42/45 20
- 8160 Weiz, Tel. 0 31 72/29 71

Tirol

Amt der Tiroler Landesregierung
6020 Innsbruck, Landhaus, Tel. 0 52 22/508

Abteilung III a 2: Rechtsangelegenheiten der Land- und Forstwirtschaft

Abteilung II b 1 und 2: Agrarbehörde 1. Instanz

Abteilung III b 3: Landesagrarsenat

Abteilung III c: Land- und Forstwirtschaftsinspektion

Abteilung III d 1: Agrartechnik

Abteilung III f 1: Landesforstdirektion, 6020 Innsbruck, Bürgerstraße 36, Tel. 0 52 22/23 4 11

Abteilung III f 2: Forsteinrichtung, Waldbau, Holzwirtschaft

Abteilung III f 3: Fachliche Angelegenheiten der Forstaufsicht

Abteilung III f 4: Forstliches Bau- und Bringungswesen

Abteilung Umweltschutz, 6020 Innsbruck, Meinhardstraße 8, Tel. 0 52 22/20 0 05

Forstverwaltungen der Österreichischen Bundesforste:
- 6215 Achenkirch, Tel. 0 52 46/62 33
- 6234 Brandenberg, Tel. 0 53 37/24 45
- 6391 Fieberbrunn 285, Tel. 0 53 54/62 08
- 6361 Hopfgarten, Markt 28, Tel. 0 53 55/22 14
- 6460 Imst, Tel. 0 54 12/24 29
- 6020 Innsbruck, Blasius-Hueber-Straße 4, Tel. 0 52 22/25 4 46
- 6330 Kufstein, Maximilianstraße 7, Tel. 0 53 72/45 42
- 6531 Ried im Oberinntal 100, Tel. 0 54 72/69 43
- 6130 Schwaz, Pirchanger 33, Tel. 0 52 42/32 31
- 6280 Zell am Ziller, Bahnhofstraße 26, Tel. 0 52 82/22 01

Forsttechnischer Dienst der Wildbach- und Lawinenverbauung, 6010 Innsbruck, Liebeneggstraße 11, Tel. 0 52 22/59 6 12

Landesanstalt für Pflanzenzucht und Samenprüfung Rinn bei Innsbruck, 6074 Rinn, Versuchsfeld 4, Tel. 0 52 23/81 17

Landwirtschaftlich-chemische Versuchs- und Untersuchungsstelle Rotholz, 6200 Jenbach, Tel. 0 52 44/21 61-40

Landesholzwirtschaftsrat, 6020 Innsbruck, Meinhardstraße 12, Tel. 0 52 22/35 6 51/226

Landeslandwirtschaftskammer, 6020 Innsbruck, Brixner Straße 1, Tel. 0 52 22/59 29

Tiroler Forstverein, 6020 Innsbruck, Bürgerstraße 36, Tel. 0 52 22/27 3 26

Tiroler Jägerverband, 6020 Innsbruck, Adamgasse 7 a, Tel. 0 52 22/31 0 93

Forstliche Ausbildungsstelle Rotholz, 6200 Jenbach, Tel. 0 52 44/21 61

Bezirksforstinspektionen:
- 6060 Hall, Münzergasse 14, Tel. 0 52 23/67 25
- 6460 Imst, Postplatz, Tel. 0 54 12/22 77
- 6380 St. Johann, Hirzingerweg 10, Tel. 0 53 52/23 60
- Telfs-Innsbruck, 6020 Innsbruck, Michael-Gaismair-Straße 1, Tel. 0 52 22/33 3 98
- 6370 Kitzbühel, Hinterstadt 30, Tel. 0 53 56/22 67
- 6330 Kufstein, Bozner Platz 1, Tel. 0 53 72/49 25
- 6500 Landeck, Innstraße 15, Tel. 0 54 42/22 44
- Lechtal, 6600 Reutte, Bahnhofstraße 15, Tel. 0 56 72/22 39
- 9900 Lienz, Dolomitenstraße 3, Tel. 0 48 52/43 43/79
- 9971 Matrei 127, Tel. 0 48 75/65 34
- 6600 Reutte, Bahnhofstraße 15, Tel. 0 56 72/22 06
- 6531 Ried 134, Tel. 0 54 72/63 16
- 6130 Schwaz, Archengasse 7, Tel. 0 52 42/44 94
- 9920 Sillian, Tel. 0 48 42/62 30
- 6424 Silz, Widumgasse 27, Tel. 0 52 63/62 13
- 6150 Steinach, Brennerstraße 67, Tel. 0 52 72/62 05
- 6300 Wörgl, Sepp-Gangl-Weg 18, Tel. 0 53 32/24 65
- 6280 Zell am Ziller, Bahnhofstraße 1 a, Tel. 0 52 82/22 66

Vorarlberg

Amt der Vorarlberger Landesregierung
6900 Bregenz, Landhaus, Tel. 0 55 74/511

Gruppe V: Land- und Forstwirtschaftsinspektion, Tel. 0 55 74/511-25 20

Abteilung V a: Landesagrarsenat, Tel. 0 55 74/511-25 10

Vorarlberger Umweltschutzanstalt, 6900 Bregenz, Montfortstraße 4, Tel. 0 55 74/511

Agrarbezirksbehörde, 6900 Bregenz, Landhaus, Tel. 0 55 74/511

Forsttechnischer Dienst der Wildbach- und Lawinenverbauung, 6900 Bregenz, Rheinstraße 32, Tel. 0 55 74/34 9 95

Landwirtschaftskammer, 6900 Bregenz, Montfortstraße Nr. 9 bis 11, Tel. 0 55 74/25 5 60

Landesholzwirtschaftsrat, 6800 Feldkirch, Wichnergasse 9, Tel. 0 55 22/22 5 11

Vorarlberger Jägerschafts- und Landesjagdschutzverein, 6700 Bludenz, Mühlgasse 21, Postfach 135, Tel. 0 55 52/66 0 38

Vorarlberger Waldverein, 6850 Dornbirn, Altes Rathaus 3, Tel. 0 55 72/65 6 81

Bezirksforstinspektionen:
- 6700 Bludenz, Bezirkshauptmannschaft, Tel. 0 55 52/63 6 11
- 6900 Bregenz, Bezirkshauptmannschaft, Seestraße 1, Tel. 0 55 74/24 5 11
- 6850 Dornbirn, Bezirkshauptmannschaft, Klaudiastraße 2, Tel. 0 55 72/65 5 71
- 6800 Feldkirch, Bezirkshauptmannschaft, Schloßgraben 1, Tel. 0 55 22/22 5 91

Wien

Magistrat der Stadt Wien
1082 Wien, Rathaus, Tel. 0 22 2/42 8 01

Magistratsabteilung 49: Forstamt und Landwirtschaftsbetrieb, 1016 Wien, Volksgartenstraße 3, Tel. 0 22 2/42 8 08

Magistratsabteilung 22: Umweltschutz, 1082 Wien, Ebendorfer Straße 4, Tel. 0 22 2/42 8 05

Landesagrarsenat, Magistratsdirektion, 1010 Wien, Rathaus, Tel. 0 22 2/42 8 01

Forstverwaltungen der Österreichischen Bundesforste:
- Neuwaldegg, 1170 Wien, Neuwaldegger Straße 48, Tel. 0 22 2/46 31 22
- Purkersdorf, 1140 Wien, Wurzbachtalgasse 7, Tel. 0 22 2/97 11 37

Forsttechnischer Dienst der Wildbach- und Lawinenverbauung, Sektion Wien, Niederösterreich und Burgenland, 1010 Wien, Dr.-Karl-Lueger-Ring 14, Tel. 0 22 2/63 91 47

Landwirtschaftlich-chemische Bundesanstalt, 1020 Wien, Trunnerstraße 1–3, Tel. 0 22 2/21 1 13

Forstverein für Niederösterreich und Wien, 1010 Wien, Teinfaltstraße 8, Tel. 0 22 2/53 1 10

Landesholzwirtschaftsrat, 1041 Wien, Schwarzenbergplatz 14, Tel. 0 22 2/65 61 17

Wiener Landwirtschaftskammer, 1060 Wien, Gumpendorfer Straße 15, Tel. 0 22 2/587 95 28

Wiener Landesjagdverband, 1010 Wien, Doblhoffgasse 3, Tel. 0 22 2/43 14 93

Höhere Bundeslehr- und Versuchsanstalt für Gartenbau, 1130 Wien, Grünbergstraße 24, Tel. 0 22 2/83 35 35

Land- und forstwirtschaftliche berufspädagogische Lehranstalt, 1133 Wien, Angermayergasse 1, Tel. 0 22 2/82 23 61

Städtische Forstverwaltungen:
- Lainz, 1130 Wien, Hermesvilla, Tel. 0 22 2/84 13 15
- Lobau, 2301 Großenzersdorf, Elisabethstraße 17, Tel. 0 22 49/23 53
- 2652 Hirschwang-Stixenstein, Tel. 0 26 66/22 50
- 2661 Naßwald, Tel. 0 26 67/294
- 8924 Wildalpen, Tel. 0 36 36/201

C ÖSTERREICHISCHE AKADEMIE DER WISSENSCHAFTEN

Österreichische Akademie der Wissenschaften, 1010 Wien, Dr.-Ignaz-Seipel-Platz 2, Tel. 0 22 2/51 5 81

Institut für Umweltwissenschaften und Naturschutz, 8010 Graz, Heinrichstraße 5, Tel. 0 31 6/36 0 68

Institut für Umweltwissenschaften und Naturschutz, 1070 Wien, Messepalast, Stiege 14, Tel. 0 22 2/93 64 78

D UNIVERSITÄTSINSTITUTE (Auswahl)

Universität Graz

Institut für Geographie, 8010 Graz, Universitätsplatz 2/II, Tel. 0 31 6/380

Institut für Pflanzenphysiologie, 8010 Graz, Schubertstraße 51, Tel. 0 31 6/380

Institut für Botanik, 8010 Graz, Holteigasse 6, Tel. 0 31 6/380

Universität Innsbruck

Institut für Geographie, 6020 Innsbruck, Innrain 52, Tel. 0 52 22/724/31 01

Institut für Botanik, 6020 Innsbruck, Sternwartestraße 15, Tel. 0 52 22/724/67 31

Forschungsinstitut für alpenländische Land- und Forstwirtschaft, 6020 Innsbruck, Technikerstraße 13, Tel. 0 52 22/748/40 75

Forschungsinstitut für Hochgebirgsforschung, 6456 Obergurgl, Tel. 0 52 56/271

Universität für Bildungswissenschaften Klagenfurt

Institut für Geographie, 9020 Klagenfurt, Universitätsstraße 65 – 67, Tel. 0 46 3/53 17

Universität Salzburg

Institut für Geographie, 5020 Salzburg, Hellbrunner Straße 34, Tel. 0 66 2/844 51 10/52 00

Institut für Botanik, 5020 Salzburg, Hellbrunner Straße 34, Tel. 0 66 2/80 44/55 00

Institut für Pflanzenphysiologie, 5020 Salzburg, Hellbrunner Straße 34, Tel. 0 66 2/844 51 10/55 50

Institut für Didaktik der Naturwissenschaften, 5020 Salzburg, Hellbrunner Straße 34, Tel. 0 66 2/844 51 10/58 00

Technische Universität Wien

Institut für angewandte Botanik, technische Mikroskopie und organische Rohstofflehre, 1060 Wien, Getreidemarkt 9, Tel. 0 22 2/58 8 01/47 70

Institut für Landschaftsplanung und Gartenkunst, 1040 Wien, Karlsgasse 11, Tel. 0 22 2/58 8 01/43 23

Institut für Photogrammetrie und Fernerkundung, 1040 Wien, Gußhausstraße 25 – 29, Tel. 0 22 2/58 8 01/38 12

Universität für Bodenkultur Wien

Botanisches Institut, 1180 Wien, Feistmantelstraße 4, Tel. 0 22 2/34 25 00

Institut für Forstentomologie und Forstschutz, 1180 Wien, Feistmantelstraße 4, Tel. 0 22 2/34 35 00/441

Institut für forstliche Betriebswirtschaftslehre und Forstwirtschaftspolitik, 1180 Wien, Gregor-Mendel-Straße 33, Tel. 0 22 2/34 25 00/317

Institut für forstliche Ertragslehre, 1190 Wien, Peter-Jordan-Straße 70, Tel. 0 22 2/34 25 00/647

Institut für forstliches Bauingenieurwesen und Waldarbeit, 1190 Wien, Peter-Jordan-Straße 82, Tel. 0 22 2/34 25 00/638

Institut für Forstökologie, 1190 Wien, Peter-Jordan-Straße 82, Tel. 0 22 2/34 25 00/536

Institut für Holzforschung, 1180 Wien, Gregor-Mendel-Straße 33, Tel. 0 22 2/34 25 00/292

Institut für Vermessungswesen und Fernerkundung, 1190 Wien, Peter-Jordan-Straße 82, Tel. 0 22 2/34 25 00/532

Institut für Waldbau, 1190 Wien, Peter-Jordan-Straße 82, Tel. 0 22 2/34 25 00/628

Institut für Wildbach- und Lawinenverbauung, 1190 Wien, Peter-Jordan-Straße 82, Tel. 0 22 2/34 25 00/492

Institut für Wildbiologie und Jagdwirtschaft, 1180 Wien, Colloredogasse 12, Tel. 0 22 2/34 02 71

Zentrum für Umwelt- und Naturschutz, 1180 Wien, Feistmantelstraße 4, Tel. 0 22 2/34 25 00/442

Veterinärmedizinische Universität Wien

Forschungsinstitut für Wildtierkunde, 1160 Wien, Savoyenstraße 1, Tel. 0 22 2/45 36 23

Akademie für Umwelt und Energie, 2361 Laxenburg, Schloßplatz 1, Tel. 0 22 36/71 2 41

Arbeitsgemeinschaft Umwelterziehung, 1010 Wien, Hegelgasse 21/1, Tel. 0 22 2/513 29 63

Greenpeace Österreich, 1030 Wien, Auenbruggergasse 2/2/16, Tel. 0 22 2/713 00 31/0

Hauptverband der Land- und Forstwirtschaftsbetriebe Österreichs, 1010 Wien, Schauflergasse 6/V, Tel. 0 22 2/ 533 21 04

Institut für Umweltforschung der Forschungsgesellschaft Joanneum, 8010 Graz, Elisabethstraße 11, Tel. 0 31 6/ 36 0 30

Kuratorium Rettet den Wald, 1080 Wien, Alserstraße 37, Tel. 0 22 2/43 59 38

Österreichische Gesellschaft für Land- und Forstwirtschaftspolitik, 1010 Wien, Franz-Josefs-Kai 13, Tel. 0 22 2/ 63 07 97

Österreichische Gesellschaft für Natur- und Umweltschutz, 1010 Wien, Hegelgasse 21, Tel. 0 22 2/513 29 62

Österreichische Gesellschaft für Ökologie, 1120 Wien, Hetzendorfer Straße 131, Tel. 0 22 2/83 45 70

Österreichischer Alpenschutzverband, 6850 Dornbirn, Lannerstraße 28, Tel. 0 55 72/61 26 23

Österreichischer Alpenverein, 6020 Innsbruck, Wilhelm-Greil-Straße 15, Tel. 0 52 22/23 1 71

Österreichischer Naturschutzbund, Haus der Natur, 5020 Salzburg, Arenbergstraße 10, Tel. 0 66 2/74 3 71

Österreichischer Verband der Umweltfreunde, 1060 Wien, Esterházygasse 9a, Tel. 0 22 2/587 12 75

Österreichisches Bundesinstitut für Gesundheitswesen, 1010 Wien, Stubenring 6, Tel. 0 22 2/51 5 61

Österreichisches Holzforschungsinstitut, 1030 Wien, Franz-Grill-Straße 7, Tel. 0 22 2/78 26 23

Österreichisches Ökologie-Institut, 1070 Wien, Seidengasse 13, Tel. 0 22 2/93 61 05

Präsidentenkonferenz der Landwirtschaftskammern Österreichs, 1014 Wien, Löwelstraße 12, Tel. 0 22 2/53 4 41

Studien- und Beratungsgesellschaft österreichischer Waldbesitzer G.m.b.H., 1010 Wien, Johannesgasse 15, Tel. 0 22 2/512 01 28

Touristenverein Die Naturfreunde, 1150 Wien, Viktoriagasse 6, Tel. 0 22 2/83 86 08

World Wildlife Fund Österreich, 1160 Wien, Ottakringer Straße 114–116, Tel. 0 22 2/46 14 81

Adamovich, Ludwig; Funk, Bernd-Christian
Allgemeines Verwaltungsrecht. – Wien, New York: Springer-Verlag 1980, 381 S.
= Springers Kurzlehrbücher der Rechtswissenschaft

Adamovich, Ludwig; Funk, Bernd-Christian
Österreichisches Verfassungsrecht. Dritte, neubearbeitete Auflage. – Wien, New York: Springer-Verlag 1985, 462 S.
= Springers Kurzlehrbücher der Rechtswissenschaft.

Akkermann, Remmer
Zur Situation der Baum- und Waldschäden in Nordwestdeutschland und allgemeine Hinweise zur Schadenserkennung und Schadensbekämpfung. Teil IV: Literaturverzeichnis und Bestand der BSH-Bibliothek zum Bereich „Waldökosysteme – Walderkrankungen".
Hrsg. und Verl.: Biologische Schutzgemeinschaft Hunte-Weser-Ems e. V. (BSH). – Wardenburg 1987, 130 S.

Albert, R.; Braun, C.; Katzmann, W. et al
Erhebung der Vitalität der Vegetation im Gemeindegebiet von Mödling. Teil 2: Stadtvegetation. Im Auftrag des Bundesministeriums für Umwelt, Jugend und Familie und der Stadtgemeinde Mödling. Hrsg.: Österreichisches Bundesinstitut für Gesundheitswesen. – Wien: Verlag Fric und Manz 1988, 104 S.

Arnberger, Erik; Wismeyer, Rudolf
Ein Buch vom Wienerwald (vom Wesen und der Gestaltung seiner Landschaft). Hrsg.: Sektion Edelweiß des Österr. Alpenvereins. – Wien: Verlag für Jugend und Volk 1952, 223 S.

Barthelmeß, Alfred
Wald – Umwelt des Menschen. Dokumente zu einer Problemgeschichte von Naturschutz, Landschaftspflege und Humanökologie. – Freiburg/München: Verlag Karl Alber GmbH 1972, 332 S.

Baumgartner, A.
Klimatische Funktionen der Wälder. Quantifizierung der klimatischen und hygienischen Funktionen der Wälder.
= Berichte über Landwirtschaft 55 (1977/78) 4, S. 708–717

Bentz, Felix
Wald und Waldbau in Oberösterreich – Grundlinien einer Entwicklung.
= ÖKO.L 4 (1982) 4, S. 3–12

Bergwald
Hrsg.: Bundesamt für Forstwesen und Landschaftsschutz. – Bern 1987, 32 S.

Bioindikation. IMA-Querschnittsseminar zur Waldschädenforschung.
28. und 29. November 1985, Reichstagsgebäude Berlin.
Hrsg.: Umweltbundesamt. – Berlin 1986, 306 S.
= Texte 18/86

Biotopgestaltung an Straßen und Gewässern.
Neue Lebensräume für Pflanzen und Tiere. Hrsg.: Bayerisches Staatsministerium des Innern, Oberste Baubehörde. – München 1987, 84 S.

Böhm, Wolfgang; Kutschera, Lore; Lichtenegger, Erwin (Hrsg.)
Wurzelökologie und ihre Nutzanwendung. Ein Beitrag zur Erforschung der Gesamtpflanze. – Irdning: Verlag der Bundesanstalt für alpenländische Landwirtschaft 1983, 774 S.

Bohn, Udo; Lohmeyer, Wilhelm
Solitärbäume als lebende Gestaltelemente in den landwirtschaftlich genutzten Gebieten der Rhön, des Vogelsberges und des Westerwaldes.
= Natur und Landschaft 55 (1980) 9, S. 355–361

Bolhár-Nordenkampf, H. R.
Die energetische Nutzung der Biomasse als Beispiel einer ökologisch und sozial angepaßten Vorsorgetechnologie.
= Carinthia II, 179./99. Jg. (1989)

Braun, C.; Fibich, F.; Hackl, J.
Untersuchung der Vitalität der Vegetation im Stadtgebiet Innsbruck 1977–1987. Im Auftrag des Magistrats der Stadt Innsbruck, Abteilung IX. Hrsg.: Österreichisches Bundesinstitut für Gesundheitswesen. – Wien: Verlag Fric und Manz 1987, 182 S.

Braun, Rudolf; Donaubauer, Edwin; Hafner, Franz et al
Österreichs Wald in Vergangenheit und Gegenwart. Hrsg.: Österr. Forstverein. – Wien: Österr. Agrarverlag 1983, 291 S.

Bruenig, Eberhard F.
The Forest Ecosystem: Tropical and Boreal.
= Ambio 16 (1987) 2–3, S. 68–79

Cernusca, Alexander
Ökologische Auswirkungen des Baues und Betriebes von Schipisten.
= Interpraevent 1984. – Villach 1984, Band 3, S. 57–77

Cernusca, Alexander
Ökologische Auswirkungen des Baues und Betriebes von Schipisten und Empfehlungen zur Reduktion der Umweltschäden. Im Auftrag des Europarates. Hrsg.: Institut für Botanik der Universität Innsbruck 1984, 253 S.

Donaubauer, Edwin
Die wichtigsten Forstschutzprobleme in Österreich. In: Vorträge anläßlich der AFA-Forstenquete in Bad Ischl, 12.–13. Juni 1979, S. 3–5

Düngung – ein Weg zu gesunden Wäldern.
Hrsg.: Österr. Düngerberatungsstelle (ÖDB). – Wien 1986, 23 S.

Ellenberg, Heinz
Vegetation Mitteleuropas mit den Alpen in ökologischer Sicht. – Stuttgart: Eugen-Ulmer-Verlag, 4., verb. Auflage 1986, 989 S., 499 Abb., 130 Tab.

Entschwefeltes Nippon.
= Wirtschaft und Umwelt 1/1983, S. 26–27

Erholung und Artenschutz.
Fachseminar, 12. April 1983 – Glentleiten. Hrsg. und Verl.: Akademie für Naturschutz und Landschaftspflege. – Laufen/Salzach 1983, 132 S.
= Laufener Seminarbeiträge 4/83

Erläuterungen zur Waldfunktionskarte Nordrhein-Westfalen.
Hrsg.: Minister für Ernährung, Landwirtschaft und Forsten des Landes Nordrhein-Westfalen. – Düsseldorf 1975, 18 S.

Ewers, Hans-Jürgen
Zur monetären Bewertung von Umweltschäden. Methodische Untersuchung am Beispiel der Waldschäden. Im Auftrag des Umweltbundesamtes. – Berlin: Erich-Schmidt-Verlag 1986, ohne durchg. Pag.
= Berichte 4/86

Farmer, Karl; Pfeiffer, Karl Peter; Stattegger, Karl (Hrsg.)
Öko-System-Analyse. Multidisziplinäre Forschungsergebnisse zur Umweltsituation. – Graz: Leykam-Verlag 1987, 182 S.
= Band 1

Feger, Karl-Heinz; Zöttl, Heinz W.; Brahmer, G.; und Zeitvogel, Werner
Versauerung von Seen im Hochschwarzwald.
= Freiburger Bodenk. Abh. (1986) Heft 7

Fibich, F.; Zirm, K.; Holzwieser, M. et al
Erhebung der Vitalität der Vegetation im Gemeindegebiet von Mödling. Teil 1: Vitalität des Waldes. Im Auftrag des Bundesministeriums für Gesundheit und Umweltschutz und der Stadtgemeinde Mödling. Hrsg.: Österreichisches Bundesinstitut für Gesundheitswesen. – Wien 1986, 84 S.

Fibich, F.; Zirm, K.; Schamann, M. et al
Entwicklung und Prüfung eines mehrstufigen Stichprobenverfahrens zur Analyse des Waldzustandes in ausgewählten Gebieten Niederösterreichs. Im Auftrag des Amtes der Niederösterreichischen Landesregierung. Hrsg.: Österreichisches Bundesinstitut für Gesundheitswesen. – Wien 1986, 77 S.

Förster, B. R.
Atlas zu dem Werke: Das forstliche Transportwesen. Darstellung seiner Mittel und Anstalten mit Rücksicht auf zweckmäßige Auswahl, Einrichtung und Benützung derselben. – Wien: Verlag Moritz Perles 1885, 385 Abb., 40 Taf., 211 Fig.

Forstgesetz
In: Rechtsvorschriften zu Umweltschutz und Raumordnung. Hrsg.: Institut für Stadtforschung. – Wien: Manz-Verlag, Loseblattsammlung, Bd. 4, 9. Lfg. vom 1. Mai 1976 Ö-63-0-01

Forstrecht
In: Das österreichische Recht. Hrsg.: Alfred Heinl, Edwin Leobenstein und Stephan Verosta. – Wien: Loseblattsammlung, Bd. VII: Land- und Forstwirtschaft, a–d 2, Lfg. 514 vom 1. Dezember 1975

Forstwirtschaft für AHS-Lehrer der Biologie und Umweltkunde.
Hrsg.: Österr. Forstverein. – Wien 1988, 294 S.

Franz, Herbert
Ökologie der Hochgebirge. – Stuttgart: Eugen-Ulmer-Verlag 1979, 495 S., 121 Abb., 75 Tab.

Gall, Helmuth
Bodenerosion und Bodenerhaltung im Gebirgsland. Dissertation eingereicht bei der Philosophischen Fakultät der Univ. Innsbruck. – Kufstein: Eigenverl. 1985, 204 S.

Gefährdung und Schutz des Waldes.
Hrsg. und Verl.: Forstliche Bundesversuchsanstalt. – Wien 1986, 47 S.

Gerl, Alfred
Die forstliche Raumplanung in Niederösterreich.
= Raumordnung aktuell 1/1986, S. 4–6

Glattes, Friedl
Schwermetall- und Ozongehalte in Waldökosystemen. In: Alpine Umweltprobleme, Facharbeitstagung Achenkirch „Der Wald als Lebensraum“. – Berlin: Erich-Schmidt-Verlag GmbH 1986, S. 77–87

Glatz, Harald
Fremdenverkehr und Umweltbelastung. Hrsg.: Institut für Wirtschaft und Umwelt. – Wien 1986, 70 S.
= Informationen zur Umweltpolitik 29/1986

Gollwitzer, Gerda
Bäume – Bilder und Texte aus drei Jahrtausenden. – Herrsching: Schuler Verlagsgesellschaft, überarb. Ausgabe 1984, 240 S.

Gößwald, Karl
Gesunder Wald und gesundes Leben durch Waldameisen. Hrsg.: Ameisenschutzwarte. – Würzburg o. J., 12 S.

Götsch, Hermann
Die integrale Erfassung der Erholungswirkung und die Ermittlung des Bedarfs an Walderholungsflächen.
= Allgemeine Forstzeitung 90 (1979) 4, S. 86–91

Götsch, Hermann
Forstliche Raumplanung in Österreich.
= Centralblatt für das gesamte Forstwesen 96 (1979) 1, S. 43–56

Grabherr, Georg; Polatschek, Adolf
Lebensräume und Lebensgemeinschaften in Vorarlberg. Ökosysteme, Vegetation, Flora mit Roten Listen. Hrsg.: Vorarlberger Landschaftspflegefonds. – Dornbirn: Vorarlberger Verlagsanstalt 1986, 248 S.

Grass, Nikolaus
Beiträge zur Rechtsgeschichte der Alpwirtschaft. – Innsbruck: Universitätsverlag Wagner 1948, 285 S.
= Schlern-Schriften 56

Greif, Franz
Wintersporteinrichtungen und ihre Auswirkungen auf die Land- und Forstwirtschaft. Hrsg.: Bundesanstalt für Agrarwirtschaft. – Wien: Österr. Agrarverlag 1987, 250 S.
= Schriftenreihe Nr. 47

Gschnitzer, Franz
Lehrbuch des bürgerlichen Rechts, Sachenrecht. – Wien/New York: Springer-Verlag 1966

Hafner, Franz
Die Bewaldung Anatoliens in den letzten fünf Jahrtausenden.
= Allgemeine Forstzeitung 76 (1965), S. 149–157

Hafner, Franz
Steiermarks Wald in Geschichte und Gegenwart. Eine forstliche Monographie. – Wien: Österr. Agrarverlag 1979, 396 S.

Halbwachs, Gottfried
Die Belastung der Wälder – ein multifaktorielles Problem.
= Österr. Wasserwirtschaft 40 (1988) 5/6, S. 114–118

Halbwachs, Gottfried; Pollanschütz, Josef
Waldgefährdende Luftverunreinigungen.
= Allgemeine Forstzeitung 96 (1985) 9, S. 225–230

Hanstein, Udo
Waldrandpflege.
= Natur und Landschaft 45 (1970), S. 83–86

Hartmann, G.; Nienhaus, F.; Butin, H.
Farbatlas Waldschäden. Diagnose von Baumkrankheiten. – Stuttgart: Ulmer 1988, 256 S.

Hartmann, Walter
Der Waldfunktionsplan, ein Instrument der Walderhaltung mit ökologischer Komponente.
= Natur und Landschaft 61 (1986) 9, S. 327–330

Hasel, Karl
Forstgeschichte. Ein Grundriß für Studium und Praxis. – Hamburg/Berlin: Paul-Parey-Verlag 1985, 258 S., 6 Tab.

Hell, Norbert
Merkmale des Lebendigen. Lehr- und Arbeitsbuch. – Wien: Franz Deuticke Verlagsges.m.b.H. 1981, 175 S.

Ist der Bergwald noch zu retten?
Schlußbericht mit Deklaration, Referaten, schriftlichen Beiträgen sowie Bibliographie der CIPRA-Jahresfachtagung vom 26. bis 28. September 1985 in Schliersee/Oberbayern/Bundesrepublik Deutschland. Hrsg. und Verl.: Internationale Alpenschutzkommission CIPRA. – München 1986, 205 S.

Kartusch, Birgit; Halbwachs, Gottfried
Holzanatomische Untersuchungen an unterschiedlich immissionsgestreßten Exemplaren von Alnus Glutinosa L.
= Angewandte Botanik 59 (1985), S. 249–260

Kastner, Alfred
Waldschäden in Österreich.
= Der Förderungsdienst 33 (1985) 6, S. 161–174

Katzmann, Werner
Wege zur Umweltsicherung in Europa. Hrsg. und Verl.: Club Niederösterreich. – Wien 1988, 80 S.
= Schriftenreihe 1/1988

Katzmann, W.; Drobil, M.; Struwe, W. et al
Untersuchung der Umweltbelastungen im Unteren Inntal durch Fernerkundung und vergleichende terrestrische Untersuchungen. Im Auftrag des Bundesministeriums für Gesundheit und Umweltschutz. Hrsg.: Österreichisches Bundesinstitut für Gesundheitswesen. – Wien 1978, 103 S.
= Umweltbestandsaufnahme durch Fernerkundung und Bodenmessung

Keil, Wolfgang
Der Zukunft blieb nur Schaden. Landschaftszerstörung mit tausendjährigen Folgen.
= U – das technische Umweltmagazin 3/1974, S. 42–45

Knödgen, Gabriele
Umweltschutz und Auslagerung: Warum lagern Firmen ihre Produktion wirklich aus?
= Umwelt und Wirtschaft. Symposion. Hrsg.: Sebastian Kux und Kunibert Raffer. – Wien: Europäische Akademie in Zusammenarbeit mit dem Österr. Bundesinstitut für Gesundheitswesen 1983, S. 93–120

Kovar, Johanna; Walther, Harald
350 Millionen Jahre Wald. Hrsg. und Verl.: Naturhistorisches Museum Wien 1986, 43 S.

Krapfenbauer, Anton
Eichenmittelwald, Eichenmistel-Probleme. – Wien 1982, 27 S.

Krapfenbauer, Anton
Entnahme von Wipfeln, Ästen und Rinde – Vergleich mit der Streunutzung.
= Internationaler Holzmarkt 5/1984, S. 7–9

Krapfenbauer, Anton
Luftverschmutzung Photooxidantien – Welche Hoffnung bleibt dem Wald? – Wien 1986, 90 S.

Krapfenbauer, Anton
Emissionsprobleme von Holzfeuerungsanlagen.
= Internationaler Holzmarkt 77 (1986) 6, S. 1–8

Kraus, W.
Uferstreifen an Gewässern zum Nutzen der Wasserwirtschaft, Ökologie und Landwirtschaft.
= Wasser und Boden 9 (1984), S. 426–430

Kreisl, Reinhard
Einstellungen von Waldbesuchern zu Erholungseinrichtungen im Wald. Hrsg.: Bundesanstalt für Agrarwirtschaft. – Wien: Österr. Agrarverlag 1986, 98 S.
= Schriftenreihe Nr. 42

Kriterien für Nationalparke in Österreich.
Hrsg.: Österreichische Gesellschaft für Natur- und Umweltschutz. – Wien: 1. Auflage 1983, 119 S.
= Schriftenreihe, Heft 13

Kumpfmüller, Markus; Kux, Sebastian
Umweltbericht Boden. Hrsg. und Verl.: Österreichisches Bundesinstitut für Gesundheitswesen. – Wien 1989, 153 S.

Kumpfmüller, Markus; Kux, Sebastian; Micko, Reglindis
Umweltbericht Landschaft. Hrsg. und Verl.: Österreichisches Bundesinstitut für Gesundheitswesen. – Wien 1989, 264 S.

Kux, Sebastian
Nachbarrecht und Umweltschutz.
= Umwelt und Wirtschaft. Symposion. Hrsg.: Sebastian Kux und Kunibert Raffer. – Wien: Europäische Akademie in Zusammenarbeit mit dem Österr. Bundesinstitut für Gesundheitswesen 1983, S. 57–76

Kux, Sebastian
Natur- und Landschaftsschutz.
= Umweltschutz in der Gemeinde. Seminar für Umweltbeauftragte, Steiermark, Oktober 1983. Hrsg.: Österr. Bundesinstitut für Gesundheitswesen. – Wien 1984, S. 99–108

Kux, Sebastian
Umweltschutz in der Raumplanung. Rechtliche Grundlagen. Im Auftrag des Bundesministeriums für Gesundheit und Umweltschutz hrsg. vom Österr. Bundesinstitut für Gesundheitswesen. – Wien 1986, 121 S.
= Unveröffentlicht

Litzka, J.; Reith, W.-J. unter Mitarbeit von F. Roithner und W. Schwarzelmüller
Wegebau in der Landschaft. Hrsg.: Bundesministerium für Land- und Forstwirtschaft. – Wien 1988, 48 S.
= Sonderausgabe des „Förderungsdienstes" 8a/88

Lötsch, Bernd
Die Pflanze im menschlichen Lebensraum. Zur ökologischen Bedeutung der grünen Pflanze. Sauerstoff-Frage und Klimawirkung. Hrsg.: Ludwig-Boltzmann-Institut für Umweltwissenschaften und Naturschutz und Naturhistorisches Museum. – Wien 1974, 20 S.

Lukschanderl, L.
Der Wald. – Wien: hpt-Verlagsgesellschaft 1989
= Reihe kurz & bündig

Mache, Hedwig; Kinscher, Walter
Die Gewerbeordnung sowie die gewerblichen Nebengesetze und Verordnungen. 5., erweiterte und vollständig neubearbeitete Auflage. – Wien: Manzsche Verlags- und Universitätsbuchhandlung 1982, 1499 S.
= Manzsche Gesetzausgaben, Sonderausgabe Nr. 15

Margl, Hermann
Die Abschüsse von Schalenwild, Hase und Fuchs in Beziehung zu Wildstand und Lebensraum in den politischen Bezirken Österreichs. Hrsg.: Forstliche Bundesversuchsanstalt. – Wien: Österr. Agrarverlag (in Kommission) 1982, 42 S. + Anh.
= Mitteilungen der Forstlichen Bundesversuchsanstalt, 146. Heft

Margl, Hermann
Zur Alters- und Abgangsgliederung von (Haar-)Wildbeständen und deren naturgesetzlicher Zusammenhang mit dem Zuwachs und dem Jagdprinzip. Hrsg.: Forstliche Bundesversuchsanstalt. – Wien: Österr. Agrarverlag (in Kommission) 1982, 65 S.
= Mitteilungen der Forstlichen Bundesversuchsanstalt, 145. Heft

Marktwirtschaft und Ökologie.
Fachseminar, 26. April 1983. Hrsg. und Verl.: Akademie für Naturschutz und Landschaftspflege. – Laufen/Salzach 1983, 31 S.
= Laufener Seminarbeiträge 5/83

Mayer, Hannes
Das Bauholz des Tempels Salomos.
= Biblische Zeitschrift, Neue Folge, 1/1967, S. 53–66

Mayer, Hannes
Gebirgswaldbau – Schutzwaldpflege. Ein waldbaulicher Beitrag zur Landschaftsökologie und zum Umweltschutz. – Stuttgart: Gustav-Fischer-Verlag 1976, 435 S., 158 Abb., 23 Tab.

Mayer, Hannes
Die zehn ökologischen Wald-Wild-Gebote für naturnahen Waldbau und naturnahe Jagdwirtschaft. Hrsg: Waldbau-Institut der Univ. für Bodenkultur. – Wien 1981, 11 S.

Mayer, Hannes
Europäische Wälder. Ein Überblick und Führer durch die gefährdeten Naturwälder. – Stuttgart, New York: Gustav-Fischer-Verlag 1986, 385 S., 74 Abb.
= Uni-Taschenbücher 1386

Mayer, Hannes; Ramskogler, Kurt; Schrill, Hans-Peter
Umweltverträglichkeitsprüfung (Öko-Checkliste) von Schisport-Anlagen. Hrsg.: Institut für Waldbau der Universität für Bodenkultur. – Wien 1987, 20 S.

Medien Wald.
Hrsg.: Schweizerisches Zentrum für Umwelterziehung des WWF und Bundesamt für Forstwesen. – Zofingen (Schweiz) 1979, o. Pag.
= SZU/WWF-Lehrer-Service 6/79

Meyer-Grass, M.; Imbeck, H.
Waldsterben und Lawinengefahr.
= Neue Zürcher Zeitung, Forschung und Technik, 15. Mai 1985, Fernausgabe Nr. 110, S. 41

Mit Chemie und Baumaschinen gegen das Waldsterben? Anmerkungen des Forums österreichischer Wissenschaftler für Umweltschutz zur Waldrettung.
= Wiener Naturschutz-Nachrichten 4/87, S. 3–8

Mitteis, Heinrich; Lieberich, Heinz
Deutsche Rechtsgeschichte. Ein Studienbuch. 14., ergänzte Auflage. – München: C. H. Beck'sche Verlagsbuchhandlung 1976, 398 S.
= Juristische Kurz-Lehrbücher

Mitterböck, Franz
Waldsterben. Argumente und Diskussion. Hrsg. und Verl.: Österr. Forstverein. – Wien 1987, 63 S.

Nationalpark Hohe Tauern.
Auseinandersetzung mit Natur und Kultur. Symposium an der Univ. Innsbruck, 19.–20. November 1987. Hrsg.: Universität Innsbruck 1987, 82 S.

Natur und Landschaft im Wandel.
Hrsg.: Akademie für Naturschutz und Landschaftspflege (ANL). – Laufen/Salzach 1986, 72 S.
= Anhang zu Berichte der ANL 10/1986

Naturlehrpfad Stamser Eichenwald.
Hrsg. und Verl.: Landesforstdirektion für Tirol. – Innsbruck o. J., 31 S.

Naturschutz praktisch. Merkblätter zum Biotop- und Artenschutz.
Hrsg.: Landesanstalt für Ökologie, Landschaftsentwicklung und Forstplanung. – Recklinghausen 1987, o. Pag.

Naturwissenschaftlicher Problem- und Zielkatalog zur Erstellung eines österreichischen Bodenschutzkonzeptes.
Hrsg. und Verl.: Umweltbundesamt. – Wien 1988, 280 S.
= Monographien des Umweltbundesamtes, Band 8

Niederwolfsgruber, Franz
Kaiser Maximilians I. Jagd- und Fischereibücher. Jagd und Fischerei in den Alpenländern im 16. Jahrhundert. – Innsbruck: Pinguin-Verlag 1979, 75 S.

Österreichische Forstinventur 1971–1980. 1. Band: Zehnjahresergebnis.
Hrsg.: Forstliche Bundesversuchsanstalt. – Wien: Österr. Agrarverlag (in Kommission) 1985, 216 S.
= Mitteilungen der Forstlichen Bundesversuchsanstalt, 154. Heft

Österreichische Forstinventur 1971–1980. 2. Band: Inventurgespräch.
Hrsg.: Forstliche Bundesversuchsanstalt. – Wien: Österr. Agrarverlag (in Kommission) 1985, 319 S.
= Mitteilungen der Forstlichen Bundesversuchsanstalt, 154. Heft

Österreichisches Forst-Jahrbuch 1986.
Hrsg. und Verl.: Österreichischer Agrarverlag. – Wien 1986, 375 S.

Österreichs Wald.
Hrsg. und Verl.: Bundesministerium für Land- und Forstwirtschaft. – Wien 1985, 31 S.

Pillmann, Werner; Sprinzl, Günter; Bruner, Ingela et al.
Umweltbericht Luft. Hrsg. und Verl.: Österreichisches Bundesinstitut für Gesundheitswesen. – Wien 1989, 400 S.

Pleschberger, Werner
Staat und Wirtschaft. Am Beispiel der österreichischen Forstgesetzgebung von 1950 bis 1987. – Wien, Köln: Böhlau-Verlag 1989, 579 S.
= Studien zu Politik und Verwaltung, Bd. 28

Puxbaum, H.; Ober, E.
Backgroundstation Exelberg. Endbericht. Untersuchungszeitraum 1983–1986.
Hrsg.: Umweltbundesamt, Wien 1987, 141 S.

Raffer, Kunibert
Verteilungspolitische Aspekte des Umweltschutzes: Ein Beitrag zur Diskussion Ökonomie : Ökologie.
= Umwelt und Wirtschaft. Symposion. Hrsg.: Sebastian Kux und Kunibert Raffer. – Wien: Europäische Akademie in Zusammenarbeit mit dem Österr. Bundesinstitut für Gesundheitswesen 1983, S. 11–33

Resolution des Internationalen Symposiums über „Europäische Auenwälder" in Straßburg vom 24. September 1980.
= Natur und Landschaft 56 (1981) 9, S. 303

Rettet den Bergwald jetzt!
Hrsg.: Internationale Alpenschutzkommission.
Vaduz 1985, 20 S.

Schifahren – auch eine Gefahr für den Wald.
Hrsg.: Österr. Gesellschaft für Natur- und Umweltschutz.
Wien 1984, 11 S.
= Schriftenreihe, Heft 16

Scholz, Norbert
Über den Umgang mit Bäumen – oder: praktisch-handwerkliche Erfahrungen zur Technik des Bäumepflanzens.
Hrsg.: Arbeitsgemeinschaft Freiraum und Vegetation. Kassel 1985, 71 S.
= Notizbuch Nr. 1

Schretzenmayr, Martin
Landschaftspflege – Element Waldrand – Typisierung und Gestaltung.
= Arch. Naturschutz und Landschaftsforschung, Berlin 19 (1979) 1, S. 33–42

Schulz, Hannes
Donauausbau und Nationalpark Ost.
= der aufbau 2/1986, S. 96–100

Schwenke, Wolfgang
Der unbekannte Wald. Landbuch-Verlag GmbH, Hannover 1987, 191 S.

Smidt, Stefan
Depositionsmessungen in verschiedenen Höhenlagen.
= Allg. Forstzeitung 96 (1985) 10, S. 270–271

Smidt, Stefan
Messungen der Nassen Deposition in Österreich. Meßstellen, Jahresmeßergebnisse, Literatur. Eine tabellarische Übersicht. Hrsg.: Forstliche Bundesversuchsanstalt.
Wien: Österr. Agrarverlag (in Kommission) 1988, 72 S.
= FBVA-Bericht 27/1988

Smidt, St.; Glattes, F.; Leitner, J.
Höhenprofil Zillertal. Meßbericht 1986. Hrsg.: Forstliche Bundesversuchsanstalt. – Wien: Österr. Agrarverlag (in Kommission) 1988, 112 S.
= FBVA-Bericht 26/1988

Spörk, Josef
Forstwirtschaft rund um einen künftigen Naturwald.
= Steirischer Naturschutzbrief 22 (1. Quartal 1982), S. 27–29

Statzner, Bernhard
Fließwasserökologische Aspekte bei der naturnahen Umgestaltung heimischer Bäche.
= Schriftenreihe des Instituts für Siedlungswasserwirtschaft. Karlsruhe 1986, Nr. 20

Steinberg, Christian; Lenhart, Brigitte
Diskussionsbeiträge zur Geochemie der Gewässerversauerung.
= Deutsche Gewässerkundliche Mitteilungen 30 (1986) 1, S. 1–9

Stern, Horst et al
Rettet den Wald. – München: Kindler-Verlag 1979, 393 S.

Stickstoffoxide in der Atmosphäre – Luftqualitätskriterien SO_2.
Hrsg.: Bundesministerium für Umwelt, Jugend und Familie. – Wien 1988, 359 S.
= Luftverunreinigung-Immissionsmessung, Richtlinie 14

Thomasius, Harald
Skizzen zur „Frühgeschichte" des Waldbaus.
= AFD Beiheft 17, Beiträge zur Ur- und Frühgeschichte II, Berlin 1982, S. 435–444

Tsuru, Shigeto; Weidner, Helmut
Ein Modell für uns: Die Erfolge der japanischen Umweltpolitik. – Köln: Kiepenheuer & Witsch 1985

Untersuchungen zur Belastung der Landschaft durch Freizeit und Erholung in ausgewählten Räumen.
Hrsg.: Bundesforschungsanstalt für Naturschutz und Landschaftsökologie. – Münster-Hiltrup: Landwirtschaftsverlag GmbH 1977, 127 S.
= Schriftenreihe für Landschaftspflege und Naturschutz, Heft 15

Vangerow, Hans-Heinrich
Der Bayerische Waldfunktionsplan. Eine Einführung.
= Natur und Landschaft 48 (1973) 4, S. 102–104

Der Wald, 3. Auflage.
– Leipzig/Jena/Berlin: Urania-Verlag 1981, 264 S.

Wälder und Bäume, Das große Buch der
Stuttgart: Verlag Das Beste 1983, 360 S.

Walderschließungsplanung.
Fachseminar 30. März – 1. April 1982. Hrsg.: Akademie für Naturschutz und Landschaftspflege. – Laufen/Salzach 1982, 60 S.
= Laufener Seminarbeiträge 4/82

Waldlehrpfad Hötting, Innsbruck – Tirol.
Hrsg. und Verl.: Tiroler Forstverein. – Innsbruck o. J., 23 S.

Waldschule Lebensraum.
Thiergarten Wiesing. Hrsg. und Verl.: Landesforstinspektion für Tirol. – Innsbruck o. J., 57 S.

Waldstein, Clemens
Forstliche Raumplanung als staatspolitische Aufgabe.
= Österr. Forstzeitung 6/1987, S. 42–43

Waldsterben in Österreich. Theorien, Tendenzen, Therapien
FIW-Symposium, 27. und 28. Oktober 1988, Universität für Bodenkultur, Wien.
Hrsg.: Erwin Führer und Friederike Neuhuber im Auftrag des Bundesministeriums für Wissenschaft und Forschung. – Wien 1988, 322 S.

Waldweide und Naturschutz.
Fachseminar, 7.–8. Juli 1982 – Kloster Irsee bei Kaufbeuren.
Hrsg. und Verl.: Akademie für Naturschutz und Landschaftspflege. – Laufen/Salzach 1982, 51 S.
= Laufener Seminarbeiträge 9/82

Walter, Robert; Mayer, Heinz
Grundriß des Besonderen Verwaltungsrechts. 2., durchgesehene und ergänzte Auflage. – Wien: Manz'sche Verlags- und Universitätsbuchhandlung 1987, 829 S.
= Manz'sche Kurzlehrbuch-Reihe 9

Wildbäche in Österreich.
Wildbachgefahren und Wildbachschutz. Hrsg.: Bundesministerium für Land- und Forstwirtschaft. – Wien o. J., o. Pag.

Wildnis, Forst und Ackerland.
Aus Österreichs Wissenschaft. – Wien: Verband der wissenschaftlichen Gesellschaften Österreichs 1974, 307 S.

Wurzelökologie und ihre Nutzanwendung. Ein Beitrag zur Erforschung der Gesamtpflanze.
Internationales Symposium vom 27. bis 29. September 1982. Hrsg.: Bundesanstalt für alpenländische Landwirtschaft. – Irdning 1983, 774 S.

Zechner, Johann (Hrsg.)
Straße – Allee. Landschaft und Sicherheit. Erfahrungen und Empfehlungen. Bericht zur ERFA-Gruppe Sooß bei Loosdorf. – Laxenburg: Akademie für Umwelt und Energie 1986, 44 S.
= Berichte und Dokumente, Heft 19

Zirm, Konrad; Fibich, Felix; Hackl, Josef et al
Erhebung der Vitalität des Waldes in Vorarlberg. Erste Untersuchungsergebnisse. Im Auftrag der Vorarlberger Landesregierung hrsg. vom Österr. Bundesinstitut für Gesundheitswesen. – Wien 1985, 80 S.

Zöttl, H. W.
Rolle des Bodens bei der Entwicklung der Waldschäden.
= LIS-Berichte Nr. 57 (1985), S. 73–85

Zukrigl, Kurt
Erholungswaldbewirtschaftung als Umweltproblem. In: Umweltprobleme in der Forstwirtschaft. Hrsg.: P. Glück und G. Halbwachs, Univ. f. Bodenkultur. – Wien: Österr. Agrarverl. 1980, S. 93–104

Zukrigl, Kurt
Das Naturwaldreservat Ligist-Hirschenlacken.
= Steirischer Naturschutzbrief 22 (1. Quartal 1982), S. 3–27

Zukrigl, Kurt
Naturwaldreservate.
= Steirischer Naturschutzbrief 22 (1. Quartal 1982), S. 2–3

Zustand der Tiroler Wälder.
Untersuchungen über die Immissionsbelastung und den Waldzustand in Tirol. Bericht für das Jahr 1987. Hrsg.: Amt der Tiroler Landesregierung – Landesforstdirektion. – Innsbruck 1988, 143 S.

Register

Hinweise für den Benützer: Seitenzahlen in Kursivschrift verweisen auf Abbildungen, Tabellen und in Kästen gesetzte Texte; wurde ein Schlagwort bereits im laufenden Text dokumentiert (Seitenzahlen in Normalschrift), erfolgt für die betreffende Seite kein separater Hinweis in Kursivschrift. Grundsätzlich ist zu beachten, daß sich die Behandlung des jeweiligen Schlagwortes auch in dem der angegebenen Seite nachfolgenden Textabschnitt (manchmal über mehrere Seiten hinweg) fortsetzen kann. Weitere Hinweise bieten das Inhalts-, Abbildungs-, Tabellen- und Kästenverzeichnis (Seiten 7 ff.).

A

abholzig *61*
Abschußpläne, -ziffern *69*, 76
Ahorn *48, 57, 93*
Alm 28, *44, 74*, 111
Artenvielfalt 18, 56, 116
Äsung 72, *74*, 78, 129
Atmosphäre 13
Aufforstungsrückstand 43
Auerhuhn 76, 110
Aufstiegshilfen (s. a. Lift- und Seilbahntrasse) 110
Ausschlagwald *40, 100*
Auwald 100, 102, 153

B

Bakterien, Bodenleben *12*, 13
Bannwald, -legung 41, 44, 46, 56, 62, *74*, 98, 112, 113
Bär 71
Bauholz 20, 22
Baumarten *24*, 30, *31, 38, 40, 41*, 159
—, Einfluß auf den Waldboden *17*
—, Wiedereinbringung 14
Baumschnitt *122*, 123
Baumschutzgesetze 116
Begehbarkeit, freie 56, 69, 78, 109
Bergahorn *57, 91*
Berggesetz 91
Bergwald, Entwicklung *24*
Besitzverhältnisse 41
Bestandsklima 16, 50
Bestockung *41*
Bewirtschaftungsformen *40, 100*
Biomasse *12*, 15, 16, *18, 49, 53*
Birke 17, *57*
Birkhuhn 76, 110
Blattoberfläche 51
Blei, Treibstoffzusatz *81*
Blitzschlag 63, *64*
Boden, pH-Wert *17, 81*, 85
Bodenbildung 46, *48*
Bodenleben 16, *85*, 116
Bodenreinertragslehre 22, *57*
Bodenschutzanlage 34, 46, 62, 124, *127, 129, 130*
Bodenverdichung 119
Bodenversauerung 70, 79, *81, 89*
Bodenverseuchung 121
Borkenkäfer *65*
Brandrodung *14, 15*
Brennholz 20, 21, 28, *75, 100*
Brennstoffe, fossile *14*, 22, 28, 78
Bringung 34, 105
Buche 22, *31, 40, 48*, 51, *57*, 86, *93*, 149, 153
Bundesforste 30, 41
Bundesstraßengesetz 94
Bürgerbeteiligungsverfahren *92*, 108
Buschwald 124

C

Chlorophyll *12*, 13
Christbaumkultur 34, 43, 56

D

Damhirsch 69, 72
Deckungsschutz, Windgefährdung 62
Destruenten *18, 19*
Douglasie *57*
Düngung 52, 85, 123
Durchforstungsrückstand 58, *59*, 64

E

Eberesche 124
Eibe *57*
Eiche 21, 22, *40, 48, 57*, 66, 86, *93, 99*, 100, 150, 153
Einzelbaum *61*, 116, *117*
Einzelstammentnahme 43
Eisbruch 58
Eisregen 60
Eiszeiten 14
Energiewald 135
Entwaldung *21, 47*
Erholungswald 52, 56, 112
Erholungswirkung 52, 109, 112
Erle *48, 57*, 86, 100
Erntefestmeter 41
Erosion 16, *21, 36, 37*, *51*, 60, *74*, 102, 108, *111, 113*
Ertragswald *31, 40*, 41
Esche 28, *48, 57*, 86, 93

F

Fällung, Bewillungspflicht 43
Fällung, Jahreszeit 68
Faunenverfremdung 76
Fegeschäden 70
Feldgehölz 124, *129*
Femelhieb, -schlag *100*, 101
Ferntransport, Luftschadstoffe 79, *89, 95*
Fichte 17, 18, 22, 30, *31, 40, 41, 47, 48*, 51, 52, *53, 57*, 58, 62, *64*, 70, 79, *82*, 86, *87, 91, 93, 95, 97, 101*, 102, 144, 153
Fichtengespinstblattwespe 67
Flächenwidmungsplan 112
Förderung, forstliche 35
Forstbetrieb 30, *41*
Försterbetrieb 41
Forstgesetz, -novelle 34, 36, 50
Forstinventur 30, *31*
Forstliche Bundesversuchsanstalt 30, 35, *82*
Forstmeisterbetrieb 41
Forstpersonal 30, 34
Forstpflanzenschutz 68
Forstrechtserneuerung 31
Forstsaat-, Forstpflanzgut s. Saatgut
Forstschädlinge 60, 64
Forststraße *29, 51*, 53, 105
Forstwirtschaft 30, *35*, 56, *100*
Fremdenverkehr 53, 97, 109
Frost, -schutz 58, 60, 129
Fuchs 76, 78

G

Ganzbaumnutzung 81
Gefahrenzonenplan 111, 112
Gehölz 124
Gemeindewald 56
Gemse 69, 72, *74*
Genotypus 59
Geologische Unterlage, Waldgesellschaften *24*
Gewerbeordnung 88
Greifvogel, -schutz 71, 75, 76, 78
Grenzertragsboden 111
Grundwasserspiegel 60, 81, *87*, 120

H

Hagel 60
Hartlaubholz 31
Hartriegel 124
Harzgewinnung 44
Hausbrand 95
Hecke 124, *125, 126*
Hege, Wild 75, 78, 132
Hiebfront *61*
Hiebart *100*, 101
Hiebsreife 42, 116
Hirsch 69, 72, 78
Hochwald *31, 40*, 41, *100*
Holz, Energiequelle 22
Holz, Werkstoff 20, *29*, 30
Holzbodenfläche *40*, 105
Holzgewächsarten *38*
Holzlagerplatz *20*, 34
Holzriese 105
Holztransport, Wasserweg *20, 29, 33*, 105
Holzvorrat *31*, 40, 41
Holzwirtschaft 30
Holzzuwachs *31*, 41, *57*

I

Inversionswetterlage 79, *89*

J

Jagd 69, 131

K

Kadaververjüngung 103
Käferbaum 64
Kahlhieb, -schlag *36, 37*, 43, 52, *100*, 101
Kampfzone 110
Kastanie 22
Kernwuchs *100*
Kiefer 22, *31, 40, 48, 57, 58*, 79, *116*, 147, 153
Klause *29*
Kleinwald 30, 41
Klimaausgleich 50, 51
Klimaeinflüsse 58
Kohlendioxid (CO_2) *12, 14*, 78
Kohlenwasserstoffe 79, 86, 93
Köhlerei 28
Kolonisation 28, *29*
Kommassierung 124
Konsumenten *12*, 13, *18, 19*
Kopfweide 126
Kraftfahrzeugverkehr 79, *81*, 86, 92, *93*, 119, *121, 122*
Krautschicht 18
Kronenschicht 18
Kronenzustandserhebung 140
Kurzumtriebswald 135

L

Lämmergeier 71
Landesforstgesetze 36
Lärche *31, 40, 48, 57*, 153
Lärmminderung 50, 51, 109
Laubbaum, -holz *31, 38, 40, 57*, 70, *85*, 86
Laubverfärbung 86
Laubwald 22, *41*, 153
Lawinen, -schutz *47*, 50, *59*, 108, 112
Legföhre 124
Libanonzeder *23*
Lichtklima 17
Lifttrasse *111*
Linde *57*, 116
Loipe 54, 110
Luchs 71, 76
Luftbefeuchtung 51
Luftreinhaltegesetz für Kesselanlagen 88
Luftreinhaltetechnologie 91
Luftschadstoffe, -verunreinigung 17, 60, 78, *91*, 95, 114, 121, 130

M
Marder
Materialseilbahn 106
Mineralisation 13, *18, 49*, 78
Mischwald *41*, 53, *101*, 102, *104*, 153
Mistelbefall 66
Mittelwald *100*, 102
Monokultur *58*, 60, 62, 64, 79, 100
Moosschicht 18
Mufflon 69, 72

N
Nachhaltigkeit 22, 40
Nadelbaum, -holz *31, 38, 40, 57, 82, 85*
Nadeljahrgang *82*
Nadeloberfläche 51
Nadelwald *41*
Nährstoffkreislauf, -transport 15, 18, 86
Naßdeposition, Schadstoffe 80
Nationalpark 23, 130, 151
Naturverjüngung 79, 86, 101, *103, 104*, 114
Naturwaldreservat, -zelle 130, *132*
Nebel, saurer 79, 93, 121
niederschlagsbedingte Schäden 58
Niederwald *100*
Nitrat *12*
Nußbaum 22
Nutzungsbeschränkung 41
Nutzwirkung 40, 112

O
Oberflächenabfluß 52, *53*
Oberflächenversiegelung 120
Oberholz *100*
Ozon, -loch *14, 15*, 79, 86, 93, 98

P
Papier 21
Pappel *57*, 86, *87*
Pflanzenschutzmittel 68, *130*
Pflanzenstoffwechsel *12, 13*
pH-Wert, Boden *17, 81*, 120
Phänotypus 59
Photooxidantien 79, *81*, 86, *93*
Photosynthese *12*, 13, 16, *18, 53*, 86
Pilze 18, *48*, 60, 66, 80
Pilzsammeln 53, 109
Pinie 66
Platane 66
Plenterung *100*, 101
Pollenanalyse *26, 27*
Privatwald 54
Produzenten *18, 19*

R
Raubwild, -zeug 69, 76, 78
Rauchschäden 78, 121
Rauchfußhühner 76
Rauhreif, saurer 79
Raumplanung, forstliche 40, 111
Regen, saurer 78, 79, 93
Reh 69, 72, *74*, 78
Rhizosphäre *49*
Ringeln, Rodungsmethode 28
Robinie 86
Rodung *15*, 28, 112, 115
Rotbuche 51, *57*
Rothirsch 69, 72, *74*
Rotkiefer *116*
Rückegasse, -schäden *104*, 105, 106, *109*
Rundholz, Ernte 30

S
Saatgut 35, 59, 62, 79, 86, 100, 102
Sägeindustrie *57*
Samenbank 86
Sauerstoff *12*, 13, 52
Saumhieb, -schlag *100*, 101
Schadholzanfall 62, 131
Schädlingsbekämpfung 66, 131
Schalenwild 69
Schälschäden 30, *31*, 70, *72*
Schiffsbau 21, *22*, 28
Schilanglauf 54, 110
Schipiste *49*, 110, *114, 115*
Schirmhieb, -schlag *100*, 101
Schlußwald *24*, 131
Schnee, saurer 93
Schneebindung 62
Schneebruch *58*, 64
Schneefließen 59
Schneeflucht 45
Schneeschimmel, -schütte 60
Schneiteln *45*
Schonungsfläche 45
Schonzeit 75
Schüttepilz 60
Schutzwald *17, 31, 40*, 41, 44, 98, 108, 112, 113
Schutzwirkung 46, 112
Schwachholznutzung *104*, 105
Schwarzerle *57*
Schwarzkiefer *40*, 148
Schwarzpappel *57*
Schwefeldioxid (SO_2) 79, 92, 93, 98
Seilbahntrasse 110, 111
Sickergas 121
Sikahirsch 69, 72
Solitärbaum *61*, 116, *117*
Sonnenbrand *61*, 129
Sonnenenergie *12*, 13
Spätfrost 58
Spitzahorn *57*
Stammholz, Nutzung 16
Stammschicht 18
Standortansprüche, Waldgesellschaften 153
Stangenalter 58
Starkholz 30, *31*
Starkregenfälle 60
Staublawine 59
Staubniederschlag 98
Steinadler 78
Steinhuhn 76
Stickoxide 79, 86, 93, 98
Stickstoff *12*
Stockausschlag *100*
Straßenbau 111
Straßenverkehrsordnung 94
Sträucher *31, 40*
Strauchschicht 18
Streßtheorie, Waldsterben 80, *81*
Streuobstbestand 126
Streusalz 120, 124
Streuschicht *18, 19*
Streugewinnung, -nutzung 28, 44, *75, 81*
Stromleitung, -(s)trasse *42*, 43, 79, 111
Sturmschäden 60, 101
Synergismus, Schadstoffe 79, 98

T
Tanne *31, 40*, 43, *48, 57*, 70, *71*, 86, 146, 153
Temperatursturz 58
Tollwut 76
Totholzbewohner 18
Tourenschilauf 53, 110
Tourismus 109, *113*
Treibhauseffekt *14, 15*, 60
Triften *29*, 105
Trinkwasser 46
Trittschäden 45, 54, 72, *74*
Trockendeposition, Schadstoffe 79
Trockenheit 16, 60, 63, *87, 99, 123*
Tropenwald 14, 15, 23, *36, 37*, 52, 100, 102
Trophäenkult, Jagd 71, 72
Türkenbund 70

U
Überhege, Wild 78, 132
Übernutzung 22, 28, 78, 99
Überschirmung 42
Uferbepflanzung, -gehölz *128*
Ulme 28, *57*, 66, *91*
Umtriebszeit *57, 100*
Umweltfondsgesetz 97
Umweltverträglichkeitsprüfung *92*, 108
Unterholz *100*
Urwald, -rest 14, 22, 100, 130, *131*, 132

V
Variantenschilauf 53, 110
Verbißschäden 70, *71*, 72, *74*, 102
Verjüngung, natürliche *74*
Verkarstung 16, *21*, 28, 78
Vermehrungsgut s. Saatgut
Verursacherprinzip *98*
Viehtrieb 45
Viren, Waldsterben 64
vollholzig *61*
Vorratsfestmeter 30, 41

W
Wald, Definition 34
Waldbahn *29*, 106
Waldbau 99
Waldbauern 30
Waldbienenzucht 44
Waldboden *17, 19*, 28, 56, *81*, 100, 113, 115
Waldbrand 54, 63, 101, 109, 130
Waldentwicklungsplan, -fachplan 112
Waldflächen, -anteile 30, *31, 32, 33, 40*, 41, 111
Waldgesellschaften *24*, 153
Waldglas 28
Waldgrenze 46, 60, *74*
Waldlehrpfad *54*
Waldluft 16, 50
Waldmantel *129*
Waldrand 112, 129, *130*
Waldschäden, neuartige 40, 46, 60, 64, 66, 79, 101
Waldschadenserhebung *82, 83, 84*
Waldsterben 46, *47*, 64, 78, *79*, 80, 81
Waldtypen *16*, 40
Waldverluste 111
Waldverwüstung 42, 72, 74, 114
Waldweg *28*
Waldweide 40, 45, *46, 74, 81*, 86, 111
Waldwirtschaft, naturnahe 102, *104*
Wasserhaushalt *21*, 50, 51, 52, *53*, 60, 81, 86
Wasserkreislauf, Baum *12*
Wasserspeichervermögen, -rückhaltevermögen *49*, 50, 52, 53, 60, 112
Wasserverdunstung 52, *53*
Wegefreiheit s. Begehbarkeit, freie
Weichlaubholz *31*
Weide *87*, 100, 124, 126
Weißbuche *57*
Weißkiefer *40*, 147
Wetterbaum 60
Wiederaufforstung, -bewaldung 43, 59, 108, 111, 112, 113
Wiedereinbürgerung, Wild 71
Wild, Beunruhigung 70, 76, 109
Wildacker 78
Wildbachschutz, -verbauung 50, 108
Wildbestand 40
Wilddichte 70, 72, *74*
Wildfütterung 71, *72*, 75, 131
Wildschäden 30, 69
Wildschwein 69
Wildstandsregelung 69, 72
Wildverbiß s. Verbißschäden
Wildzaun 72, *73*, 102, 130
Windabschwächung, -bremsung 51, 52
Windschutz 60, 112
Windschutzanlage s. Bodenschutzanlage
Windwurf, -bruch 60, *61, 62*, 64, 130
Wohlfahrtswirkung 50, 112
Wuchsform, standortabhängige *87*
Wurzelbrut *100*
Wurzelformen, -teller *47, 48*, 60
Wurzelraum, Eingriffe 122, *123*

Z
Zeidlerei 44
Zellatmung *12, 53*
Zersiedelung 112
Zirbe *40*, 102, 153
Zuwachsleistung *82*